燕琴
乾偉
藏書
1998.3.21

瞿同祖 著

中國法律與中國社會

俞大維題

目錄

出版說明

本書從中國法律之變遷以考察中國社會之變遷。其論述範圍，包括家族、婚姻、階級、巫術與宗教，並闡論儒法兩家思想對中國法律之影響。

中國古代法律，特重家族與階級，而古代法典大部份爲關於親屬及階級的特殊規定；儒家之倫理思想與禮治主義，則支配中國之法律思想。此一狀況，至清季變法，始生動搖。法律不復爲家族與階級而作特殊規定，而關於性別及種族等之不平等現象，至是亦失其法律上之承認。類此，皆足以說明中國社會變遷之趨勢。本書論中國法律，不重在描述不同朝代法律上之變易。著者以爲自秦漢至晚清，中國社會無基本之變動，故論述此一時期中國法律之基本形態與精神，遂捨其異而求其同也。

著者瞿同祖先生，早歲於燕京大學治社會學，其後遂致力於中國歷史之社會的研究。此書爲抗戰時任教雲南大學講稿。前於此者，著有中國封建社會（一九三七年商務初版）；後於此者，有英文本清代中國之地方政府（一九六一年哈佛大學出版）。著者於哈佛研究時，以楊聯陞教授之提議，遂依其所批評，另撰英文本，題爲 **Law and Society in Traditional China** 於一九六一年由荷蘭 **Mouton** 書店出版。

社會學叢刊總序

吳文藻

本叢刊之發行，乃基於兩種信念及要求：一爲促使社會學之中國化，以發揮中國社會學之特長；一爲供給社會學上的基本參考書，以輔助大學敎本之不足。叢刊內容暫分爲三集：甲集爲社會學理論及方法論；乙集爲國內鄉鎭社區之實地調查報告；丙集爲邊疆社區之實地調查報告。以後尙擬陸續增添，如丁集爲社會史等，俾可適應時代需要。中國社會學，尙在草創時代，故各集不得不兼收創作與譯述。茲就社會學之中國化，與基本參考書之供應，以及甲集社會學理論及方法論之編纂，三點略分論之。

㈠社會學之中國化　社會學誕生於中國，將近四十年，而大學之開講社會學，至多不過三十年。始而由外人用外國文字介紹，例證多用外國材料；繼而由國人用外國文字講述，有多講外國材料者，亦有稍取本國材料者。又繼而由國人用本國文字講述本國材料，但亦有人以一種特殊研究混作社會學者，例如有以社會學爲社會問題的研究者，亦有以社會學爲唯物史觀或辯證法的研究者。要之，當此期間，社會學在知識文化的市場上，仍不脫爲一種變相的舶來品。近十年來社會調查與統計的風氣頗爲流行，搜集事實及尊重事實的重要逐漸被人認識，此本爲科學進步極好的象徵。但不幸又有誤以「測量」為科學者，甚至亦有誤以「在實地調查以前腦中應只有一張白紙」為嚴守科學精神者。殊不知一切科學工作的進行，事前必須懸有一種可以運用的假設，假設與科學絕不可分，我們的立場是：以科學假設始，以實地證驗終，理論符合事實，事實啓發理論，理論與事實糅和一起，獲得一種新綜合，現實的社會學纔能在中國的土壤上生根。又必須有本此眼光訓練出來的獨立的科學人才，來進行獨立的科學研究，社會學纔算澈底的中國化。

㈡基本參考書之供應　在歐美各大學本科就學青年必讀之書，除了中外典籍外，至少尚有兩大類：一是標準教科書，一是基本參考書。前者較盛行於美國，後者則通行於歐洲各國。惟近年來美國先進學者已以教本內容包羅萬象，難免膚淺，使青年讀者在思想上得不到眞正的修養，及嚴格的訓練。年來國內各大書坊，因迎合潮流，對於大學叢書——特別可以採用為教本者——頗為提倡。此於大學教材標準之劃一及程度之提高，固不無小補。但一方面亦不免使讀者養成「教本蔽」的心理習慣，或竟驅使求智慾極強盛的青年沾染了「思想公式化」的流行病，在青年思想上，實潛伏着很大的危機。我們有鑒於此，就在適應當前環境需要的前提下，來充量介紹及發揮一派一家之言，俾使青年得有機會來鍛鍊「思想體系化」的頭腦，中國今日思想界所需要的刺激，是學派之爭，而不是門戶之見。這或許是糾正複雜錯誤思想最靈驗的藥劑。

㈢甲集社會學理論及方法論之編纂　本叢刊的主旨是要在中國建立起比較社會學的基礎。所謂比較社會學，簡單言之，即係應用類似自然科學上的方法——即比較法，對於各地現存的社區，作系統而精審的考察。現代社區的核心為文化，文化的單位為制度，制度的運用為功能。我們即本功能的與制度的入手法，來考察現代社區及其文化。因此，也可以說，社會學便是社區的比較研究，文化的比較研究，或制度的比較研究。這樣的比較社會學是包括了通常所謂的「農村社會學」與「都市社會學」，「社會人類學」與「文化人類學」，或「民族學」與「民俗學」的園地，因爲現在各國社會學與人類學所對付的題材，觀點及方法，實在完全是一樣的；並且這種看法與我國國情最爲吻合！

「社區」、「文化」、「制度」及「功能」，皆係比較社會學上的基本概念。這些以及其他一切概念，密切聯繫起來，組成一個體系，即是比較社會學上的「概念格局」(conceptual scheme)。這種概念格局是一切科學思辯工作上所必不可少的工具。爲要發展比較社會學的園地，凡關於社會與社區，文化與文明，組織與制度，以及結構與功能等等的基本學理，都想分別予以介紹及發揮。介紹雖以限於一派一家之言爲主體，但針鋒相對的理論具有獨特的貢獻者，亦在採納之列。

甲集徵稿的範圍，除普通社會學外，亦兼及特殊社會學：有關於文化的功能方面者，如經濟社會學，法律社會學，宗教社會學，道德社會學，藝術社會學等；也有關於團體的制度者，如家族社會學，民族社會學，階級社會學，專業社會學，國家社會學等。因爲必須在特殊社會學方面先行表顯了成績，普通社會學纔能立下根基；又必須在專刊(monograph)社會學發達以後，比較社會學纔有眞正立足之地。

專刊社會學是重視社會學方法論以後的產品，故在理論與事實之間必須契合，一方面可給理論以健全的基礎，一方面可給事實以科學的結構。因此，社會學不僅僅是事實的科學，而乃是理論必須根據事實的科學。前面說過，本功能的觀點，以考察現代社區。所謂功能觀點乃是先視社區為一整個，就在這整個的立足點上來考察其全部社會生活，並視此社會生活的各方面為密切相關的一個統一體系的各部分。在社會生活的任何一方面，欲求得正當瞭解，必須就從這一方面與其他一切方面的關係上來探究。例如若欲瞭解某一村落的經濟生活，就必須考察它與家族或宗族的關係，與宗教及巫術的關係，乃至與社會裁認的關係。換言之，每一社會活動，不論是風俗，制度，或信仰，都有它的獨特的功能，非先發現它的功能，不能瞭解它的意義。任何活動的功能便是它在社區視作統一體系下的全部社會生活上所佔的地位。因此，站在方法論上講，比較社會學乃是應用功能的實地研究法以證驗假設的一種觀察。如果審愼應用控制後的觀察的比較法，則就等於實現自然科學的實驗法了。

最後，戰時紙張昂貴，印刷困難，人民購買力又極度低降。普通大學叢書，例必數十萬言，定價之高，端非一般讀者所敢問津，惟目今國內精神食糧之缺乏，已為大衆所公認。為欲迅速供給社會科學的讀物，只能採取小型刊物的叢刊方式，以應需要。海內君子幸留意焉。

民國二十九年十二月，陪都。

序

少時讀H. Maine之Ancient Law及Early Law and Custom等書，輒歎其淵博精深，頗有效顰之志，而力有未逮也。及讀Malinowski,Hartland諸人類學家初民法律之作，益歎西方諸哲爲學之精進，其說方日新月異也，因竊不自量，益有撰述中國法律史之意。

抗戰之翌年來滇，授課之餘，即伏案寫讀，敵機不時來襲，有警輒匆匆挾稿而走，時作時輟，倍平日之力，始得竟其功。然而書籍缺乏，即以主要之參考書而論，並宋刑統亦無之。自視其稿，殊不愜意，初擬束之高閣；第思戰時生活不定，原稿保守匪易，曷若付之剞劂，以爲他日修訂之本。若因拙作而拋磚引玉，海內賢達起而正之，並爲新作，他日中國法律之研究，得與西哲東西媲美，則區區介紹此新觀點與方法之目的，亦幸而達矣。

此稿甫成，即有海外之行，竟不及復閱一過，其編排校勘等工作，皆由余妻佩瓊任其勞，此書之得以不因行色匆匆而廢其事者，皆其鼓勵襄助之功也。今以此書獻之。

又承何器袁文二君分任抄寫校對之煩，亦於此一併致謝。

三十三年護國紀念之前夕臨別昆明時自序

導論

法律是社會產物，是文化之一部，我們斷不能像分析學派那樣將法律看成一絕對孤立的存在，而忽略其與社會環境的關係。中國古代法律之所以特別着重家族主義及階級概念，便是因爲家族和階級是中國社會組織的主要支配力量。

我們也不要忘了法律是社會制度之一，更不要忘了與其他社會制度的功能關係。除與法律有直接關係的婚姻家族外，我們將以一章來討論宗教制度。

此外，意識形態也在我們討論範圍之內。研究任何制度都不可忽略其結構後的概念，否則是無法了解那制度的，至多只知其然而不知其所以然。從這些概念中我們纔能明白法律的精神，體會到爲什麼我們有這樣的法律，法家思想與儒家以外的思想例如道家，自然也有關係，但從中國法律形成的歷史上來看，儒家的影響最深，所以單獨提出儒法二家思想來討論。

講到法律的實效問題，我們應當感謝人類學家研究殖民地司法問題以後在這方面的貢獻。在以前這原是一與法律學無關的問題。在中國，無論研究法律史或現行法的人，從不曾想到這嚴重的問題，只一味注重法典條文，絕未想到這條文究竟是否有實效，推行的程度如何，與人民的生活有什麼影響；只能說是條文的，形式的，表面的研究，而不是活動的，功能的研究。法官律師或法學家只須環顧一下社會事實，便不難發現社會事實與法律條文的實際距離。在法律史的研究上，因材料的困難，我們自不易發現這方面的情形，但並不是完全不可能的。在這本書裏，我將盡可能的利用古人的記事爲討論此問題的根據。

最後講到法律史本身的問題。這是一部史的研究，無疑地將溯及法律的發展過程。

這方面仍應感謝人類學家的努力。法律制度的起源及初期的發展，早已消失在可能研究的範圍之外，但人類學家對於原始文化原始社會組織大規模的研究材料使得我們對於史前社會的知識有一線曙光。比較的研究使得我們對於以前所不了解的史前記載有新的認識，可能代替已經失去的歷史，例如關於社會制裁，神判法等問題。

研究法律的發展也必然將注意到法律的變遷。文化本身便是一連續不斷的變遷。其中有變化的速率問題，社會學家說由於文化不同部份的不同速率的變遷，常發生文化脫節的現象。這現象在模擬西洋法律變法，而中國的社會政治經濟機構尙滯留於原有的形態的時期最爲顯著，但並不是說在變法時期以前便不發生這樣的問題。書中將隨時注意法律與社會失調及互相適應的事實。

最後，爲了免除讀者的誤會，還有一點於本書結構及方法上的問題，或有聲明的必要。讀者略一涉閱便會發現本書不但缺乏朝代的劃分，更缺乏歷代法律不同之處的描述。這種將秦漢以至晚淸變法以前二千餘年間的事實溶於一爐的態度實基於一基本信念——認爲這一長期間的法律和整個的社會政治經濟一樣，始終停滯於同一的基本形態而不變（即在異族統治的時代亦鮮例外，以漢法治漢人幾爲各朝一貫的統治原則）。如此前提是對的，則我們或不妨忽略那些形式上枝節的差異，而尋求其共同之點，以解釋我們法律之基本精神及主要特性，如其中無矛盾衝突之處，則此方法是可採用的，同時也證明了中國法律制度和中國的社會，在此階段內，果無重大的變化，此點請讀者自行裁判。

中國法律與中國社會

第一章　家　族

第一節　家族範圍

中國的家族是父系的，親屬關係只從父親方面來計算，母親方面的親屬是被忽略的，她的親屬我們稱之為外親，以別於本宗①。他們和我們的關係極疏薄，僅推及一世，從母親上溯至她的父母，旁推至她的兄弟姊妹，下推及她的兄弟之子及姊妹之子，外祖父母、舅父、姨母、舅表及姨表兄弟是我們的邊際親屬，過此即無服。母之祖父母堂兄弟姊妹②以及姪孫等與我們無親屬關係，外親親屬的範圍是異常狹窄的。同時，服制極輕，指示親屬關係之疏薄。外祖父母血親關係同於祖父母，但服不過小功，等於伯叔祖父母。舅姨的血親關係同於伯叔及姑，但服同於堂伯叔父母及堂姑，只小功。母舅之子及兩姨之子則關係更疏，僅服緦麻③，同於族兄弟姊妹。據儀禮：『外親之服皆緦麻也』④，外祖父母以尊，姨母以名纔加至小功⑤。舅本緦麻，唐太宗以舅之與姨親疏相似而服紀有殊，理未為得，始進為小功⑥。

姑雖屬於本宗，但嫁後歸於異宗，所以出嫁便爲降服，而她的子女與我們服只緦麻⑦。以父宗而論，則凡是同一始祖的男系後裔，都屬於同一宗族團體，概爲族人。其親屬範圍則包括自高祖而下的男系後裔。以世代言之，包含自高祖至玄孫的九個世代，所謂九族是⑧。以服制言之，由斬衰漸推至緦麻，包含五等服制。禮記云：『親親以三爲五，以五爲九。上殺，下殺，旁殺而親畢矣』⑨。又說：『四世而緦，服之窮也，五世而袒免，殺同姓也，六世而親屬竭矣』⑩。很明顯的所謂親屬團體，是以四世爲限，緦服爲斷的。服制的範圍即親屬的範圍，同時服制的輕重亦即測定親屬間親疏遠近的標準⑪。服制實具兩種功用。本宗外親親屬關係之比較只須比較其不同的服制，便一目了然。

家應指同居的營共同生活的親屬團體而言，範圍較小，通常只包括二個或三個世代層的人口，一般人家，尤其是耕作的人家，因農地畝數的限制，大概一個家庭只包括祖父母，及其已婚的兒子和未婚的孫兒女，祖父母逝世則同輩兄弟分居，家庭只包括父母及其子女，在子女未婚嫁以前很少超過五六口以上的。古人說大功同財，所指的便是同祖的兄弟輩而言。秦時民有二男以上不分異者倍其賦，又令民父子兄弟同室內息者爲禁⑫，可見那時兄弟與父母同居是很普遍的事。孟子說入以事其父兄⑬，又有養其父母兄弟妻子及父母兄弟妻子離散一類的話⑭，也可證明此點。韓元長兄弟同居至於沒齒，樊重三世共財，蔡邕與叔父從弟同居，三世不分財，鄉黨高其義⑮，是則漢時一般的習慣，很少父母已沒仍兄弟同居至於三世的，所以鄉黨高其義而爲史家所書，其爲難能少見可知，一般人大約都如繆彤家兄弟原同財業，及各娶妻，遂求分異的情形。這還是士大夫之家，若爲尋常人家，自不會有人如形之閉戶自撾，弟及弟婦聞而謝過的情形了。陶希聖以漢律夷三族罪及父母兄弟妻子，證明漢代的家以父母妻子同產爲普遍範圍⑯，但我們須注意家族的連帶責任是不一定與家的範圍必然相合的，後代有誅九族的法律，九族決非同居的一家。即以夷三族而論，我們斷不能說這種連帶責任只限於父母在堂兄弟同居的時期。後代的法律只要求父母在時子孫不許別籍異財（詳後），但兄弟同坐的連合責任並不因父母歿後兄弟異居而取消。

自然歷史上也有累世同居的義門，包括數百人口的大家⑰，在這種情形之下，同居範圍便擴大及於族，家族不分了。但這樣龐大的家實爲例外，只有着重孝弟倫理及擁有大量田地的極少數仕宦人家纔辦得到，教育的原動力及經濟支持力缺一不可，一般人家皆不易辦到。一般的情形，家爲家，族爲族。前者爲一經濟單位，爲一共同生活團體。後者則爲家的綜合體，爲一血源單位，每一個家自爲一經濟單位，如史書所說的薛安都世爲強族，同姓有三千餘家⑱的情形。宋孝王關東風俗傳謂瀛冀諸劉，清河張宋，并州王氏，濮陽侯族，諸如此輩，一宗將近萬室，煙火連接，比屋而居，亦非同居合爨。

【注釋】

①故爾雅釋親於父宗曰宗族，而異姓親曰母黨，曰妻黨。

②唐玄宗以堂姨舅古今未制服，思敦睦九族，引而親之，始制堂姨舅袒免（唐會要，三七，服紀上），然止是一代之制。

③儀禮，喪服。參看元典章，三〇，禮部三，禮制三，喪禮，外族服圖；明會典，一〇二，禮部六十，喪

禮七，喪服，外親服圖；清律例，二，喪服圖，外親服圖。

④儀禮，喪服。

⑤同右，開元二十三年，太宗敕文服紀之制有所未通，令禮官學士詳議具奏。太常卿韋縚奏請外祖加至大功九月。太子賓客崔沔議曰：『正家之道，不可以二，總一定議，理歸本宗，父以崇尊，母以厭降，豈忘愛敬？宜有倫序，是以有齊衰，外服皆緦麻，尊名所加，不過一等，此先王不易之道也。』職方郎中韋述議曰：『聖人究天道而厚於祖禰，繫姓族而親其子孫，近則別於賢愚，遠則異於禽獸，由此言之，母黨比於本族，不可同貫明矣。且家無二尊，喪無二斬，人之所奉，不可二也……今若外祖及舅更加一等，堂舅及姨列於服紀之內，則中外之制，相去幾何？廢禮徇情，所務者末。……其堂姨舅既出於外曾祖，若爲之制服，卽外曾祖父母，及外伯叔祖父母，亦宜制服矣。外祖加至大功九月，則外曾祖合至小功，外高祖合至緦麻。若舉此而舍彼，事則不均，棄親錄疏，理則不順，推而廣之，是與族無異矣。』禮部員外郎楊仲昌亦以『竊恐外內奪序，親疏奪倫』爲言。戶部郎中楊伯成，左監門錄事參軍劉秩並同是議，皆謂不可。韋議遂寢。（唐會要，服紀上）。

⑥唐會要，服紀上。

⑦儀禮，喪服；元典章，外族服圖；明會典，外親服圖；清律例，外親服圖。

⑧九族的解釋，漢儒卽有二說，一說以爲包括異姓有服親，夏侯歐陽等今學家主此說，謂父族四，母族三，妻族二（孔穎達，書經註疏）。其詳細內容，父族四：五族之內爲一族，父女昆弟適人者與其子爲一族，己女昆弟適人者與其子爲一族，己之女子子適人者與其子爲一族。母族三：母之父姓爲一族，母之

母姓爲一族，母女昆弟適人者與其子爲一族。妻族二：妻之父姓爲一族，妻之母姓爲一族（孔穎達，左傳桓公六年註疏）。白虎通義以父之姓爲一族，不限五族之內，母族謂母之父母一族，母之昆弟一族，母昆弟子一族，亦與孔疏異。杜預謂九族爲外祖父，外祖母，從母子，妻父，妻母，姑之子，姊妹之子，女子之子，非己之同族（左傳，桓公六年註，今本『非』或作『并』義異）。以爲九族『皆外親有服而異族者』，又姑姊妹及女適人，但取其子而去其母，皆與以上二說不同。

孔安國，馬融，鄭康成皆謂九族僅限父宗，上自高祖，下至玄孫（見尙書註疏，堯典，孔傳，陸德明音義，孔穎達疏，及左傳，桓公六年孔疏）。後儒如陸德明，賈公彥，顧炎武等皆從此說，日知錄論辯甚詳。一般多以喪服小記以三爲五以五爲九之說爲根據，幾爲定論。元典章及明淸律明定本宗九族五服圖，九族專指父宗，更成爲定制矣。

⑨禮記，喪服小記。

⑩同右，大傳。

⑪父宗服制系統此文不述，可參閱元典章，三〇，五服圖；明會典，一〇二，喪服，本宗九族五服正服圖；淸律例，二，喪服圖，本宗九族五服正服圖。

⑫史記，六八，商君列傳。

⑬孟子，梁惠王上。

⑭同右，梁惠王上，盡心上。

⑮趙翼，陔餘叢考。

⑯陶希聖，婚姻與家族，商務，民二三，頁六六—七。

⑰汜稚春七世同居，兒無常父，衣無常主（晉書，儒林傳，汜毓傳）。楊播，楊椿兄弟一家之內男女百口，緦服同爨。椿嘗戒子孫曰：『吾兄弟在家必同盤而食……吾兄弟八人今存者有三，是故不忍別食也。又願畢吾兄弟世不異居異財』（魏書，五八，楊播傳）。博陵李氏七世共居同財，家有二十二房，一百九十八口（魏書，八七，節義傳，李几傳）。義興陳玄子四世同居，家一百七十口（南齊書，五五，孝義傳，李延伯傳）。郭儁家門雍睦，七葉共居（隋書，七二，孝義傳，郭儁傳）。唐劉君良累代同居，兄弟雖至四從，皆如同氣，尺布斗粟人無私焉，其家六院唯一飼（舊唐書，一八八，孝友傳，劉君良傳；新唐書，一九九，孝友傳，劉君良傳）。張公藝九世同居（舊唐書，劉君良傳附），為當時義門之最。宋代義居風氣更盛，江州陳氏南唐時聚族已七百口，宋時至千口，每食必群坐廣堂，其後族中人口且激增至三千七百餘人（新五代史，六二，南唐世家；宋史，四五六，孝義傳，陳競傳，毘陵西灘陳氏宗譜）。越州裘承詢十九世無異爨。信州李琳十五世同居。河中姚崇明十世同居，聚族百餘人。江州許祚八世同居，長幼七百八十一口。池州方綱八世同爨，家屬七百口，居室六百區，每旦鳴鼓會食。其他十世同居，八世同居，七世同居，六世同居，五世同居，四世同居者多家。少者累數十百年，多者至三四百年（詳宋史，四五六，孝義傳，許祚傳，裘承詢傳，方綱傳，姚宗明傳）。元延安張閏八世不異爨，家人百餘口（元史，一九七，孝友傳，張閏傳）。婺州鄭氏自南宋以來，累代同居，至明時同居已十世，歷二百六十餘年（宋史，四五六，孝義傳，鄭綺傳；元史，一九七，孝友傳，鄭文嗣傳；明史，二九六，孝義傳，鄭濂傳；宋濂，鄭氏規範序）。石偉十一世同居（明史，二九六，孝義傳，石偉傳）。蘄州

王濤七世同居，家人二百餘口（明史，孝義傳，鄭濂傳附）。其他四世五世六世七世八世同居，及五世同爨八世同爨者多家（明史，二九六，孝義傳）。

⑱宋書，八八，薛安都傳。按永嘉二十一年，安都與宗人薛永宗起義，擊拓拔燾。永宗營汾曲。安都襲得弘農。拓拔燾自率衆擊永宗，滅其族，其勢力之雄大自非具三千家之強族不辦，而爲其族主者便爲宗豪，在家族中在社會政治上均具有極大潛勢力，故宋書稱安都之父廣爲豪宗，宋高宗以爲上黨太守。安都之所以得有政治勢力，先爲北朝都統，仕宋爲建武將軍者，蓋其族家之強盛有以致之。

第二節　父　權

家族的範圍已如上述，現在我們當進而討論此種親屬團體中的統率問題。中國的家族是父權家長制的，父祖是統治的首腦，一切權力都集中在他的手中，家族中所有人口——包括他的妻妾子孫和他們的妻妾，未婚的女兒孫女，同居的旁系卑親屬，以及家族中的奴婢，都在他的權力之下，經濟權法律權宗教權都在他的手裏。經濟權的掌握對家長權的支持力量，極爲重大。中國的家族是着重祖先崇拜的，家族的綿延，團結一切家族的倫理，都以祖先崇拜爲中心——我們甚至可以說，家族的存在亦無非爲了祖先的崇拜。在這種情形之下，無疑的家長權因家族祭司（主祭人）的身分而更加神聖化，更加強大堅韌。同時，由於法律對其統治權的承認和支持，他的權力更不可撼搖了。

我們已經說過親屬團體的範圍有家，族之分，我們說到父權或家長時也應分別其範圍。在一個只包括父母和子女兩個世代的家庭，父親是家長，在包括三個世代的家庭，則祖父爲家長。家庭範團或大或小，每一個家都有一家長為統治的首腦。他對家中男系後裔的權力是最高的，幾乎是絕對的，並且是永久的。子孫即使在成年以後也不能獲得自主權。

父字據說文：『矩也，家長率敎者，从又舉杖』，字的本身即含有統治和權力的意義，並不僅止於指示親子的生育關係。子孫違犯父的意志，不遵約束，父親自可行使威權加以懲責。社會上承認父親這種權力，從法律的觀點來看，則可說他的權力是法律所給予的，呂氏春秋說：『家無怒笞則豎子嬰兒之有過也立見』①，顏氏家訓亦云：『笞怒廢於家，則豎子之過立見，刑罰不中，則民無所措手足，治家之寬猛，亦猶國焉』②。我們應注意父親對於子孫的笞責實際上是並不只限於豎子嬰兒的，子孫成年以後依然不能堅持自己的意志，否則仍不能避免這種處罰。典型的孝子，舜和曾子受杖的傳說③，在人心上，尤其讀書人，有長久的影響。梁朝的大司馬王僧辯的母親治家極嚴，僧辯已四十餘，已為三千人將，母少不如意，猶箠撻之④。典型的孝子受父母的扑責不但不當逃避，並且應當受之怡然，雖撻之流血，亦『不敢疾怨』，仍得顏色婉愉，『起敬起孝』⑤。

扑責子孫有時便難免毆傷致死的情事，法律上究竟容許不容許父母殺死子孫呢？這是很值得注意的一個問題。羅馬時代父的生殺權（ Jus vitae necisgue ）在中國是不是有相同的情形呢？宋司馬華費遂子多僚與貙相惡，譖貙於宋公，公使人告司馬，司馬曰：『吾有讒子而弗能殺』，乃與公謀逐華貙，似乎那時的父親是有生殺權的。那時是宗法時代，正是父權學說形成的時代，——或也是父權最盛的時代，同時也發現父親的生殺權，其巧合或不是偶然的。

秦二世矯始皇詔賜蒙恬及扶蘇死，扶蘇說：『父而賜子死，尚安敢復請？』⑦君之於臣，父之於子，都是有生殺權的，到了後來則只適用於君臣而不適用於父子間了。法律制度發展到生殺權完全操縱在國家機構及國君手裏，自不再容許任何一個人民能隨意殺人，父親對兒子，也不能例外。他只能扑責兒子，斷不能殺死他，否則便要受國法的制裁了。白虎通云：『父煞其死，當誅何？以爲天地之性人爲貴，人皆天所生也，託父母氣而生耳。王者以養長而教之，故父不得專也。』春秋傳曰：『晉侯煞世子申生，直稱君者甚之也』⑧。可見漢人的概念，父已無權殺子，北魏律，祖父母父母忿怒以兵刃殺子孫者處五歲刑，毆殺者四歲刑，若心有愛憎而故殺者各加一等⑨。唐律不問理由如何，殺死子孫皆處徒罪，子孫違犯教令而殺之，也只能較故殺罪減一等，——毆殺徒一年半，刃殺徒二年。若子孫並未違犯教令而殺之，便是故殺了⑩。而且所謂違犯教令也是指『可從而違』的正命⑪。在正命之下可從而故違，子孫纔受違反教令的處治，否則子孫不成立違犯教令罪，而祖父母父母擅加殺害便不能委爲違犯教令，須負故殺的責任⑫。

元、明、清的法律較唐律寬容得多，父母並非絕對不得殺子孫，除了故殺並無違犯之子孫外，子孫有毆罵不孝的行爲，被父母殺死，是可以免罪的⑬。即使非理殺死也得無罪。

王起長子王潮棟恨弟王潮相不肯借錢，持刀趕砍。王起將王潮棟拉回，縛其兩手，向其斥罵，王潮棟回罵。王起氣忿莫遏，將王潮棟活埋。吉林將軍照子孫違犯教令，父母非理毆殺律擬罪。刑部以子罵父，係罪犯應死之人，與故殺並未違犯教令之子不同，亦與非理毆殺違犯教令之子有間，依律勿論⑭。

子孫違犯教令，祖父母原有權加以扑責，而無心致死，亦非不可能，所以依法決罰邂逅致死是無罪的，非理毆殺有罪，罪亦甚輕。明清時的法律皆止杖一百⑮。清現行刑律處十等罰，罰銀十五兩⑯。處罰較唐律爲輕。

非理毆殺自然指扑責以外的殘忍的虐待的殺害，例如勒斃活埋一類的事情，至於違犯教令則含義極抽象含混，像賭博姦盜一類的行爲，父加訓責，不從，自然包括在內。

> 張二小子年十一，時常在外偷竊，其父張勇屢誨不悛，起意殺死，將二小子用麻繩勒斃，照子孫違犯教令，父母非理毆殺律擬罪⑰。

但有時同樣的罪名，出入很大，例如同樣是竊偷，如果目爲慣竊匪徒，則罪又重於違犯教令，雖非理毆殺，父亦無罪。

> 李增財因子李枝榮屢次行竊，央同外人幫忙，將李枝榮綑住，用鐵斧背連毆，致傷兩膁肋。李枝榮喊嚷滾轉。李增財隨即將李枝榮兩腳筋割斷，身死。刑部以李增財因子屢次行竊，至使割斷腳筋身死，與非理毆殺不同，從寬免議⑱。

又如子女犯姦，如聲明淫蕩無恥，玷辱祖宗，將其殺死，亦得免議。有三件案子，二人勒死犯姦之女，一人砍死犯姦之女，均免議⑲。

在另一方面我們應注意所謂違犯教令往往是些細微的瑣事。

> 陳十子令其子陳存根同往地內和糞，陳存根託故不往，訓罵之後，無奈同往，至地仍不工作，怒形於色，陳十子嚷罵，陳存根哭泣不止，陳十子忿激，頓起殺機，用帶將其勒斃。晉撫以係有心故殺，依父故殺子律杖六十徒一年，刑部駁以陳存根不聽教令，實屬違犯，應依子違犯教令而父非理毆殺律杖一百⑳。

像這種案件，若不是非理毆殺，便可不論了。法律上所注意的不在是否違犯教令而在是否非理斃殺，這是客觀的問題，前者則是主觀的，只要父親說兒子違犯教令，司法是不會要求提出原因的，亦不須法司加以認定。有的毆死違犯教令之子的案件，咨文上根本不曾說明原因，只有因子違犯教令將子毆死的字樣㉑。

子孫不肖，法律除了承認父母的懲戒權可以由父母自行責罰外，法律還給予父母以送懲權，請求地方政府代爲執行。我們已經說過生殺權的被剝奪是父權的一種減縮，那麼，家庭懲罰權的移交於政府請求法官審判執行，如亨利梅因所提示我們的羅馬帝政時代晚期的情形，自也是父權的一種減縮。送懲的方式通常不外兩種。父母可以子孫違犯法令爲理由送請懲戒。

唐、宋的處分是徒刑二年㉒，明、清時代則杖一百㉓。違犯教令的範圍，上面已經說過，是很寬泛的，只要父母提出控訴，法司無不照准。尤其是明、清的法律處分定得很輕。

除了違犯教令外，父母也可以不孝的罪名呈控子孫請求代爲懲治。不孝的罪名顯然較違犯教令爲重，所以法律上的懲處亦較後者爲重。法律對於不孝的內容在名例（總則）上原已一一列舉，包括告言詛罵祖父母父母，祖父母父母在別籍異財，供養有缺，居父母喪自身嫁娶，作樂釋服從吉，聞喪匿不舉哀，及詐稱祖父母父母死等項㉔，如何治罪在條文（分則）上也有明確的規定，受理時是不會感到困難的。但並不是說不在列舉範圍以內的子女對父母的不遜，便不算不孝，而父母便不能告他。法理上和事實上父母同樣地可以告愬，只要告子孫不孝，法司是不會拒不受理的。

而且還有一點可注意的是父母如果以不孝的罪名呈控，請求將子處死，政府也是不會拒絕的，雖然不孝罪的處分除告言詛罵處死外，其餘等項皆罪不至死。這裏我們可以看出法律對於父權的傾向，父親對子女的生殺權在法律制度發展到某種程度時，雖被法律機構撤銷，但很明顯地，却仍保留有生殺的意志，換言之，國家所收回的只是生殺的權力，但堅持的也只是這一點，對於父母生殺的意志却並未否認，只是要求代爲執行而已。我們或可信此即昔時父親生殺權之遺跡。

劉宋的法律，父母告子不孝欲殺者皆許之㉕。唐時李傑爲河南尹，有寡婦告子不孝，其子不能自理，但云：『得罪於母，死所甘分。』傑察其狀，非不孝子，對寡婦說：『汝寡居惟有一子，今告之，罪至死，得無悔乎？』寡婦道，『子無賴，不順母，寧復悔乎？』傑曰：『審如此，可買棺木來』㉖。此寡婦但云：『子無賴，不順母』即處死，可見父母欲殺皆許之，原無需罪至死，亦無須提出確證。

但我們應注意並不是所有時代的法律對於被控不孝的人都處以死刑的。宋代即有例如此。眞德秀知泉州時，有母告子不孝。審問得實，杖脊於市，髡髮居役㉗。

清代的法律與父母以呈送發遣的權利，只要子孫不服教誨且有觸犯情節便可依例請求。忤逆不孝的子孫因父母的呈送，常由內地發配到雲、貴兩廣㉘，這一類的犯人向例是不准援赦的（常赦所不原），除非遇到特旨恩赦或減等發落，詢明犯親，情願伊子回家，纔有釋放的機會。如遇恩赦准即時釋回，若恩詔只係減等發落，則減徒之後照親老留養例，枷號一個月釋放㉙。照例軍流人犯減等者，皆遞減爲杖一百徒三年，滿徒之日方准釋回。呈送發遣之案辦理不同係體貼犯親迫不及待之意。父母呈送常出於一時氣忿，及子孫遠戍，又心存不忍，時時繫念，舐犢情深，所以許其呈請釋回，又恐近於兒戲，所以只能在指定情形之下辦理，不能隨意請求。立法原意原係曲體祖父母父母之心，並非爲曾犯忤逆之子孫，意存寬宥。所以有時犯人發遣未久，遇恩旨查詢，而犯親氣忿未平，不願領回，年久月深，又想兒子回家，呈請釋放。雖與例不符，但爲體念親心，仍准解交原籍，照例減徒折枷釋放㉚。有時父母因兒子衆多，一子觸犯，即行呈送，後來餘子死亡，無人侍養，又呈請釋放，也能邀准，雖然與遇赦才能呈請的定例是不符的。道光時廣西有林某因長子竊銀花用，被父斥罵，出言頂撞，呈送發遣貴州，長子去後，次子病亡，三子病廢，林某年逾七旬，煢煢無依，呈請釋放。刑部以雖例無明文，然『其父殘年待斃，望子不歸，既非所以順衰老之情，亦不足以教人子之孝』，准予枷責釋回㉛。

釋放回家原是因父母無人侍奉，體念親心，所以子孫釋回後必須合於任家侍奉的條件，如赦回後，再有觸犯，又經父母呈送，便加重治罪，發往新疆給官兵爲奴了㉜。如果侍養的對象已經不存在，同樣地，他也就無須釋放回家了㉝。除非該犯原案實係偶有觸犯，並非怙惡屢犯，又有聞喪哀痛情狀，經督撫將軍咨部核准奏請的手續㉞。有的人被父母呈送監禁後，聞父母身故，自憂失去釋放的機會而竟在獄自盡㉟。

我們從呈送發遣的事例上可以很清楚地看出來祖父母父母對於子孫身體自由的決定權力。他們不但可以行使親權，並且可以藉法律的力量，永遠剝奪其自由，放逐於邊遠，子孫被排斥於家族團體之外，同時也就被排斥於廣大的社會之外——包括邊境以外的全部中國，不能立足於社會。這可以說明子孫永遠是屬於父祖的，永遠是與家庭不能分離的，這在具有近代意識，以爲脫離家庭可以自由在社會上獲得自己生活的見解，是大相逕庭的。

更重要的，我們從中也可看出父母在這方面的絕對決定權，剝奪自由與否的決定，執行一部份以後，免除其罪刑與否，全取決於他們的意志，法律只爲他們定一範圍及具體的辦法，並代爲執行而已，不啻爲受委託的決定機構。從形式上來看，判決的是法司，從實質上來看，決定的還是向法司委託的父母，法律上早已承認他們的親權。他們褫奪子孫的自由的合法權力，嚴格言之，實不自請求發遣之時始；同樣地，他們免除原刑的權力亦不自請求釋放之時始。

從清代遺留下來的案牘中，我們可以看出父母呈送觸犯之案多係情節較輕者，大抵係因不服管束或出言頂撞一類情事。有一人因平日懶惰游蕩不聽母訓，被呈送發遣㊱。有一人酗酒滋事，屢訓不悛，由直隸發配廣西㊲。有時則爲供養有缺，有一人自家逃走，二年不回，不顧其父養贍，經呈送極邊煙瘴充軍㊳。許多則起因於偸竊財物，有一人偸賣伊父膳穀，被父查知，出言觸犯，由四川發配廣東㊴。有一人因性好游蕩浪費，圖竊父銀使用㊵，又一人因賭博輸錢，欲當母衣服償欠㊶。有時再度呈送發遣也並非了不得的大惡，有一人嗜酒游蕩，經父呈送發遣，在配思親情切逃回被獲，適逢恩詔查詢，犯親情願領回，枷責釋放，嗣後該人又在外飲醉，其父氣忿，復呈送發遣，依例枷號兩月，仍發極邊充軍，永不准釋回㊷。可以說都是屬於違犯教令一類的。很清楚地若是有干犯毆詈的重大罪名，早已罪犯死刑，豈止發遣？條例上說得明白：『凡呈告觸犯之案，除子孫實犯毆詈，罪干重辟，及僅止違犯教令者，仍各依律例分別辦理外，其有祖父母父母呈首子孫懇求發遣，及屢違犯觸犯者，即將被呈之子孫實發煙瘴地方充軍』㊸。故道光諭旨中有云：『子於父母如有干犯重情，早經依律治罪，其偶違教令，經父母一時之怒送官監禁者，情節本屬稍差』㊹。

於此我們不應忽略一重要點，子孫違犯教令或供養有缺，依照本律不過杖一百，可是犯了同樣的過失，被父母呈送便發遣邊地，終身不得自由了。這事說明了處分的伸縮自由完全操縱在父母的手裏。像刑部說帖所說的：『子孫一有觸犯經祖父母父母呈送者，如懇求發遣，即應照實際之例擬軍；如不欲發遣，止應照違犯之律擬杖』㊺。法律機構代父母執行懲戒權，處刑的輕重完全是遵父母的意志的，這和劉宋時代父母告子不孝，欲殺者皆許之，是同一道理。

呈控子孫忤逆不孝，司法機構是不會拒不受理的，同時，也不要求呈控人提供證據。法律上明文規定『父母控子，即照所控辦理，不必審訊』㊻。『天下無不是的父母』，父母對子女的管教懲戒權本是絕對的，倫理告訴我們，子當『有順無違』，這不是『是非』的問題，而是『倫常』的問題。在父母責罵時而和父母分辯講理，甚至頂撞不服，在孝的倫理之下，實是不可想像的事。父母將兒子告到官裏，官府懷疑到父母所陳述的理由是否充足，或是追問子女究竟是否忤逆不孝，也是不可想像的事。如果法官追問誰是誰非，便等於承認父母的不是，而否認父權的絕對性了。

『是非』，毋寧說是繫於身分的。我錯了因為我是他的兒女。他的話和行為是對的，因為他是我的父親。

其次，讓我們來討論財產權。

禮記曾屢次提到父母在不有私財的話㊼，禁止子孫自執財產在禮法上可以說是一貫的要求。法律上為了防止子孫私自動用及處分家財，於是立下明確的規定。歷代法律對於同居卑幼不得家長的許可而私自擅用家財，皆有刑事處分，按照所動用的價值而決定身體刑的輕重，少則笞一十二十，多則杖至一百[48]。

子孫既不得私擅用財，自更不得以家中財物私自典賣，法律上對於此種行爲的效力是不予以承認的。宋雜令家長在，子孫弟姪等概不得以奴婢六畜田宅及其他財物私自出賣或質舉，便是家長離家在三百里以內並非隔閡者，同居卑幼亦受同樣拘束，只有在特殊情況之下（家在化外及阻隔兵戈），纔能請求州縣給與文牒以憑交易，違者物即還主，財沒不追[49]。元代也有類似的規定，田宅的典賣須有尊長書押纔有契約上的效力[50]。

父母在而別立戶籍，分異財產，不僅有虧侍養之道，且大傷慈親之心，較私擅用財的罪更大，所以法律上列爲不孝罪名之一[51]，而處分亦較私擅用財爲重。唐宋時處徒刑三年[52]。明清則改爲杖刑一百[53]。祖父母父母死後子孫雖無此種限制，但喪服未滿仍不得別籍異財，否則也不能逃避法律制裁[54]。立法的原意是惡其有忘親之心，同時我們可以證明父祖對於財產的所有權及支配權在父祖死時纔消滅，子孫在他未死以前，即使已成年，已結婚，或已生有子女，同時已經有職業，已經獲得公民的或政治上的權利，他依然不能保有私人的財產或是別立一新的戶籍。

法律對於父權在這方面的支持以及對家族團體經濟基礎的維持，其力量是不可忽視的。再進一步來看，則我們可以發現不但家財是屬於父或家長的，便是他的子孫也被認爲財產，嚴格說來，父親實是子女之所有者，他可以將他們典質或出賣於人。幾千年來許多子女都這樣成爲人家的奴婢，永遠失去獨立的人格，子女對自己的人格是無法自主或保護的，法律除少數例外，也從不曾否認父母在這方面的權力[55]。

另一重要的父權爲對於子女婚姻狀況的決定。父母的意志爲子女婚姻成立或撤銷的主要的決定條件，他以自己的意志爲子授室，爲女許配，又可以命令他的子孫與媳婦離婚，子女個人的意志是不在考慮之列的。社會法律無不承認他的主婚權的，以社會法律的制裁作有力的支持。子女的反抗是無效的。詳情留在婚姻一章內再討論。

從以上的分析中我們可以得一結論，父或家長爲一家之主權，他的意思即命令，全家人口皆在其絕對的統治之下。司馬光云：『凡諸卑幼事無大小，必咨稟於家長。（安有父母在上而其下敢恣行不顧者乎？雖非父母，當時爲家長者，亦當咨稟而行之，則號令出於一人，家始可得而治矣』。）[58]所說的便是這種情形。

在離去這個題目以前，我們對於父權似應加以明確的解釋，以免發生混淆的概念。在上文中，我們常父母並言，社會法律要求子孫對他們同樣的孝順，違犯教令及其他侵犯行爲對父母是同樣的處分，並無軒輊。但我們應注意，嚴格說來，只能說是父權而不能說是母權。這有兩點意義：第一，母權是得之於父的，是因父之妻的身分而得的，『不爲伋也妻是不爲白也母』[57]的情形。可以說母權不是永久的，其延續性是決定於父之意志的。第二，母權不是最高的，也不是絕對的。我們曉得妻是從夫的，在治家上居於輔從的地位，以父母來說，母亦居於輔從的地位。在父母雙方的意志不相衝突時，他們的命令是一個，原不必分別父權母權——自法理言之，母既是從父的，根本便不應有衝突，但事實上當母權與父權衝突時，則夫權越於妻權，父權越於母權，我們應當服從父親的最高的絕對的命令。許多家庭中母親往往溺愛兒子，不加管束，父親說打便打，母親雖心痛，也無從攔阻。又如為子擇媳，兒子固不能違背母親的意志，但父親有最後的決定權。所以古人說『家無二隆』㊺，『母親而不尊』明白承認家中只有一最高主權，猶之國家亦無二隆，即以喪服而論也可看出父尊而母卑，很久的一個時期，父在只為母服期喪，開元時經過一場激辯，才改為齊衰三年，一直到明代纔一律斬衰三年。

而且，嚴格說來，父權實指家長權，只有男人纔能獲得此權，祖母母親實不包括在內。我們應注意父權的行使者不一定是祖父或父親，有時是祖父的兄弟，父親的兄弟，有時是同輩的兄長。誰是家長誰便是父權的行使者，所有全家的卑幼都在他的統治之下。即使祖父父親是一家之長，他死後也不能由祖母或母親來繼承，她反而居於從子的地位，如果兒子還未成年，名義上也須由親等最近的旁系男性尊親屬負教養監護之責，代行父權。最顯明的是關於主婚權。

以上是父權在家中的行使。族既是家的綜合體，族居的大家族自更需一人來統治全族的人口，此即我們所謂族長。便是不族居的團體，族只代表一種親屬關係時，族長仍是需要的，一則有許多屬於家族的事務，須他處理，例如族祭，祖墓，族產管理一類事務，再則每一個家雖已有家長負統治之責，但家際之間必有一共同的法律，一最高主權，來調整家際之間的社會關係，尤其是在有衝突時。沒有族長，家際之間的凝固完整，以及家際之間的社會秩序是無法維持的。族長權在族內的行使實可說是父權的伸延。

在遠古的時代——周——我們看見宗法的組織。這種組織是『同姓從宗合族屬』的一種結合，由大小宗分別來統率。大宗一系是由承繼別子（始封之祖）的嫡長子（大宗宗子）所組成的㊾，全族的共同組織，全族的男系後裔，都包括在此宗體以內⑩，爲全族所共宗⑪，可以說是最綜合的，最永久的。其餘嫡子及庶子則分別組成無數小宗，有繼禰的（父宗）⑫，有繼祖的（祖宗），有繼曾祖的（曾祖宗），有繼高祖的（高祖宗），分別統其同父的羣弟，同祖之弟，同曾祖之弟，同高祖之弟。最後則所有小宗皆統於大宗，成爲『大宗能率小宗，小宗能率羣弟』⑬的情形。

大宗是百世不遷的，同時亦是百世不易其宗的⑭，凡是始祖的後裔都包括在此宗體以內，皆以大宗宗子爲宗主，所以大宗的體系是綜合的，也是最永久的。若小宗則是以高祖爲始，五世則遷的，祖遷於上則宗易於下，祖遷於上影響祭禮的變動，宗易於下則影響宗體及統率關係的變動，所以小宗的範圍不僅是較小的，且是隨時變動的，不是永久的。

宗者主也，宗的本身即一種統率，宗子權即統率之權，所以漢儒說：『宗，尊也，爲先祖主也，宗人之所尊也』⑮，又因爲宗道以兄統弟，故宗道亦即兄道⑯。孔子常說，入以事其父兄，周人每孝弟並論，此即宗道的意識，與後世所謂弟道不同。

宗子權中最主要的是祭祀權。在宗法系統中不是所有的子孫都有祭祀權的，只有宗子纔能祭其父祖⑰。繼別者祭別，繼禰者祭禰，繼祖者祭祖，繼曾祖者祭曾祖，繼高祖者祭高祖，各有所繼，各有所祭，其餘非所當繼者皆不得祭。這些不祭的大小宗宗子之弟在祀時便分別敬侍宗子，同父的兄弟共侍父宗宗子祭父，堂兄弟共侍祖宗宗子祭祖，再從兄弟共侍曾祖宗子祭曾祖，族兄弟共侍高祖宗子祭高祖，大宗宗子祭始祖一系時則羣宗皆來敬侍。故白虎通云：『宗將有事，族皆侍』⑱。賀循云：『若宗子時祭則宗內男女畢會』⑲。大小宗宗子實爲大小宗的主祭者。

第二，宗子負有全族財產權。白虎通云：『大宗能率小宗，小宗能率羣弟，通其有無，所以統理族人者也』(70)，便是此意。宗法組織之下，昆弟雖『異居而同財，有餘則歸之宗，不足則資之宗』(71)。

此外，族中有大事皆當諮告宗子，故賀循云：『奉宗加於常禮，平居即每事諮告，凡告宗之例，宗內祭祀、嫁女、娶妻、死亡、生子、行來、改易名字皆告』(72)。

以族人之婚姻而言，所以必告者不僅係大事必告，亦不僅要求宗子普率宗黨以赴役(73)，最主要的還是因爲主婚權。所以儀禮說，『宗子無父，母命之，親皆歿，已躬命之，支子則稱其宗，（宗子）之弟則稱其兄（宗子）』(74)。又女子許嫁之後，祖廟未毀，教於公宮，毀則教於宗室(75)，宗室即宗子之家。

生子必告，告則宗子書於宗籍(76)。

宗子亦似有生殺權。楚歸知罃於晉，楚王問何以爲報。對曰：『以君之靈，纍臣得歸骨於晉，寡君之以爲戮，死且不朽。若從君之惠而免之，以賜君之外臣首（知罃父），首其請於寡君而以戮於宗，亦死且不朽。若不獲命，而使嗣宗職……』(77)。戮於宗即宗子有生殺權之謂。

宗子在宗族中之地位既如此高崇，所以宗子婦於禮最尊，賀循所謂：『奉宗加於常禮』是。禮記云：適子庶子祇事宗子宗婦，雖富貴不敢以富貴入宗子之家，雖衆車從，舍於外以寡約入，子弟猶歸器，衣服裘衾車馬則必獻其上而后敢用其次也(78)。宗子之尊可以想見。

宗法原是封建貴族的親屬組織，封建制度破壞以後，宗法組織亦隨而瓦解。封建時代爵位封邑的繼承皆只限於一人，所以分別大小宗，獨重長適，封建旣廢，官無世祿，此種分別自非必要，所以宗法組織亦成爲歷史上的遺跡。後代雖好以長房當大宗，次房以下當小宗，實似是而非，後世並無百世不遷永遠一系相承的支系，房斷不可與宗混爲一談。

而且嚴格言之，宗道兄道也，宗法的中心組織在於以兄統弟，後世根本沒有這種意識，也沒有這種組織。兄長斷沒有統弟的權力，每一房的統治者是父而不是兄。

宗法組織消失以後，起而代之的爲家長或族長，家長若小宗宗子，爲一家或一支派之主，族長則若大宗宗子爲全族之主。（但有時家長族長之分並不嚴格，廣義的用法，族長亦可稱爲家長。從歷史上的用語來看，似乎族長一名稱是較後起的，較通俗的。陸九韶兄弟累世同居，史稱家長，不曰族長。江州陳氏，婺州鄭氏的家譜家規中，亦概稱家長。）一般習慣，族長是公推的，多半擇輩尊年長德行足以服衆者任之，整個的族事都由他處理。

在宗族的團體中，全族的收入和各項消費都須縝密的計畫，經營，和支配，經濟方面的功能是非常繁重的。金谿陸氏累世義居，推一人最長者爲家長（實即族長），歲遷子弟分任家事，田疇、租稅、出納、廚、爨、賓客，各有主者⑲。浦江鄭氏家長（族長）之下分設主記、新舊掌管、羞服長、掌膳、知賓等名目，由子弟分任其職⑳。

族不一定是同居的共同生活體，許多時候每一個家是各自分居的，在這種情形之下，每一單位家務的處理仍由每一單位家長自行負責，族長是不干與的，他所過問的是關乎家際之間的公務，例如族田族祠族學的管理，族田收益的分配等。

族長皆負有宗教功能，爲族祭的主祭人，陸九齡兄弟家每晨由家長率衆子弟拜謁先祠[81]。一般的家雖不每日叩祠，歲時祭祀的主祭人仍爲族長[82]。一般習慣，家祠私祭由家長主祭，只有家內人口參加，歲時的族祭則於族祠舉行，由族長主祭，全族的人皆參加。

除祭祀而外，族長最重要的任務是處斷族內糾紛。家內糾紛，自可由家長處斷，族內家際間的糾紛則非家長所能解決。族長實等於族的執法者及仲裁者，族長在這方面的權威實是至高的，族內的糾紛往往經他一言而決，其效力決不下於法官。有的權力甚至爲法律所承認。例如族中立嗣的問題，常引起嚴重糾紛，有時涉訟不清，法官難以判斷，斷亦不服。只有族長及合族公議才能解決這種糾紛，往往一言而決，爭端立息。法律上看清這一點，所以明白規定：『婦人夫亡，無子守志者合承夫分，須憑族長擇昭穆相當之人繼嗣』[83]。又如獨子承繼兩房應取具合族甘結[84]。因爭繼釀成人命者，爭產謀繼及扶同爭繼之房分，均不准其繼嗣，應聽闔族另行公議成立[85]。所謂闔族公議者實由族長主持。

招壻養老本應仍立同宗應繼者一人承奉宗祀，但未及立繼而死，自不得不由族長於同宗中擇一人立繼，法律上明文規定『從族長依例議立』[86]。

對於違犯族規及不服仲裁的族人，族長是有懲罰權的。許多宗族中都有法律，有時是成文的。鄭氏規範爲最著稱的一例。有些家族雖沒有條規，但總有些傳統的禁忌，凡足以破敗門風，玷辱祖宗的行爲都是族所不容的。往往觸犯刑律的人同時也就是觸犯族禁者，國法與家法有時是相合的。

族長實無異於奉行宗族法律（家法）的法官，爲族法的執行者。他可以根據自己的意志判斷曲直，酌定處罰（族中若沒有規定處罰的條款，自只得採取自由裁定的方式），他的話在族中即命令即法律，他可以使令賠償損害，以及服禮道歉之類：

王榮萬因堂弟王貴萬將坍敗公衆廳堂修整居住，令出租錢不允，將王貴萬錢搶走。王貴萬投族，將王榮萬尋獲，處令還錢[87]。

饒念八兄病故，寡婦曹氏情願守志。饒念八欲將曹氏嫁賣，且說恐曹氏破敗門風，免得丟臉。曹氏投明族衆，處令饒念八服禮[88]。

劉彩文素行不端，爲母劉陳氏逐出另居。劉彩文偷竊族人劉章耕牛一隻，爲事主所悉。將劉彩文拉投族衆。族長劉賓以做賊有犯族禁，倡言罰銀八十兩，置酒謝族，免其送官究治[89]。

更重的罪則加以身體刑，或開除族籍。家長族長之有身體懲罰權，在中國家族史上是極重要的，陸九齡九韶兄弟家家法極嚴峻，子弟有過，家長責而訓之，不改則撻之，終不改，度不可容，則言之官府，屏之遠方[90]。婺州鄭文嗣文融兄弟家庭內凜然如公府，家人稍有過，雖頒白笞之[91]。族居時代，人口衆多，關係極爲複雜，極易引起衝突，若無家法，自難維持秩序。否則鄭氏斷不能十世同居，達二百數十年之久。

有時族長甚至下令將犯過的族人處死。

劉彩文經族長劉賓斷令罰銀謝族後，即將劉彩文交劉公允領交劉陳氏收管。彩文回家，欲賣陳氏膳田備酒。陳氏不允，彩文嚷鬧，將陳氏推倒，次日，劉賓、劉章、劉大嘴（劉章之子）、劉公允等赴劉陳氏家催索罰銀。陳氏聲述昨天情事，求帮同送官究治，劉賓云：『做賊不孝，不如埋死，以免族人後累。』陳氏不允。劉賓說：『如不埋死，定將賣膳田辦酒示罰。』劉賓即令劉大嘴取出弔狗細練將劉彩文練住，拉牽前走。彩文不肯走，劉賓又令劉彩文之大功服兄劉文登在後帮推。陳氏攜帶稻草喚彩文之弟劉相劉牙同行。劉相中途逃走。劉牙哀哭求饒，劉賓不允，令劉文登挖坑，陳氏將稻草鋪墊坑內。劉賓隨令劉大嘴將練解放，同劉大嘴將劉彩文推落下坑，劉文登與劉陳氏推土掩埋⑫。

徐公擧與姪女徐昭英通姦，經徐昭英之母，叔捉獲細縛，投明族長徐添榮送官究治，徐公擧在途求釋，不允，遂說，送官族長亦無顏面，徐添榮以其敗壞門戶，忿激之下，喝令徐添壽將徐公擧推溺斃命⑬。

族長的生殺權固不是法律所承認的，前案劉賓病故不議，後案徐添榮照擅殺律科斷。但我們應注意其傳統的威權，族人肯服從他的命令，加以執行，便表示承認他的生殺權，並不曾有所懷疑。這類事在窮鄉僻壤不知曾發生過多少次，若有記錄，其數量定可驚人。

於此我們可見家長族長在維持家族秩序及家族司法上所處的重要地位以及國法與家法的關係。在社會法律都承認家長或族長這種權力的時代，家族實被認爲政治法律之基本單位，以家長或族長爲每一單位之主權，而對國家負責。我們可以說家族是最初級的司法機構，家族團體以內的糾紛及衝突應先由族長仲裁，不能調解處理，纔由國家司法機構處理。這樣可省去司法官吏許多麻煩，並且結果也較調和，俗話說清官難斷家務是有其社會根據的。有許多糾紛根本是可以調解的，或是家法便可以處治的，原用不着涉訟，更有些家庭過犯根本是法律所不過問的，只能由家族自行處理。家長族長除了生殺權以外，實具有最高的裁決權與懲罰權。

反過來看，法律既承認家長族長爲家族的主權，而予以法律上的種種權力，自亦希望每一單位的主權能爲其單位團體的每一分子對法律負責，對國家負責。此等責任或爲對國家的一種嚴格的義務。

在公元前二世紀時，我們便看見中國法律上對家長所要求的這種責任，當時的占租律便是以家長爲負責的對象，占租不實者有罪㉔。脫漏戶口，自來的法律都要求家長負責，唐律脫戶者家長徒三年，無課役者減二等，明清律，一戶全不附籍，有賦役者家長杖一百，無賦役者杖百十，將他人隱蔽在戶不報及相冒合戶附籍者同罪㉕。晉時舉家逃亡，家長處斬㉖，戶籍租稅等事本係家長職權，故由家長獨負其責。

有些事雖應由個人負責，但所有家族內人口都居於家長或族權之下，應隨時督察，所以也應由家長負責。而且有過失之本人反不負法律上的責任。例如服舍違式，明、清律俱罪坐家長㉗，清律並規定，族長係官罰俸三個月㉘。又如居喪之家修齋設醮，而男女混雜，飲酒食肉者，亦罪坐家長，杖八十㉙。

從家法與國法，家族秩序與社會秩序的連繫中，我們可以說家族實爲政治法律的單位，政治法律組織只是這些單位的組合而已。這是家族本位政治法律的理論的基礎，也是齊家治國一套理論的基礎，每一家族能維持其單位內之秩序而對國家負責，整個社會的秩序自可維持。

【注釋】

①呂氏春秋，蕩兵篇。

②顏氏家訓，一，治家。

③見孔子家語。

④顏氏家訓，一，教子。

⑤禮記，內則。

⑥左傳昭公，二一年。

⑦史記，八七，李斯列傳。

⑧白虎通德論。

⑨魏書，一一一，刑罰志。

⑩唐律疏義，二二，鬬訟二：『毆詈祖父母父母』。

⑪唐律疏義，二四，鬬訟四：『子孫違犯教令』原註。故疏義云：『祖父母父母有所教令，於事合宜，卽須奉以周旋，子孫不得違犯……若教令違法，行卽有愆，……不合有罪。』

⑫同右：『毆詈祖父母父母』，疏義云：『若子孫違犯教令，謂有所教令，不限事之大小可從而故違者；而祖父母父母卽毆殺之者徒一年半，以刃殺者徒二年。故殺者各加一等，謂非違犯教令而故殺者』。

⑬元史，一〇五，刑法志三，『殺傷』；明律例（本書所用係明會典本），十，刑律二，鬬毆：『毆祖父母父母』；清律例，二八，刑律，鬬毆下：『毆祖父母父母』。明清律皆云若違犯教令而依法決罰邂逅致死者勿論，元律則云：『諸父有故毆其子女邂逅致死者免罪』。

⑭刑案彙覽 xxxxlv. 1a-2a 。

⑮元史，刑法志：『殺傷』；明律例：『毆祖父母父母』；清律例：『毆祖父母父母』。

⑯現行刑律，鬭毆下，『毆祖父母父母』。

⑰刑案彙覽，xxxxlv, 3a-4b。

⑱續增刑案彙覽，xll, 4ab。

⑲刑案彙覽，xxxxlx. 2a-3a。

⑳同右，5ab。

㉑同右，10a。

㉒唐律疏義，二四，鬭訟四，『子孫違犯教令』；宋史，刑法志載眞宗時，民家子有與人鬭者，其父呼之不止，顚躓死，法官處笞罪。上曰：『呼不止，違犯教令，當徒二年，何謂笞也？』知宋律同唐。

㉓明律例，一〇，刑律二，訴訟，『子孫違犯教令』；清律例，三〇，刑律，訴訟，『子孫違犯教令』。

㉔唐，元，明，清律，名例，十惡不孝條。

㉕宋書，六四，何承天傳云：『母告子不孝，欲殺者許之。』註云：『謂違犯教令，敬恭有虧，父母欲殺皆許之。』按宋時法律，子不孝父母原爲棄市（宋書，八一，顧覬之傳引律）。

㉖張鷟，朝野僉載，卷上。

㉗眞德秀，西山政訓（寶顏本）。

㉘參看刑案彙覽，I, 64a 各案。

㉙清律例，四，名例律上『常赦所不原』嘉慶六年續纂，十一年，十五年，十九年四次修改，二十五年改舊例。

㉚刑案彙覽，I. 69b-71a，其說帖中查議之文有云：『……並無赦後再行查詢之例，惟查王法本乎人情，而送子發遣之案，遇赦得准向犯親查詢，則爲子者之應否回歸，又明予犯親以權，使得自爲專主，是施法外之仁，即寓委曲教孝之意……該氏惟念骨肉，願子回歸，如仍令羈留配所，該犯不得遂鳥獸之私，若謂孽由自作，而犯親侍養無人，桑榆暮景，反無以自慰，揆之天理人情，似未爲允協。該犯係曾經過赦查詢之犯，似可推廣皇仁，准其釋回……此後如有似此案情，均可照此辦理。』

㉛刑案彙覽，72a-74b。

㉜清律例，『常赦所不原』條例。

㉝按乾隆六十年舊例原定忤逆發遣之人父母已故，便准釋回。嘉慶十三年纂例以父母已故，便謂不致再有忤逆情事，即准釋回，殊非情理，況該犯等於親在時既敢於違犯失其歡心，又安望其有依戀之誠耶？此一條着即刪去，仍遵例不赦（同上條例）。

㉞清律例，『常赦所不原』，嘉慶十九年續纂道光二十五年修改例。參看刑案彙覽，I. 76b-77a；77a-78a；78a-79b；80a-81b；82ab，83ab。

㉟同右，75b。

㊱刑案彙覽，xxxxlx. 56b.

㊲同右，I. 82a。

㊳同右，xxxxlv. 54a。

㊴同右，I. 73b。

⑩同右，I. 72b。

㊶同右，xxxxlv. 55a。

㊷同右，I. 83ab。

㊸清律例，三〇，刑律，訴訟『子孫違反教令』，嘉慶十五年修改例。

㊹刑案彙覽，I. 15b。

㊺同右，xxxxlv。

㊻清律例，二八，刑律，鬭毆下，『毆祖父母父母』，乾隆四十二年例。

㊼曲禮上云：父母存『不有私財』；坊記亦云：『父母在不敢有其身，不敢私其財。』又內則云：『子婦無私貨，無私蓄，無私器，不敢私假，不敢私與。』

㊽唐宋律私輒用財者十四笞十，十四加一等，罪止杖一百（唐律疏義，一二，戶婚上，『卑幼私輒用財』；宋刑統，一二，戶婚律，『卑幼私用財』）。明清律二十貫笞二十，每二十貫加一等，罪亦止杖一百（明律例，四，戶律一，戶役，『卑幼私擅用財』；清律例，八，戶律，戶役，『卑幼私擅用財』）。

㊾見宋刑統，一三，戶婚律，『典賣指當論競物業』。

㊿元史，一〇三，刑法志，『戶婚』。

(51)唐、宋、元、明、清律，名例，『十惡不孝』。

(52)唐律疏義，一二，戶婚上，『子孫不得別籍』；宋刑統，一二，戶婚律，『父母在及居喪別籍異財』。

(53)明律例，四，戶律一，戶役，『別籍異財』；清律例，八，戶律，戶役，『別籍異財』。

㊹唐宋處徒刑一年（唐律疏義，一二，戶婚上，『居父母喪生子』；宋刑統，『父母在及居喪別籍異財』）。明清律杖八十（明律例，『別籍異財』；清律例，『別籍異財』）。

㊺漢高帝嘗頒詔令，民得賣子（漢書，二四，食貨志）。旋又詔民以飢餓自賣爲奴婢者得免爲庶人（漢書高帝紀）。嚴助傳云：『民得賣爵質子以接衣食』，淳如註曰：『淮南俗賣子與人作奴婢名曰贅子，三年不贖，遂爲奴婢』（漢書，六四，嚴助傳）。風俗法律對於父母出賣子女的權利的承認，漢時已然。

㊻司馬光，書儀，卷四，居家雜儀。

㊼禮記，檀弓。

㊽荀子，九，致士篇云：『君者國之隆也，父者家之隆也，隆一而治，二而亂。』

㊾禮記，大傳云：『別子爲祖，繼別爲（大）宗，繼禰者爲小宗。』

㊿故儀禮，喪服傳云：『大宗者收族者也』。

○61故白虎通德論云：『宗其爲始祖後者百世之所宗也』（卷三下，宗族）。

○62故白虎通德論云：『宗其爲曾祖後者爲曾祖宗，宗其爲祖後者爲祖宗，宗其爲父後者爲父宗。父宗以上至高祖皆爲小宗。……小宗有四，大宗有一，凡有五宗，人之親所以備矣。』

○63白虎通德論。

○64禮記，大傳云：『有百世不遷之宗，有五世則遷之宗。百世不遷者別子之後也。宗其繼別子之所自出者，百世不遷者也。宗其繼高祖者，五世則遷者也。』白虎通德論衍釋之云：『宗其爲始祖後者爲大宗，此百世之所宗也。宗其爲高祖後者五世而遷者也，高祖遷於上，則宗易於下。』

⑥⑤白虎通德論，宗族。

⑥⑥毛奇齡云：『宗之道兄道也』。吾人或可說無兄弟相宗之法卽等於無宗。

⑥⑦李塨對此點解釋的最淸晰明白。他說：『祭禮通俗譜曰：「祭必以子」，子必有兄弟，周制兄弟嚴適庶，而適庶又嚴長次，惟長適可以主祭，次適與庶皆名支子，皆不得主祭。蓋封建之世，天子諸侯卿大夫惟長適得襲位，次適卽不襲，故古之重適卽重貴也。』

⑥⑧白虎通德論。尚書大傳宗人作宗室，詩毛傳則作宗子。

⑥⑨賀循，賀氏喪服譜（通典，七三引）。

⑦⓪白虎通德論。

⑦①同右。

⑦②賀氏喪服譜。

⑦③賀氏喪服譜云：『若宗內有吉凶之事，宗子亦普率其黨以赴役之。』

⑦④儀禮，士昏禮。

⑦⑤儀禮，士昏禮；禮記，昏義。

⑦⑥賀氏喪服譜。

⑦⑦左傳，成公三年，

⑦⑧禮記，內則。

⑦⑨宋史，四三四，儒林四，陸九韶傳。

(80) 鄭文融、鉉、濤等訂，鄭氏規範（學海類編本）。

(81) 宋史，陸九韶傳。

(82) 浦江鄭氏朔望歲時皆由家長（族長）主祭。（見鄭氏規範，義門鄭氏家儀，通禮第一，——續金華叢書）。李塨學禮曰：『公祠主祭實若族長，擇行輩年齒高於一族，族衆共推者爲之，於是爲祭主……祭時亦如家祠之祭，立圖族長支嫡長於族長後，灌擧，揖長支嫡長主初獻禮，不敢忘始祖嫡長也。』（卷四，主祭）

(83) 清律例，八，戶律，戶役，『立嫡子違法』條。

(84) 同右。

(85) 同右。

(86) 清律例，十，戶律，婚姻，『男女婚姻』條例。

(87) 刑案彙覽，xxxlv 29。

(88) 同右，vll 78a。

(89) 駁案新編，x。

(90) 宋史，四三四，陸九齡傳。

(91) 元史，一九七，孝友傳，鄭文嗣傳。其詳細家規，某過該罰，某過該笞，皆載鄭氏規範中。

(92) 駁案新編，x，1a-7b。

(93) 刑案彙覽，xxvll. 14b-20a。

⑭漢書，VII，昭帝紀，如淳引律。
⑮唐律疏義，一二，戶婚上，『脫戶』；明律例，四，戶律一，戶役，『脫漏戶口』；清律例，八，戶律，戶役，『脫漏戶口』。
⑯晉書，三〇，刑法志。
⑰明律例，十八，禮律，儀制，『服舍違式』，清律例，一七，禮律，儀制，『服舍違式』。
⑱清律例彙輯便覽，『服舍違式』條引。
⑲清律例，一七，禮律，儀制，『喪葬』。

第三節　刑法與家族主義

一　親屬間的侵犯

殺傷罪

直系尊親屬對子孫本有教養扑責的權利，原不成立毆殺罪，因子孫不孝或違犯教令，而將子孫殺死，法律上的處分也極輕，甚至無罪，過失殺死且得不論，這些在父權一節內已講過了。如子孫並無過失而爲父母所擅殺，便超出訓責的範圍，而須負刑律上的責任了。北魏律祖父母忿怒以刃殺子孫者五歲刑，毆殺者四歲刑，若心有愛憎而故殺者各加一等①。唐律故殺子孫，毆殺者徒二年，以刃殺者徒二年半②。元律無故以刃殺其子者杖七十七③。明、清律故殺子孫者杖六十，徒一年④。清現行刑律亦處徒刑一年⑤。

謀殺子孫，唐律已行者徒一年半，已傷者徒二年，已殺者徒二年半⑥。明、清律已行者杖九十，已傷者杖一百，已殺者杖六十，徒一年⑦。

這些處罰較常人間的輕得多了，常人鬪毆輕傷笞杖，重則徒流，毆人致死或殺人是沒有不償命的，謀殺人雖傷而未死亦處絞刑⑧。

子孫本以恭謹孝順爲主，所以對父母有不遜侵犯的行爲皆爲社會法律所不容，不孝在法律上是極重大的罪，處罰極重。孝經云五刑之屬三千，罪莫大於不孝。周禮不孝爲鄉八刑之一。漢律不孝罪斬梟⑨。北魏時代不遜父母律處髡刑，太和詔書猶以爲太輕，令更詳制⑩。在上古時代的法律中，已可看出法律對不孝罪的重視，齊隋以後不孝更成了十惡不赦的重罪，標明於卷首的名例中⑪。

我們只要留意，歷代法律對於不孝罪的處治，便可以看出中國古代法律皆採同一原則——加重主義。例如罵人在常人不算一回事⑫，但罵祖父母父母便是絞罪⑬。且列入不孝重罪，在十惡之內。清現行刑律因廢除凌遲重訂死刑的關係，纔由絞決改爲絞監候⑭。

至於罵以上的行爲更是不能容忍的惡逆重罪了（亦在十惡以內），早已超過不孝的程度，法律上的處分更爲嚴厲。漢⑮律宋⑯律皆罪至梟首。唐、明、清律的處分皆爲斬決，清現行刑律改爲徒刑⑰，我們應注意除元律毆傷祖父母父母處死刑外⑱，其他時代的法律都不問有傷無傷，傷輕傷重，只要有毆的行爲便成立此罪⑲。

同時，也不分別故傷或誤傷。法律上例無誤傷作何治罪明文，即使是並非有心干犯而誤傷父母也一律處斬。很古的時代，在漢時，就有許多人如此看法，有甲父乙與丙相鬪，丙以刀刺乙，甲以杖擊丙救父而誤中其父，或曰毆父當梟首，並不因誤傷而別論，獨董仲舒云：『臣愚以父子至親也，聞其鬭莫不有怵悵之心，扶杖而救之，非所以欲詬父也。春秋之義許止父病，進藥於其父而卒，君子原心，赦而不誅，甲非律所謂毆父不當坐』⑳。在當時持此種見解的人已不甚多，後代的人亦少例外。

翟小良修牆得錢買魚酒飲食，翟父見而氣忿，揪住小良髮辮毆打，小良情急圖脫，用刀割辮，不期將父手腕割傷㉑。

龔奴才因妻與人通姦，爭吵鬭毆，以翦刀向戳，陳氏門避，適龔父加紅趕來勸解，收入不及，誤將龔加紅左肋戳傷㉒。

樊魁與弟樊沅爭鬭，持刀嚇砍，伊母王氏奪刀，自行劃傷㉓。

以上諸案都依子毆父母律擬斬立決，後因情可矜憫，纔改斬候，秋審由實改緩，並因樊魁一案定一新例：『其誤傷祖父母父母律應斬決者，仍照本律定擬，援引樊魁案內欽奉諭旨，恭候欽定』㉔。

又一案：

周三兒用柳條毆責伊妻，母上前遮護，誤傷左腮頰，飲食行動如常，並未嚷痛。嗣因身體受寒，下坑出恭，失跌喘發，痛劇殞命。刑部以傷甚輕淺，死由於病，但業已誤傷，倫紀攸關，仍照律擬斬決，奉旨九卿議奏，得改斬候㉕。

若致父母於死，自又罪加一等，唐死刑止斬絞二種，毆罪已至斬刑，故罪無可加，仍止於斬。

元、明、清律則罪加至凌遲㉖，凌遲本不見於五刑，爲法外最殘酷之極刑，非罪大惡極不用，惟用於謀反惡逆等罪，法律對逆倫案之重視，可以知之。清現行刑律因廢除凌遲一刑，纔將殺死父母改爲斬決，同時毆罵父母亦不得不分別各減一等，改爲絞及絞候㉗。毆死父母之罪雖已斃命，仍須凌遲屍體。清時有一人因瘋砍死父親，被母砍死㉘。一人將母推跌斃命，被兄活埋㉙，後均剉屍示衆。又一人毆兄誤傷斃母，畏罪自盡，剉屍示衆㉚。有許多未及正法，在監瘐斃的逆倫犯，都同樣辦理。元律有明文的規定㉛。清代均依律剉屍示衆㉜。便是毆傷父母業已依律斬決的逆倫罪犯，父母嗣後因傷身死者，也不免於剉示㉝。雖死猶不能逃刑，甚至刑餘之屍還須受第二次刑。法律對於毆死父母必須處極刑的堅持，可以想見。

即無心誤殺父母也當凌遲。法律上原不分別誤殺故殺㉞，致父母於死便依律向擬，有特別情節特可矜原的案子，得到皇帝的矜憐，才有減輕的機會。

白鵬鶴因向嫂白葛氏借燈油不遂，出街嚷罵，白葛氏趕出門首理論，白鵬鶴拾起土塊向嫂擲擊，適母白王氏出勸，誤傷殞命。刑部按子殺父母凌遲處死律向擬。奉旨以遙擲土坯誤傷其母，非其思慮所及，與鬭毆誤殺者究屬有間，着改爲斬立決㉟。

又一案與此相似。

隴阿侯與余茂勝口角相毆，隴阿侯拾起地下柴斧，用斧背向余茂勝回打。余急行閃避，適隴之祖母走攏拉勸，隴收手不及，誤傷祖母頂心，倒地身亡，巡撫依律向擬凌遲，奉旨以誤傷究與毆殺者不同，改爲斬決㊱。

當時並爲此定一條例，子孫誤傷祖父母父母致死者，仍照律定擬，但准援引白鵬鶴及隴阿俟案內欽奉諭旨恭候欽定㊲。

至甚因父母被人毆擊，救父母情急，誤傷父母致死，也須依律問擬凌遲，然後請旨核減。

鄧逢達被戚興按撲在地，戚拾石欲毆，鄧子光維用刀將戚興戳傷，戚興仍抵住鄧逢達不放，鄧光維情急用刀向戳，不意戚將腿挪開，收手不及，誤將父右腹戳傷斃命。有司以父被毆勢在危急，救父誤傷，情有可憫，照子毆殺父律擬凌遲，奏請減爲斬立決，奉旨照准㊳。

陳氏與董學試拉奪竹挑，互毆。陳氏之子譚亞九喊令董放手，董不理，恐母吃虧，以石擲擊，董閃避，擊中陳氏身死。依律凌遲，聲明情節，恭候欽定。奉旨改爲斬監候㊴。

法律上又有關於子孫過失殺傷父母的規定，常人過失殺傷㊵是可以收贖的㊶，但子孫過失殺傷父母則不得贖，且科罪極重。唐、明、清律過失傷者徒三年，過失殺者流三千里㊷。乾隆時又定例過失殺祖父母父母絞立決㊸，較前更重。過失殺傷父母罪所以如此重大仍是因爲孝道倫紀的關係。最好我們引清律原註來剖釋立法的原意和精神：『過失雖出無心，而子孫……於祖父母父母當敬慎不應至於過失，故凡人收贖，而子坐流徒，即臣子於君父不得稱誤之義也』㊹。所以對祖父母父母的過失殺傷，無論何種情狀之下，均須依律擬罪，不能減輕，除非聲明可矜情節，請旨核減，但亦只能由絞決改爲絞候㊺。下面幾個都是夾簽申請，由絞決改爲絞候的個案：

戴邦穩在草堆內煮飯，不愼，草堆起火燃燒，母戴吳氏年老不能逃避，被火灼斃㊻。

徐張貴隨父徐國威淘井，父在井底挖泥，子在井上循環提桶。提至井身一半，桶梁脫落，泥桶墜井，致斃父命㊼。

崔三同父共鋸木板，木身搖動，風勢過猛，支架木板之小木滑脫，大木倒下。將父壓傷身死㊽。

方袁氏係袁單氏業已出嫁之親女，某日袁單氏往壻家告貸，值壻外出，袁氏留母候壻回家籌錢。單氏坐於門檻看女紡紗。候到傍晚，壻猶未還。袁氏想去找尋，跨出門檻向前走，單氏轉身拉住袁氏後身衣服，說不去尋。袁氏衣服被拉住，不及提防，往後退跌，碰翻單氏倒地，撞傷太陽髮際。單氏素患痰病，一時氣喘痰壅身死㊾。

便是父母爲了子孫而氣忿自盡，子孫也逃不了逼死父母的責任。明律條例原有子孫威逼祖父母父母致死，比依毆祖父母父母律問斬，奏請定奪的條文㊿，清律定得更具體而固定，凡子孫不孝致祖父母父母自盡之案，如審有觸忤干犯情節，以致忿激輕生窘迫自盡者，即擬斬決。若並無觸犯情節，但行爲違犯教令，以致抱忿輕生自盡者，但擬絞候(51)。

嚴克連母劉氏素有瘋病，時發時止，每遇生氣即病發。嚴克連因妻做鞋遲延，加以斥罵。劉氏喝阻無效，生氣觸發瘋病，服毒自盡。晉撫以劉氏之死實由瘋病昏迷所致，與實在抱忿輕生者有間，於絞罪上量減擬流。刑部以該犯使母生氣已屬咎無可辭，劉氏之自盡雖由瘋發，而瘋病復發，則由該犯不聽教令所致，依律向擬絞候(52)。

劉繼綜因妻做飯遲延，申斥爭吵，劉父衣青喝阻不理，喊罵，劉繼綜畏懼走避，劉衣青追罵，絆跌中風身死，衣列擬絞候(53)。

粟松年因妻做飯遲延，加以毆詈。母李氏出而喝阻，不聽。李氏欲稟官送究，松年叩頭央求，不允。隨即赴縣呈控，回家以後纔曉得父母首告忤逆，應問遣戍，慮無人侍養，心生追悔，愁急莫釋，投井自盡，有司以李氏之死雖非抱忿輕生，但事由於首告究由違犯教令所致，依律擬絞候㊹。

像這一類違犯教令致父母自盡的案子，不論違犯的性質如何，向來都按律辦理，從未量從寬減㊺，只有實在情有可原，像下列的情形纔有減流的希望。

劉知清平日極爲孝順。嗣因母張氏索得族人嫁賣兒媳身價錢文，向母勸說非應得之財，不可收用，張氏不允退還。劉知清未與母說明，湊錢私行退還。張氏查知不依，慮被人恥笑軟弱無能，氣忿跳窖身死。刑部以張氏不允退還錢文，本屬亂命。劉知清勸還錢文及私自退還之擧亦合於幾諫及幹蠱之義，原無不合，尙非教令可從而故違，自不便照違犯教令致母自盡例擬絞。『惟其母致死究由該犯私還錢文所致』。衡情酌斷的結果，照違犯教令致母自盡例量減一等，杖一百，流三千里㊻。

故違正命，致令父母自盡，自屬背禮違法，罪有應得。至於幾諫不從有違亂命，依理原不能目爲違犯教令。法律上對於違犯教令的定義原註明可從而故違者，同時對於違犯亂命致令父母自盡，也沒有治罪的規定。劉知清的行爲不但不能目爲不孝，且合於儒家所說事親之道，即刑部說帖也承認此點，當時山西巡撫甚至覺得即於絞罪上量減擬流，亦未得情法之平，但仍擬流。可見法律所着重的焦點在父母因子孫違犯而自盡的事實上，教令的正亂則是次要的問題，如刑部所說的張氏自盡究係劉知清還錢之所致，以及晉撫所說的『未便竟置不議』。還有一理責其子，致祖母痛孫氣忿的例案，也顯示出同樣的情形。

田宗保前妻遺有五歲幼子長受，最爲祖母唐氏所憐愛，有一天唐氏不在家，長受吃飯玩延，宗保喝令快吃，長受撒嬌將碗摔破，宗保生氣，在長受背上打一下，長受啼哭，後母田彭氏恐姑聽見生氣，哄令止哭，長受啼哭不止，彭氏又打他一下，適唐氏由鄰家閒坐回來，生氣斥罵，宗保不敢分辯，央求鄰婦勸慰，唐氏進房躺臥，宗保隨即上街買酒，備母夜飲，彭氏想唐氏安睡消氣，不敢進房，不意唐氏氣忿不釋，自縊身死，刑部以長受本有可責之道，並非凌虐，且唐氏先往鄰家閒坐，並非當面責打長受，與違犯教令迥別。而唐氏之自盡亦非意料所及，核其情節，實可矜憫，聲明情節，聲請減流，奉旨照准㊼。

法律既看重父母因子孫而自盡的事實，所以即使父母的自盡並非由於子孫的忤逆或違犯教令，子孫也不能卸却刑事上的責任。如果子孫平日尚無忤逆實跡，偶以訛詐、爭財、鬥毆、賭博一類邪淫不法之事犯案，父母憂急自盡，犯案的子孫還可從輕發落，比照子貧不能養贍例，杖一百流三千里㊽。如果子孫所犯的是姦盜殺人等項重罪，便須加重處治了㊾。若子孫平日既不遵約束，爲非作歹，事發之後又敢觸忤父母，以致父母憂急自盡，當然情無可恕，處罪更重了。不論所犯係姦盜重罪，或止係鬥狠賭博爭奪財產一切詐僞雜犯，皆照子孫威逼致死刑，斬立決㊿。

便是父母並非故意尋死，其死也非由於子孫的直接過失，子孫也負同樣的刑事責任。在清代有許多父母毆罵子孫自行跌斃的案件，其死雖與子孫無干，並非過失殺傷，依理說來，子孫只能負違犯教令的責任㊶，但法律對這一點是不加以注意和分別的，只注重跌斃的事實和其起因。此等案件向俱比照子孫違犯父母教令致父母自盡例絞候監。

陳汶選令子陳自廓取茶給飲，因茶不熱，傾潑在地，當向斥罵，並取棍向毆，自廓畏懼跑出房外，汶選持棍趕毆，因地上被茶潑濕，滑跌在地，揢傷後腦殞命，刑部以陳父雖自行跌斃，但陳自鄙不俯首就責，畏懼逃跑，以致伊父追趕滑跌身死，實屬違犯教令，照子違犯教令致父自盡例擬絞候㉒。

類似的例子很多，下面幾個案子都是向擬絞候的：

隋起山向姜雲舟乞討𥟂䅵草。姜未作聲，其子姜八送給三把，被父醉後斥駡，姜八用言分辯，姜雲舟嗔其頂撞，毆打兩掌，姜八避出門外。雲舟拔取身邊小刀趕出，姜八畏懼逃躲，雲舟從後追戳，醉後無力，被草根絆倒，所持小刀恰墊壓胸下，傷重身死㉓。

孟再興平日嗜酒，某日賣菜回家，其父孟玉垌見錢少，疑係買酒花費，向子查詢，孟再興答以近日菜多價賤，所以賺錢較少，且非飲酒浪費。玉垌嗔子不聽教訓，氣忿撲毆。再興跳跑，追趕失跌，揢傷殞命㉔。

唐本華將肥田石灰賣去兩擔，告知其父唐幅禮。幅禮以田內正需用石灰，責子爲何不先說明，便行賣去；本華說只賣去兩擔，餘灰尚多，可以敷用。幅禮斥其強辯，順取煙袋，站起身來要打本華，因病久頭昏，站立不穩，跌倒，被竹壁擦傷顱門，過了十七天，因風殞命㉕。

徐士興用木架烤火，其子徐庚申以材料尙好，阻止勿燒，不允。士興又令搬運木塊。庚申不理。士興生氣，趕毆，失跌，身死。

像這一類的例子都是因細故惹得父母生氣，追趕毆駡，自行跌斃。我們應注意惟其是細故，惟其是子孫並無若何過失，纔能比較子孫違犯教令致父母自盡例擬絞，倘有觸忤干犯情節，便當比照觸忤父母致忿激輕生例，向擬斬決了。若父母之死，非自行跌斃，而由於子孫的過失，那更不能按子孫違犯教令父母自盡例辦理，而須比照子孫過失殺父母例向擬絞決了。父母自行跌斃的案件中只有確實情有可原的，得到皇帝的許可，纔由絞候改爲滿流。

> 姜紹先因妻姜老仰不曾舂米，斥罵毆打。母楊老晚在房喝阻。時姜老仰正在哭喊，楊老晚聲音低小，姜紹先不曾聽見。楊老晚走出攔阻，失跌磕傷身死。貴撫將姜紹先比照子違犯教令致母自盡例擬絞監候，聲明並非有心干犯。刑部以楊老晚喝阻聲音低小，姜紹先並未聞聽，不即住手，尚非有心違犯，且楊老晚失跌斃命，事出不虞，亦無抱恨輕生之意，量減擬流，恭候欽定，奉旨依議(67)。

這使我們明瞭父母身體的絕對不可侵犯，法律上重視客觀的事實遠過於主觀的原因。父母被子孫毆殺，這是客觀的事實，是逆倫的案子，便須按律治罪。子孫有心干犯逞凶，自屬罪有應得，便是無心誤傷誤殺，也與故意殺害同罪，甚至父母一時心狹自尋短見或自行跌死，只要父母的死傷因子而起，不問誰是誰非，也不問有心無心，或意料所及否，便逃不了殺傷父母的罪名，按服制重辦。雖然司法官吏有時也明知子女情有可原，並沒有什麼過失，而父母眞有愚昧無知，不可理喻的，像劉知清、田宗保的例子，也因服紀攸關，不能不按律辦理，將違犯教令致父母於死的罪名加在子孫的頭上，認爲子當有順無違，天下原無不是的父母。

直系親屬而外的親屬間的傷害罪，其處分也是不同於常人的。古代家族原以九族爲親屬範圍，凡屬五服親屬都包括在內——有時更擴大至於無服親屬。敦睦和協是維持這個血族團體團結的必要條件，是倫理上的積極要求，所謂以親九族是。法律上則支持此種倫理，根據倫常的原則，對於親屬間的相犯制定了不同於常人的規則。自隋以來皆有不睦罪，爲十惡之一(68)。

親屬團體固異於非親屬團體，不以凡論，但同屬親屬團體，其間的關係也不盡相同，各人之間是有一定的親疏關係和差別的，倫理上並不要求親族分子之間社會關係的一致；相反地，毋寧着重於差異性的，親屬間固相親，但愈親則愈當親愛，以次推及於漸疏者，有一定的分寸，有一定的層次，這是上殺下殺旁殺的道理，也就是整個服制圖成立的基礎。

法律在維持家族倫常上既和倫理打成一片，以倫理爲立法的根據，所以關於親屬間的相侵犯的規定是完全以服制上親疏尊卑之序爲依據的。

直系尊親屬而外，期親尊長最親，大功次之，小功又次之，緦麻是邊際親屬，最疏，所以刑法上卑幼的責任也根據這種不同的親疏關係而有差異，毆殺期親尊長的罪僅次於毆擊直系尊親屬，大功，小功，緦麻以次遞減。反之，尊長愈親者，愈有權力督責卑幼（可說是父權的擴延），因之殺傷卑幼的責任也就愈輕，祖父母父母是當然行使親權的第一人，所以毆殺子孫的刑事責任最輕，伯叔父母兄長是僅次於祖父母父母的尊長，和我們的關係疏了一層，所以毆殺卑幼的責任也就加一等，大功小功及緦麻尊長關係以次漸疏，所以刑事責任也就以次遞加。

所以法律上定得很清楚，唐時罵兄姊者杖一百，罵伯叔父母及姑又加一等，徒一年(69)。明、清律罵緦麻兄姊笞五十，小功兄姊杖六十，大功杖七十，期親則杖一百，至於緦麻，小功，大功，期服的尊屬，則又較同等期的同輩尊長各加一等治罪(70)。

魏法毆兄姊加至五歲刑，以明教化(71)。唐、明、清律毆緦麻兄姊，不問有傷無傷，皆杖一百，小功徒一年，大功徒一年半，重傷各遞加。凡鬥傷一等，至死者斬(72)。毆期親兄姊處分更重，無傷徒二年半，傷者徒三年，折傷流三千里，刃傷折肢，及瞎一目者絞，死者斬⑬。

毆緦麻小功大功尊親屬，和罵詈的原則一樣，是較同等親的兄弟各遞加一等治罪的⑭。故殺期親尊長尊屬，明、淸律皆凌⑮。

五服以外的同姓親屬，雖宗支疏遠，服制已盡，但究屬一本之親，與凡人有別，所以明律顧到此層，加立一條，凡絕服以外親屬世系可考，尊卑名分獨存者，除相毆致死仍以凡論外，尊長犯卑幼得減凡鬥一等，卑幼犯尊長則加凡鬥一等⑯。淸律仍之⑰。

謀殺罪在五服內亦較常人加重，謀殺緦麻以上尊長，已行而未傷者流二千里，已傷者絞，已殺者斬⑱。謀殺期親尊長罪最重，與謀殺祖父母父母同罪，皆入於十惡惡逆⑲，唐律斬罪⑳，明、淸律已行者斬，已殺者凌遲處死㉑。

過失殺傷，常人是可以收贖的㉒，但卑幼過失殺傷尊長，除了所殺係大功以下尊長尊屬，是沒有這種權利的，過失殺傷期親尊長尊屬只能各減本殺罪二等㉓，有許多過失殺死伯叔的案子都照例滿徒。

張書向胞伯張文昇借錢，恰有高剛送還張文昇錢文，即乘伯父送出高剛時擅取大錢二千五百文回家。文昇查知往姪家追索。張書當向央懇，文昇不依，向張書撲毆，張書退避，文昇被土塊絆倒跌地，痰壅氣閉身死。刑部以張書並無頂撞逼迫情況，絆跌亦非意料所及，依過失殺伯叔律擬徒刑三年㉔。

孔現泗欲拆賣自己空廈木料，經胞叔孔兆成阻斥，現泗用言分辯，並未頂撞，兆成向姪撲毆，現泗畏懼逃走，進屋躲避。兆成隨後追趕，自行失跌，搕傷額顱，越五日抽風身死，孔現泗依律滿徒㉕。

尊長因被卑幼逼迫忿而自盡，卑幼的處分也是很重的，明、淸律[86]皆定有專條，通常因事逼人至死不過杖一百，逼死期親尊長則罪至絞候，大功以下減遞一等，大功杖一百流三千里，小功杖一百徒三年，緦麻杖九十徒二年半[87]。

王榮萬砍賣衆山樹木，並搶奪祭祖胙肉，均經其胞弟王俊萬賠錢寢事，後王榮萬因堂弟王貴萬將坍敗公衆廳堂修整居住，令出給租錢，貴萬不允，榮萬卽將貴萬錢搶走。貴萬投族，處令榮萬還錢。榮萬錢已用完，央令俊萬擔保籌還。俊萬不允，並以累次滋事賠累，欲行首告。榮萬畏懼求免。俊萬不依，堅欲送究，並用言恐嚇。榮萬情急自盡。法司以王榮萬之死，全由其弟逼迫所致，照律擬絞[88]。

閻進功因小功服叔閻守有欠伊麥豆無償，向叔索欠，守有將皮襖脫給抵欠，旋因天寒無衣，心生追悔，又想索還，進功不肯給還，窘迫自縊[89]。

有些尊長自盡之案，實非卑幼所逼，全出意料之外，但因名分攸關，也只能於逼迫尊長致死律上量減一等。有許多案件都起於偸竊財物。

孫致興因貧竊賣期服親伯孫希才材板，希才氣忿投崖斃命。致興量減一等擬流[90]。

馬印虔竊當伯母馬田氏衣服，田氏無衣禦寒，氣忿自縊。印虔量減一等擬流[91]。

親屬間的竊盜罪本是很輕微的，可是如此一來便罪至徒流了。又有些案件則起於口角細故，若尊長不因此而自盡，也不致事情擴大。

成毓林借用胞兄成毓秀農具，無意損壞。毓秀不依，辱罵。毓林好言勸慰。毓秀拾石撲毆，毓林畏懼逃跑。毓秀追趕不及，自傷額顱，經人勸散。毓秀氣忿自盡，毓林減流[92]。

李泰華因胞兄李泰榮辱罵其媳，往勸，泰榮嗔其多事，向毆。泰華用手招架，恰傷泰榮腮頰。泰榮欲控，泰華畏懼，邀人解勸。泰榮氣忿自盡。泰華擬流(93)。

更有些案件，曲在尊長，迹近無賴，卑幼不但未加逼迫，甚至無過失可言，有時尊長因訛詐不遂而羞憤自盡。

金世重向弟金世成強借不遂，互毆，世成傷重，世重畏懼自盡。世成依逼迫律量減一等擬流(94)。

朱榮大功服叔朱滿瑚向之借錢，朱榮以沒錢回復。滿瑚負氣嚷罵，直相揪扭，經人勸解。滿瑚自拔髮辮，誣賴被姪拔落，說要送官告究。經人勸令帮給錢文，朱榮應允，後又翻悔不給。滿瑚往姪家罵鬪索錢。朱榮閉門躲避。滿瑚氣忿自縊。法司以朱榮雖無逼迫情事，但其叔之氣究由許帮反悔所致，於流罪上量減一等，杖一百徒三年(95)。

鄧孔會鄧孔元係同胞兄弟，久已分居。孔會窮苦，得弟資助。某日，孔元撞見孔會在其棉花地內私摘棉花，上前拉奪，並用手推跌其兄倒地，搕傷腦後。次日，孔會告知鄉約，欲令孔元給錢醫治，被鄉約當衆斥辱，並欲報官。孔會羞愧自縊。法司以鄧孔會委因竊情敗露，羞愧自盡，該犯並無逼迫別情，但孔會輕生自盡究因該犯推跌起釁，若照律僅科傷罪，未免情重法輕，應於毆傷本律滿徒上加等擬以杖一百流二千里(96)。

趙轉借錢買備祭物祭掃祖墳。胞兄趙六三當以活人沒飯吃，何能顧及死鬼之言相罵。趙轉說兄輕祖重錢，趙六三拳擊趙轉左太陽，並揪住髮辮撳按，拾柴毆傷左肩甲。趙轉情急，奪柴嚇打，打傷趙六三偏左。趙六三知自己先理曲，說：『吃虧不能向人投訴』，趙轉見兄氣忿，磕頭服禮，趙六三悔忿交迫，自縊身死。法司以趙轉借錢祭掃，其理甚正，被兄毆打，受傷情急，還毆，旋即磕頭服禮，並無逼迫情狀。死者因理屈受虧，悔忿輕生，並非由該犯毆打所致，既無可畏之威，未便援引逼迫期親尊長自盡之條，在凡人祇應科以傷罪，但該犯所毆係伊期親尊長，又已自盡，較毆傷而未自盡者稍重。比依孔會元案辦理，擬流二千里[97]。

還有些尊長自盡的案子，更是匪夷所思：

姚百受姚阿名係同胞兄弟。百受觸犯母陳氏，母喝令阿名捆縛送官，阿名不敢動手。陳氏氣忿，斥罵阿名幫同忤逆，欲行自盡。阿名無奈，用繩將兄兩手反縛。陳氏令先押送交保，自己隨後進城稟官，百受在路央求解放圖逃。阿名恐母不依，勸令俟母氣平，懇地保轉勸。百受畏懼，乘間投河身死。有司以姚百受之死，非因弟逼，但案關服制，未便置兄死於不議，姚阿名於逼迫期親尊長致死絞候上量減一等擬流[98]。

馬富失去鐮刀，疑被胞兄馬春之子元浩取去，屢往索刀。馬春怪弟不應賴伊子偷刀，向弟吵鬧，馬富不服，頂撞，馬春將馬富扭至崖邊，欲與跳崖拚命。馬富情急喊救，往裏拉阻。馬春身向外撲，一同帶跌崖下。馬春跌傷身死，馬富擬流[99]。

由以上這些個案，我們可以看出來法律對於逼迫的涵義和界限是十分含混游移的，究竟卑幼的行爲是否具有逼迫的作用，逼迫的程度是否到了不能容忍，不能不死的地步[100]，尋死的尊長的行爲是否合理，都是不問的；只要尊長的自盡由於卑幼，便成立逼迫致死的罪名。像姚阿名的案子，捆送兄長出於母親的命令，並不是自己的意思，假如不服從母命，便是抗拒不孝，假如母親因此而自盡，那麼，逼死父母的罪名更大於逼死兄長。實在說來，姚百受與其說是被弟逼死的，毋寧說是被母逼死的，但倫理上這是說不通的，尊長對卑幼是不成立威逼致死的罪名的，——這是因爲卑幼本居於尊長威權之下，應當屈己忍受，無逼之可言[101]。法律所重的是倫紀問題而不是是非問題。戴震說：

> 尊者以理責卑，長者以理責幼，貴者以理責賤，雖失謂之順；卑者幼者賤者以理爭之，雖得謂之逆。於是天下之人不能以天下之同情天下之所同欲達之於上，上以理責其下，而在下之罪人不勝指數。人死於法猶有憐之者，人死於理，其誰憐之！[102]。

可謂抉微究隱，將其中道理盡行道出。又呂新吾說尊長該打，爲與卑幼訟不打，更可看出做官人關於尊卑相訟所持的態度：

> 嘗見尊長與卑幼訟，官亦分曲直用刑。不知卑幼訟尊長，尊長准自首，卑幼問干名犯義。遇有此等，即尊長萬分不是，亦宜寬恕，即言語觸官亦不宜用刑。人終以爲因卑幼而刑尊長也，大關倫理世教[103]。

以上是卑幼毆殺尊長的治罪。至於尊長毆卑幼，非折傷以上是不論的（常人折傷輕則滿杖重則徒流）。折傷以上的罪則按親疏關係遞減，緦麻減凡人一等，小功減二等，大功減三等。至死者絞，大功服內之同堂弟妹，小功中之堂姪，緦麻中之姪孫，又爲卑幼中之最親者，故毆傷的刑事又較前項爲輕，毆殺者只杖一百流三千里，故殺始絞[104]。

期親尊長在旁系尊親屬中最親，所以他們毆殺期親卑幼的罪於旁系尊親屬中亦最輕，毆殺止徒三年，故殺流二千里，過失殺勿論，篤疾至折傷以下不論矣[105]。

若尊長謀殺卑幼，除因謀產外，各依故殺罪減二等，已傷者減一等，已殺者依故殺法[106]。

自衛行為是不適用於對尊長的，直系親屬不在話下，被期功緦麻尊長毆擊也不能持械抵格，否則便情同互毆，按毆殺尊長本律問罪了。只有被毆情急徒手抵格，無心逼傷致斃，纔能列入情輕，死係緦麻得減擬斬候。如係期功尊長，法司便只能將並非有心干犯情節，夾簽聲明，候旨定奪[107]。所以持械抵格向例不許夾簽[108]，便是徒手抵格也以有心無心侵犯逞凶為定，若還手格鬪便是有心互毆了[109]。

李迎彩係李迎燦胞兄，分居度日，迎彩因負債緊迫，私將母李董氏贍田典錢還債，被母查知訓斥。迎燦亦向兄埋怨，迎彩罵弟多事，迎燦分辯。迎彩趕向撲毆，迎燦用拳搪抵，傷兄胸膛，隨即往外逃跑。迎彩追至村外，揪住迎燦髮辮，用拳在胸前亂打。迎燦掙不脫手，舉拳抵格，將兄胸膛擊傷，手指又抓傷左腋。迎彩仍不鬆手，舉腳亂踢，迎燦用腳回抵，踢傷兄左右腿。迎彩旋將弟仰推倒地，攀身亂打，迎燦用拳抵擋傷兄左肋。迎彩用手緊咯其咽喉，迎燦氣閉情急，希圖掙脫，二腳向上亂踢，將兄胳膊肚腹踢傷，滾跌下溝，被石擦傷左太陽，墊傷脊膂臂膊肐肘及後肘，五日後殞命。巡撫將迎燦問擬斬決，聲明並非有心干犯。刑部以迎燦初被撲毆時，儘可脫身逃避，不應奮拳毆打。後雖被搯咽喉，但並未受有寸傷，膽敢疊肆毆踢，總計傷至九處之多，干犯情形已屬顯然。案係互鬪與實在被毆抵格無心適傷者不同，未便援例夾簽，轉致滅倫凶狠之徒倖逃顯戮，應按弟毆兄本律斬立決，不得遽請夾簽。並將此案通行，聲明定例，若傷多且重，雖被尊長疊毆抵格致斃，即依互鬪，按律擬以斬決[110]。

道光時為了避免有司對於有心無心之處不詳加推究，甚或故為開脫，任意聲敍，並經刑部議定承審人員聲敍參劾議處的辦法[111]。

卑幼對於尊長不得適用自衞的限制，一直到以新的精神制定新刑律，纔打破中國傳統的禁忌。但民三公佈的暫行刑律補充條例又曾一度企圖恢復舊的傳統，取消卑幼自衞的權利[112]。此種傳統的精神根深蒂固，牢不可破，是可以想見的。

以上是立法根據倫理對於親屬間互相毆殺依尊卑長幼分別加重減輕擬罪的情形。當一件糾紛牽涉到二人以上時，因包括了多重的親屬關係，各人之間的親疏尊卑互不相同，問題便比較複雜多了，如何措置是一個很有意思的問題。

其解決仍是基於親疏尊卑的比較之上的。例如我的父親被叔父毆打，情勢危急，爲了救護父親，將叔父打死，依律毆死期功尊長應問斬罪，但父親親於叔父，在倫理上服制上親疏有別，法律上於是對於救親情切一項亦訂有特殊的規定，是准夾簽聲明，候旨定奪，有量減一等的機會的。

較尊尊長命令我們毆殺另一較卑尊長，我們應否服從，毆殺以後的責任如何，是另一有趣的問題。依理來說，雙方都是尊長，都是不可違犯的，但其中究有較尊較卑的區別，一般情形之下，卑幼自應服從尊長的命令，但在兩個尊長意志相衝突時，便當接受最高的命令。但名分攸關，卑幼究不應毆殺尊長，又不能置於不議。清律雙重考慮的結果，於是規定一斟酌的辦法，凡聽從下手毆大功以下兄姊及尊屬至死者，審係迫於尊長威嚇，勉從下手邂逅至死者，照威力主使律爲從減一等擬流[113]。若毆死者爲期親尊長，則仍照本律問擬斬決，只能於法司覈擬時夾簽聲請，由皇帝裁決[114]。

有些案件尊長以死相逼不得不從，而被毆死的較卑尊長又係罪犯應死之人，不令毆殺的尊長雖依律勿論，而聽從下手的卑幼則不能逃罪。

王夏氏有一女——朱王氏，一子——王太倉。朱王氏係嫁後兩次隨同姦夫逃走，被夏氏遇見斥罵，王氏不服，頂撞吵鬧。夏氏忿極，喝令太倉毆打，太倉不敢動手，她說：『你不打她，我就投河自盡』。太倉情急，用拳毆擊左右後肋各三下。王氏在船艙撒潑，亂滾亂罵，夏氏愈加忿恨，逼令再打。太倉又在後脇上打了四下，至夜身死，王氏本是淫佚無恥頂撞母氏罪人，夏氏並無不合，應無庸議，王太倉依例擬流⑮。

不論毆死者係期親或功服以下尊長，如尊長只令毆打，而卑幼輒行疊毆多傷致死，便不得依據上例從輕擬流或夾簽聲請，而須按毆殺尊長本律問擬了。這是因恐卑幼挾嫌，假借尊長逼使故加毆殺的原故。但有時所謂疊毆實出於尊長的命令。

劉玉山係劉官胞姪，劉玉成之大功堂兄，彼此分居。某日劉官之妻郭氏帶領劉玉山之子劉蘭伴子同往看戲。玉山因蘭病纔好，恐病再發，尋至戲場埋怨。郭氏與之吵嚷，下車揪住掽頭，玉山不遜欲毆，劉官護妻亦同揪住掽頭，玉山一併欲毆，經人勸解，各自回家。劉官心有不甘，適玉成同弟劉春柱子及劉吉前往勸慰，劉官邀同帮毆洩忿，玉成等多方勸解，劉官不依，要掽頭尋死。玉成等無奈，各攜木棍，同至玉山家。玉山恰睡在坑上，劉官上前將頭按住，喝打，劉青按住肩膀。吉及春柱子各用木棍毆打二三下。玉成踵至，劉官又喝令玉成下手，用木棍毆打大小腿，玉山用腳亂踢，上踢勢猛，將腿骨打折，延至半夜身死。玉成依累毆多傷致死例擬監候⑯。

以上是關於本宗五服親屬間相毆殺的規定。我們已經講過父系社會重本宗而輕外姻，在倫理上如此，在法律上的待遇亦如此。服制上外姻有服者，只包括外祖父、舅父、兩姨、舅表兄弟，姨表兄弟，法律上便也只包括這些親屬，毆鬪殺傷按服制加重減輕，其餘的外姻親屬便同凡人治罪。同時，因服制上，同等血統關係的外姻疏於同等關係的本宗，所以法律上同等血統關係的外姻在鬪毆的治罪上也不同於同等血統關係的本宗。

以外祖之親且尊，在服制上只爲小功，因服輕義重，在刑法上纔得與本宗旁系的期親尊長——伯叔父母姑——同列。外孫詈罵毆殺謀殺外祖父母按姪犯伯叔父母姑治罪；外祖父母毆殺外孫則與伯叔姑毆殺姪及姪孫，兄姊毆殺胞妹同罪[117]。他如弟外孫告外祖父母亦與告期親尊長同罪[118]。按外祖父母本爲小功，刑法上待遇與期親尊長同，故期親尊長條文之下必將外祖父母字樣列出，其不列出者，其待遇便不與期親尊長相同，例如威逼期親致死者絞，便無外祖父母字樣，不包括在內[119]。姨不能與姑並論，舅不能與伯叔並論，服只小功，而姨舅姑表兄弟並只能與族兄弟並論，同爲緦服，在刑法上便也只能按小功緦服辦理[120]。

姦非罪

性的禁忌在父系家族團體以內是非常嚴格的，不但包括有血統關係的親屬，也包括血親的配偶在內。歷代法律對於這種亂倫的行爲處分極重。漢律稱之爲禽獸行。定國就是因爲和父親康王的姬姦生子一人，又奪弟妻爲姬，並與子女三人姦，公卿議定國禽獸行，亂人倫，逆天道，當誅，畏罪自殺的[121]。唐以後的法律藉亂倫罪與凡姦罪的比較，我們更可以看出法律上對於前種罪名加重治罪的情形。常人相姦唐律不過徒刑[122]，元、明、清律和姦不過杖罪，強姦才處死刑[123]。但姦同宗無服親及無服親之妻，明、清例俱加重治罪，與刁姦凡人同罪。例如與同五世祖之姊妹或尊長卑幼相姦，與族兄弟妻，再從姪婦堂姪孫婦，曾姪孫婦，及其他無服親之配偶相姦，男女各杖一百(124)。

若姦緦麻以上親及緦麻以上親之妻，例如曾祖姑、堂祖姑、族姑、族姊妹、再從姪女、堂姪孫女、姪曾孫女、曾伯叔祖母、堂伯叔祖母、族伯叔母、堂兄弟妻、堂姪婦、姪孫婦、唐律男女各徒三年，強者流二千里，折傷者絞(125)。明、清律相姦者杖一百徒三年，強者斬候(126)。

若姦小功以上親則罪入十惡之內亂罪(127)，處分更重。如與大小功之伯叔祖母、堂伯叔母、祖姑、堂姑、兄弟妻，大功之堂姊妹、姪婦，這些小功大功親屬通姦，唐律男女各流二千里，強姦者絞，元律對於兄弟妻及姪婦亦有規定。與弟妻姦各杖一百七，姦夫流遠，姦婦從夫所欲。與同居姪婦姦者亦各杖一百七，有官者除名。寡嫂守志而叔強姦者則杖九十七。明、清律規定與以上列舉的大小功親屬相姦者男女各絞，強姦則斬(128)。

至於期親之伯叔母，姑姊妹姪女，以及子孫之婦，則親等更近，絕滅倫紀的事更爲社會法律制裁所不容許，有死無赦。漢律淫季父之妻曰報(129)。晉律姦伯叔母棄市(130)。唐律處絞(131)。元律與姪女姦與媳姦皆處死，若翁欺姦兒媳已成者亦處死，未成者杖一百七，男婦歸宗(132)。明、清律和姦期親及子孫之婦皆處斬(133)。

妾非親屬配偶，與已亦無服制關係，但究與本身親屬有同居關係，名分所關，亦應有性的禁忌，有犯亦較與常人通姦爲重。歷代法律與親屬之妾通姦只減姦親屬之配偶一等，強者絞(134)。

父祖之妾更分親義重，所以與之通姦亦成立內亂罪(135)。唐、明、清法律皆與姦期親同罪，處死刑[136]。即父祖所幸之婢因曾與父祖發生關係，爲尊敬父祖起見，亦不許與之有染，否則亦須科以較常人相姦爲重的罪，漢衡山王次子孝便因與王御婢姦棄市[137]。唐律與父祖所幸婢相姦，較與父祖之妾相姦減罪二等。

關於與外姻通姦，法律上的制裁亦較常人間的姦非罪爲重。除外姻無服親同凡論外[138]，其餘緦麻親姑舅兩姨姊妹是與本宗緦麻以上親一律待遇的[139]，姨母服屬小功，所以姦罪於外姻中最重，唐、明、清律皆與姦伯叔祖母，祖姑，堂伯叔母，堂姑，堂姊妹，兄弟妻，及姪婦同在列舉範圍之內，處分相同[140]。岳母律雖無文，服亦只緦麻，但分親義重，性禁忌甚爲堅強，慣例通姦罪比於姨母[141]。

我們曉得親屬間的殺傷罪尊卑長幼的處分不同，在姦非罪則不分尊卑長幼，犯姦的雙方處分完全相同，這是因爲親屬間的性禁忌每一分子皆有遵守的義務，有犯同爲淫亂，除強姦外，男女雙方皆同坐。

竊盜罪

親屬間的竊盜罪不同於凡人相盜，罪名是與親等成反例的，關係愈親則罪刑愈輕，關係愈疏則罪刑愈重。唐律盜緦麻小功財物減凡人一等，大功減二等，期親減三等[142]，元律同，但盜者準凡盜論[143]。明、清的法律將服親亦併入計算，得減一等，於是依次遞減，緦麻減二等，小功減三等，大功減四等，期親得減五等[144]。

又犯竊盜罪本須刺字，親屬相盜則得免刺[145]，亦為優待之一種。親屬相姦，加凡治罪，親屬相毆，卑幼亦重處分，何以獨於親屬相盜則不論尊卑長幼俱減凡人治罪，其實是有其立法原因的，目的都在維護家族的和睦和親愛，兩者的目的殊途而同歸，並不衝突。親屬本以親愛和睦為主，所以禁親屬間的鬪毆，從經濟的觀點來看，凡屬同宗親屬，不論親疏遠近，道義上都有患難相助的義務，理當周濟，法律上雖無絕對的義務。也就對於因貧窮而偷竊財物的窮本家加以寬恕，認為與竊盜本無相恤義務的凡人不同，越是親屬關係親近，則不容坐視，愈有賙急的義務，古大功同財，所以大功以上盜罪更輕。

所以若是在迫於飢寒的原因以外，更有竊盜的事，則情形不同，有時便不能得到減免的機會。

> 淶水縣貢生陶宇春開設典鋪，令無服族姪孫陶仁廣看管首飾，仁廣竊貨潛逃，旋將仁廣尋獲，縣擬照盜無服親財減一等之例辦理。上諭以陶仁廣係陶宇春無服族姪孫，支屬甚遠，且令其在典工作，並非素無照應者可比，乃竊貨潛逃，以致連累胞兄等，且村鎮典肆不過千餘金，竊貨竟至三百餘兩，又遭訟事，中人之產將因此蕩盡，不得照常律核減[146]。

如果我們再將親屬殺傷親屬相盜二件事合起來看，注意二者的關係，便可明白其中的道理了，親屬相盜得減等原為睦族，可是因此而釀成殺傷，卻大背原意，所以盜竊親屬財物而殺傷事主，固屬情無可恕，仍須依服制論罪，不能以凡盜殺傷論，即被盜之親屬不念同宗情分以普通強盜視之，而殺傷犯竊盜之親屬，也屬不當，是不能援用拒盜殺傷的條文，按尋常事主殺傷強盜論罪的，亦須各依殺傷尊長卑幼本律論罪[147]。

禮云凡聽訟必原父子之親[148]，明太祖定律時，太孫請曰：『明刑所以弼教，凡與五倫相涉者屈法以伸情』[149]。法律與家族主義關係的密切可以概見，從以上諸節所描述的親屬間的殺傷竊盜姦非罪的規定中，這種情勢更是顯而易見的。制罪既全以親疏尊卑長幼為準，所以服制對於罪刑的裁定是極端重要的，否則便無從下手[150]。明、清律所以將喪服圖列入法典中便是為此[151]。故箋釋云：『律首載喪服者所以明服制之輕重，使定罪者由此為應加應減之準也』[152]。前人根據自己服官的經驗，詳記審理雜案應知各項，其中一條款云：『凡關宗族親誼必須問明是何稱呼，係何服制』[153]。所以有時服制不確定，便無從斷罪。

王重義物故無嗣，妾王趙氏只生有一女，遂以胞姪王必儉兼祧。必儉摔傷王趙氏身死。案件發生後，官方以王必儉係大宗子兼祧小宗，按照禮部議定通行，只能為王重義服期？於趙氏並無服制，雖生有一女，究與生有子女之本生父妾不同，無從判罪，大為躊躇，直隸總督考慮的結果，題將王必儉比依妻之子毆死父妾以凡人論，鬭殺者絞監候律辦理。刑部以服制圖並無兼祧子為兼祧父妾之服，刑律內亦無兼祧子毆死父妾作何治罪明文。若按子毆死生有子女之庶母，便當擬斬；按毆死期親尊長之妾擬斷則以凡論擬絞，出入甚鉅，無法斷決，以服制的問題屬於禮部，只得片行禮部查明大宗子兼祧小宗，與兼祧父妾有無服制，應否照毆死庶母分別有無子女治罪，或照毆死期親尊屬之妾辦理。禮部以王必儉係兼祧，按定例兩房分祧之孫，父卒，孫承重，俱為祖父母服斬齊三年，孫既有重可承，則兼祧者為全子可知。王重義既非期親尊屬可比，趙氏即非期親尊屬之妾可比。如照毆死生有子女之庶母定擬，王必儉又係大宗，按長房獨子出繼次房，大宗為重之例，王必儉僅只為王重義服期，趙氏自不得按庶母杖期之例持服。若如直督所題照妻之子毆死父妾定擬，趙氏又不得擬之父妾。惟詳查例案，究無大宗兼祧小宗爲兼祧父妾作何持服明文，此案罪名應由刑部自行酌辦。刑部以『服制攸關之案，必先定服制，乃可科以罪名。查道光九年兩祧服制一案由禮部奏定。此案如何辦理，應由禮部援照成案辦理』。旋經禮部奏稱：道光九年議定兩祧服制時，並未議及兼祧庶母服制，查定例孫爲祖父母服期，爲庶祖母服小功，道光九年議准兩房分祧之孫應從正服，是照例應各爲祖父母服期，即應各爲庶祖母服小功，兼祧之子擬即照定制爲兼祧父母服期，爲兼祧庶母服小功。其大宗子兼祧小宗，與以小宗子兼祧大宗者，均以大宗爲重，於大宗庶母服期，於小宗庶母服小功。奉旨依議。刑部以服制既與庶祖母相等，於犯罪名自應比照毆死庶祖母例科斷。王必倫應擬絞監候，秋後處決。由刑部會同都察院大理寺含詞具奏請旨，奉旨依議(154)。

此案先經禮部議定服制才能斷案，服制與司法的關係於此可見。

乾隆三十九年，江西按察使歐陽永裿條奏以律內嫡子衆子爲庶母服斬齊杖期，於庶祖母並無服期，嫡子衆子毆傷庶母及至死，例有治罪專條；嫡孫衆孫於生有子女之祖妾，以庶祖母稱，而律例內並無干犯作何治罪明文。似此於禮制名法均有未備。奏請勅部核議。經禮部會同刑部核議，以服緣情制，恩由義推，祖有子之妾即父之庶母，祖妾所生之子即已之期親伯叔父，既爲之服斬衰杖，則嫡孫衆孫於庶祖母亦應在推恩遞及之內。當經酌議嫡孫衆孫爲庶祖母應照伯叔祖母之例爲之服小功五月。惟以嫡子衆子爲庶母雖歷斬衰杖期，毆死及謀故殺均罪止斬候，蓋以庶母之期服不同於期親尊長。今庶祖母服制既經義定爲小功五月，則刑例自不便仍與凡人同科，惟究與庶祖母之杖期有別，亦當微分差等。議嗣後有嫡孫衆孫毆傷有子之庶祖母者，照毆庶母例，減一等科斷，至死者擬絞監候，謀故殺者擬斬監候，其中所犯情節或有不同，統於秋審時酌量辦理。經奏准分別纂入服制圖冊(155)。

這是很有趣同時也是極值得注意的問題。人民有違法行為，從國家及法律的立場來講，自應鼓勵其他人民告發，但就倫理的立場來講則不然。儒家自來不主張其父攘羊而子證之的辦法，而提倡父爲子隱子爲父隱的說法⑮。孟子曾和門人假設瞽叟殺人的故事，認爲皐陶處於法官的地位，自應依法處理，不能因爲是天子的父親而徇私，可是舜一定會棄天下如敝屣竊父而逃的⑰。中國的立法既大受儒家的影響，政治上又標榜以孝治天下，寧可爲孝而屈法，所以歷代的法律都承認親屬相容隱的原則。漢律親親得首匿⑱，宣帝本始四年曾爲此事下一詔書：『父子之親，夫婦之道。天性也，雖有禍患猶蒙死而存之，誠愛結於心，仁厚之至也，豈能違之哉！自今子首匿父母，孫匿大父母，皆勿坐；其父母匿子，夫匿妻，大父母匿孫，罪殊死，皆上請，廷尉以聞』⑲。

二　容隱

唐以後的法律，容隱的範圍更爲擴大，不但直系親屬和配偶包括在內，只要是同居的親屬，不論有服無服，都可援用此律，便是不同居的同姓大功以上親屬，以及大功以下的孫媳，夫之兄弟，兄弟妻，和外祖父母外孫，也包括在內，明、清律的範圍且擴大及於妻親。連岳父母和女壻也一併列入。不但謀匿犯罪的親屬，便是漏洩其事或通報消息與罪人，使之逃匿也是無罪的。至於不同居的小功以下的小功親屬雖不在容隱範圍以內，但容隱及透露消息得減凡人三等論罪，明、清律又加入無服親一項，亦得減一等⑯。

變法以後的法律，仍然保存了這種習慣。新刑律補充條例及舊刑律法對於犯人的親屬爲犯罪人之利益計而犯藏匿犯人罪或僞造證據罪者皆得免除其刑⑯。現行刑法才將容隱的範圍縮小，僅限於配偶，五等親之血親，或三等親內之姻親，同時，犯藏匿罪或湮沒證據罪亦由免刑縮減至減刑[162]。

法律上既容許親屬容隱，禁止親屬相告訐，同時也就不要求親屬在法庭上作證人。東晉元帝時衞侯上書對於『考子正父刑，鞭父母問子所在』的辦法大不以爲然[163]。宋文帝時侍中蔡廓建議：鞫獄不宜令子孫下辭明言父祖之罪，虧教傷情，莫此爲大。自今但令家人與囚相見，無乞鞫之訴，使民以明伏罪，不須責家人下辭。』朝議贊同他的說法，於是法律不再要求子孫作證[164]。梁武帝時任提女坐誘口當死，其子景慈對鞫，證實母罪。法官虞僧虬啓稱：『子之事親有隱無犯……陷親極刑，傷和貶俗，凡乞鞫不審，降罪一等，豈得避五歲之刑，忽死母之命？宜加罪辟。』詔流於交州[165]。

唐以後的法律都明文規定於律得相容隱的親屬皆不得令其爲證，違者官吏是有罪的，唐杖八十，明、清杖五十[166]。明時並規定原告不得指被告的子孫、弟、妻及奴婢爲證，違者治罪[167]。

親屬既許容隱，反過來講，子孫不但不爲親屬匿罪，反而自動來告發，自非人子之道，而與容隱的立法精神相違背，所以歷代的法律都嚴格制裁子孫告祖父母父母的行爲。漢衡山王太子爽坐告公不孝棄市[168]。東漢時齊王晃及弟利信剛與母太姬宗更相誣告，有司奏請免晃剛爲庶人，徙丹陽，帝不忍，詔加貶削[169]。子孫告父母處死刑的規定北魏時代即已如此[170]。唐以後的法律並列爲不孝之一，罪在不赦[171]。唐時的處分是絞罪[172]。元朝雖以游牧民族入主中原，也採取了中國立法的精神，法律上明定『諸子證其父，奴訐其主，及妻妾弟姪不相容隱，凡干名犯義爲風化之玷者，並禁止之』[173]。雖蒙古人亦不能免罪，英宗時斡魯思訐其父母，又駙馬許納子速怯訐父謀反，帝曰：『人子事親，有隱無犯，今有過不諫，復訐於官，豈人子之所爲。』命斬之(174)。明、清律對子孫干犯名義的處分較輕，除誣告仍處死刑（絞）外，得實者只杖一百徒三年(175)，較唐律之不分虛告實告，但告即處絞要輕多了。

直系尊親屬而外，其他尊長在容隱範圍之內的——大功以上親屬——亦不能告，告期親尊長及外祖父母，雖得實，原告亦處罪，唐律徒二年，明、清杖一百，大功小功緦麻則按服制遞減。唐律大功徒一年半，小功緦麻徒一年，明、清律大功杖九十，小功杖八十，緦麻杖七十。若爲誣告便須加重治罪了。唐律，誣告期親尊長重者加所誣罪三等，誣告大功小功緦麻重者各加所誣罪一等。明、清律，期親大功小功緦麻各加所誣罪三等(176)。

至於被告的尊長如果所告屬實，除緦麻小功親本不在相容隱之內，唐論如律，明、清得減本罪三等外，大功以上尊長及外祖父母（明、清又加岳父一項）是同自首免罪的(177)。

何以律許容隱，嚴干名犯義之禁，同時又有爲首免罪的規定？據前人的解釋是不許容隱則傷骨肉之恩，不許爲首則恐無以救其親，若任子孫告訐則不惟干名犯義，且恐子孫有賊害其親之意，故並存之，實天理人情之至，面面都顧到(178)。子孫爲救其親，免陷親於刑戮，自不惜以己身觸犯告言父祖的刑章。

若尊長告卑幼，在親屬相容隱的原則之下，也是不合理的，所以除了祖父母父母即誣告子孫、外孫、及子孫之婦妾亦無罪外，其他尊長告卑幼也是不能無罪的。唐律告卑幼雖得實亦有罪，明、清律則僅誣告有罪。但尊卑關係究不同，所以尊長告卑幼的處分，無論實告誣告，總較卑幼告尊長的處分為輕，與卑幼的親等愈近則罪亦遞減。唐律告緦麻小功卑幼得實，杖八十，大功以上遞減一等，誣告重者期親減所誣罪二等，大功減一等，小功以下則以凡論。明、清律則緦麻小功尊長亦得減所誣罪一等，大功減二等，期親減三等[179]。

很有趣的一點是親屬相為容隱及干名犯義的法律，對於謀反，謀大逆，謀叛的大罪是不適用的[180]。於此可見家族與國，忠與孝，在並行不悖或相成時，兩皆維持，但在兩者互相衝突而不能兩全時，則國為重，君為重，而忠重於孝，所以普通的罪許子孫容隱，不許告訐，而危及社稷背叛君國的重罪，則為例外。

在討論容隱及干名犯義的法律時，除去本宗外姻及妻親外，我們不應忘了家主及奴僕在這方面的關係，唐代的法律便將部曲奴婢包括在容隱的範圍以內，為主隱者勿論[181]，明、清律同樣地施之於奴婢及雇工人[182]。法律上實以子孫的待遇視同奴婢，唐律部曲奴婢告主和子孫告父祖一樣，同處絞罪[183]。明、清律奴婢告家長亦與子孫同罪，雇工人則減罪一等[184]。被告的主人也和被告的父祖一樣是同自首免罪的[185]。同時，家長誣告內婢及雇工人是可以不論的[186]。

主人而外，主人的親屬也在不許告訐之列。被告的主人親屬與主人之間的關係愈親，則奴婢告訐的處分亦愈重。唐律部曲奴婢告主人之期親及外祖父母者流，大功以下親徒一年（誣告重者，緦麻加凡人一等，小功大功遞加一等）[187]。明、清律則奴婢告家長緦麻以上親屬亦與卑幼告緦麻以上同罪，雇工人減罪一等[188]。

三 代刑

人民犯了重罪本無可逭，但往往因犯人的子孫兄弟請求代刑而加以赦免或減輕。這在法律上本無根據，不列此條，不過因歷來的政教是注重倫常孝弟之道的，帝王爲了表揚這種精神，遇到這一類的事常由有司奏明，經皇帝的裁決而加以特赦或減刑。

緹縈救父的故事[189]只是許多故事中最古最爲人所熟悉的一個而已。劉宋時民人孫薩犯法當戮，其兄孫棘乞以身代薩，薩辭不肯。棘妻許告棘云：『君當門戶，豈可委罪小郎，且大家臨亡，以小郎屬君，竟未娶妻，家道不立；君已有二兒，死復何恨？』世祖詔曰：『棘薩甿隸，節行可甄，特原罪。州加辟命，並賜許帛二十匹[190]。北魏時長孫慮之母飲酒，父眞呵叱之，誤以杖擊，致死。眞處死罪。慮辭尚書云：『父母忿爭，本無餘惡，直以謬誤，一朝橫禍。今母喪未殯，父命且夕。慮兄弟五人並各幼稚，慮身居長，今年十五，有一女弟始自四歲，更相鞠養，不能保全，父若就刑，交墜溝壑，乞以身代老父命，使嬰弱衆孤得蒙存立。』尚書奏云：『慮於父爲孝子，於弟爲仁兄，尋究情狀，特可矜減。』孝文帝詔特恕眞死罪，減爲遠流[191]。宋咸通間滄州鹽院吏趙鏻犯罪當死，就刑時，其女云：『七歲母亡，今無所依』，請隨父死。鹽院官上聞，詔哀之，減父死[192]。明代這一類的事尤多，祝允明云：『國初犯大辟者其家屬請代刑，上並看之，如五倫書所載者是也。其後繼請，乃一切許之爲多……如吾蘇戴用代其父，王敬代其兄，餘未殫紀，至有弱媳代其阿翁』[193]。山陽民有父得罪當杖，其子代請。明太祖說：『今此人身代父母，出於至情。朕爲孝子屈法以激勸天下，其釋之』[194]。景泰時陽穀縣主簿馬彥斌犯斬罪，子震奏願代死。法司爲請，時有彥斌，編震充邊衞軍[195]。

這一類的例子，若一一保留至今，必至未可殫紀。有時代刑甚至成爲國家規定的制度，人民可依例聲請，於是請求代刑便成爲合法的權利了。漢明帝時詔徙邊者，父母同產欲相代者，恣聽之(196)。永初中尚書陳忠上言母子兄弟相代死者，聽赦所代者，應永戍者，從之(197)。明憲宗時定制凡民八十以上及篤疾有犯，應永戍者，以子孫發遣。應充軍以下者免之(198)。在這種情形之下，代刑不僅是子孫的權利，且成爲規定的義務了。

四　緩刑免刑

晉咸和二年勾容令孔恢罪至棄市，詔曰：『恢自陷刑網，罪當大辟，但以其父年老而有一子，以爲惻然，可憫之』(199)。這是最古因體念犯親年老無侍，特免死刑的一事。但只出於人主一時之見，尚未成爲規定，最早見於法律的當推北魏，祖父母父母年七十以上更無其他成年子孫，又旁無期親者，可具狀上請(200)。

唐以後歷代皆仿此遺制明定於法典中。唐、元、明、清律犯死罪而非不赦重罪(201)，直系尊親屬老(202)或篤疾應侍，家無成丁者(203)，皆可上請(204)，准或不准皆由皇帝裁決。金大定十三年尚書省奏鄧州民范三毆殺人當死，而親老無侍。世宗曰：『在醜無爭謂之孝，然後能養，斯人以一朝之忿忘其身，而有事親之心乎？可論如法。』(205)即不准之一例。

關於寡婦的規定略有不同。清律親者以七十爲限，寡婦獨子誤殺人犯罪則以守節二十年爲斷。鬪毆殺人亦以二十年現年五十餘者爲斷，皆不在七十爲老之限，亦不問是否有篤疾(206)，這是因寡婦守節，撫子不易，特加體恤。

若兄弟不止一人俱死罪，則只許存留一人養親㉗。通常是留下罪輕的一個，若兄弟二人，一擬死，一擬遣，便准將遣犯留養㉘。

至於徒流罪，子孫在刑期未滿以前也不能在側侍養，所以法律上也有緩刑的規定。魏法律例，犯流罪而祖父母父母年老，無人侍養者，鞭笞留養，親終從流，不在原赦之例㉙。唐律祖父母父母老疾無人侍養者，流罪亦可權留養親。但不在赦例，如以後家有進丁或親終已期年，便失去留養的對象和意義，仍須流配㉚。

明、清律定得更簡捷了當，凡是犯徒流刑而合乎留養條件的，止杖一百，餘罪收贖，存留養親㉛。留養之後，親終亦不再流配，較魏律唐律為寬。

關於孝及留養的問題是很可注意的。犯死罪或徒留而存留養親之意原在體貼老疾無侍之犯親，本是以孝為出發點的，並非姑息犯人本身。如果犯人平日不孝，留在家裏徒然惹父母生氣，依然無人侍奉，恰與勸孝的精神背道而馳，和留養的原意大相逕庭，所以不准聲請。不要說是惡逆不孝早干重刑㉜，便是曾經觸犯父母，素習匪類，為父母所擯逐，及在他省獲罪，審係游蕩他鄉遠離父母者（除非係官役奉差，客商貿易在外，寄資產養親確有實據，及兩省地界毗連，相距在數十里以內者），這一類忘親不孝，不養父母的人，也是沒有聲請留養的資格的㉝。

家的倫常除了直系尊親屬而外，還包括其旁系尊長在內，法律上對於這種關係是不肯漠視的，所以侵犯旁系尊長，關係服制的案件也不能援用留養的辦法。清例除卑幼毆死本宗緦麻尊長，外姻功緦尊長，親老丁單應行留養，秋審入緩決，得許留養外，毆死期功尊長，定案時便須按律問擬，一概不准聲請留養㉑④，除非是情節實可矜憫，由立決改爲監候，秋審情實，二次免勾，改入緩決之後，才能由督撫於秋審時取結報部核辦㉑⑤。這一類由立決改監候，由情實改緩決的案件，都係一時偶犯，纔能如此辦理，要是有心干犯，早就依律處決了㉑⑥。

還有一有趣而值得注意的問題是命案中被害人是否獨子的問題。殺人犯因親老丁單得以留養，原係體貼犯親乏人侍養，可是人各有親，親皆侍養，如死者之父母因其獨子被殺，以致侍養無人，則犯親自不得獨享晨昏之奉，所以清律規定殺人者雖合於留養的條件，亦須查明被殺之人有無父母是否獨子，如亦係獨子，親在無人侍奉，殺人之犯便不准留養。即使死者並非獨子，但其弟尚未成丁，亦屬親老無侍，犯人不准留養。除非是被殺之人平日游蕩離鄉，棄親不顧，或因不供養贍，不聽教訓，爲父母所擯逐者，纔准聲請留養㉑⑦。

【注釋】

①魏書，一一一，刑法志。
②唐律疏義，二二，鬪訟二，『毆罵祖父母父母』。
③元史，一〇三，刑法志三，『殺傷』。
④明律例，一〇，刑律二，鬪毆，『毆祖父母父母』；清律例，二八，刑律，鬪毆下，『毆祖父母父母』。
⑤清現行刑律，鬪毆下，『毆祖父母父母』。
⑥唐律疏義，一七，盜賊一，『謀殺人』。

⑦明律例，九，刑律一，人命，『謀殺祖父母父母』，清律例，二六，刑律，人命，『謀殺祖父母父母』，清現行刑律，人命，『謀殺祖父母父母』。

⑧唐律疏義，二一，鬬訟一，『鬬毆手足他物傷』，『鬬毆折齒毀耳鼻』，『兵刃砍射人』，『毆人折跌支體瞎目』，『鬬故殺用兵刃』，一七，賊盜一，『謀殺人』；元史，一〇三，刑法志三，殺傷；明律例，一〇，刑律二，鬬毆，『毆鬬』，九，刑律一，人命，『鬬毆及故殺人』，『謀殺人』；清律例，二七，刑律，鬬毆上，『鬬毆』；二六，刑律，人命，『鬬毆及故殺人』，『謀殺人』。

⑨公羊傳，文公十六年，何註。

⑩魏書，一一一，刑法志。

⑪按北齊北國時不孝已爲十種重罪之一，（隋書，刑法志云：齊列重罪十條，八曰不孝，犯此十者不在八議論贖之限。又云：周不立十惡之目，而重惡逆，不道，大不敬，不孝，內亂之罪。）隋代始明立十惡名目，自此以後以迄清律皆無變更，故隋書刑法志云又置十惡之條；多採後齊之制而頗有損益，七曰不孝。又唐律疏義，名例，十惡條疏義曰：『按梁陳已往，略有其條，周齊雖具十條之名，而無十惡之目。開皇創制，始備此科，酌於舊章，數存於十。大業有造，後更刊除，十條之內，唯存其八。自德武以來，仍遵開皇，無所損益。』參看唐、宋、元、明、清律，名例，『十惡』條。

⑫唐無常人相罵之條，罵尊長因名分關係，嚴其法，與毆並言。明、清律始特立罵詈一門，然常人相罵不過笞一十而已（明律例，一〇，刑律二，罵詈，『罵人』，清律例，二九，刑律，『罵詈』，『罵人』）。

⑬唐律疏義，二二，鬬訟二，『毆詈祖父母父母』；明律例，刑律，罵詈，『罵祖父母父母』；清律例，二九，刑律，罵詈，『罵祖父母父母』。

⑭清現行刑律，罵詈，『罵祖父母父母』。

⑮太平御覽，六四〇，引董仲舒春秋決獄。

⑯宋書，五四，孔季恭傳引宋律云，『子賊殺毆父母梟首』。

⑰唐律疏義，二二，鬬訟二，『毆詈祖父母父母』；明律例，十，刑律二，鬬毆，『毆祖父母父母』；清律例，二八，刑律，鬬毆下，『毆祖父母父母』；清現行刑律，毆鬬下，『毆祖父母父母』。

⑱元史，一〇四，刑法志，『大惡』。

⑲唐律但云，毆者斬，原未分別有傷無傷，清律加註云：『凡預毆者不分首從皆斬，不論有傷無傷與傷之輕重也。』又條例云，凡子孫毆祖父母父母，審無別情，無論傷之輕重，即行奏請斬決（清律例，『毆祖父母父母』，嘉慶十六年續纂例）。

⑳太平御覽，六四〇，引董仲舒，春秋決獄。

㉑刑案彙覽，II, 13a-14b.

㉒同右，8a-11a。

㉓刑案彙覽，11a-12a。

㉔清律例，二八，刑律，鬬毆下，『毆祖父母父母』條，道光五年續纂例。

㉕刑案彙覽，xxxxlv-23b。

㉖元史，一〇四，刑法志，『大惡』；明律例，『毆祖父母父母』；清律例，『毆祖父母父母』。

㉗清現行刑律，『毆祖父母父母』。

㉘刑案彙覽，xxxxlv-34b。

㉙續增刑案彙覽，xll。2b。

㉚刑案彙覽，xxxxlv。34b-35a。

㉛元史，刑法志，『大惡』。

㉜刑案彙覽，xxxxlv. 35a-36b。

㉝清律例，『毆祖父母父母』條例。

㉞故清律總註云：『殺者不分首從皆凌遲處死，不言毆死而言殺者，兼毆殺故殺在內』。

㉟刑案彙覽，xxxxlv. 25ab。

㊱同右，26ab。

㊲清律例，『毆祖父母父母』，道光五年續纂例。

㊳刑案彙覽，xxxxlv. 25ab。

㊴同右，29b-30a。

㊵按過失殺傷與誤傷不同，雖同屬事出無意，並非有心殺傷，但在中國古代法律上的含義是有分別的。誤傷指與人鬬毆而誤傷旁人，所以律上說因鬬毆而誤殺傷旁人者如何治罪，因謀殺故殺人而誤殺旁人者，如何治罪（參看唐律疏義，二三，鬬訟三，『鬬毆誤殺傷人』；明律例，九，刑律一，人命，『戲殺誤

殺過失殺傷人』；清律例，二六，刑律，人命，『戲殺誤殺過失殺傷人』）。過失殺傷則指『耳目所不及思慮所不到』的傷害，律註蹉列舉數例，如共舉重物，力不能制，傷及同舉物者；乘高履危，足有蹉跌，累及同伴；駕船使風，乘馬驚走，馳車下坡，勢不能止；彈射禽獸，因事投擲磚瓦，不期傷人之類。凡初無害人之意而偶致殺人者皆是（參看唐律疏義，二三，鬬訟三，『過失殺傷人』；明律例，『戲殺誤殺過失殺傷人』；清律例，『戲殺誤殺過失殺傷人』），所以法律上過失殺傷之罪較殺傷者爲重。

㊶參看唐律疏義，二三，鬬訟三，『過失殺傷人』；明律例，『戲殺誤殺過失殺傷人』；清律例，『戲殺誤殺過失殺傷人』。

㊷唐律疏義，『毆詈祖父母父母』；明律例，『毆祖父母父母』；清律例，『毆祖父母父母』；清現行刑律，『毆祖父母父母』。

㊸清律例，『毆祖父母父母』條，乾隆二十八年例，道光二十五年修改例。

㊹同上條律註。

㊺清律例，『戲殺誤殺過失殺傷人』，嘉慶十六年續纂，十一年復奉頒修。道光二十五年修改例。參看嘉慶十一年題准通行（刑案彙覽，xxxxlv. 18b-19a）。

㊻刑案彙覽，xxxxlv. 19a-22a 。

㊼清律例彙輯便覽，二六，刑律，人命，『戲殺謀殺過失殺人』引。

㊽同右。

㊾刑案彙覽，xxxlv. 18a-19a 。

㊿明律例，九，刑律一，人命，『威逼人致死』條例。

(51)清律例，二六，刑律，人命，『威逼人致死』條，乾隆三十七年例。

(52)刑案彙覽，xxxlv. 8b-11a 。

(53)續增刑案彙覽，x. 3b-4a 。

(54)刑案彙覽，xxxlv，7a-8a 。

(55)道光元年說帖云：『子於父母倫紀攸關，婉容愉色，固不能概責諸愚民，至若教令有違致父母抱忿輕生，則其子之不能順從於平素，復不知畏懼於臨時，已可概見，雖死由自盡，斷非其子逆料所及，而衡情行法，卽所以扶植綱常，是以向來辦理違犯教令之案並無量從寬減之文。』（刑案彙覽，xxxIV. 8ab）

(56)刑案彙覽，xxxlv. 15a-16a 。

(57)刑案彙覽，11a-13a 。

(58)清律例，三〇，刑律，訴訟，『子孫違犯教令』條引乾隆二十七年部議，參看刑案彙覽，xxxxlx. 1a-2b 。

(59)子孫罪犯應死及謀故殺人，事情敗露，祖父母父母自盡卽照各本犯名擬斬立决，子孫犯姦盜則分別祖父母父母是否事先縱容，或教令子孫爲非。如祖父母父母並未縱容，犯案後憂忿自盡或被人毆死及謀故殺害者，犯案子孫均擬絞立决。如祖父母父母縱容袒護，後經發覺，畏罪自盡者，子孫發雲、貴兩廣極邊煙瘴充軍。如祖父母父母因此被人毆死或謀故殺害者，則擬絞候。若子孫犯姦犯盜出於祖父母父母之教令，發覺以後，祖父母父母畏罪自盡者，則子孫處罪輕，止杖一百徒三年。如祖父母父母因此被人毆或謀故殺害者，則杖一百流三千里。（清律例『子孫違犯教令』條，嘉慶六年十五年兩次修改，復奉頒修道光元年修改例）。

(60)同上頁註(56)。

(61)宋時某人與人鬬，其母追而呼之，不止，母顛躓死，法官處笞罪，眞宗曰：『母呼不止，違犯教令，當徒二年，何謂笞也?』（宋史，二〇〇，刑法志）便是止處子孫以違犯教令之罪，子孫不負父母自行死傷的責任，與清律不同。

(62)刑案彙覽，xxxlv. 5a-6a。

(63)同右，2b-3a。

(64)同右，4b-5a。

(65)同右，6a-7a。

(66)同右，4ab。

(67)刑案彙覽，x. 5b-6a。

(68)見隋書，二五，刑法志；唐律疏義，一，名例，『十惡』；宋刑統，名例，『十惡』；元史，一〇二，刑法志，名例，『十惡』；明律例，一，名例上，『十惡』；清律例，四，名例律上，『十惡』。

(69)唐律疏義，二二，鬬訟二，『毆兄姊』。

(70)明刑律，十，刑律二，罵詈，『罵尊長』；清律例，二九，刑律，罵詈，罵兄姊。

⑺晉書，刑法志。

⑿唐律疏義，二二，鬬訟二，『毆緦麻兄弟』；明律例，十，刑律二，鬬毆，『大功以上尊長』；清律例，二八，刑律，鬬毆下，『毆大功以下尊長』。

⒀唐律疏義，『毆兄姊』；明律例，鬬毆，『毆期親尊長』；清律例，鬬毆下，『毆期親尊長』。

⒁唐律疏義，『毆緦麻兄姊』，『毆兄姊』；明律例，『毆大功以下尊長』，『毆期親尊長』；清律例，『毆大功以下尊長』，『毆緦麻以下尊長』。清現行刑律弟妹毆同胞兄姊，姪毆伯叔父母及姑，處分同於清律例，但不附加杖刑，又死刑亦減輕、刃殺、折肢、瞎目，改爲絞候，死者改爲絞決。

⒂明律例，『毆期親尊長』；清律例，『毆期親尊長』。

⒃明律例，十，刑律二，鬬毆，『同姓親屬相毆』。

⒄清律例，二八，刑律，鬬毆下，『同姓親屬相毆』。

⒅唐律疏義，一八，賊盜二，『謀殺祖父母父母』；明律例，九，刑律一，人命，『謀殺祖父母父母』；清律例，二三，刑律，人命，『謀殺祖父母父母』。

⒆見唐、明、元、清律，名例，『十惡』。

⒇唐律疏義，『謀殺祖父母父母』。

㉑明律例，『謀殺祖父母父母』；清律例，『謀殺祖父母父母』。現行刑律改爲已行者絞，已殺者斬。

㉒唐律疏義，二三，鬬毆三，『過失殺傷人』；明律例，九，刑律一，人命，『戲殺誤殺過失殺傷人』；清律例，二六，刑律，人命，『戲殺誤殺過失殺傷人』。

⑧³唐律疏義，『毆兄姊』；明律例，『毆期親尊長』；清律例，『毆期親尊長』。

⑧⁴刑案彙覽，xxxlv。36b-37b。

⑧⁵同右，37b-38a。

⑧⁶按唐律無逼人致死條文，除手殺傷外，他人氣忿窘迫自盡是不負法律上的責任的。明律纔特立專條。

⑧⁷刑案彙覽，xxxlv。28ab。

⑧⁸刑案彙覽，xxxlv. 29ab。

⑧⁹刑案彙覽，33ab。

⑨⁰同右，32a-33a。

⑨¹同右，33a。

⑨²同右，31ab。

⑨³同右，30b-31a。

⑨⁴同右，30b-31a。

⑨⁵同右，28ab。

⑨⁶同右，42b-43a。

⑨⁷同右，43a-44b。

⑨⁸同右，29b-31b。

⑨⁹續增刑案彙覽，X. 9a。

(100) 按威逼人致死律，原註明『需犯人必有可畏之威』字樣。清律輯註亦云：『威逼之情，千態萬狀，必其人之威勢果可畏，逼迫果不堪，有難忍難受無可奈何之情，因而自盡者，方合此律，蓋愚夫愚婦每因小事卽致輕生，非必果由威逼也。司刑者多因其法稍輕，容易加人，而不知非律意也。』但這是指常人而言，卑幼之於尊長，是不問這些的。

(101) 故清律輯註云：『律不言尊長威逼卑幼之事，蓋尊長之於卑幼，名分相臨，無威之可畏，事宜忍受，無逼之可言，故不着其法。』

(102) 戴震孟子字義疏證。

(103) 呂坤，刑戒，『三莫輕打』，

(104) 唐律疏義，『毆緦麻兄姊』；明律例，『毆大功以下尊長』；清律例，『毆大功以下尊長』。

(105) 唐律疏義，『毆兄姊』；明律例，『毆期親尊長』；清律例，『毆期親尊長』；清現行刑律，『毆期親尊長』。

(106) 唐律疏義，『謀殺期親尊長』；明律例，『謀殺祖父母父母』；清律例，『謀殺祖父母父母』；清現行刑律，『謀殺祖父母父母』。

(107) 清律例，『毆大功以下尊長』條，嘉慶六年修改，道光五年復奉頒修例，同治九年續纂例。關於被毆情急的情形，同治續纂例說得極詳細，必被尊長揪扭，刀械交加，身受多傷，無處躲避，纔能抵格。所以如此重複描述，不厭煩細，便是想將被毆情急的範圍定得很具體而狹窄，不易藉口情急，含混取巧。

(108) 清律例，『毆大功以下尊長』，同治九年續纂例云：『……其餘持械抵格，情同互毆，概從本擬律向擬斬決，不得以被毆抵格，奪刀自戳等詞曲爲開脫，夾簽聲請。』

(109) 參看刑案彙覽，xxxxxl. 76b-79b 各案說帖。

(110) 刑案彙覽，xxl. 80a-82b。

(111) 同右，85b-86a。

(112) 暫行刑律補充條例第一條明文規定刑律第十五條關於自衛之規定除嫡母繼母出於虐待之行爲者外，於尊親屬不適用之（按補充條例於民三年二月二十四日公佈，國民政府於十三年二月十七日令廢止）。

(113) 清律例，『毆大功以下尊長』，乾隆四十九年例，嘉慶六年十一年同治九年三次修改例。

(114) 清律例，『毆期親尊長』，道光十五年續纂，同治九年修改例。

(115) 刑案彙覽，xxxxl. 15b-16a。

(116) 駁案新編，xxll. 13a-17b。

(117) 唐律疏義，一七，賊盜一，『謀殺期親尊長』；二二，鬪訟二，『毆兄姊』。明律例，刑律一，人命，『謀殺祖父母父母』；一〇，刑律二，毆鬪，『毆期親尊長』；罵詈，『罵尊長』。清律例，刑律，人命，『謀殺祖父母父母』；二八，刑律，鬪毆下，『毆期親尊長』；二九，刑律，罵詈，『罵尊長』。

(118) 唐律疏義，二四，鬪訟四，『告期親尊長』；明律例，十，刑律二，訴訟，『干名犯義』；清律例，三〇，刑律，訴訟，『干名犯義』。

(119) 見明律例，刑律一，人命，『威逼人致死』；清律例，刑律，人命，『威逼人致死』。故清律輯註云：『按別律外祖父母俱與期親尊長同論，此不言，則竟與小功尊長同矣，俟考。』

⑳按唐律文只言緦麻小功尊長卑幼，雖不言外姻，實兼指本宗外姻而言。故謀殺期親尊長條疏義云，『謂謀殺緦麻以上尊長，則大功以下皆是，外姻有服，尊長亦同』。又毆緦麻兄長條疏義云，『毆緦麻兄姊謂本族及外姻，有緦麻服者並同。』又告緦麻卑幼條疏義云：『稱緦麻小功卽外姻有服者亦是』。明、清律，則註明本宗姻字樣，更為醒目。明律毆大功以下尊長條律文明言本宗及外姻兄姊，他如謀殺祖父母父母條，罵尊長條，干名犯義條皆不言外姻。清律毆大功以下尊長條同明律，律文有本宗及外姻一語，輯註並云：『功緦服之尊卑親甚多，難以悉舉，有相毆者先按本宗外姻各服圖查明服制乃可定罪。』罵尊長條律文內註明內外二字，律後總註亦云：『緦麻小功大功兄姊尊屬皆兼指本宗外姻而言』。又謀殺祖父母父母條，謀殺緦麻以上尊長，雖不云本宗外姻，尊長謀殺卑幼則註明本宗外姻字樣，可見卑幼謀殺尊長亦兼指外姻而言，其他尊卑相犯之律雖間有不註明外姻字樣者，實則外姻亦包括在內。故威逼人致死律律後總註云：『卑幼因事威逼期親尊長者』，『按此尊長本宗外姻皆同』。又干名犯義條律後總註云：『再則大功小功緦麻之親，不論同姓異姓，但係尊長，俱關名義，凡卑幼告而得實者是。』可知各尊卑相犯之律不論註明外姻字樣與否，皆兼指本宗外姻而言。

㉑漢書，五，燕王澤傳。

㉒無夫姦徒一年，有夫姦徒二年，強姦各加一等，折傷者各加鬬折傷罪一等（唐律疏義，二六，雜律上，姦徒一年半）。

㉓元律無夫姦杖七十七，有夫姦杖八十七，未成者減四等，強姦罪，有夫者死罪，無夫者杖一百七，未成者減一等（元史，一〇三，刑法志）；明清律，無夫姦杖八十，有夫姦杖九十，刁姦杖一百，強姦絞，

未成者，杖一百流三千里。（明律例，十一，刑法志，『犯姦』；清律例，三二，刑律，犯姦『犯姦』。）

(124) 明律例，犯姦，『親屬相姦』，清律例，犯姦，『親屬相姦』。

(125) 唐律疏義，二六，雜律上，『姦緦麻以上親』。

(126) 明律例，『親屬相姦』；清律例，『親屬相姦』；現行刑律，強姦罪改絞。

(127) 唐元明清律，名例，『十惡』，『內亂』條。

(128) 唐律疏義，同上，『姦從祖母姑』；元史，刑法志；明律例，『親屬相姦』；清律例，『親屬相姦』；現行刑律，姦者改爲絞候，強姦則改爲絞斬，按唐明清律姦緦麻以上親及緦麻以上親之妻云云，小功大功及期親親屬原包括在內，却又一一列舉，提出另論加重治罪，於是未被列舉的小功親屬例如再從姊妹，堂姪女姪孫女，便不包括在內，仍按緦麻以上親條文治罪。

(129) 左傳宣三年註引。

(130) 晉書，三〇，刑法志。

(131) 唐律疏義，『姦父祖妾』。

(132) 元史，一〇四，刑法志三，姦非。

(133) 明律例，『親屬相姦』，清律例，『親屬相姦』，現行刑律，由斬改絞。

(134) 唐律疏義，『姦緦麻以上親』；明律例，『親屬相姦』；清律例，『親屬相姦』。
唐、元、明、清律，名例，『十惡』，『內亂』。

⑬⑥唐律疏義，『姦父祖妾』；明律例，『親屬相姦』；清律例，『親屬相姦』；現行刑例，『親屬相姦』。

⑬⑦史記，一一八，衡山王傳。

⑬⑧唐律對於無服親雖同宗亦同凡論，並無犯姦專條，明、清律無服親姦非罪之成立，只限於同宗，故清律親屬相姦條律後總註云：『只言同宗，則外姻無服之親概以凡論矣』。

⑬⑨唐律疏義云：『姦緦麻以上親謂內外有服親者』。明、清律文俱註明內外字樣。

⑭⓪唐律疏義，『姦從祖母姑』，明律例，『親屬相姦』；清律例，『親屬相姦』。

⑭①明律箋釋云：『姦妻之親母，律無文，宜比附確當上請，蓋論服則緦麻以上親，以義則亦伯叔母與母之姊妹比也。』（薛允升、唐明律合編，二六，親屬相姦條引）清律則註明：『若姦妻之親生母者以緦麻親論之太輕，還比依母之姊妹論。』

⑭②唐律疏義，二〇，賊盜四，『盜緦麻小功財物』。

⑭③元史，一〇四，刑法志，『盜賊』。

⑭④明律例，九，刑律一，賊盜，『親屬相盜』；清律例，刑律，賊盜，『親屬相盜』。

⑭⑤元史，刑法志，明律例，『親屬相盜』；清律例，『親屬相盜』。

⑭⑥刑案彙覽，xvIII。

⑭⑦唐律疏義，『竊緦麻小功財物』條云：『殺傷者各依本殺傷論（此謂因盜而殺者，若有所規求而故殺期親以下卑幼者絞，餘條準此）』。元史，刑法志云：『殺傷者各依故殺傷法』。明、清律，親屬相盜

條俱云：『若有殺傷，各依尊長卑幼本律從重論。若同居卑幼將引他人盜己家財物……若有殺傷者自依殺傷尊長卑幼本律科罪……若他殺傷人者，卑幼縱不知情，亦依殺傷尊長卑幼本律從重論』。

148 禮記，王制。

149 明史，九三，刑法志一。

150 龍瑞禮論此種關係最清楚，他說：『聖人以禮制而定服紀，以服細而立刑章。然則服有加隆，刑分重輕，欲正刑名，先明服紀，服紀正則刑罰正，服紀不正則刑罰不中矣』。（五服同解，宛委別藏影鈔本）

151 故明史刑法志云：『又爲喪服之圖凡八，親族有犯，視服等差定刑輕重』。明太祖又云：『此書首列五刑圖，次列八禮圖者，重禮也』。

152 清律例彙輯便覽，卷二，諸圖，喪服圖。

153 闕名，審理雜案（牧令書輯要，七，刑名上）。

154 刑部通行章程，卷上，70a。

155 同右，73a-74a。

156 論語，子路。

157 孟子，盡心上。

158 春秋公羊傳，閔公元年，何休註。

159 漢書，八，宣帝紀。

160 參看唐律疏義，六，名刑，『同居相爲容隱』；明律例，一，名例，『親屬相爲容隱』；清律例，五，名例律下，『親屬相爲容隱』。

⑯新刑律第一八條云犯人或逃脫人之親屬爲犯罪人或逃脫人利益計，而犯藏匿罪人及湮滅證據之罪者，免除其刑。補充條例第二條規定刑事暫保釋人之親屬，爲暫保釋人利益計，而藏匿之，或須替自首者免除其刑。舊刑法第一七七條亦規定犯人之親屬犯藏匿犯人及湮滅證據罪，免除其刑。第一六八條又規定犯人之親屬於犯罪可以預防之際，知有將犯內亂外患，公共危險，強姦、殺人、強盜及海盜罪，而不向該管公務員或將被害之人告報者，免除其刑。

⑯刑法，第一六二條，一六五條。

⑯晉書，三〇，刑法志。

⑯宋書，五七，蔡廓傳。

⑯隋書，二五，刑法志。

⑯唐律疏義，二九，斷獄上，『八議請減老小』；明律例，一二，刑律四，斷獄，『老幼不拷訊』；清律例，三六，刑律，斷獄上，『老幼不拷訊』。

⑯明令典，一七七，刑部一九，問擬刑名。

⑯史記，一一八，衡山王傳。

⑯後漢書，四四，齊武王縯傳。

⑰魏書，八八，竇瑗傳引律。

⑰唐、宋、元、明、清律，名例，『十惡』，『不孝』。

(172) 唐律疏義，二三，鬭訟三，『告祖父母父母絞』。

(173) 元史，一〇五，刑法志，訴訟。

(174) 新元史，一〇三，刑法志下。

(175) 明律例，一〇，刑律，訴訟，『干名犯義』；清律例，三〇，刑律，訴訟，『干名犯義』。

(176) 唐律疏義，二四，鬭訟四，『告期親尊長』；明律例，『干名犯義』；清律例，『干名犯義』。

(177) 參看唐律疏義，五，名例五，『犯罪未發自首』，二四，鬭訟四，『告期親尊長』；明律例，二，名例下，『犯罪自首』，『干名犯義』；清律例，名例，『犯罪自首』，『干名犯義』。

(178) 沈之奇明律輯註（唐明律合編，二四，『干名犯義』條引）。

(179) 唐律疏義，二四，鬭訟四，『告緦麻卑幼』；明律例，『干名犯義』；清律例，『干名犯義』。

(180) 參看唐律疏義，『同居相爲容隱』，『告期親尊長』；明律例，『親屬相爲容隱』，『干名犯義』；清律例，『親屬相爲容隱』，『干名犯義』。

(181) 唐律疏義，『同居相爲容隱』。

(182) 明律例，『親屬相爲容隱』，清律例，『親屬相爲容隱』。

(183) 唐律疏義，二四，鬭訟四，『部曲奴婢告主』。

(184) 明律例，『干名犯義』；清律例，『干名犯義』。

(185) 唐律疏義，『部曲奴婢告主』；明律例，『犯罪自首』；清律例，『犯罪自首』。

(186) 明律例，『干名犯義』；清律例，『干名犯義』。

(187) 唐律疏義，『部曲奴婢告主』。
(188) 明律例，『干名犯義』；淸律例，『干名犯義』。
(189) 漢書，二三，刑法志。
(190) 宋書，九一，孝義列傳，孫軸傳。
(191) 魏書，八六，孝感傳，長孫慮傳。
(192) 錢昌，南部新書，丨。
(193) 祝允明，野記。
(194) 余繼登，典故紀聞（畿輔叢書本），卷三。
(195) 同右，卷一二。
(196) 後漢書，二，明帝紀。
(197) 同右，七六，陳寵傳。
(198) 明史，九三，刑法志。
(199) 御覽，六四六，引臧榮緒，晉書。
(200) 魏書，一一一，刑法志。
(201) 唐律以非十惡爲限。明、淸律改爲非常赦所不原，十惡以外，盜係官財物、強盜、竊盜、放火、發塚、受贓、詐僞、犯姦、略人、略賣和誘人口，若姦黨及讒言左使殺人，故出入人罪，知情故縱，聽行藏匿引送，說事過錢之類，皆包括在內，較唐律爲嚴。（唐律疏義，三，名例三，犯死罪非十惡；明律例，二，名例下，『犯罪存留養親』，『常赦所不原』；清律例，四，名例律上，『犯罪存留養親』，『常赦所不原』。

202 唐為八十，元清改為七十（見唐律犯罪非十惡條疏義；元史，一〇三，刑法志三，恤刑；清律例，『犯罪存留養親』條律註）。

203 唐律云家有期親成丁，明清律但云家無以次成丁，不限期親。

204 唐律疏義，『犯死罪非十惡』；元史，刑法志，恤刑；明律例，『犯罪存留養親』；清律例，『犯罪存留養親』。按金史，四五，刑法志云：尚書省奏范德為劉佑毆殺，佑法當死，以佑父母年俱七十餘，家無侍丁，上請。知金代亦有此法。

205 金史，刑法志。

206 清令典。

207 清律例，『犯罪存留養親』條雍正三年例。

208 清律例，『犯罪存留養親』條附道光元年通行案。

209 魏書，刑罰志。

210 唐律疏義，『犯死罪非十惡』。

211 明律例，『犯罪存留養親』；清律例，『犯罪存留養親』。其後又定條例，除照叛決杖外，並須並加枷號，徒犯枷號一個月，軍流枷號四十日，免死流犯枷號兩個月（清律例，同條，嘉慶六年修改道光十五年修改例）。

212 便是誤傷父母，無心干犯，也不准留養。道光時龔奴才用剪戳犯姦之妻，妻閃避，適父龔加紅走至背後趕勸，龔奴才收手不及，誤將父左肋戳傷，旋經平復。龔奴才並非有心干犯，由立決奏改斬監候，秋審情實兩次未勾，刑部照例奏明改入緩決，凡緩決四次。龔加紅呈稱，伊夫婦年逾七旬，只此一子，素性孝順，並無觸忤，龔奴才將伊誤傷，迄今羈禁八載，家無次丁，呈請留養。由浙撫奏稱：『若必拘泥例文，不准留養，在犯罪者不得遂烏鳥之私，尙屬孽由自作，而犯親侍養無人，桑榆暮景，舉目無親，實堪矜憫，……原其父母迫不及侍之情，推廣皇上孝治天下之意，可否就現行定例，量爲變通，准予留養。……』奉旨龔奴才着施恩准其留養。但聲明此係法外施仁，嗣後不得援以爲例。（刑案彙覽，II. 8a-11a）又樊魁一案，樊魁與弟樊沅爭鬭，持刀嚇砍，誤傷母樊王氏，問擬斬決，奏改斬候。樊王氏呈稱守節已逾二十年，生有三子，少子疾故，次子樊沅不孝，業已呈送發遣，呈請長子樊魁留養，刑部爲奏，奉旨始准留養。（刑案彙覽，II. 11a-12a ）

213 清律例，『犯罪存留養親』條嘉慶六年修改例。

214 同右，嘉慶十五年修改，道光十五年修改例。

215 同右。

216 參看刑案彙覽，II. 1ab, 2a-3b, 3b-5a, 5a-6b, 6a-8a, 15a-16a, 56a-57b 名條。

217 清律例，『犯罪存留養親』，嘉慶六年修併，道光元年修改，五年復奉頒修例。參看刑案彙覽，II。

第四節　血屬復仇

復仇①的觀念和習慣，在古代社會及原始社會中極爲普遍②。被傷害人可以去尋找他的仇人與以同樣的傷害。社會上承認他報復的權利，即使他自已報不了仇，他的仇人的生命也有同樣的危險。他的家屬他的族人都有爲他報仇的義務，不但以爲族人彼此係兄弟姊妹，應互相扶助，共同禦侮，而且認爲個人的傷害無異於全族的傷害，個人的仇人即等於全族的仇人，所以擴大成爲一種聯合的責任（collective responsibility）.以聯合的力量去尋求報復。特別是族人被人殺死，或因傷重而死，報仇的責任全落在死者的族人身上，更是責無旁貸，義不容辭的了。報仇可說是一種神聖的義務③。

在復仇時，許多社會的習慣是並不僅限於以仇人爲對象的，將仇人殺死或將他的族中任何一人加以報復是一樣的。在家族爲社會單位，個人完全隸屬於家族的時代，復仇者的心目中不是說某甲殺了某乙，而是說某家某族對於我的家我的族有了傷害的行爲，他在這種情形之下，於是抵抗復仇也成爲全族的連合的責任，每一個族人爲保護自已及其族人而戰鬪，他的族人，對於傷害乙族而引起乙族忿怒的肇禍者，是否不對，是不問的。常因此而演成家與家間族與族間的大規模的械鬪。

但有的社會中，復仇的對象並不如此含混而廣泛，有的社會採取以牙還牙的辦法，你殺了我的兄弟，我也殺死你的兄弟，你與我以失去父親的孤苦，我也使你嘗到同樣的孤苦，其目的在予仇人以同樣的痛苦和損失，仇人本身反而不予以傷害④，這是孟子所說的：『殺人之父者人亦殺其父，殺人之兄者人亦殺其兄』⑤是同樣的情形。又有的社會則復仇的對象極嚴格，以仇人本身爲對象，他會耐心守候復仇的機會，一直到仇人相遇時。美洲印第安人中的 Commanche 人便是如此⑥。中國的復仇觀念也是如此的。所以中國有避仇的辦法，只要避開，就不致有流血的慘劇發生，他的家屬是不會殃及的。又有許多社會，以直接報復爲原則，實在尋不到本人時，纔不得已而以仇人的最近親屬爲替身⑦。這種將犯罪者或作惡者與無辜者加以區別的概念，據 Steinmetz 研究的結果，無目的的復仇（undirected, discriminate vegeance）實較有目標的辨別的復仇（directed, discriminate vegeance）爲原始。他認爲人類智力的發展使人們漸漸發覺遏制爲非作惡最好的辦法是對作惡者予以懲罰，於是復仇由第一期進到第二期⑧。Hartland 也說最初犯罪的宗族部落（Clan）中每一個人都可爲復仇的對象，但文化進化以後這種復仇的權利漸漸地被限制，女人小孩是被除外的，宗族部落衰落以後只有犯罪者本人和其最近親屬（Kin）負此責任，同時也只有其最近親屬才有復仇的責任⑨。

但即在有區別的復仇中，也並不是說仇人的親屬毫不負責，相反地，因仇恨太深，常被株連。復仇者在將仇人殺死後，往往意猶未足，一直到將仇人的親屬盡行殺死纔洩恨而去。例如 Austra-lian, Kurnai 人便如此，不僅以仇人的死爲滿足，還要將仇人的整個團體加以殺戮⑩。巴西的印第安人（Brazilian Indians）的復仇包括仇人及仇人的家屬⑪。格靈人（Greens）報仇不僅是對於仇人的全家，甚至他的牲畜也不能逃生⑫。中國也不乏這一類的例子。沈充爲吳儒所殺，臨死前和吳說：『爾大義全我，我宗族必厚報；若必殺我，汝族滅矣。』其後充子勁果族滅吳氏⑬。

沈林子父爲沈預所害，林子與兄報仇，預家男女無長幼悉屠之⑭。

在一個缺乏政治力量維持公正的社會中，允許私人自行尋求賠償自不足爲怪。Vinogradoff曾討論到自救（self-help）在古代社會古代法律中應用之廣⑮。Robson 云在原始社會中，裁判的功用只是宣告法律而已，並沒有執行判決的力量，在這種情形之下，自救自是唯一的尋求賠償的正常方法⑯。國家的權力發達以後纔設法限制自救，國家開始司法獨占，羅馬、英國和法國的法律皆曾如此⑰。中國在這方面似亦無例外，上古時代的文獻中還保留有准許復仇的記載，在法律制度發展到某種程度時我們也看見自行伸寃復仇的被禁止，同時，從不斷發生的復仇事件中，我們也可看出此風之遺留，並可推知遠古時代此種風氣之堅靭。

其他社會復仇的責任不外乎血屬，中國則不止於此，這是值得注意的一點，也是中國復仇習慣中的一特點。中國的社會關係是五倫，所以復仇的責任也以五倫爲範圍，而朋友亦在其中。漢章子張有父叔之仇未復，病將死，欷歔不自勝，童友郅惲知其心事，取仇人頭以示，子張見而氣絕⑱。交遊之仇是不容坐視的。

同時我們應注意中國人對社會關係的看法在講究親疏之等的，所以報仇的責任有輕重的不同。五倫之中君父最親最尊，所以責任最重。以父仇來說，是不共戴天的，寢苫枕塊，刻苦自誓，處心積慮，一意報仇，其他的事都抛在一邊，這時是不肯做官的⑲。兄弟之仇，從兄之仇，以至於朋友之仇，關係漸疏，報仇的輕重緩急也就不同，是有層次的⑳。

當時因爲鼓勵報仇，報仇的事太多，所以報仇有法定的手續，也有專管報仇事務的官吏，只要在事先到朝士處登記仇人的姓名，將仇人殺死便可無罪㉑。又有調人之官，專司避仇和解的事，並且規定復仇只以一次爲限，不許反復尋仇㉒。

戰國時代報仇之風極盛，游俠風氣之下有抱不平專爲人報仇的刺客。孟子說：吾今而後知殺人親之重也，殺人之父人亦殺其父，殺人之兄人亦殺其兄，然則非自殺之也，一間耳㉓。孟子說這話應是親見許多復仇的事，怵目驚心，感慨之餘，故發爲此論，說先秦是復仇自由的時代大致是可信的。

法律機構發達以後，生殺予奪之權被國家收回，私人便不再有擅自殺人的權利，殺人便成爲犯罪的行爲，須受國法的制裁。在這種情形之下，復仇自與國法不相容，而逐漸的被禁止了。可能在紀元前的一世紀中法律便開始此種努力。桓譚在建武初上疏云㉔：『今人相殺傷，雖已伏法，而私仇怨結，子孫相報，後忿深前，至於滅戶殄業……今且申明舊令……』㉕。可知至少在西漢末年已經有禁止復仇的法令，桓譚不過是請光武重申前令，以防止惡風之滋長而已。近人程樹德引王褒僮約證漢律許復仇㉖，實則『漢時官不禁報怨』是後人所註，並非僮約原文，是不足爲據的。一世紀時法律禁止復仇的企圖更爲努力顯已成功。緱氏女玉爲父報仇，縣令欲論殺之，後來因爲申屠蟠的進諫，纔得減死㉗。趙娥的故事尤爲明顯。她將父仇殺死後，詣縣自首，福祿長尹嘉很同情她，解印綬縱之，自己也預備棄官逃走。她不肯，說道：『怨塞身死，妾之明分，結罪理獄，君之常理，何敢偷生以枉公法？』㉘這時堂上圍觀的人已衆，守尉不敢公然釋放她，示意叫她自行匿避，她仍不肯，並且抗聲大言：『枉法逃死，非妾本心，今仇已雪，死則妾分。乞得歸法，以全國體。雖復萬死，於娥親〔按娥一名娥親〕畢足，不敢貪生爲朝廷負也。』尉故不聽所執。她又說道：『匹婦雖微，猶知憲制，殺人之罪，法所不縱，今旣犯之，義無可逃，乞就刑戮，隕身朝市，肅明王法』㉙。更可明證當時的法律已絕對不容許復仇的行爲，所以守尉雖然很同情她，除了棄官和犯人一起逃走外，別無他法可以救之。趙娥的話裏更句句顯示當時法律對於殺人的制裁，復仇並不能例外。緱玉的事發生在安帝順帝之際㉚，趙娥的事則在靈帝建寧間㉛，可以使我們相信至少在二世紀時（東漢末年）復仇已經是國家所不容的了。輕侮法的產生雖在頒布禁止復仇的法令以後，但不久在和帝時因張敏的建議：『死生之決宜從上下』，『相殺之路不可開』，也終於廢除了㉜。

不過復仇的習慣久已深入人心，所以一時不易禁止，不時三令五申，仍不能根絕此習。不但桓譚曾經如此，以後列朝亦爲此事頒布詔書，屢加嚴禁。曹操㉝、魏文帝、元魏世祖、梁武帝㉞，都曾下令禁止復仇。魏律對於復仇的處罰重至誅族㉟，元魏之制尤爲嚴峻，不但報仇者誅及宗族，便是隣伍相助者亦同罪㊱。北周時代的法律對復仇者，亦處死刑㊲。

唐宋以後的法律都一貫的禁止復仇。唐律無復仇的規定，有犯同謀故鬬殺。宋律亦然㊳。但同時附一規定，子孫復仇者由有司具案奏取敕裁㊴。是法律雖不承認復仇的權利，却已予以特殊考慮，爲一兼顧禮法而具有彈性的辦法。元律纔有復仇的規定，父爲人所殺，子毆死仇人，不但無抵罪責任，且殺父之家須付燒埋銀五十兩㊵。明淸律根據元律稍加變通，祖父母父母爲人所殺，子孫痛忿激切，登時將兇手殺死是可以免罪的，但事後稍遲再殺，便不能適用此律，須杖六十㊶。

我們可以看出從東漢以來的法律，除了元代一時期外，都是禁止人民私復仇的。法律上都有一共同趨勢，即生殺權操於主權，人民如有寃枉須請求政府爲之昭雪。魏律和明清律雖稍寬容，亦非全然放縱，並不容許人民自相殺害，原則上凶犯雖犯應死之罪，亦須告官治罪，不得擅殺。所以魏律只限於以劾而亡者許子弟得追殺之㊷。清律即使凶犯逃脫未經到官，爲被害人子孫所撞見，也只能送官請求依法懲辦，不許擅自將仇人殺死，否則照擅殺應死罪人律杖一百㊸。至於已經國法制裁的凶犯，是更不容許人民再加報復的了。這原是任何社會承認司法效力及維持司法威信所必具備的條件，所以魏律會赦不得復仇㊹。清律規定凶犯如已到官擬抵，或遇赦減等發配後潛逃回籍，被子孫殺死者，杖一百流三千里，本犯擬抵後援例減等，向擬軍流，遇赦釋回，便屬國法已伸，不當爲仇，如果被害人子孫意存不平仍敢復仇殺害，便照謀故殺定擬，入於緩決，永遠監禁了㊺。此條規定更可看出國法的着重和私自復仇而後快的心理的糾正。從主權來講，國法斷不能將殺人權交給人民，凶犯只能受國法的制裁，無論公允與否，人民斷不能否定法律的效力，因不滿意法律的裁判而自求補償。清高宗因沈萬艮爲父復仇將已按律擬徒的仇人殺死一案而頒的上諭將此中道理說得很明白：『……生殺悉由讞詞，豈因一介不逞之徒私行報復？況國法已彰，則私恨已洩，讐殺之端斷不可啓，訓示最爲明晰，即子孫復仇之例，若因伊父死於非命而凶手竟得漏網，寃無可伸，其復讐猶爲有說……已伏法結案則國法已伸，……復逞凶故殺，即應照故殺問擬……否則將何所底止？豈辟以止辟之義耶』㊻。

法律上除積極的制止復仇外，又有移鄉避仇的辦法，消極的防止復仇事件的發生，法律對於復仇的防範可謂周密盡致了。移鄉的辦法來源極古，遠在社會習俗鼓勵復仇的上古時代就有這種習慣，父兄之仇皆使遠避以和難，不避則執之，這是調人的職務㊼。後代的法律倣這種習慣，而有會赦移鄉的辦法。凶手擬抵，國法已伸，便義不當仇，只是容有遇赦的機會，被害人的家屬對於凶手的不擬償，自不甘心，政府爲了避免尋仇起見，於是制定此法。劉宋時曾有一件姑殺兄媳遇赦的事，依律殺人父母應徙二千里外，廷臣曾爲此討論祖孫應否相仇的問題，傅隆說：『稱（孫）雖巨痛創深，固無讎祖之義，若稱可以殺趙（祖母），趙當何以處載（稱之父），將父子祖孫互相殘戮，懼非先王明法咎繇立法之本旨也……趙既流徙，載爲人子，何得不從？載從而稱不行，豈名教所許？如此稱趙竟不可分，趙雖內愧終身，稱當沉痛沒齒，孫祖之義自不永絕，事理固然也』㊽。唐時殺人應死，會赦免罪，而死家有期以上親者，移鄉千里外的法律很顯明地是恐死者家屬不肯甘休，所以若是家無近期親，便沒有移鄉的必要了㊾。明、清法律雖無殺人移鄉的條文，但清代的條例上有凶手遇赦，子孫不許私自尋仇的規定。立法雖和移鄉避仇不同，二者的用意却是殊途而同歸的，一是使無尋仇的機會，一是以法律的力量禁止再向已受國法制裁的仇人尋仇，由消極而積極的過程也可看出法律力量的增進。

但是我們應注意法律儘管嚴加制裁，私自復仇的風氣仍是很盛，這類的事不斷的在歷史上出現，許多人寧可挺身受刑，決不肯因怕死而忘仇不孝。在漢代報仇的事：『俗稱豪健，故雖有怯弱猶勉而行之』㊿，甚至父祖受國法之誅，子孫也不問是非，更不顧勢力，處心報復。公羊曾首先提出『父不受誅子復仇可也』的口號(51)。漢時海曲呂母的兒子是一縣吏，因犯小罪被宰論殺，呂母怨宰，傾貲結納少年，少年感激圖報，聚數十百人，呂母自稱將軍，破海曲，執宰殺之，以祭子墓(52)。

魏時也有類似的事，建安中太守徐揖誅郡中強族黃氏，黃昂得脫在外，募衆千餘，攻揖，城陷，揖死㊸。

當時一般人的心理都以手刃仇人爲快，不但國法未伸，誓必報復，即已伏法，亦不甘心。許多悲壯激昂的故事都是親殺仇人以頭或心肝祭靈痛哭而去的情節所演成的。桓溫因手刃父仇而名重當時㊹。韓暨㊺、沈林子㊻、張景仁㊼，爲父報仇，俱以仇人頭祭父墓，韓暨由是顯明，舉孝廉。屢辟不就。趙充㊽王君操㊾皆手刃仇人食其心肝。王思賢爲嚴世蕃所害，世蕃受刑，世貞兄弟贖得其一體，熟而薦之父靈，大慟，兩人對食畢而已㊿。便是平時弱不禁風，殺雞膽怯的文弱書生，和足跡不出閨門的弱女子，到這時也會悲憤塡胸，勇氣百倍，復仇的事斷不肯假手於人。列子書中說，黑卯殺丘邴章，章子來丹謀復仇，黑卯力抗百夫，刀箭砍射在身上，皮肉毫無損傷，刀箭的鋒芒反爲之屈折。他瞧來丹就像小雛一樣，毫不放在心上。來丹身體極羸弱，雖忿不能稱兵，却恥假手於人，聞孔周有祖傳寶劍，便往求劍㊿。三國時代趙娥的父親趙安爲李壽所殺，娥的兄弟三人都想報仇，李防範甚密。不久弟兄三人皆遭疫病故。李壽大喜，會宗族共相慶賀，說是趙氏只一弱女，不足爲憂。娥悲憤萬狀，買一利刀，志在報復。李壽聽說趙娥要報仇，乘馬帶刀，時加提防。李爲人素來凶豪，人人怕他，趙娥的鄰婦勸她說：『和這樣凶惡的男子怎樣對抗呢？還是息了報仇的念頭吧。』娥說：『父母之仇不同天地共日月者也。李壽不死，娥親視息世間，活復何求？今雖三弟身死，門戶泯絕。而娥親猶在，豈可假手於人？』每夜磨刀，扼腕切齒，悲涕長歎。她的家人和鄰里都笑她，娥說：『你們笑我，無非以爲我是弱女子不能殺壽，我偏要將壽的頸血汚在這把刀上給你們看看。』於是棄家事（那時她已出嫁，且有一幼子）天天乘了鹿車，等候復仇的機會。有一天，終於在都亭前與李壽相遇，她便下車，扣住李壽的馬，叱之，壽驚愕，迴馬欲走，娥以刀奮力斫之，並傷其馬，馬驚，將李壽摔在道邊的溝裏，她就地斫之，刀砍在樹上，用力過猛，刀都折了。那時壽已受傷。她想奪取他身上所佩的刀來殺他，李壽護刀嗔目大呼，跳梁而起。她撲上去用手扼住他的咽喉，反復盤旋，李壽因受傷不支，終於倒在地上，她便將刀拔出來，將李頭割下，詣有司自首㊷。北魏時平原女子孫男玉的事也表現同樣的精神和心理，她的丈夫為人所殺，追執仇人，男玉欲自殺之，其弟止而不聽，男玉云：『女人出適，以夫為天，當親自復雪，云何假人之手？』遂以杖毆殺之㊸。

復仇主義的深入人心已如上述，同時我們也可看出社會上復仇者的同情和贊揚，不但一般的輿論——包括讀書人的見解——如此，便是有司法責任的官吏也如此看法，倫理的概念和法律的責任常處於矛盾的地位。最後，往往能得到標榜以孝治天下的皇帝的赦宥。漢陳公思為五官掾，王子祐為兵曹行，會食下亭，子祐昔曾拷殺公思叔父斌，斌無子，公思久欲為叔報仇，便格殺之，還府歸死。太守太傅胡廣原遣之㊹。防廣為父復仇，繫獄。其母病死，廣哭泣不食，邑令鍾離異憐之，放他回去，殯殮母喪。丞掾皆爭，以為不可。異說：『罪自我當，義不累下。』事後廣果還入獄。異密以狀聞，得減死㊺。趙娥的故事，長尹先欲解印綬去官，與俱亡，後因娥不聽，強載還家㊻，更表現司法官吏對孝子烈女的傾倒。郅惲為友復仇，詣縣自首，說：『為友復仇，吏之私也，奉法不阿，君之義也，虧君以生，非臣節也。』趨出就獄。令跣而追惲，不及，遂自至獄中，因惲不肯出獄，拔刀自向以要之，說：『子不從我出，敢以死明心。』惲不得已乃出⑯。至不惜以死相要，較之棄官逃走自又更爲積極。橋元遷齊國相，郡有孝子，爲父復仇，囚於獄中，元愍其孝，擬減其罪。縣令路芝酷暴，竟殺孝子。元自謂深負孝子，捕芝笞殺之以謝孝子寃魂⑱。像這極端而近乎迂妄的事更是歷史上所僅見的。但復仇的博得同情及赦宥，則無代無之。晉時王談⑲宋時錢延慶⑳殺父仇，都因太守的表奏，詔許免罪。南齊朱謙之父昭之爲族人朱幼方燈火所焚死。謙之時尚幼，其姊密語之，後遂殺幼方，詣獄自繫。別駕孔稚珪，兼記室劉璉，司徒左西掾張融與刺史豫章王曰：『禮開報仇之典，以申孝義之情；法斷相殺之條，以表權時之制。謙之揮刀酬寃，既申私禮；繫頸就死，又明公法。今仍殺之，則成爲當世罪人；宥而活之，即爲聖廟孝子。殺一罪人，未足引憲；活一孝子，實廣風德。』豫章王言之世祖，世祖嘉其義，赦其死罪，又恐兩相報復，遣謙之隨曹虎西行。臨行，幼方子惲於津陽門伺殺謙之。謙之兄選之又刺殺惲。有司以聞，武帝曰：『此皆是義事，不可問。』悉赦之㉑。元魏時孫男玉雖被有司處以死刑。顯祖詔曰：『男玉重節輕身，以義犯法，緣情定罪，理有可原，其特恕之』㉒。又童子孫益德爲母報仇、哭於殯所，以俟縣官。高祖文明太后以童子能孝，又不逃罪，特赦免之㉓。杜叔毗兄君錫爲蕭循中記室參軍，曹策等妒之，誣以謀叛，擅加殺害。循討策等擒之，斬曉而免策。循降周，策到長安，叔毗朝夕號泣，向朝廷申明君錫寃枉。朝議事在歸附之前，不可追罪。叔毗憤惋倍至，志在復仇，又恐違朝憲，坐及其母。她曉得他的心事，便對他說：『汝兄橫罹慘禍，痛切骨髓，若曹策朝死，吾以夕沒，亦所甘心。汝何疑焉？』叔毗聽了母親的話，愈加威勵，殺策於京城，斷首刳腹，支解肢體，然後面縛請就刑戮。周太祖嘉其志氣，特命赦之㉔。隋時王子春爲從兄長忻及嫂所殺。子春有女三人，舜最長，時纔七歲，粲五歲，璠二歲。皆寄食親戚家。舜陰有復仇之心，姊妹俱長，親戚欲嫁之，拒不從，密謂二妹：『我無兄弟，致使父仇不報，吾輩雖是女子，何用生爲？我欲共汝報復，汝意如何？』二妹泣從姊命。是夜，姊妹各持刀踰牆而入，殺長忻夫妻以告父墓。詣縣請罪，爭謂謀首。州縣不能決。隋文帝聞而嘉歎，特原其罪[75]。唐賈氏之父爲族人所害，其弟強仁年幼，賈撫育之，不嫁，強仁成童，將仇人殺死，取心肝祭父墓。事後賈氏遣強仁自首，有司判以極刑。她便詣闕自陳，請代弟死。高祖憐之，特赦賈氏及強仁免死，移其家於洛陽[76]。孝女魏無忌爲父復仇，詣郡請就刑戮，唐太宗嘉其孝烈，特令免罪[77]。梁悅爲父復仇，投縣請罪，唐憲宗赦云：『復仇殺人，固有彝典，以其申寃請罪，視死如歸，自詣公門，發於天性。志在殉節，本無求生之心。寧失不經，特減死之法』，遂決一百，配流循州[78]。後唐時高暉爲鄉人王感所殺，暉子宏超殺感，攜仇人頭至大理寺自首，以故殺論死。尚書刑部員外郎李恩夢說：『方今明時，有此孝子，若處極法，契鴻慈。』奉敕宜矜，減死一等[79]。宋人劉玉的父親被王德毆死，德更赦，王私殺德以復父仇。仁宗義之。決杖編管。元豐時王贇父爲人毆死，那時贇的年紀還小，既長，刺死仇人，並將頭及四支砍下來到父墓前祭奠，祭訖自首，依律當斬。神宗以其情節可憫，下詔貸死，刺配隣州[80]。金時張錦復父仇，自首，法當死，世宗以爲烈士，以減死論[81]。明蕭山何御史舜賓以事謫戍歸里。時御史鄒魯謫爲蕭山縣令，何鄒固有隙，鄒逼何往戍所，中途謀殺之。何子競避難於父友家。不多時，鄒改官山西，競率親黨數十人守候於路，矐其兩目，折傷其肢體。鄒訴於官，競陳明父寃，慷慨請死。依律謀殺本屬府縣官斬罪，此案因爲原有殺父之仇，且鄒已遷官，非親臨之官，得減死，僅擬流徒

[82]。像這一類獲赦減死的復仇案，眞可說是書不勝書，無代無之。以當代爲例，施劍翹楊維騫兄弟的獲得特赦，是我們所親見親聞的。

極端的矜憐崇敬孝子，於是有不但不加之罪，並且加以優遇褒獎的事。申屠蟠爲緱玉的事進諫道：『玉之節義足以感無恥之孫，激忍辱之子，不遭明時，尚當表旌廬墓，況在淸聽而不加哀矜』[83]，他的話確非虛語。趙娥復仇自首，長尹爲之動容，傾城往觀之鄉人『爲之悲喜慷慨嗟歎』[84]，當時已博得社會輿論的贊歎傾倒，遇赦後更博得莫大的榮譽和獎飾。州郡至爲之刊石表閭[85]，畫像於壁[86]。顯貴名流莫不樂與交接，太常張奐嘉歎以束帛禮之[87]，黃門侍郎梁寬追述往事爲其作傳[88]。皇甫謐云：『海內聞之，莫不改容贊善，高大其義』[89]。可謂一時尊寵無比。梁張景仁自首後，太守上言於州，時簡文在鎭，乃下敕褒美之，蠲其一戶租調，以旌孝行[90]。唐太宗嘉魏無忌之孝烈，給傳乘徙於雍州，賜給田宅，並令州縣以禮嫁之[91]。在當時人的心目中都認爲這是盛朝盛事。

但歷史上也有依律擬罪，不加赦宥的。唐張審素爲巂州都督，人告其贓汚，制遣監察御史楊汪往案之。汪在路爲審素黨所劫恃。殺告事者，脅令善奏。救兵至，殺審素之黨。汪奏審素謀反，坐斬，籍沒其家。審素二子瑝及琇俱幼，坐流嶺表。後逃歸，伺便復仇，殺汪於都城，繫表於斧言父冤狀。都城士女皆矜二子穉年孝烈，宜加矜宥。中書令張九齡亦欲活之。裴耀卿、李林甫固言國法不可縱復仇。玄宗亦以爲然，謂九齡曰：『復仇須禮法所許，殺人亦格律具存。孝子之情，義不顧命，國家設法，焉得容此？殺之成復仇之志，赦之虧律格之條。然道路諠議，故須告示。』乃下敕曰：『近聞士庶頗有諠詞，矜其爲父復仇，或言本罪冤濫。但國家設法，事在經久，蓋以濟人，期於止殺。各伸爲子之志，誰非徇孝之夫？展轉相繼，相殺何限？咎繇作士，法在必行。曾參殺人亦不可恕。不能加以刑戮，肆諸市朝，宜付河南府告示決殺』。然士庶咸傷愍之，爲作哀誄，牓於衢路。市人又斂錢於死所造義井，葬之，又恐楊汪家人發之，並作疑塚數所㊾。致堂胡氏批評裴李及玄宗的處置不當，說：

復仇固人之至情，以立臣子之大義也。讎而不復則人道滅絕，天理淪亡，故曰父之仇不共戴天，君之仇視父。張審素未嘗反，爲人妄告，楊汪受命往按，遽以反聞，審素坐斬，此汪之罪也，瑝與琇忿其父死之寃，亡命報之，其失在不訴於司寇，其志亦可矜矣。張九齡欲宥之，豈非爲此乎？而裴李降敕之言，何其戾哉？設法之意固欲止殺，然子志不伸豈可以爲教？且曰曾參殺人亦不可恕，是有見於殺人者死，而無見於復仇之義也。楊汪非理殺張審素而瑝、琇殺汪，事適均等，但以非司寇而擅殺當之，仍矜其志，則免死而流放之可耳。若直殺之，是楊氏以一人而當張氏三人之命，不亦頗乎？』㊿

又唐時有余長安者父及叔爲伊金所殺，長安時纔八歲，以復仇自誓，十七手刃仇人。大理斷死。刺史元錫奏言蒙顯戮者乃一孝子，引公羊父不受誅子復仇之義，請下百寮集議。時裴珀當國，李鄘爲司（疑脫寇字），事竟不行。老儒薛伯皐錫書曰：『大司寇是俗吏，執人柄者是小生，余氏子宜其死矣』㉛。

我們應注意從法律的立場來講，殺人便應擬抵，法律上原無復仇的規定，復仇而得減免，原是法外施仁，爲例外，可是一般人，尤其是讀書人，却以例外爲正，頻加贊歎，反以例內爲非，大加抨擊，認爲防阻教化，不足爲訓。這可看出禮與律之衝突，法律與人情之衝突，更可看出復仇主義之深入人心，牢不可破。薛伯皐和致堂胡氏的話只是無數持同樣見解的一二例子而已。

荀悅曾就義法兩方面論復仇之當縱當禁：

或問復仇古義也，曰縱復仇可乎？曰不可。曰然則如之何，曰有縱有禁，有生有殺，制之以義，斷之以法，是謂義法並立。曰何謂也？曰依古復仇之科，使父避諸異州千里，只弟之仇避諸異地五百里，從父從兄弟之仇避諸異縣百里。弗避而報者無罪，避而報之殺。犯王禁者罪也，復仇者義也，以義報罪從王制順也，犯制逆也，以逆順生殺之，凡公命行止者不為弗避⑮。

韓愈也曾就類似的立場議復仇，斟酌禮法，期兩不失之：

伏奉今月五日敕：『復仇據禮經則義不同天，徵法令則殺人者死。禮法二事皆王教之端，有此異同，必資論辯。宜令都省集議聞奏者』。復以子復父讎，見於春秋，見於禮記，又見於周官，又見於諸子史，不可勝數，未有非而罪者也。最直詳於律，而律無其條，非闕文也。蓋以為不許復父仇，則傷孝子之心，而乖先王之訓；許復仇則人將依法專殺，無以禁其端矣。夫律雖本於聖人，然執而行之者有司，經之所明者，制有司也。丁寧其義於經，而深沒其文於律者，其意將使法吏一斷於法，而經術之士，得引經而議也。周官曰：『凡殺人而義者，令勿讎，讎之則死』。義，宜也，明殺人而不得其宜者，子得復讎也，此百姓之相讎者也。公羊傳曰：『父不受誅，子復讎可也』。不受誅者，罪不當誅也。又周官曰：『凡報仇讎者書於士，殺之無罪。』言將復仇，必先言於官，則無罪也。今陛下垂意典章，思立定制，惜有司之守，憐孝子之心，示不自專，訪義羣下。臣愚以為復讎之名雖同，而其事各異，或百姓相讎無周官所稱，可行於今者。或為官吏所誅，如公羊所稱，不可行於今者。又周官所稱子復讎，先告於士則無罪者，若孤稚羸弱抱微志而伺敵之便，恐不能自言於官，未可以爲斷於今也。然則殺之與赦，不可一例，宜定制曰：『凡有復父讎者，事發具其事由，下尚書省集議奏聞，酌其宜而處之』，則經律無失其旨矣⑯。

一切辯理上的困惑都由於不肯採取單一的立場，中國的學者，除法家外，都偏向於禮經，不肯否認復仇的道義。

私和罪和復仇的關係是一大可回味的問題，在結束復仇一節討論以前，讓我來說說私和的問題。從私和的規定中，我們也可看出法律對於復仇的看法和處置，一方面覺得國法所在，不能任子孫隨意私自報復，另一方面却又受了禮經父仇不共戴天的影響，認爲父母被人殺死，子孫不告官請求伸寃而私自和解，實非人子之道。違法報仇，尚不失爲孝子之心。從倫理上來講，並不爲非，私自和解便是忘仇不孝。所以前者還情有可原，常得社會上的歎許和法外有減；後者則大悖孝道，將爲社會所齒冷，法律所不容了，實受社會法律兩種制裁。而單從法律的立場來講，私和罪至滿徒，明、清律擅殺父母之仇人不過杖刑，登時殺死，且可無罪，亦可見孰輕孰重了。

親等愈近，則私和罪愈重，這一點應和親屬報仇責任的大小參看。親等愈近愈有報仇的責任，同時私和的罪也就愈重。法律上雖不獎勵人民復仇，但仍脫不了禮經上復仇主義的影響，因之立法精神也就處處顧到這一層。唐律祖父母父母被人殺死，子孫私自和解的流二千里，期親以下的尊長服制漸遠，仇漸輕，罪亦漸減，所以期親尊長被殺而卑幼私和的徒二年半，大功徒二年，小功徒一年半，緦麻徒一年⑰。明、清律亦有相似的規定，子孫私和祖父母父母之仇杖一百徒三年，期親之仇杖八十徒二年，大功以下的遞減一等。卑幼被殺而尊長私和則各依服制減卑幼罪一等，私和緦麻卑幼之仇杖九十，小功杖一百，大功杖六十，徒一年，期親杖七十徒一年半，祖父母父母私和子孫及子孫之婦之仇則杖八十[98]。

若是受財私和，貪利忘仇，無骨肉情，其情可惡，自更不可恕了，所以處分更重。唐、明、清律受財私和是計贓按盜賊從重論罪的。

從復仇罪和私和罪的關係中，我們可以看出法律對復仇事件的態度是要求子孫依據法律程序告官請求伸雪，私和不究或私行擅殺都是法律所不贊許的。

【注釋】

①關於血屬復仇的描述及討論參看下列各書：

E. Westermarck, *The Origin and Development of the Moral Ideas*, Macmillan, London, 1912 (2nd ed.), Vol. I, pp. 24-5, 30-6, 477-90; R. H. Lowie *Primitive Society*, Boni & Liveright, New York, 1200, pp. 399-400 P. Vinogradoff, *Outlines of Historical Jurisprudence*, Cambridge University Press, 1920, vol. I, pp. 53, 309-10; E. S. Hartland, *Primitive Law*, Methuen, London 1924, pp. 48, 52-4, 53-9; L. T. Hobhouse, *Morals in Evolution*, Henry Holt, New York, 1929 (4th ed.), pp. 73-5, 78-83; W. H. Sumner, A. G. Keller and M. R. Davie, *Science of Society*, New Haven, Yale University Press, 1928 vol. 1, pp. 643-50, vol.

IV, pp. 263-72; W. H. Robson, *Civilization and the Growth of Law*, Macmillan, London, 1935, pp 88-90; W. I. Thomas, *Primitive Behavior*, Macgrawhill, 1937, pp. 520, 554; E. A. Hobel, *The Political Development and Law-Ways of commanche Indians*, (*Memoirs of the American Anthropological Association* U. S. A. No. 54, 1940), pp. 66-70; R. Thurnwald, "Blood-Vengeance-Feud", in *Encyclopaedia of Social Sciences*, Vol. *II*, *pp*. 598-9; A. R. Redcliffe-Brown, "Law, Prinitive", in *Encyclopaedia of social Sciences*, vol. 1x, pp. 203-4; and "Sanction, Social", in Vol.VIII, p. 533.

②歷史上如希臘人、希伯來人、阿拉伯人、印度人，都允許復仇，摩西法和可蘭經都認爲復仇是對的，古代日本人法律上許可復仇，並有若干限制，英國在十世紀時，意大利一直到十六七世紀時還有此風。現代社會中，也不同此例，如歐洲的Montenegro, Albania, Bedouin Arabs到今日還保存此習。在原始社會中，更是不勝枚舉，愛斯基摩人、東非洲土人、非洲的Congo人、澳洲西部土人、Melanesians 英屬新幾內亞的印第安人，以及美洲的印第安人，都有這種習慣。

③報仇是一種神聖的義務，是不可漠視的問題。美洲印第安人將一塊布浸在死者所流的血裏，當作一種紀念品，一直保留到復仇爲止（Sumner, *Op Cit*., IV, 269）。一個澳洲西部的土人，如果他不曾完成他的報仇工作，老婦人會嘮嘮叨叨的嘲駡他。他的一羣妻子會離棄他。如果他還不曾結婚，沒有

一個年輕女人肯答理他。他的母親會因此常常哭泣，悲哀自己會生出這樣一個墮落的兒子。他的父親也會輕視地不斷地責罰他（Westermarck *Op. Cit.* I, 479）。在Jibaro Indians人中當一個小孩的父親被人殺死時，他長大了，他會明白他對於死去的父親的責任，是怎樣的。死者會託夢給他的兒子兄弟，哭着叮囑他們不要讓仇人逍遙事外。如果他的兒子兄弟不為報仇，那麼這個含怨的憤怒的寃鬼就會對他的兒子或兄弟不利了（Sumner, *Op. Cit.* I, 648）。這種對寃魂不能休息的信念，無疑是將復仇看成一種神聖義務的具體表現，使人復仇具有宗教的信仰，對於不復仇的後果的觀念，更是強迫人不致輕視他的神聖義務的一種手段。在阿剌伯人中，血屬復仇的義務在其他一切義務之上。（*Ibid.*, I, 649）。在有的社會中，復仇更與其他的權利相連，在古代Scandinavia父仇未報他是不能享受繼承權的（*Ibid.*, I, 654），這樣復仇便成為獲得某種權利以前所必盡的義務了。

④Bedouins of the Euphrates便如此（See Westermarck, op. cit., I, 34）。

⑤孟子，盡心上。

⑥Hoebel, *op. cit*, *p*. 66。

⑦Westermarck *op. cit.*, I. 35-6; Sumner, *op. cit.*, *I*, 648, 在中國亦有此種例子。東漢時蘇不韋父謙為司隸校尉李嵩按罪死獄中，不韋與親從兄弟掘地道至嵩臥室，值嵩如厠，遂殺其妾及小兒，留書而去。嵩大驚懼，嚴加戒備。不韋知嵩有備，乃馳至嵩父墓，掘得嵩父頭以祭父。（後漢書，六一，蘇不韋傳），但不韋本意本在求嵩，中國一般的觀念皆以手刃仇人為快。

⑧Steinmetz, *Ethnologische Studicn zur ersten Entwicklmg der Strafe*(

see Westermarck, Ibid., 23ff)

⑨ Hartland, *Ibid*, *p*. 59。

⑩ Westermarck, *op. cit.*, I, 35。

⑪ *Ibid*, 36。

⑫ Sumner, *op. cit.*, I, 649。

⑬ 御覽，四八一，引王隱，晉書。

⑭ 宋書，一〇〇，沈約自序。

⑮ Vinogradoff, *op. cit.*, I, 354, Seq, 11, 186, Seq。

⑯ Robson, *op. cit.*, *p*. 96。

⑰ Vinogradoff, *op. cit.*, 11, 59。

⑱ 後漢書，二九，郅惲傳。

⑲ 禮記，曲禮云：『父之仇弗共戴天』。又檀弓上記子夏問居父母之仇，子曰：『寢苫枕塊，不仕，弗與共天下也。遇諸市朝，不反兵而鬬。』

⑳ 曲禮云：『兄弟之仇不反兵，交游之仇不同國。』檀弓云：『居昆弟之仇，仕，弗與共國，銜君命而使，雖遇之不鬬。』居從父昆弟之仇，則『不爲魁，主人能，則執兵而陪其後。』

㉑ 周禮，秋官朝士。

㉒ 周禮，司徒教官之職，調人云『父兄之仇皆使之遠避以和難，不避則執之。殺人復仇而人又反殺者，使

邦國交仇之，仇人而義者，不同國，令弗執。』

㉓盡心上。

㉔據桓譚傳：『世祖即位，徵待詔，上書言事，失旨不用。後大司空宋弘，薦譚拜議郎給事中，因上疏陳時政所宜。』（後漢書，二八，桓譚傳）請禁止復仇便是疏中所陳一事。又據宋弘傳，弘於建武二年代王梁爲大司空（後漢書，一六，宋弘傳）。是則桓譚拜議郎給事中上疏言復仇事皆在建武初。

㉕桓譚傳。

㉖程樹德九朝律考，商務，民一六，上册頁一三一。又程氏引晉書刑法志：『賊鬬殺人，以劾而亡，許依古議聽子弟得追殺之，會赦及過誤相殺，不得報仇，所以止殺害也』，謂係魏改漢律，並謂『是漢時雖赦或過誤猶得報仇可知』（同上）。實則魏律所改者，係以古禮爲本，初與漢律無干。故晉書刑法志云：『許依古議聽子弟得追殺之』，又謂『斯皆魏世所改，其大略於是』，語義至爲明顯。所謂古義，決非指漢而言，魏所改者，正是漢律所無，斷不能以此推證漢時雖赦或過誤猶得報仇。如謂漢律魏律俱許依古議聽子弟得追殺之，魏律所改者只在會赦及過誤相殺不得報仇一點，漢律則許之，如此曲解，未免附會過甚。

㉗後漢書，八三，申屠蟠傳。

㉘同右，八四，列女傳，龐淯母傳，參看皇甫謐，列女傳（魏志，一八，龐淯傳引）。

㉙皇甫謐，列女傳。

㉚按申屠蟠係安帝時人，與荀爽韓融等人同時。大將軍何進徵辟不就。中平五年與爽、融及陳紀等並博士

徵不至。明年，董卓廢立。年七十四卒。蓋卒於獻帝初年。緱氏女事，申年十五，爲諸生（詳申本傳）知其事當在安帝時或順帝初年。

㉛按後漢書，龐淯母傳云：『後遇赦得免，州郡表其閭里，太常張奐嘉歎，以束帛禮之。』又據後漢書，六五，張奐傳，建寧元年奐破東羌先零，振旅而還。明年夏青蛇見於御坐軒前，又風雨霹靂拔樹，詔使百寮各言災異，奐上疏，轉奐太常。旋王寓陷以黨罪，禁錮歸田里。知趙娥事必在建寧中。

㉜見後漢書，七四，張敏傳。又證以毋丘長一事知輕侮法在和帝以後，確已廢止。安丘男毋丘長與母俱行於市，道遇醉客辱其母，長殺之，吳祐曰：『子母見辱，人情所恥，然孝子忿必慮難，動不累親，今若背親逞怒，白日殺人，赦若非義，刑若不忍，將如之何？』長以械自繫曰：『國家制法，囚身犯之，明府雖加哀矜，恩所明施』。祐問知長有妻無子，逮其妻來，使同宿獄中，妻懷孕，至冬盡行刑（後漢書，六四，吳祐傳），可說明輕侮法在順帝時桓帝之際確已廢止，所以毋丘長不能援用此法，必須處死。（吳祐初爲膠東相九年，毋丘長事即在其時，後遷齊相，大將軍梁冀表爲長史，及冀誣奏太尉李固，祐與冀爭之，冀遂出祐爲問相，因自免歸家不仕（吳祐傳）。按冀以永和六年拜大將軍（見後漢書，六，孝順皇帝紀，參看卷三四，梁商傳，梁冀傳），而冀之誣奏李固則在桓帝建和元年（後漢書，七，孝桓皇帝紀，卷六三，李固傳），是則吳祐爲長史最早在冀拜大將軍之年，最晚在誣固之年——141——147，祐先爲膠東相九年，是則在膠東之時當在順帝陽嘉元年至桓帝建和元年之間——132——147。

㉝操於獻帝建安十年下令民不得復私仇（魏志，一，武帝紀），雖然他自己志在爲父復仇，東伐陶謙（同上）。

㉞梁書，三，武帝紀，太清元年詔。

㉟文帝黃初四年詔曰：『喪亂以來，兵革未戢，天下之人互相殘殺，今海內初定，敢有私復仇者，族之。』（魏志，文帝紀）但被害人子弟追殺未經歸案的凶手則爲例外，晉書刑法志云：『賊鬭殺人以劾而亡，許依古義，聽子弟得追殺之，會赦及過誤相殺，不得報仇，所以止殺害也。』

㊱魏書，四，世祖紀，太延元年詔曰：『民相殺害，牧守依法平決，不聽，私輒殺者誅及宗族，鄰伍相助同罪。』

㊲隋書，二五，刑法志云：『初除復仇之法，犯者以殺論』。據周書，五，武帝紀，知禁復讎在保定三年四月，但隋書刑法志又謂：『若報讎者告於法而自殺之，不坐。』不知所除者即係此法，或別有復讎法。

㊳宋史，二〇〇，刑法志所謂：『復讎後世無法者也』。

㊴宋刑統，二三，鬬訟律：『祖父母父母爲人毆擊，子孫卽還擊』。（復讎）條云『且等參詳如有復祖父母父母之讎者請令今後具案奏取敕裁』。

㊵元史，一〇五，刑法志二，殺傷。

㊶明律例，一〇，刑律二，鬬毆，『父祖被毆』；清律例，二八，刑律，鬬毆下，『父祖被毆』。

㊷隋書，刑法志。

㊸清律例，『父祖被毆』條嘉慶六年修併，咸豐二年修改例。

㊹隋書，刑法志。

㊺清律例，同上條例，參看刑案彙覽，XXXXV。
㊻刑案彙覽，XXXXV, 12a。
㊼周禮，司徒教官之職，調人。
㊽唐律疏義，一八，賊盜二，『殺人移鄉』。
㊾唐律疏義，一八，賊盜二，『殺人移鄉』。
㊿桓譚，疏中語（後漢書，桓譚傳）。
(51)公羊定公四年。
(52)東觀漢記。
(53)魏志，一八，龐淯傳。
(54)御覽，四八一，引王隱，晉書，今本晉書亦謂『時人稱焉』。
(55)魏志，二四，韓暨傳。
(56)見前。
(57)南史，七四，孝義列傳，張景仁傳。
(58)御覽，四八一，引王隱，晉書。
(59)舊唐書，一八八，孝友傳，王君操傳。
(60)孫之騄，二申野錄。
(61)列子，五，湯問。

㊷皇甫謐，列女傳（魏志，龐淯傳引）。
㊸魏書，九二，列女傳，平原女子孫氏。
㊹風俗通義佚文（御覽四八二引）。
㊺後漢書，四一，鍾離異傳。
㊻皇甫謐，列女傳；魏志，龐淯傳；孔演漢魏春秋（御覽四四〇引）。
㊼後漢書，二九，郅惲傳。
㊽謝承，後漢書（御覽，四八一引）。
㊾檀道鸞，續晉陽秋（御覽四八二引）。
㊿宋書，七三，孝義列傳上，孫輓傳附。
(71)南齊書，五五，朱謙之傳。
(72)魏書，九二，列女傳，平原女子孫氏。
(73)魏書，八六，孝感列傳，孫益德傳。
(74)周書，四六，杜叔毗傳。
(75)隋書，八〇，列女傳，孝女王舜。
(76)舊唐書，一九三，列女傳，濮州孝女賈氏。
(77)同右，絳州孝女衞氏。
(78)舊唐書，五十，刑法志。

⑲五代會要，九，『議刑輕重』。
⑳宋史，二〇〇，刑法志二。
㉑金史，四五，刑法志。
㉒明史，二九七，孝義六，何競傳。
㉓後漢書，申屠蟠傳。
㉔皇甫謐，列女傳。
㉕後漢書龐淯母傳云：『州郡表其閭』。魏志，龐淯傳云，『州郡歎貴，刑名表閭』。皇甫謐，列女傳云：『涼州刺史周洪酒泉太守劉班等共表上，稱其義烈，刊石立碑，顯其門閭。』
㉖魚豢魏略云：『州郡義其女人能如此，縱而不問，及毓〔卽淯也〕長大，節行又如此，故令酒泉畫其母子儀像於廳壁，而銘贊之』。（御覽，三四九引）
㉗後漢書，龐淯母傳；皇甫謐，列女傳。
㉘皇甫謐，見右。
㉙同右。
㉚南史，七四，孝義列傳下，張景仁傳。梁書。
㉛舊唐書，列女傳。
㉜舊唐書，一八八，孝友傳，張琇傳。
㉝文獻通考，六六，刑考五，『刑制』。

⑭唐新語（御覽四八二引）。
⑮荀悅，申鑒，二，時事。
⑯舊唐書，五〇，刑法志。
⑰唐律疏義，一七，賊盜一，『祖父母父母夫爲人殺』。
⑱明律例，刑律，人命，『尊長爲人殺私和』；清律例，二六，刑律，人命，『尊長爲人殺私和』。
⑲唐律疏義，『祖父母父母夫爲人殺』；明律例，『尊長爲人殺私和』；清律例，『尊長爲人殺私和』。

第五節　行政法與家族主義

中國的政教俱以倫常爲本，所以政治與家族的關係密切無比，爲政者以政治的力量來提倡倫常，獎勵孝節，是人所熟知的，現在我們單從行政法方面來討論，看看官吏的任免與家族有何關係。

先來說官吏的方面，犯諱是任官事項中當考慮的一條件。古代府號官稱犯父祖名諱便不得就任。例如父名常，子不得爲太常之類，這是父祖名諱與官位相衝突。唐賈曾雲授中書舍人，以父名忠言兩度固辭。議者以中書是曹司名，並非官名，又音同而字別，於禮無嫌，纔肯就職①。宋呂希純即以父諱（公著）不拜著作郞②，像這一類的例子不勝枚舉。此外，赴任的地名亦不得與父祖名諱相衝突。唐馮宿父名子華便以此辭華州刺史。宋范崇知鄂州，以父名山咢，辭官。馬騭父名安仁，知衡州，以縣有安仁，乞辭③。古人對犯諱的事是極端審愼的，否則便要被旁人加以彈劾了。如已不辭而冒榮居之，一經發覺，是要免所居官並處徒刑一年的④。

古代服官例須迴避本籍，父母亦例不隨至任所，仍居本籍，在一般情形之下原不發生侍養的問題，但祖父母父母年老或篤疾，家中又別無侍丁，則理應居家侍親，不得赴官。所以歷代皆有委親之官的禁令。唐律不僅免所居官，而且處一年徒刑⑤，便是任官之時親未老疾，其後老疾，亦須辭官歸家侍養，否則亦按此律問罪⑥。明、清的處分較輕，只杖八十，亦無去官之文⑦。

禮法既不許棄親之任，業已選除的官員因侍親而不到任自不爲罪。元時濮州范縣尹王敦武侍親不行之任，吏部爲此制定一例，已除官員因親老自願棄職侍養者，准以作闕論，俟親終服闋再敍⑧，明、清兩代亦有類似的規定，不但親老家無次丁者准在籍終養，便是家有同父異母的兄弟，母老亦准留養⑨。

法律對於迎養方面也有規定。元大德九年詔書，親年七十以上，無以次侍丁，應赴遠方者，從近便遷除⑩。明代是不許官吏移親就祿侍養的，但親老則特加體貼，准許通融。洪武二十六年定官員父母年七十以上許令移親就祿侍養，如父母老疾，去官路遠，戶內又別無以次人丁，並許親身赴京面奏，揭籍定奪⑪。

祖父母父母犯死罪被囚禁而子孫竟無悲痛之念忍於作樂及婚娶者，棄觀不孝，亦與委親之任同罪⑫。

官員聞父母之喪例應丁憂，除服纔得起復，冒哀求仕，便干體法（奪情者例外）。北魏時代居三年喪而冒哀求仕者處五歲刑。時有一偏將軍乙龍虎父喪滿二十七月，宿衞，並閏月亦計在內，爲有司所劾，說他冒哀求仕，應處五歲刑，雖有人主張非居喪冒哀可比，然以罪不合，科鞭五十⑬。唐律免官並徒一年⑭。元律職官親死不奔喪，不丁父母憂者，杖六十七，降先職二等，雜職敍，親久沒稱始死者笞五十七，解見任，雜職敍，未終喪赴官者，笞四十七，降一等。終制日敍⑮。明、清律官吏父母死應丁憂而詐稱祖父母伯叔姑兄姊之喪不丁憂者杖一百，罷職役不敍，若喪制未終而冒哀從仕者亦罷職杖八十⑯。

居喪生子娶妾及兄弟別籍異財本在不孝之內，常人皆有罰，若爲官吏則免所居官⑰。官吏公罪因丁憂得免問⑱，是很奇特的一條法律。這些無一不足以顯示家族主義對行政方面的深切的影響。

【注釋】

①莊季裕，雞肋篇下。

②宋史，三三六，呂公著傳註附。

③同右。

④唐律疏義，三，名例三，『府號官稱』；一〇，職制中，『府號官稱犯名』。

⑤宋史，三三六，呂公著傳註附。

⑥唐律，『府號官稱』條疏義。

⑦明律例，六，禮律，儀制，『棄親之任』；清律例，一七，禮律，儀制，『棄親之任』。

⑧元典章，一一，吏部五，職制二，『作闕』，『棄職侍親作闕』。

⑨明會典，一一，吏部十，『侍養』；清律例，『棄親之任』條，嘉慶六年修改例。

⑩元典章，八，吏部二，官制二，『選格』，『親老從近遷除』。元史，一〇三，刑法志三，『職制』上

云：『諸遠方官員親年七十以上者，許原籍有司保勘，量注近闕便養，冒濫者坐罪。』

⑪明會典，見右。

⑫明清律，『參與筵宴亦同作樂』。唐律疏義，三，名例三，『姦盜略人受財』；明律例，『棄親之任』；清律例，『棄親之任』。

⑬魏書，一〇八，禮志四六六四。

⑭唐律疏義，『府號官稱』，『府號官稱犯名』。

⑮元史，刑法志，『職志』上。

⑯明律例，六，禮律，儀制，『匿父母夫喪』；清律例，一七，禮律，儀制，『匿父母夫喪』。

⑰唐律疏義，『府號官稱』。

⑱元制，官吏犯私罪被逮，不問已招未招，罹父母大故者，聽其奔赴丁憂，終制日追問。若是公罪，並矜恕之（元史，一〇二，刑法志二）。清例官吏丁憂除公罪不問外，其犯贓罪及係官錢糧依例勾問（清律例，『匿父母夫喪』條例）。

第二章 婚 姻

第一節 婚姻的意義

昏義說：『婚姻者合二姓之好，上以事宗廟，下以繼後世。』從這兩句最古的，同時也是最典型的關於婚姻的定義裏，我們看得很清楚婚姻的目的只在於宗族的延續及祖先的祭祀。完全是以家族爲中心的，不是個人的，也不是社會的。家族的延續與祖先的祭祀，二者的關係自異常密切，有時是不可分的。但就重要性而論，二者之中後者的目的似更重於前者，我們或可說爲了使祖先能永享血食，故必使家族永久延續不輟，祖先崇拜可說是第一目的，或最終的目的。在這種情形之下，我們自不難想像結婚之具有宗教性，成爲子孫對祖先之神聖義務，我們更不難明瞭爲什麼獨身及無嗣被認爲一種愧對祖先不孝的行爲。孟子說：『不孝有三，無後爲大』①。便十足的是這種精神的表現。據說舜的不告而娶並不是爲了捨不得娥皇女英，也不是怕失去了政治的連繫，做不了天子，而是怕無後②。無後，祖宗便將成爲無祀之鬼了。古人相信鬼是必須血食的。

【注釋】

①孟子，離婁上。

②同上書。

第二節 婚姻的禁忌

一 族內婚

同姓不婚是一個很久的傳統禁忌，從周時即如此：『繫之以姓而弗別，綴之以食而弗殊，雖百世而婚姻不通者，周道然也』①。女生爲姓，姓者生也②，姓的起源原是血屬的一種標誌，在最初同姓的都有血統的關係，所以在此團體以內，禁止性關係的發生，而構成一外婚單位。所謂合二姓之好便是此意。『娶妻不取同姓，買妾不知其姓則卜之』③。男女最重的是辨姓④，它決定性關係能不能成立。

同姓不婚除了倫常的關係外⑤，還有生物上的理由。古人都相信同姓的結合，對於子孫是有害處的。這樣的結合，後代不會繁殖⑥，甚至還有災疾的危險⑦。

後代仍保持同姓婚的禁忌，雖然同姓與同宗有別，已未必確有血統的關係。唐時的處分是徒刑二年，同姓而又同宗則確有血統關係，所以處分加重，緦麻以上親屬間的結合便以姦論罪了⑧。

明清時凡同姓爲婚者各杖六十，離異⑨。對於同宗分別有服親無服親。娶同宗無服親者絞一百，若娶緦麻以上親，則各以姦論，處刑自徒三年至絞斬不等⑩。

但我們應注意法律與社會間的距離。遠在『繫之以姓雖百世而婚姻不通者，周道然也』的時代，便有吳孟子一類的故事。晉君內官亦有四姬⑪。自從姓氏失去原來的意義，同姓並不一定是同血統的標誌時，同姓不婚的禁忌也就失去原義，逐漸成爲歷吏上的陳跡了。法律上仍舊保留這種規定，實際上已與社會脫節，漸成具文。從刑案彙覽中我們可以發現許多妻與夫同姓的例子，更重要的是法律所採取的不干涉主義。法律自法律，人民自人民的情形。沒有一個個案是單純爲同姓不婚而涉訟的，即因其他案件而被獲現，問官對此也不加追問，並不強其離異。

道光時周四居喪娶周氏一案，刑部說帖云：

> 律設大法而體貼人情。居喪嫁娶雖律有明禁，而鄉曲小民昧於禮法，違律而爲婚者亦往往而有。若必令照律離異，轉致婦女之名節因此而失。故例稱揆於法制似爲太重，或名分不甚有礙，聽各衙門臨時斟酌，於曲順人情之中仍不失維持禮法之意。凡屬辦此種案件，原可不拘律文斷令完娶，若夫妻本不和諧，則此種違律爲婚，既有離異之條，自無強令完娶之理。所有該司書辦周四居喪娶周氏爲妻一案，自係臨時斟酌，於律例並無不合，應請照辦⑫。

從此案說帖中可注意的不僅是嫁娶違律可以斷令完娶的一點，更可注意的是法司只重視居喪嫁娶的部分，對於同姓爲婚根本不曾過問。

乾隆時唐化經娶同姓不宗之唐氏爲妻，後因故砍斃其妻。湘撫以同姓爲婚律應離異，不承認其夫妻名分，依凡鬭問擬。刑部駁正，仍按夫毆妻致死律問擬，並議云：

> 同姓爲婚律載婦女離異者，原屬禮不娶同姓之正義。但愚民不諳例禁，窮鄉僻壤娶同姓不宗婦女者往往有之。因不得因無知易犯，遽廢違律之成規。尤不得因違律婚娶之輕罪而轉置夫婦名分於不論。其嫁娶違律罪不致死之案，自仍應按律斷令離異，至遇有親屬被傷罪干凌遲斬絞重辟者，即應按照親屬已定名分本律科斷。若因係同姓爲婚，不問所犯罪情輕重，概以凡人定擬。設遇此等違律婚娶之案已成婚多年，生

有子女，夫妻翁姑子孫名分久定，若其婦謀故殺夫並夫之祖父母父母，概拘律應離異之文而止科以致斃凡人之罪，似非所以重名分而整綱紀⑬。

這些話除了告訴我們當時社會風俗已不以同姓婚爲嫌，在民間的普遍外，同時也可看出法律與社會的失調及適應的企圖。法律所注意的與其說是同姓婚的法律的效力問題，毋寧說是殺傷罪發生以後的名分問題。有一翁姦子媳之案，媳係同姓。法應離異，問官擬以凡姦論，奏請旨下法司評議，於是定一條例：『男女親屬尊卑相犯重情或於有律應離異之人，俱照親屬已定名分各從本律擬斷，不得妄生異義，致罪有出入。其間情犯稍有可疑，揆於法制似爲太重，或於名分不甚有礙者聽各該原問衙門臨時斟酌擬奏』⑭。後又續定一專例：『嫁娶違律應行離異者與其夫及夫之親屬有犯，除先姦後娶，或私自苟合，或知情買休，雖有媒妁婚書，均依凡人科斷外，若止係同姓及尊卑良賤爲婚，或居喪嫁娶，或有妻更娶，或將妻嫁賣。娶者果不知情實係明媒正娶者，雖律應離異，有犯仍按服制定擬』⑮。法律的側重點在這條例上是更顯而易見的。法律一方面不認同姓婚的效力，一面又不肯否認基於這種婚姻而有的親屬關係，以名分爲正。其矛盾正反映同姓不婚律與社會的失調。清律例彙輯便覽註云：『同姓者重在同宗，如非同宗，當援情定罪，不必拘文』。所說可代表一般人對同姓爲婚律的態度。

二　姻親

外親之中有些親屬之間是不許結婚的。外親中之有服屬而又尊卑輩分不同者，舅與甥女，姨與姨甥自在禁忌之例，違者以姦論，強制離異⑯。便是雖已無服而尊卑相犯者，如父母之姑舅兩姨姊妹（表姑表姨）、堂姨（祖姨母從祖姨母）、母之姑、堂姑（外祖姑外堂祖姑）、及卑於己之堂外甥女、女壻之姊妹、子媳孫媳之姊妹⑰，皆不可通婚。違者各杖一百，並離之⑱。

姑表舅表姨表兄弟姊妹在唐時是不禁爲婚的⑲。宋律雖沿唐舊，但實際上判例與律文並不一致，法司常有斷離者⑳。明、清律始立專條禁姑舅兩姨姊妹爲婚，違者杖八十，離異㉑。但我們應注意實際上中表婚是極普遍的習慣，法律的實效是頗可懷疑的。以宋代而論，民間並不因有斷離之虞而不敢爲之；相反地，似乎當時人多傾向於此種風俗。蘇洵女嫁與舅父程濬之子。陸游妻爲舅父之女。蘇女詩有鄉人嫁娶重母黨之句。袁采云：『今之議親多要因親及親以示不相忘，此最風俗好處』㉒。當時風氣可想而知。從世範中我們並可知姪女嫁於姑家，甥女嫁於舅家，姨女嫁於姨家，三種類型皆有，證以蘇女之例，似乎姑母女兒嫁回舅家的禁忌（現今許多地方有這種禁忌）在當時亦不存在。

明清二代雖立有專條禁中表爲婚，從表明上來觀察似乎此種限制必甚嚴格，與宋代之或離或不離者不同，但事實上並不如此。設立專條的是明清二代，弛廢此禁的也是這二朝代，自立其禁而自弛其禁，是頗有趣的問題。明清二代法律之遷就社會事實更可看出中表婚俗之普遍，不可禁斷。朱善嘗上疏論此：

民間姑舅及兩姨子女法不得爲婚。仇家訴訟，或已聘見絕，或既婚復離，甚至兒女成行，有司逼奪。按舊律尊長卑幼相與爲婚者有禁，蓋謂母之姊妹與己之身是姑舅兩姨，不可以卑幼上匹尊屬。若姑舅兩姨子女無尊卑之嫌。成周時王朝相與爲婚者不過齊、宋、陳、杞，故稱異姓大國曰伯舅，小國曰叔舅。列國齊、宋、魯、秦、晉亦各自爲甥舅之國。後世晉、王、謝、唐、崔、盧、潘、楊之睦，朱陳之好，皆世爲婚媾。溫嶠以舅子妻姑女，呂榮公夫人張氏卽其母申國夫人姊女。古人如此甚多，願下群臣弛其禁。帝從之㉓，遂弛其禁。但並未纂例㉔，清律纔明定條例，『其姑舅兩姨姊妹爲婚者聽從民便』㉕。以例廢律，法律上的禁忌早爲具文。在洪武十七年未弛禁以前，從朱善疏中我們可以曉得民間姑舅兩姨姊妹爲婚者甚多，若不經仇家告發，便可相安無事，法律上是採取不干涉的態度的，但一經告發，有司便不得不依律斷離了。

三　娶親屬妻妾

還有一項存在於血統關係以外的禁忌。中國是一極端注重倫常的社會，親屬的妻妾與其夫家親屬之間的性關係是絕對不容許的。在她的丈夫生時而有犯姦的行爲固須加重治罪，便是她的丈夫已死，也只能改嫁外姓，而不能與夫家親屬結婚，否則是要按其夫與後娶者的親疏關係治罪的，即已成婚亦強制離異。

例如娶嘗爲同宗無服親及袒免親之妻者㉖，各杖一百，娶緦麻親之妻，如族伯叔祖母，族伯叔母，族兄弟妻，再從姪婦，堂姪孫婦，曾姪孫婦，各徒一年；小功大功期親之妻，名義尤重。故以姦論，期親中之姪婦，小功中之伯叔祖母，堂叔伯母，各絞；餘如堂兄弟妻，再從兄弟妻，堂姪婦，姪孫婦，各徒三年。至於近親配偶爲婚，更屬滅絕人倫，所以明清律別爲規定，收伯叔母各斬立決，收兄弟妻者絞決，處分不同於其他期親配偶㉗。

若爲親屬之妾則各減妻罪二等，惟父祖妾因名分關係，則不依此例而定爲斬決㉘。

對於親屬的配偶曾爲夫所出或係改嫁來歸的，則被認爲夫妻之情已絕，不同於從一而終的婦女，可以從輕發落，不問係何種親屬，夫亡而娶爲妻妾者，只杖八十㉙。

所謂娶親屬妻妾的禁忌原只限於同宗親屬，但外婚之中如舅甥，雖不同姓，而親近同於叔姪，所以也列入本律範圍，與娶本宗緦麻親同罪㉚，若娶堂舅之妻，舅表兄弟之妻或姨表兄弟之妻，則不在此限。

事實上兄收弟妻（包括同胞兄弟及大小功緦麻兄弟在內）弟收兄嫂是相當普遍的習慣。遠古如象及叔術㉛的故事是可注意的。蒙古人有弟收兄嫂之俗㉜，漢人南人雖獨在禁止之列㉝，仍所在多有㉞。從明清二代遺留的案牘中我們可以曉得與兄弟之妻爲婚雖爲法律所不容許，在民間，尤其是較爲窮苦的人家，因經濟的原因，却有此習慣。袁枚判決書中所引黃發發的供詞，『在鄉間恆有此習慣以免貧不能娶』，可以代表一般的情形。這些婚姻往往由主婚㉟，通知地保，有公開的婚姻儀式，並不是偸偸摸摸的。呂坤的話充分地可以看出此中情形。

至於兄收弟妻，弟收兄嫂，法當兩絞，而鄉村愚人乃以就和名色，公然嫁娶，甚至父母主婚，親朋相賀，大可痛恨。自今以始，但有舊日不知而犯法者，告示一出，卽日離異改正，如瞞昧因循者許告到官，定問死罪不恕。㊱

鄭瑞也有類似的較爲消極的見解：

上無教化，則下無見聞。如兄取弟妻，弟收兄嫂，……於法合死，愚民皆不知也。乃有兄弟亡而𢿃其妻謂之就和，父母主婚，親戚道喜者。世道不明，罪豈專在百姓哉？凡遇此等獄情，有司自當審取何人主婚，有何證驗，仍先將律法徧曉愚民，有改正離異者，免究，勿聽訐告之言，輕成大獄也㊲。

從他的話裏我們可以看出法律對兄弟妻婚所持的消極態度，一般的情形之下，不經告訴是不加過問的。史靈科一案最足以代表此中情況。

宛平縣民史靈科，年六十，嘉慶三年因弟亡故，收弟婦史李氏爲妻，當時曾與李氏之弟相商，並告知地保，均未攔阻。後史李氏被史靈科之子史從志及媳勒死，命案到官。官以按律兄收弟妻當絞決離異，婚姻關係不能成立，子媳自不應以謀殺繼母論罪，應仍按姪及姪婦殺嬸母處罪。奉旨謀殺部分准如所議。兄收弟妻一案依律自應處絞，但以該犯未娶時曾與李氏之弟商明，並告知地保。按其情節屬實鄉愚不知例禁並無先姦後娶情事。若與兄姦弟妻者一律絞決，未免無所區別，着改爲絞監候，入於明年朝審情實。嗣後有似此兄收弟妻審明實係鄉愚無知誤蹈瀆倫之罪者，俱着照此案辦理㊳。

此案可注意的有二點：第一，史靈科娶弟妻在嘉慶三年，命案發生在嘉慶十七年，相隔已十四年，官府所以追究者完全因爲牽涉到命案，牽涉到服制問題，若不因刑事的牽連，便可繼續相安無事，十四年中始終無人告訐。娶時李某及地保均不攔阻的原因也在於此。李某係鄉民，不去說他。若地保則職責有關，亦不問，更可見此風之普遍。在法律爲禁忌，在社會仍予以承認。

第二，皇帝並因此而變通舊例，可見風俗如此，不得不加酌改。社會上這一類事情的不斷發生，法律上常感到困難，自不得不加以變通。嘉慶十九年終於將舊律加以修改，而定如下的條例：

凡嫁娶違律罪不至死者，仍依舊律定擬。至兄亡收嫂，弟亡收弟婦，罪犯應死之條，除男女私自配合及先有姦情後復婚配者，仍照律各擬絞決外，其實係鄉愚不知例禁曾向親族地保告知成婚者，男女各擬絞監候，秋審入於情實，知情不阻之親族地保照不應重律杖八十。如由父母主婚配，男女仍擬絞監候，秋審核其情罪另擬㊲。

其實，只要不觸犯其他刑事因而牽連到此點，親族地保不必擔憂八十重絞的痛苦，本人也無絞監候之虞。無論在絞立決絞監候的法律具文之下，許多違犯這一條法律的夫婦都不曾受到法律上干涉，而繼續其婚姻生活，刑案彙覽中許多娶親屬妻妾案件只是因人命等刑事案件而揭發的一部分而已，其他未經揭發的還不知有若干。

【注釋】

①禮記，大傳。

②說文：『姓人所生也』。禮記，大傳云：『姓者生也，以此爲祖令之相生，雖下及百世而姓不改』。

③禮記曲禮。又坊記云：『取妻不取同姓以厚別也』。

④公孫僑曰：『男女辨姓，禮之大同也』。（左傳，昭公元年）又慶舍之士謂盧蒲癸曰：『男女辨姓』。（左傳，襄公二十八年）

⑤白虎通德論云：人所以有姓者何？所以崇恩愛，厚親親，遠禽獸，別婚姻也。故紀世別類，使生相愛，死相哀，同姓不得相娶，非重人倫也。

⑥不繁殖的觀念在古人中甚爲普遍：

叔詹曰：『男女同姓，其生不繁』。（左傳，僖公二十三年，晉語則云：『同姓不婚，懼不殖也』）。

子產曰：『僑聞之，內官不及同姓，其生不殖。……』（左傳，昭公元年）

⑦公孫僑曰：『美先盡矣，則相生疾，君子是以惠之。』（左傳，昭公元年）又司空季子曰：『異姓異德，異德則異類矣。異類雖近，男女相及，以生民也。同姓則同德，同德則同心，同心則同志，同志雖遠，男女不相及，畏黷亂也。黷則生怨，怨則毓災，災毓滅性，是故取妻避其同姓，畏災亂也。』（國語，晉語）

⑧唐律疏義，一四，戶婚下，『同姓爲婚』。

⑨明律例，四，戶律一，婚姻，『同姓爲婚』；清律例，一〇，戶律，婚姻，『同姓爲婚』。

⑩明律例，婚姻，『娶親屬』；清律例，婚姻，『娶親屬』。期親內姑姊妹，姪女齊斬。大功內堂姊妹，小功內祖姑、堂姑、堂姪女、姪孫女、各絞。其餘緦麻親、曾祖姑、堂祖姑、族姑、族姊妹、再從姪女、堂姪孫女、姪曾孫女，各杖一百，徒三年。

⑪公孫僑曰：『今君內實有四姬焉』（左傳，昭公元年）

⑫刑案彙編VII.80ad。

⑬清律例彙輯便覽，『同姓爲婚』條附。

⑭清律例，『尊卑爲婚』條例，參看刑案彙覽，xxxx4b－5a。

⑮清律例，『嫁娶違律主婚媒人罪』，嘉慶十五年續纂例。

⑯唐律疏義，一四，戶婚下，『同姓爲婚』；明律例，『尊卑爲婚』；清律例，婚姻，『尊卑爲婚』。

⑰按其中子孫婦之姊妹一項，唐宋律所無，爲明清律所加。

⑱唐律疏義，一四，戶婚下，『同姓爲婚』；宋刑統，一四，戶婚律，『同姓及外姻有服共爲婚姻』；明

律例，四，戶律一，婚姻，『尊卑爲婚』；清律例，一〇，戶律下，婚姻，『尊卑爲婚』。

⑲唐律關於外姻不許爲婚者共分兩項：㈠外姻有服屬而有尊卑名分者。㈡外姻無服而有尊卑名分者，律文中列舉甚明。很明顯的與已無服屬的平輩外姻（堂姑堂姨堂舅所生子女）及雖有服而平輩的姑舅兩姨姊妹都不包括在內。故疏義云：『其外姻雖有服而非尊卑者爲婚不禁』。

⑳按宋刑統律文及疏義全同唐律。洪邁論之云：『姑舅兄弟爲婚者，禮法不禁，而世俗不曉。案刑統戶婚律云……然則中表兄弟姊妹正是一等，其於婚娶了無所妨。予記政和八年知漢陽軍王大夫申明此項勑局看詳，以爲如表叔取表姪女，從甥女嫁從舅之類，甚爲明白，徽州法司編類續降有全文。今州縣官書判至有將姑舅兄弟成婚而斷離之者，皆失於不能細讀律令也』。（容齋續筆，卷八，姑舅爲婚）

㉑明律例，『尊卑爲婚』；清律例，『尊卑爲婚』。

㉒袁采，世範，卷一，睦親，因親結親尤當盡禮。

㉓明史，一三七，朱善傳。

㉔唐明律合編云：『明洪武十七年帝從翰林侍讀朱善言，其中表相婚已弛禁矣，特未纂爲專條，仍不免言人人殊。』（卷一四，『尊卑爲婚』）

㉕清律例，『尊卑爲婚』條例。

㉖按唐律只及於祖免親之妻，明清律則範圍擴大，同宗無服之妻亦包括在內。

㉗參看唐律疏義，一四，戶婚下，『爲祖免妻嫁娶』；明律例四，戶律，婚姻，『娶親屬妻妾』；清律例，婚姻，『娶親屬妻妾』。

㉘同上。

㉙明律例，『娶親屬妻妾』；淸律例，『娶親屬妻妾』。

㉚同右。

㉛郗妻君顏公誅死，弟叔術立，遂以顏公之妻爲夫人。

㉜但兄收弟婦則在違禁之例，所以法律上只有對於兄收弟婦，如何治罪的規定（諸兄收弟婦者杖一百七，婦九十九，離之，雖出首仍坐，主婚笞五十七，行媒三十七——元史，一〇三，刑法志，三，戶婚），實例參看元典章，一八，戶部四，婚姻，『不收繼』，『兄收弟妻斷離』；元典章新集，戶部，婚姻，『不收繼』，『兄收弟妻斷離』。若弟收兄嫂，除抱乳小叔，嫂叔年甲相懸及本婦自願守志不收繼外（見元典章，一八，『不收繼』『守志婦不收繼』『抱乳小叔不收繼』『嫂叔年甲爭懸不收』各條），通常皆許收繼。

㉝故律云：『諸漢人南人父沒子收其庶母，兄沒弟收其娘者，禁之』，（元史，刑法志三，戶婚）至元七年尚書省戶部呈訂『檢詳得舊例，漢兒渤海不在接續有服兄弟之限，移准中書省咨議得舊例，同類自相犯者各從本俗法，其漢兒人不合指例，此及通行定奪以來，無令接續。』若本婦人服闋自願守志，或欲歸宗改嫁者聽，咨請照驗。省府除已劄付戶部遍行各路出榜曉諭外，『仰依上施行』。（元典章一八，『不收繼』，『漢兒人不得接續』）

㉞元典章，『漢兒人不得接續』。

㉟按刑案匯覽，娶親屬妻妾條所收兄收弟妻弟收兄嫂之案共七起，除一案係本夫自行賣休與大功弟非常例

外，其餘六起（其中又有二起係娶未婚弟妻，並未過門完姻，嚴格言之，亦不能自爲收繼），僅一起因父出外之不歸家自行婚配，餘五起皆由家長主婚，計由父母主婚者四起，由胞兄主婚者一起。又各條中兄收弟妻，弟收兄嫂皆有，並不僅限於叔收嫂，亦不限於同胞兄弟，計娶親弟妻二例，娶大功兄妻二例，娶小功弟妻二例，娶緦麻弟妻一例（卷八，頁一一一〇）。

㊱呂坤民務，惡風十誡。

㊲鄭端，政學錄卷五。

㊳清律例彙輯便覽『娶親屬妻妾』條引。

㊴清律例：『娶親屬妻妾』條嘉慶十九年修改例。

第三節　婚姻的締結

婚姻的目的既如上述以傳宗接代爲中心，始終不離祖先與子孫的關係，我們自不難明瞭婚姻對於家族關係重，而對於個人關係則極輕微，從婚姻的締結到婚姻的解除無不表現此種徵象。

婚姻目的中始終不曾涉及男女本人，所以男女的結合而須顧到夫妻本人的意志實是不可想像的事。婚姻所以合二姓之好，只要二姓的家長同意於其子女的結合，經過一定的儀式，婚事便成立了。直系尊親屬，尤其是男性的直系尊親屬，有絕對的主婚權。他的意志可以命令他的子女與任何一定的人結婚，社會法律都承認他在這方面的威權，予以強有力的支持，不容子女違抗。於是父母的同意在法律上成爲婚姻成立的要件①，子女即使在成年以後，即使仕宦買賣在外，也沒有婚姻自主權，除非得了父母的同意。如果自行在外訂有婚約而父母或其他有主婚權的尊長在家裏又爲作主定親，後者之成立雖晚於前者，只要尙未成婚，前者便屬無效，斷不能以在外訂約且訂約在前的理由來搪塞，否則是要受一百或八十的杖刑的。只有在業已成婚，父母纔爲定婚的情形之下，始能繼續有效②。

以主婚權的順序來講，自以直系尊親屬爲第一順序人，爲當然主婚人，其次是親屬尊長。我們從嫁娶違律的法律中可以看出尊長的比較主婚權和比較責任。嫁娶違律的婚姻，由直系尊親屬主婚的罪只坐主婚人，嫁娶者無罪③，這是因爲祖父母父母有絕對主婚權，子孫不敢違背，所以法律上的責任也由主婚的獨負全責。期親尊長，伯叔父母，姑兄姊，雖爲主婚順序之第二人，卑幼仕宦買賣在外，亦可爲之定婚，權與父母相同，但以尊親而論究與父母有別，事實上他們也不會像對子女似的強制執行主婚權，他們多少會徵求當事人的同意，所以法律上的責任較輕。嫁娶違律的責任由主婚人及當事人分負，而以主婚人爲首，嫁娶人爲從④。明清律纔改爲強坐主婚，其責任與祖父母父母相同，同時將外祖父母也加入期親主婚人之內⑤。

期親以外的尊親屬是主婚順序的第三人。明令上說得很明白：『嫁娶皆由祖父母父母主婚，祖父母父母俱無者從餘親主婚』。沈之奇輯注云：『餘親當儘伯叔父母、姑、兄姊、外祖父母，如無，則從餘親長⑥。但這一類的親屬關係最疏，所以只是名義上的主婚人，實際上並沒有專斷的權力，而須徵求本人的同意。所以法律上定爲『事由主婚，主婚爲首，男女爲從；事由男女，男女爲首，主婚爲從』⑦，除非是男女當事人被主婚人逼迫，事不由己，年在二十以下無斷制事情能力的男子及不能自說婚姻的在室女子，是不能逃避責任，單獨由主婚人當罪的。

除開法律以外，從社會方面看，我們也可以看出父母的絕對主婚權。我們可以說婚事的安排和進行都是在他們的意志之下完成的。從婚姻的儀式上來看，沒有一項儀式不在他們名義之下舉行。古人說父母之命媒妁之言，媒氏往來議親時自是代表壻父（家長）的，媒人決沒有代表新郎前往女家求婚的。納采時使者說其（壻父之名）使某（媒人自稱）納采，問名時說某（壻父名）將加諸卜請問名，納吉時說某使其告吉，納徵時說某官（指女家家長）以伉儷之重加惠某官（壻父），某（壻父）率循典禮，有不腆之幣，敢請納徵，請期時說某（壻父）使某請吉日。可說無一不用主婚人的名義。自然，女家亦由家長（女父）出面⑧。最後，親配不得不由新人自己出馬，但我們不要忘記了他是承父之命而去的。禮記昏義上說父醮子而命之迎，荀子記醮子之詞云：『往迎爾相，承我宗事，隆率以敬先妣之嗣，若則有常』⑨，子再拜答曰：『敢不奉命』，這套儀式還保留着⑩。

其次我們不要忽略了祖先對於子孫婚姻的重要性。婚姻既是上以事宗廟，下以繼後世，以祖先崇拜爲中心，婚姻於是與家族宗教有關，一切儀式都在宗廟或家祠中舉行，帶有宗教性神聖性。另一方面則表示想要獲得祖先的同意。一般人家在媒氏通信女家已許之後，在納采以前，家長要在影堂焚香祝告，說某之子某將娶或某之女將嫁於某氏⑪。在問名之後一定要歸卜於廟，吉，纔告女家行納徵禮⑫。婚姻是家族宗教中的大事，所以必須稟告祖先。從理論上講，最高的直系尊親屬有最高的父權，是最後的意志，所以新人的父母須請命於其先祖，示不敢自專。自然，同時也兼含有卜吉凶於家神的意味。卜如不吉，婚事便不能進行。

廟見之儀更足以表現婚姻的宗教性。六禮已備，夫婦關係雖已成立，但未與舅姑相見，未與祖先相見，便不曾獲得子婦的地位，在宗中的地位因而還未確定。上事宗廟，下繼後世，皆無根據，不算婚禮完備。從家族的立場來講，成婦之禮的重要性還遠過於成妻之禮的，所以覲見舅姑和廟見是一極端嚴重而具有重大意義的儀節。

禮記上描寫新婦在成婚之次晨沐浴盛妝執贄拜見，祭醴饋食的儀式。昏儀云：『成婦禮明婦順又申之以着代也』。

僅見舅姑，婚禮還不算完備，要三月而廟見，與宗族的祖先經過拜見的宗教的儀式，她才算加入夫宗，獲得宗中的地位，有參加祭祀和被祭祀的資格。古人之所以極端重視廟見者在此。曾子問孔子，若女未廟見而死，如之何？曰：『不遷於祖，不祔於皇姑，壻不杖，不菲，不次，歸葬於女氏之堂，示未成婚也』⑬。

後代雖因三月而廟見的時間太長，易發生未廟見而婦死的困惑，所以改爲當日廟見⑭。但其意義則一。

【注釋】

①大理院判例私上第二號云：『現行律載嫁娶應由祖父母父母主婚，祖父母父母俱無者從餘親主婚，是婚姻不備此條件者當然在可以撤銷之列』。又上字第一五八二號云：『無主婚權人實行主婚者除經主婚權人表示同意或追認外，自爲可以撤銷之婚姻。』法律上以父母的意志爲要件之一，於此判例中解釋甚詳。

②唐律疏義，一四，戶婚下，『尊長與卑幼定婚』；明律例，四，戶律，婚姻，『男女婚姻』；淸律例，

一〇，戶律，婚姻，『男女婚姻』。

③唐律疏義，四，戶婚下，『嫁娶違律』；明律例，六，戶律三，婚姻，『嫁娶違律主婚媒人罪』；清律例，一一，戶律，婚姻，『嫁娶違律主婚媒人罪』。

④唐律疏義，同上。

⑤明律例，同上；清律例，同上。按唐律只言期親尊長主婚，不列舉，知不包括外祖父母，又卑幼在外尊長爲定婚條，疏義云，尊長謂祖父母及伯叔父母姑兄弟，知亦不及外祖父母。明清律，『男女婚姻』條亦只列舉祖父母父母及伯叔父母姑兄姊可爲在外卑幼定婚，『嫁娶違律主婚媒人罪』條外祖父母始在列擧之列，知外祖父母主婚權有同於期親者，有不同於期親者。

⑥薛伯升，唐明律合編，六，戶律二，婚姻，『男女婚姻』。

⑦唐律疏義，『嫁娶違律』；明律例，『嫁娶違律』；清律例，『嫁娶違律』。

⑧參看唐書，一八，禮志八；宋史一一五，禮志六八，禮一八，嘉禮六；明史五五，禮九，四九，禮三；司馬氏書儀三，婚儀上，朱文公家禮。

⑨荀子，一九，大略。

⑩同註七。

⑪司馬氏書儀卷三，婚儀上，納采。

⑫宋史一一五，禮志六八，禮一八，嘉禮六云：『問女之名，歸卜夫廟，吉，以告女家，謂之問名納吉』。

⑬禮記，曾子問。

⑭據司馬氏書儀，婚日便以婦見祖於影堂，祝讀之詞曰：『某（壻名）以合月吉日迎婦某（婦姓）媒，事見祖禰』。主人再拜，退，復位，壻與婦拜。溫公云：『古無此禮，今謂之拜先靈』（卷三，婚儀上親迎），知婚日廟見之儀宋代已然。

第四節　妻的地位

夫妻在名義上是平等的，說文『妻與已齊者也』。釋名曰『夫妻匹敵之義也』。古人不但有相敬如賓的說法，並且還有敬妻的理論和表現。孔子曾對魯哀公大講其敬妻之道，親迎便是這種精神的具體表現。但細加分析，並不如此。孔子說得很明白，敬妻的根據是『親之主也，敢不敬與？』①所敬的並不是妻本人而是她所代表的親，她既負有上事宗廟下繼後世的神聖責任，為了宗廟，自不得不重之，猶之敬子者以其為親之後故敬之，並不是敬兒子本人。我們不能以敬妻一點為根據而推論夫妻之平等。

其次，還有更重要的理論造成夫妻不平等的事實。在古代男性中心的社會中，有一基本的支配一切男女關係的理論，那便是始終認為女卑於男的主觀意識。『男女之別，男尊女卑，故以男為貴』②。只是古人傳統思想之一例而已。根據男尊女卑的見解，於是古人認為女人始終是在男人意志和權力之下的。在三從主義③之下，自生至死可說皆處於從的地位，無獨立意志可言，女子出嫁時，父母戒之曰：『必敬必戒，無違夫子』④，從出嫁時起，她便由父權之下移交夫權，夫代替了昔日的父親。所以古人說夫爲妻綱⑤，以君臣父子夫婦並列。

家庭分工便據上述的原則，使男尊女卑及女從於男更爲具體而確定。自來的家庭分工論是以男子主外女子主內的，原則上『男不言內，女不言外』⑥，似無不平，但所謂內，以事而言，指育嬰、烹飪、澣洗、縫紉、及指揮僕婦丫鬟灑掃清潔一類的工作，其中實包括妻對夫的服事。所謂主中饋實即燒飯做菜之謂，所以家語本命解云：『教令不出於閨門，事在供酒食而已』。一直到現在，做丈夫的仍時常埋怨妻的飯食做得不可口，甚至因此發脾氣，有些地方率直的以燒火的爲妻的代名辭，並不是無因的。從女子方面而言，妻自來以侍巾櫛執箕帚爲自謙之詞。晉文公洗臉時水撥在懷嬴身上，被她奚落一頓⑦，可見如懷嬴所說的『寡君使婢子侍巾櫛』並非客套虛語，亦非家無侍婢的人家纔這麼辦。婦字从女从帚，古文作㛗，字的本身即有執箕帚之意，亦非空語。妻有供酒食、侍巾櫛、執箕帚的義務，所以說文云：『婦、服也』。爾雅釋親云：『婦之言服也，服事於夫也』。

家以內的工作就人而言，主婦所統率的範圍以不出中門的婦孺爲限——娣、妾、童年的子孫，在室的姊妹姪女、子婦、姪婦、以及僕婦丫鬟等，但在女本從男的原則之下，主婦本人亦處於從的地位，她並不是家長。對子女而言，父亦爲行使親權之第一人。在家長與主婦父與母的意志衝突時，家長權父權無疑是最高的。

我們要記住在家無二主⑧最高原則之下，女子便被排斥於家長之外，只有家中男系後裔纔有做家長的資格，不要說妻是從夫的，妻正位於內，不得爲家長，就是夫死，也只能由子或孫繼之爲家長，母或祖母雖尊於子孫也輪不到他們。三從中所謂夫死從子，便是這個道理。古人說牝鷄無晨，女子爲家長，便等於『牝鷄司晨，惟家之索』⑨了。

所以妻的行爲能力無論從主婦的地位而言，或從母的地位而言，都是有限制的，是受丈夫節制的。在母權方面最顯明的是子女的敎養權和主婚權。在主婦方面最顯明的是家事管理權和財產權。一直到輓近時代，我們還可以從大理院的判例上看到法律關係的主婦權限的限制。上字三六四號云：『妻唯關於日常家事有代理其夫之一般權限，至於日常家事無關之處分行爲則非有其夫之特別授權不得爲之，否則非經其夫追認不生效力』。這可以看出家事管理是夫授權與妻的；更恰當的說，所授的是代理權，所以行使代理權而超出授權的範圍時便歸無效。我們應注意這種概念應代表傳統的概念。

社會習慣和法律對於財產權的限制尤爲嚴格。妻雖負處理家事之責，但財政方面，只是按時從夫處領得定額的家用，然後在一定的範圍內支配這些資財而已。換言之，她只有行使權，並無自由處分權及所有權，她只在指定的範圍內被授權代理而已，她得對夫負責，越權的處分除非經過追認，是無效的。這在法律上看得最清楚，中國古代的法律在宗祧繼承之下，根本否認妻有繼承夫財的權利，繼承遺產的不是她，而是她的兒子或嗣子。在子未成年之前她只有行使管理權的資格。同時古代的法律也根本否認妻有私產之說，淸律例規定妻改嫁不但不能攜走夫之財產，即原存粧奩亦由夫家作主⑩。大理院二年上字三五號判例就認爲妻之私產行使權利亦受夫權之限制。這些都足以表現妻無財產所有權。

除開家事管理權財產權而外，單從夫妻的人格方面的關係來看，我們更可以發現妻之從夫，她的處於夫權之下的情形。

明清的法律，婦人犯罪除犯姦罪及死罪纔收禁在監，其餘雜犯無論輕重都不收監，而責斥本夫收管⑪，可見夫的監護權是法律所承認的。

在第一章內我們已經講過家族內卑幼與尊長之間在法律上的不同待遇，我們如果在同一方面來注意夫妻之間的相互關係，則我們立即發現法律上夫的地位如尊長而妻的地位如卑幼。

先從親屬容忍及干犯名義一點來說，漢宣帝本始四年的詔令說：『自今子首匿父母，妻匿夫，孫匿大父母，皆勿坐，其父母匿子，夫匿妻，大父母匿孫，罪殊死，皆上請廷尉以聞』⑫。很顯明的是以妻與子孫同列，視爲一類，夫與父母祖父母爲一類，分別辦理。

反過來從告訴罪來看，此種關係尤爲明顯。自來的倫理和法律的觀念認爲卑幼告尊長是干名犯義的行爲，皆當予以社會的法律的制裁，妻告夫亦爲干名犯義，與卑幼告尊長同樣治罪。唐律與告期親尊長同罪處徒刑二年⑬，明清更嚴，妻妾告夫與子孫告祖父母父母同罪。杖一百徒三年，誣告者絞⑭。便是妻告夫與人通姦也不能例外，否則仍成立干名犯義的罪⑮。明律總註云：『名者名分之尊，義者恩義之重，子於父母，孫於祖父母，縱有過惡，義當容隱，乃竟告發其罪，是滅絕倫理矣，故着爲干名犯義之首』⑯。倫理和法律要求妻遵守與子孫相同的義務，從這條注釋裏我們可以看得很清楚。

反過來怎樣呢？我們曉得夫告妻是不成立干名犯義之罪的，其責任與尊長告卑幼同樣待遇。唐律夫告妻是按照尊長告期親卑幼的規定辦理的。疏義答問說得很明白：『其妻雖非卑幼，義與期親卑幼同，夫誣告妻須減所誣罪二等』⑰。明清律雖未明白規定告妻與告期親卑幼同，但條文上說誣告妻亦減所誣罪三等，知仍與誣告期親卑幼者同樣辦理，同時我們也可以曉得誣告罪既如此辦理，若告而得實，當亦如尊長告卑幼得實無罪⑱。

從夫妻相毆殺的法律中我們更可以看出夫尊妻卑，地位不平等的情形。法律上完全根據尊卑相犯的原理來處理，分別加重減輕。妻毆夫較常人加重處罰在劉宋時便已如此。當時的法律傷人者四歲刑，妻傷夫便爲五歲刑⑲。唐律妻毆夫者徒一年，傷重者加凡鬭傷三等（夫親告乃坐）⑳。明清律但毆即杖一百，不問有傷無傷（夫親告乃坐），折傷以上加凡鬭傷三等，至篤疾者絞㉑。毆夫至死者，唐、明、清律俱處斬刑；故殺罪，明清加至凌遲極刑；謀殺則和謀殺祖父母父母期親尊長外祖父母及夫之祖父母父母同罪，——已行者不問有傷無傷皆斬，已殺者皆凌遲處死㉒。

夫毆妻則採減刑主義，唐律毆殺者減凡人二等㉓。明清律折傷以下勿論，折傷以上減凡人二等，且須妻親告始論㉔。妻毆夫但毆即成立毆罪，不問有傷無傷，夫毆妻則無傷不成立毆罪，明清時非折傷不論，且須妻親告纔構成毆傷罪，較唐律尤爲寬容。丈夫可以隨意毆打妻子，只要不是折傷便無法律上的責任，假如妻柔順不願告官的話便是折傷也不要緊。社會上毆妻事件之多，且極其普遍，與其說是法律縱容的結果，不如說是法律因社會上毆妻事件之多且普遍纔如此擬定，倫理和輿論在這方面的影響極大。在夫爲妻綱之下，一般人都認爲夫懲毆妻不算什麼，是治家及振綱所不可避免的，猶之父母毆責子孫，同樣是合理的行爲。若妻毆夫則猶之子孫毆父祖，是駭人聽聞不可容忍的罪行了。倫理和輿論批評她潑悍無禮，法律則科以應得之罪。

還有一點也值得注意，明清律妻毆夫不問有傷無傷，傷輕到什麼程度，只要有毆打的行為便可作為夫願意離婚的條件，折傷以上便是義絕了。夫毆妻則須至折傷以上纔可離婚，並且妻的單獨方面的意思還不能構成離婚條件，須徵求雙方的同意——被傷害人與傷害人雙方的同意。其間的待遇顯然是不平等的，但在夫為妻綱的倫理之下，也顯然有其理由。清律總註云：『蓋夫為妻綱，妻當從夫，妻毆夫則妻應坐罪，離合聽夫可也。夫毆妻至折傷，夫雖犯義絕而妻無自絕於夫之理，故必先審問夫婦俱願乃聽離異，如夫願而妻不願，妻願而夫不願，皆不許離異也㉕。將此中道理說得極明白。

夫毆妻至死，則人命為重，不可不擬抵，故以凡論，不能減刑。唐律鬬毆殺者絞，以刃及故殺者斬㉖。明清律毆妻至死者絞㉗，較妻毆死夫之處斬者輕一等。

夫過失殺妻是不問的，但妻之於夫卻無此權利㉘。法律上對於子孫毆殺祖父母父母總是斤斤注意於名分的問題，關於妻毆殺夫也同樣注意此問題，有心干犯自不必說，便是出於過失或誤傷，法司雖明知情有可原事出無心，但究因名分攸關，仍須按妻毆殺夫本律問擬斬決㉙，只能在稿尾將並非有心干犯之處聲敍，候旨定奪。在這種情形之下，也只能從寬由斬立決改為斬監候：

李二泮與妻李王氏感情素睦。某晚李二泮出外閒逛，王氏因右膝患瘡疼痛，身體疲倦，和衣橫臥。二更時李二泮進房，黑暗中走至坑前，手摸王氏下體，王氏驚醒，疑是他人，用腳踢傷李二泮小腹喝問是誰。李二泮一面答應，一面拉腿求歡。不意恰拉在患瘡處，王氏負痛難忍，兩腳猛伸，誤踢傷李二泮小腹，倒地身死。王氏問擬斬決，聲明並非有心干犯，改監斬候㉚。

有些案件全因被夫非理毆打，抵拒誤傷。

鍾亮山酒醉回家，向妻索茶，鍾楊氏即赴廚燒茶。鍾亮山性急斥罵，楊氏分辯。鍾亮山用鐵錘毆傷楊氏頭顱，楊氏順手拾取搥衣木棍抵格，適傷其夫左肩甲。鍾亮山將木棍格落，抓住楊氏衣襟連毆，並用力一拉，楊氏往前一撲，鍾亮山退後跌地，墊傷左臀左腿。楊氏趁勢掙脫跑走。鍾亮山趕上，用頭向碰，楊氏閃避，鍾亮山撲勢過猛，撲於門枋上，碰傷腦門倒地，次日身死㉛。

石潮科罵妻石李氏不應責打小孩，用煙袋毆傷李氏手指。李氏分辯，石潮科又取木扁担向毆，李氏用手接奪，隨即走避，石潮科趕奪扁担，李氏恐被奪毆，將扁担向上揚起，石潮科兩手揑住扁担中節，互相扳奪。李氏力乏鬆手，石潮科扳力過猛，扁担碰傷顖門，倒地殞命㉜。

蔣李氏因不識字，誤將田契當作廢紙墊晒藥末。其夫蔣常青看見，加以打斥。李氏分辯，蔣常青氣忿，揪住李氏髮辮，拾取柴塊在李氏腦後髮際亂打。李氏負傷情急，用頭嚇撞，蔣常青胸膛受傷倒地，越十三日身死㉝。

邢葉氏爲伊夫邢哲仁盪酒。邢哲仁嫌酒冷，欲其重盪，葉氏回說火已熄滅，邢哲仁即以酒碗擲傷葉氏額角。葉氏跑走，邢哲仁又取木棍趕毆，葉氏情急，順拾木棍抵格，誤傷邢哲仁，倒地殞命㉞。

范興得囑令范劉氏煮飯，適劉氏在修補舊褲，回答俟補完再煮。范興得斥罵，以竹條毆傷劉氏頭頂。劉氏負疼，持剪刀及舊褲哭泣進房。范興得趕進撲毆。劉氏情急，順手用剪刀搪抵，范興得趕攏勢猛，收手不及，刀尖戳傷肚腹殞命㉟。

冉章元佃種族人冉庚山地，冉庚調戲章元妻符氏，符氏不依，叫罵告知其夫，章元欲告究，冉庚懇求免報，出錢陪禮，章元得錢了事，旋因冉庚退佃，章元主使符氏藉調戲前事至冉庚家吵鬧，求仍得佃種山地。符氏以調戲之事業經陪禮了結，事關顏面，不肯前去。章元斥罵，拾鋤向毆，符氏將鋤奪獲，章元又拾柴塊毆傷符氏臂膊，符氏被毆情急，用鋤背格打，致傷章元腮脥斃命㊱。

不論是否有理由，妻皆不能行使自衞，即使在情勢危急之下，也不能例外。

楊嚴氏在屋煮飯，幼子失跌啼哭，楊起斥妻不行照管。嚴氏分辯，楊起拾柴毆傷其胳膊等處。嚴氏進房哭泣，楊起趕進房內，將嚴氏推按床上，搯住咽喉。嚴氏被搯氣閉情急，又因護胎，用腳嚇蹬，踢傷楊起臍肚，楊起跌地搕傷腮頰，逾時斃命。嚴氏問擬斬決，奉旨該氏並無違犯不順，情尚可憫，從寬改監候㊲。

夫過失殺妻例得不問，因瘋殺妻自亦不問。清代的慣例是依過失殺妻勿論，永遠鎖錮㊳。可是妻因瘋殺夫，便仍須按殺夫本律問擬斬決，只准由內閣雙簽進呈，奉旨敕交九卿議奏，纔能議改監候㊴。尋常瘋病殺人問擬死罪免勾永遠監禁之犯。瘋病痊後，遇有恩旨例得查辦釋放。但妻殺夫，因關係服制和卑幼致死尊長一樣，病痊後是不准援例釋放的，仍須永遠監禁㊵。

我們或還記得父母因子孫而氣忿自盡，子孫是逃避不了責任的。明代的規定是比依毆祖父母父母律處斬，奏請定奪。清代的規定是分別有無觸忤干犯或僅止違犯教令而分別斬決或絞候。我們如注意夫妻雙方在這方面的責任，便可看出法律對這問題是採取類似的看法和處置的。明代的法律，妻妾威逼夫致死，比依妻妾毆夫至篤疾律擬絞，奏請定奪㊶。清代的法律，妻妾悍潑逼迫其夫自盡者擬斬立決，若畔起口角，事涉細微，並無逼迫情狀，其夫輕生者，便比照子孫違犯教令致令父母自盡例絞候㊷。下引一案便是如此辦理的：

倪顧氏爲倪玉之繼妻，對待前妻之子倪四子極刻薄。倪玉見四子棉袄破爛，欲將自己棉袄給穿，顧氏不許；倪玉欲將四子交妹楊倪氏撫養，並給本營生，顧氏又不許。爭吵相毆。倪玉氣忿莫釋，自縊。有司依妻妾逼夫致死律奏絞決。上諭有云：『婦之於夫，猶臣之於君，子之於父，同列三綱，所關綦重。律載人子違犯教令父母致自盡者皆處以立絞，豈婦人之於夫竟可從輕？今乃逼迫其夫致令自盡，此潑悍之婦尚可令其偷生人世乎？』㊸

有一夫趕毆其妻自行失足跌斃的案件，雖然法律上並沒有治罪明文，也比照父母趕毆子孫失足跌斃的例子辦理。

黃長喜罵妻黃李氏不照管飯菜，李氏不服回罵。長喜氣忿拾棍趕毆，絆跌倒地，被地上木桿槍尖戳傷右胯斃命。刑部以『律例內雖無夫趕毆妻自行失跌誤傷身死，其妻作何治罪專條，惟父母趕毆子自行失跌身死之案向俱比照子違犯教令致父母自盡之例擬絞監候，妻之於夫情無二致，自應比照問擬』㊹。

法律上尊長對於卑幼則不成立威逼致死的罪名㊺，夫之於妻亦然，所以明清律都明文規定夫毆詈妻妾因而自盡身死者勿論㊻，即使毆傷甚重亦不過杖八十㊼。

父母毆殺有罪的子孫，是不負法律上的責任的，夫之於妻亦有同樣的權利。

婦人犯姦是不可容忍的罪行，在七出之列，元以後的法律都容許本夫有捉姦的權利㊽，夫於姦所獲姦登時將姦夫姦婦一併殺死是不論的㊾。當時不殺姦夫但殺姦婦，或於事後殺妻始有罪㊿。

婦人毆詈翁姑，也是七出之一；法律上本爲應死之罪（詈者絞，毆者斬），於是法律有關於殺死有罪妻妾的規定，夫不告官而擅殺的處罪是很輕的——不過杖徒。若事前其父母曾經告媳不孝，夫將妻擅殺，則處罪更輕，不過杖一百51。

妻之於夫却不能以夫有罪爲理由，加以毆殺而得到減免的機會。夫爲妻綱，斷沒有夫反從妻服妻管教的道理，猶之尊長有罪，卑幼不但沒有罪責的權力，就是加以指責也是逾分的行爲。

妻犯姦自罪大惡極，丈夫逼令妻賣姦，妻不允，因而發生爭毆，妻仍然逃不了毆死丈夫的罪名。

羅小么貧苦難度，逼令其妻王阿菊賣姦，阿菊不允，時常打罵，無奈允從，由羅小么尋得姦夫安阿二。旋因索錢爭吵，將安驅逐，又欲另尋姦夫，阿菊不允，羅小么辱罵，阿菊出言頂撞。羅小么拾棒撲毆，阿菊順拿沙鍋滾水嚇潑，潑傷羅小么胸膛身死，法司以羅小么逼妻賣姦，無恥已極。王氏亦非無故逞凶干犯；惟死係伊夫，名分攸關，王氏仍依毆死夫律擬斬立決52。

又一件類似的案子，因妻拒姦誤傷本夫，情實可憫，纔得奏請減等。

監生何景星平日持財強橫鄉里，見林阿梅之妻林王氏姿容可愛，蓄意圖姦，與林阿梅相商，許給銀錢，阿梅懼勢應允，但又不敢對妻說明。囑王氏陪何坐談，己則出院燒茶。何卽乘機向王氏出言調戲，王氏忿激，以柴塊擲毆；何閃避，適林走來，被柴塊擲中太陽穴殞命。有司依妻毆死夫律擬斬立決。刑部以林阿梅貪利無恥，夫婦之義已絕；王氏守節不阿，誤傷其夫，情尤可憫，可否卽照尋常因鬪誤傷旁人律，擬絞監候，秋審緩決一次後卽於減等，奏請欽定。奉旨依議53。

很有趣的是媳之於翁姑猶子女之於父母，毆罵不孝，便屬有罪，夫可殺之；子之於父母分屬天倫，毆罵不孝，罪更不移，可是妻除了婉勸外，却不能因此而順責丈夫，如有毆傷並不能逃避妻毆殺夫在法律上的責任。

范口清買腐乾三塊回家，旋赴鄰村飲酒。其父范彩榮恰因缺少飯菜，令媳姚氏將腐乾煮食，傍晚范日清回家，尋取豆腐下酒。姚氏回說已經爲翁煮食；范日清罵姚氏做情，叫罵趕毆，醉後失跌，被桌角搕傷左眉；站起後用拳打傷姚氏左腿，又用扁挑打傷姚氏左肩甲，姚氏走避。范日清舉挑向毆，姚氏情急，隨手用擂茶木槌擋格，擊傷范日清額顱倒地，又墊傷左臂，殞命。刑部依毆死夫律問擬斬決，奉旨以雖屬按律定擬，但范日清罪干不孝，姚氏並無不合，被夫疊毆，情急抵格，亦與無故干犯者不同。范日清之死實孽由自作，姚氏着從寬改爲斬監候[54]。

夫毆殺妻處罪極輕的情形已如上述，更有可注意的是在留養承祀的名義下，判罪後也還有免刑的機會。

按常人殺人雖可援例留養，但必須秋審緩決一次，例准減等的對殺、誤殺、或應入可矜的擅殺，鬭殺情節，及救親情切傷止一二處的案件，若係謀殺故殺，秋審應入於情實無可矜減的凶殺案，便不准聲請留養了[55]。但夫致死妻無論是毆殺故殺，只要核其情節應入於可矜[56]，而父母年老或次丁尚未成立，合於留養的條件，便准隨案聲請[57]。

若父母已故而家無次丁，則可援例承祀[58]。

殺妻准留養承祀的案子，只須枷號兩個月，責四十板，便可了事[59]。

留養固係男子獨有的權利，但承祀則只限於殺妻之案[60]，這是十分可注意的。無論留養承祀都可見侍奉父母及祭祀承祧之重，承祀一項更可看出『妻命爲輕，祖宗嗣續爲重』的道理[61]。

【注釋】

①禮記，哀公問。

②晏子春秋，天瑞。

③禮記，郊特牲云：『婦人從人者也，幼從父兄，嫁從夫，夫死從子。』又孔子家語，本命解云：『女子者，順男子之教而長其禮者也。是故無專制之義，有三從之道，幼從父兄，既嫁從夫，夫死從子』。

④孟子。

⑤白虎通德論。

⑥禮記，內則。

⑦左傳，僖公二十三年。

⑧禮記，坊記云：『家無二主』。家語，本命解云：『天無二日，國無二君，家無二尊』。荀子，致化篇云：『父者家之隆也，隆一而治，二而亂，自古及今未有二隆爭重而能長久者』。

⑨書，牧誓。

⑩清律例八，戶律，戶役，『立嫡子違法』條例。

⑪明律例，一二，刑律四，斷獄，『婦人犯罪』；清律例三七，刑律，斷獄下，『婦人犯罪』。

⑫漢書，宣帝紀。

⑬唐律疏義，二四，鬪訟四，『告期親尊長』。

⑭明律例，一〇，刑法二，訴訟，『干名犯義』；清律例三〇，刑律，訴訟，『干名犯義』。

⑮見刑案彙覽，XXXXVIII, 65b-66b『械逼賣姦喊告其夫與人通姦』案。

⑯清律例，『干名犯義』。

⑰唐律疏義，二四，鬭訟四，『告緦麻卑幼』。

⑱明律例，『干名犯義』；清律例，『干名犯義』。

⑲宋書，八一，顧凱之傳引律。

⑳唐律疏義，二二，鬭訟二，『媵妾毆詈夫』。

㉑明律例，一〇，刑律二，鬭訟，『妻妾毆夫』；清律例，二八，刑律，鬭毆下，『妻妾毆夫』。

㉒明律例，九，刑律一，人命，『謀殺祖父母父母』；清律例，二六，刑律，人命，『謀殺祖父母父母』。

㉓唐律疏義，二二，鬭訟二，『毆傷妻妾』。

㉔明律例，『妻妾毆夫』；清律例，『妻妾毆夫』。

㉕清律例，『妻妾毆夫』條律後總註。

㉖唐律疏義，『毆傷妻妾』條。長慶時有姚文秀將妻阿王毆死，刑部大理寺以鬭殺問擬。白居易上言，相爭爲鬭，相擊爲毆，多毆致死，始名鬭殺。今阿王被擬狼藉，當施即死，而姚文秀身上一無損害，自不得爲鬭毆應按故殺問擬。奉敕殺妻罪十惡，宜依白居易狀，委所在重杖一頓處死（通考，一七〇，刑考九，詳讞）。知故殺妻雖未必處斬，却處死刑。

㉗明律例，『妻妾毆夫』，清律例，『妻妾毆夫』。

㉘唐律夫過失殺傷妻勿論，妻過失殺傷夫較故殺傷減罪二等（唐律疏義，『妻妾毆夫』）。明清律過失殺傷句在妻毆夫，夫毆妻，妻毆妾條文之後，文義易使人誤會夫妻雙方都適用此項規定，實則妻毆傷夫如何治罪爲第一段，夫毆妻妻毆妾如何治罪爲第二段，過失殺傷各勿論，只指夫毆妻，妻毆妾而論，並不概括妻妾毆夫在內，故清律註云：『夫過失殺妻妾及正妻過失殺其妾者各勿論，若妻妾過失殺其夫，妾過失殺其正妻，當用此律，過失殺勿問不可通承上二條言』。又律後總註亦云：『過失殺者各勿論止以夫過失殺妻妾，妻過失殺妾言之。蓋一則分尊當原，一則情親當矜也。』

㉙此等案件說帖內總有核其情節尙非有心干犯，惟死係伊夫，名分攸關一類的字樣（見刑案彙覽，xxxx。33a-46a『被夫逼令賣姦拒姦誤斃夫命』；『被夫屢次毆逼賣姦將夫毆死』；『毆死不孝之夫立決改爲斬監候』；『妻毆死夫情輕止准疏內聲明』各案說帖。）

㉚刑案彙覽，xxxx. 47ab 。

㉛見同右書，45a-46a 。

㉜刑案彙覽，xxxx. 46b 。

㉝同右，44b-45a 。

㉞同右，49ab 。

㉟同右，46a 。

㊱同右，42b-43a 。

㊲刑案彙覽，44a 。

㊳同上，xxxII. 67b-68a，『因瘋殺妻雖得勿論，仍應監禁』案。

㊴清律例，二六，刑律，人命，『戲殺，誤殺，過失殺傷人』條。道光二十五年續纂咸豐三年修改例。

㊵同右，嘉慶十五年續纂例。

㊶明律例，九，刑律一，人命，『威逼人致死』條例。

㊷清律例，二六，刑律，人命，『威逼人致死』條，乾隆四十五年原例，嘉慶六年修改例。

㊸駁案新編，xvIII. 15a-19b。

㊹刑案彙覽，xxxIv. 51b-52a。

㊺清律輯註云：『律不言尊長威逼卑幼之事，蓋尊長之於卑幼名分相臨，無威之可畏，事宜忍受，無逼之可言，故不着其法。設有犯者在期親可以弗論，大功以下宜分別科以不應，非同居共財者，仍斷埋葬』（『威逼人致死』）。

㊻明律例，九，刑律一，人命，『夫毆死有罪妻妾』；清律例，二六，刑律，人命，『夫毆死有罪妻妾』。清律律後總註云：『家庭閨閫之內妻妾之過失不論大小，本夫毆非折傷，皆得勿論，自欲輕生，何罪之有』。

㊼清條例云：『妻與夫口角以致妻自縊，無傷痕者無庸議，若毆有重傷縊死者，其夫杖八十』。又云：『凡妻妾無罪被毆致折傷以上者雖有自盡實跡，仍依夫毆妻妾致傷本律科斷。』

㊽按元代以前的法律夫在任何情形之下皆無殺妻之權，唐律亦無捉姦殺死姦婦或毆死有罪妻妾的規定。妻犯七出，只能出之，却不能擅殺，後來人們輕易不肯出妻。七出成了具文，於是纔有殺妻的規定，和七

出並存於律。

㊾元史，一〇四，刑法志，三，姦非；明律例，九，刑律一，人命，『殺死姦夫』；清律例，二六，刑律，人命，『殺死姦夫』。

㊿元律：於姦所殺其妻妾而姦夫獲免者杖一百七，但夫獲妻姦，妻拒捕則得殺之，無罪（元史，刑法志，姦非）。清條例：非姦所獲姦，將姦婦逼供而殺，審無姦情確據者，依毆妻至死律論，如本夫姦所獲姦，登時將姦婦殺死，姦夫當時逃脫，後被拿獲到官，審明姦情是實，姦夫供認不諱者，本夫杖八十。若姦所殺姦非登時，姦婦殺死，姦夫到官供認不諱，確有實據者，本夫杖一百。（清律例，『殺死姦夫』條，乾隆三十二年例，道光五年修改例）。

(51)明律例，九，刑律一，人命，『夫毆死有罪妻妾』；清律例，二六，刑律，人命，『夫毆死有罪妻妾』。所以必須父母親告的原因是恐妻並未毆詈夫之祖父母父母，夫因別事將妻毆斃，事後捏情卸罪，祖父母父母溺愛其子，於到案後代爲捏飾以圖解救子孫（見清律例，『夫毆死有罪妻妾』條輯註，參看刑案彙覽，xxxIII 2a-3a，3b-5b，7b-8a，等題准案及說帖）。如父母雖未親告，但毆詈翁姑，不孝有據，被夫忿激致斃，也可通融辦理。舊例擬罪時雖仍按律擬絞，但秋審時得入可矜，照免死減等例，再減一等擬徒（清律例，二七，刑律，斷獄下『有司決囚等第』條，乾隆二十年例，道光時所定『通行章程更爲寬容，只要毆死有據，證據確鑿，雖未親告，也可援用擅殺律擬杖』（刑部通行章程卷上15a-17b）。

(52)刑案彙覽，xxxx. 40a-41a 。

㊿刑案彙覽，XXXX. 37a。

㊿刑案彙覽，XXXX. 41a-42b。

㊿清律例，四，名例律上，『犯罪存留養親』條，嘉慶六年十一年兩次修改十五年修併十九年復修，道光十五年修改例。

㊿可矜指毆及故殺詈毆翁姑不孝有據之妻，犯姦並未縱容之妻及毆夫並未成傷之妻，如無謀故慘殺重情者，俱入可矜；否則只能入緩決，例如殺死僅止空言頂撞，並無不孝實據之妻，便入緩決（見刑案彙覽，二，名例，『犯罪存留養親門，隨本留養應查秋審緩矜比較』條款）。

㊿清律例，『犯罪存留養親』條，嘉慶六年十一年兩次修改，十五年修併十九年復修，道光十五年修改例，又督捕則例乾隆三十二年部議。（參看刑案彙覽 II. 25b-26b，『毆妻致死隨本行查親者准留』案，道光十一年說帖）。

㊿同上條例，督捕則例，見上（參看刑案彙覽，II. 51b-52a，『毆妻致死減流之犯准其承祀』案，嘉慶十八年說帖）。

㊿清律例，同條，乾隆二十一年例，三十八年修改，嘉慶六年修併例。

㊿見刑案彙覽 II.4a-51b，『毆死妻准承祀此外一概不准』案，嘉慶二十年說帖。

㊿同右，II. 52b-53b，『異姓義子殺妻准其歸宗承祀』案，道光元年說帖。

第五節 夫家

女子出嫁便是脫離父宗加入夫宗的行爲，她離開母家加入另一家族團體，以此爲家，參加此單位的經濟活動和宗教活動。與夫家的每一親屬發生一定的親屬關係①。在連坐責任上只爲夫家負責②。她在母家則不再負生產之責（她的勞力是屬於夫家的），亦不再有權參加消費，嫁妝是母家給她的最後禮物。在家族宗教上她不再參加祭禮。她與母家的親屬在形式上雖仍舊保持固有的關係和稱謂，但實際上親疏的關係已有很大的變化，她對父母及其她親屬降服，她的家屬對她也降服③。這種變遷使得她與他們之間的關係由親而疏，同時親屬的範圍亦趨於縮小。

在夫家親屬中媳與舅姑的關係是最密切的，最主要的。恭謹事奉是婦職，不事舅姑不敬不孝便有虧婦道，爲七出條件之一。對舅姑如有侵侮不遜的行爲自更爲國法人情所不容，制裁極嚴。唐律罵者徒三年（須舅姑告乃坐），毆者絞，傷者斬，過失殺者徒三年，傷者徒二年半④，謀殺者斬⑤。

明清的法律纔將子孫之婦和子孫一律待遇，凡是媳對舅姑的侵犯都和子孫對祖父母父母的侵犯罪同樣處理，於是告夫之祖父母父母者杖一百徒三年，誣告者絞⑥，罵者絞⑦，毆者斬，殺者凌遲處死，過失殺者杖一百流三千里，傷者杖一百徒三年，俱不許收贖⑧。謀殺已行者不問已傷未傷皆斬，已殺者凌遲處死⑨。

子婦毆斃阿翁只有在拒姦之下纔能從輕發落。舊例子婦拒姦毆傷阿翁的案件法律上並無特殊的規定，格於妻毆夫之父母成例，向擬斬決。嘉慶時因邢傑強姦子婦被咬落唇皮一案，帝以邢傑行強，翁媳之義已絕，吳氏亦非無故干犯，特免治罪，纔定一新例，子婦拒姦將翁毆傷，得奏請免罪釋放⑩。如因拒姦將翁毆斃，道光時定例亦得奏請改爲斬候⑪。

林幗亨摟往其媳林謝氏頸項，意圖強姦，並拉開自己下衣，露出莖物，說定要姦成。謝氏掙拒不說，恰有剃刀在旁，便取刀將林幗亨生殖器割落，因傷身死。陝撫審將林謝氏依律問擬凌遲，聲明林幗亨亂倫強姦子媳，林謝氏情急與無故逞凶者不同，奏請定奪。奉旨改爲斬監候，經刑部纂入例冊⑫。

因違犯教令的原故而使翁姑忿激自盡，子婦自不能逃卸責任，淸律完全按子孫不孝或違犯教令致父母自盡例辦理——事出觸忤干犯便擬斬決，若但因行爲違犯教令所致，並無觸忤情節，則擬絞候⑬。下引兩案便是屬於這類的。

徐氏之子周武成早故，孀媳馬氏平日侍奉甚謹，從未觸忤。嗣因馬氏無錢使用，私自將徐氏備老衫裙當錢花用。某日徐氏欲於次晨回母家探望。預囑馬氏早起做飯，次晨馬氏睡熟起遲，被徐氏罵詈。徐氏開箱取衣，又發現衣服被當，愈加氣忿，大嚷大罵。馬氏不敢回言。徐氏經鄰婦勸進臥房休息，徐氏氣忿莫釋，投井身死。法司以馬氏平日並無觸忤情事，比依子孫違犯教令致父母自盡例，擬絞監候⑭。

所謂違犯教令有時是很含混的，雖然子婦並無過失，亦無違犯之處，也不能不如此辦理。究竟誰是誰非，是否違犯教令，法司對於這些客觀的因素是不大注意的。總之，翁姑旣爲此自盡，便不能不科子婦以應得的罪，有時因情可憫原纔能量從末減。

有一家姓何的人家，老祖母何田氏最憐愛她的孫兒何開祥，平日極爲溺愛。一日何開祥在外頑耍回家，泥汙衣服，被母小何田氏用竹片責打，負疼啼哭。恰祖母探親回家，問知原委，說媳婦不應責打孫兒，嚷罵欲毆。小何田氏不敢回話，進房躲避，祖母被族鄰勸止，回房後怒猶未息；向丈夫何允福嘮叨，說孫兒被打，又痛又氣，不如早死，免得受氣。何允福勸慰許久。何田氏乘夫睡熟，竟投環自縊。刑部以小何田氏責打其子係以理訓責，且當時其姑並未在家。迨何田氏回家查知嘍罵，該氏並未回言，進房躲避，實無違犯教令之處。老何田氏負氣自縊更出該氏意料之外。將何田氏比照子孫違犯教令致父母自盡例擬絞，聲明情節，奏請改減流⑮。

又有一逼媳改嫁不遂致翁忿恨自盡的案子，因有乖父道，纔由絞候改擬滿流，同時我們應注意守貞不從不但無過處，且特爲禮法所獎勵，但仍只能減罪一等，也可見法律上之重視倫紀遠過於是非了。

岳葉氏之夫久出不歸，伊翁岳來英欲將其嫁賣，葉氏不從，即奪其應分之地抵欠，又禁次子資助，使不能自存。葉氏欲赴縣控訴，岳來英心懷忿恨，輕生自盡。法司以岳來英如此待媳不仁，實有乖父道，該氏守貞不從亦與他事違犯不同，若將該氏照子孫違犯教令問擬，殊覺情輕法重，應於絞候例上量減一等杖一百流三千里⑯。

另外有些翁姑因口腹瑣事氣忿自盡的案子，子婦也不能逃避逼死翁姑的責任，比照子貧不能養贍致父母自盡例擬流。

牛高氏煮豆給姑蕭氏食用，因豆內硬粒不曾一律煮爛，扛動牙齒，蕭氏叫罵，高氏就做麵條送食，蕭氏因牙痛難吃，復向叫罵，高氏迄未回言。蕭氏氣忿，拾棍向毆，因被高氏攔阻，忿激投井身死。法司訊明高氏並無觸忤違犯別情。惟蕭氏因扛傷牙痛向毆被阻，忿激自盡，究由高氏未及煮爛硬豆所致，因非有心違犯，第法嚴倫理，應將高氏比照子貧不能養贍致父母自縊例滿流⑰。

李許氏輪應供膳翁姑之期，因耕作事忙，一時忘記。翁姑來家，纔記起趕回做菜，但備辦不及，只炒得茄子一味與姑下飯。伊姑嫌菜不好，加以斥罵，許氏自知錯誤，往尋伊夫另買葷菜。經伊翁埋怨伊姑貪嘴，致姑氣忿，自盡。將許氏比照上例擬流⑱。

有一人因姑忌食某物不給食用，姑氣忿自盡，也同樣辦理，不能減輕罪刑。

柴趙氏之姑索食蕎麥，趙氏因蕎麥性冷，姑素患腹痛，忌食性寒之物，不肯與食，姑氣忿自盡。法司雖訊明該氏愼重菽水；並非有心違犯，仍比照子貧不能養贍致母自縊例滿流⑲。

若子婦因犯姦盜或殺人等死罪累及翁姑自盡，則責任更重，例與子孫有犯同樣辦理，輕則徒流，重則絞決⑳。

至於翁姑殺害子婦則採取減刑主義，在多種情形之下不負法律上的責任。子婦有違犯敎令的行爲，理應受翁姑的譴責，只要不至殘廢篤疾，槪不成立傷害罪。

唐律毆子孫之婦令廢疾者杖一百。篤疾者加一等，徒一年㉑。明清律較爲寬容，非理毆令廢疾者杖八十，篤疾加一等，杖九十㉒。不爲非理則不在此限。

若致子婦於死，除一二特殊情形之外，皆得比照過失殺，自唐以至清的法律，皆得不論㉓。明清律又加二條件：子婦違犯敎令依法決罰邂逅致死及因毆罵翁姑而被翁姑毆死，亦得不論㉔。

非理毆殺則處罪較重，唐、明、清律皆處徒刑三年㉕。

所謂依法決罪及非理毆殺的分別只在毆的手段，淸代有一非理毆殺子婦的案件，最能說明此中情況。

黃德顯因子媳陳氏竊米賣錢，向其斥責，陳氏哭喊潑賴，德顯氣忿，用鐵鋤柄毆傷其胸膛額角斃命，法司以起釁事甚微，亦無毆詈翁姑重情。致命胸膛額角太陽均非應受決罰之處，鐵鋤亦非決罰之具，實屬非理毆殺，與依法決罰邂逅致死者不同，依律擬徒㉖。

若子婦並無違犯敎令或毆詈不孝之罪，無罪而殺則構成故殺罪，處罪更重。唐、明、清律皆流二千里㉗。

按通常婦人犯流是依例納贖的，但殺媳過於凶殘則不能援例而須實配。

王黎氏因媳資氏偷吃冷食，用繩捆縛兩手，罰跪一夜，資氏兩膝跪傷，不能起立。黎氏用拳怒毆，資氏哭喊，又用燒紅鐵鉗烙傷眉叢，傷重斃命。因黎氏非法殘酷，流罪不准納贖，照擬發配㉘。

如媳僅止出言頂撞，並無毆罵重罪，而姑蓄意謀殺情節過於凶殘者，更從重發落，改發各省駐防官兵爲奴㉙。

至於因姦將媳殺死的，法律上因這種事更屬凶殘無恥，且姑媳之情義已絕，所以不按服制辦理，而加重處刑。清例姑因姦將媳致死滅口，親姑嫡姑擬絞監候，繼姑擬斬監候，均入於緩決，永遠監禁㉚。若姑與人通姦，因媳礙眼，抑令同蹈邪淫，不從，商謀致死滅口者，則照平人謀殺律，分別首從，斬絞監候㉛。如因逼令同陷邪淫致媳情急自盡者則改發各省駐防爲奴㉜。

又有些逼媳賣淫，折磨逼迫，致媳情急自盡的案子，也依例問擬絞監候㉝。

翁因圖姦不遂將媳殺害，自屬蔑倫無紀，翁媳之義已絕，所以不依服制辦理。翁媳之間這是唯一得以凡論的條件。

李懿青見媳獨處，頓萌淫念，走進臥房，向曹氏調笑。曹氏不依，嚷罵。李懿青跑出院內，曹氏趕毆，用頭向撞。李用火鐽柄將曹氏擊傷。曹氏揪住衣裳拚命。李用腳踢傷殞命。晉撫將李懿青問發極邊四千里充軍。刑部以情罪未協，駁令改照凡論，依鬭毆殺人律擬絞監候㉞。

有一強姦子婦不從登時將媳殺死的案子，依凡論問擬斬決。

伍濟瀛娶妻物故，見子媳伍彭氏少艾，起意圖姦已非一日。某日，伍飲醉回家，適其子外出，彭氏在弟婦房內閒談，便潛入彭氏房中，躲在帳內，彭氏回房上床睡歇。伍濟瀛用手摸弄彭氏乳部，彭氏揪住，欲拉往祖婆房中告訴。伍下床按住彭氏手，彭氏掙脫，坐在地上喊呼祖婆快來，伍用手按住其口；彭氏仍喊叫不休。伍恐被母聽見，將彭氏按倒地上，用手掐住咽喉，手勢過重，氣閉殞命。伍濟瀛依強姦未成將本婦立時殺死例，擬斬立決㉟。

又有一因姦活埋子婦的案子：

周幗珍調姦子婦王氏不從，屢加磨折，並誣指王氏與工人有姦。起意賄囑王氏胞叔王兆興，並喝令次子周鎮兒幫同將王氏活埋。周幗珍以凡論，依謀殺人律，擬斬監候㊱。

以上是翁姑子婦的關係，現在讓我們再來看妻與夫家其他親屬的關係。妻既加入夫家與夫家親屬發生親屬關係，有一定的喪服，雙方發生鬬訟，法律上自亦按服制分別辦理。

妻毆詈夫之期親以下緦麻以上尊長，唐律的規定是減夫犯一等（原因是妻服制降夫一等），死者斬㊲。明清律始改為與夫毆同罪，至死者亦斬㊳。

妻毆傷卑屬，唐、明、清律的規定俱與夫毆同罪，至死者絞㊴。夫姪（兄弟子）於卑屬中最親，故提出另論，毆殺者流三千里，故殺者絞㊵。

若尊長毆傷卑幼之婦則減凡人一等論罪，至死者絞㊶。同輩中弟妹毆兄妻，及妻毆夫之姊妹。唐律根據於叔嫂不通問的原則，各加凡人一等㊷。明清律以嫂視尊長，小叔小姑視同卑幼，於是弟妹毆嫂加凡人一等，而姊毆弟妻，及妻毆夫之弟妹及夫弟之妻則各減凡人一等㊸。

【注釋】

①廟見是與夫家已死的親屬相見的儀式，見舅姑見親屬則是與夫家在生的親屬相見的儀式。兩種儀式都是婚禮中很重要的節目。司馬氏書儀描寫新婦於拜見舅姑後與親屬相見的儀式甚詳。就兄弟姊妹之前，先拜其尊屬應受拜者，然後與幼屬應相拜者相拜。其他尊屬，則婦往拜於其室，有卑屬則來拜於婦室（卷四，婚儀下，『婦見舅姑』），輓近風俗則尊長親屬統於堂前相見。

妻是以夫的身分為身分而與這些親屬發生一定的親屬關係的。所謂『其夫屬於父道者妻皆母道也，其夫屬於子道者妻皆婦道也』。（禮記，大傳）便是這個道理。從親屬範圍來講，妻是以夫的九族為範圍的。從服制來講，則與夫有同有異。大體言之，為卑幼則與夫同服，為尊長除父母外，從夫降一二等不等，因之夫之緦麻為無服。（詳元典章，明會典，清律例妻為夫族服圖）。

②古夷三族法誅及父母兄弟（同產）妻子。女子出嫁既負夫家之責，又負母家之責，連坐責任是雙重的。後漢郭淮妻王淩之妹，淩誅，妹當從坐，御史往收。淮部將乞淮表留，淮不從，妻上道，五子叩頭流血，淮不忍，使左右追妻還，以書白司馬宣王曰：『五子哀母，不惜其身，若無其母，是無五子，亦無淮也。今輒追還，若干法未通，當受罪於主者』。宣王宥之。（魏志郭淮傳引世語），又毋丘儉之誅，其

子旬妻荀氏應坐死。其族兄顗與景帝姻通，表魏帝以匄其命。詔聽離婚，始得免刑。荀氏所生女芝爲劉子元妻，亦坐死，懷孕繫獄，荀氏辭詣司隸校尉何曾乞恩求救爲官奴婢以贖女命（晉書刑法志）。故晉書刑法志云：『是時魏法大逆者誅及已出之女』。

但當時有人認爲這種雙重連坐的責任太不公允，何曾哀之，使主簿陳咸上議曰：『父母有罪，追刑已出之女；夫黨見誅，又有隨姓之戮，一人之身，內外受辟。今女已嫁，則爲異姓之妻；如或產育，則爲他族之母。此爲元惡之所忽，戮無辜之所重。於法則不足懲奸之源，於情則傷惻隱之心。男不罪於他族，而女獨戮於二門；非所以哀矜女弱，蠲明法制之本分也。臣以爲在室之女從父母之誅，既醮之婦從夫家之罰，宜改舊科以爲永制』。於是有詔改定律令（晉書刑法志）。自是之後，中國的法律對於緣坐都只以在室之女爲限，不及出嫁之女。晉代夷三族法明令不及婦人（晉書明帝紀）。所謂婦人指已出嫁之女或姊妹。據解縉傳則謂解系被害，結亦同戮，結女適裴氏，明日當嫁而禍起。裴氏欲認活之，女曰：『家既若此，我何活爲？』亦坐死。朝廷於是議革舊制，女不從坐，由結女始。）唐、宋、明、清謀反大逆罪，犯人之女及姊妹俱沒官爲奴，或給功臣家爲奴，（唐律疏義，一七，賊盜一，『謀反大逆』；明律例，十八，刑律一，盜賊，『謀反大逆』；清律例，二三，刑律，盜賊上，『謀反大逆』。）若女已許嫁出嫁便不在緣坐範圍內。各律都說得很明白：『若女（兼姊妹）許嫁已定歸其夫……聘妻未成者，俱不追坐』。（唐律疏義，一七，盜賊，『緣坐非同居』；明律例，『謀反大逆』；清律例，『謀反大逆』。）只要有許婚書及私約，或已納聘財，便算許嫁已定，雖未成婚，皆歸其夫。（見唐律，『緣坐非同居』條疏義）清律律後總註亦云：『女已許嫁，得受夫家聘禮，未曾過門……及聘定他人之女猶未過門成妻者俱不追坐』。）這一點指示女子在室與出嫁兩種身分的不同，更說明了未嫁從父出嫁從夫的道理。已嫁則脫離父家而加入夫家，所以對於母家的刑事不負連帶的責任，對於夫家則以妻或母的身分同坐。故謀反大逆罪正犯之母，妻，妾，及子之妻妾，俱給功臣家爲奴。其謀叛罪母及妻妾亦分別安置。（唐律疏義，『謀反大逆』，『謀叛』；明律例，『謀反大逆』，『謀叛』；清律例，『謀反大逆』，『謀叛』。）

③女子未嫁對本宗九族的服制悉與男子同。（故本宗九族五服正服圖註云：『凡姑姊妹女及孫女在室，或已嫁被出而歸，服制並與男子同』。明會典一〇二，禮部六〇，喪禮七『喪服』；清律例二，諸圖喪服圖。）出嫁則爲本宗降服，雖親如父母亦由斬衰三年降爲期服，其他親屬俱從原服降一等。這樣，原來是小功的都降爲緦麻，原爲緦麻成爲無服了。於是邊際親屬的推移使親屬的範圍爲之縮小，同時同輩的兄弟及於小功，卑幼則只及兄弟堂兄弟之子（姪輩），兄弟之孫（姪孫）則擯於服外，親屬範圍縮小是很顯明的。此外親屬的配偶除直系尊親屬及旁系的伯叔母外，則其他尊屬卑屬的配偶都不在服內。（詳元典章女嫁爲本族服圖，明律例出嫁女爲本宗降服圖，清律例出嫁女爲本宗降服圖。）

女氏之黨亦採同樣的原則爲之降服。出嫁則降一等。姑姊妹及姪女原爲期服，嫁則降爲大功。堂姊妹原爲大功，嫁則降爲小功。原爲小功的從祖祖姑，堂姑，再從姊妹，堂姪女及姪孫女則降爲緦麻。原處於邊際地位的緦麻親，族曾祖姑，族祖姑，族姑族姊妹，再從姪女，堂姪孫女，及姪曾孫女，皆被推出五服以外，無服（見同上引）。

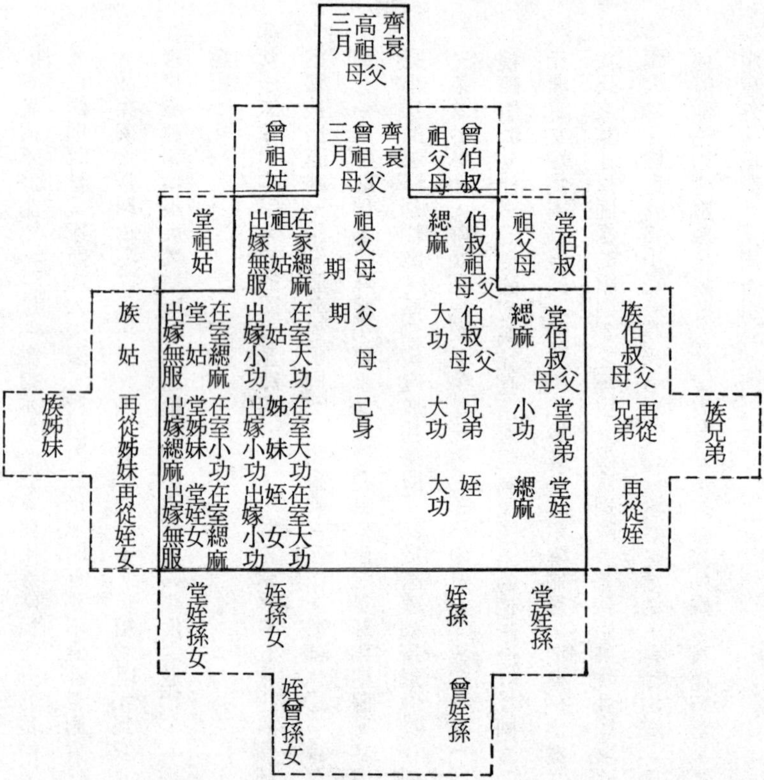

虛線指示原有之親屬範圍

實線指示嫁後之親屬範圍

④唐律疏義，二二，鬬訟二，『妻妾毆詈夫父母』。

⑤同右，一七，賊盜，『謀殺期親尊長』。

⑥明律例，刑律，訴訟，『干名犯義』，清律例，刑律，訴訟，『干名犯義』。

⑦明律例，刑律，罵詈，『罵祖父母父母』；清律例，刑律，罵詈，『罵祖父母父母』。

⑧明律例，刑律，鬬毆，『毆祖父母父母』；清律例，刑律，鬬毆，『毆祖父母父母』。

⑨明律例，刑律，人命『謀殺祖父母父母』；清律例，刑律，人命，『謀殺祖父母父母』。

⑩清律例，『毆祖父母父母』條，嘉慶十九年續纂例云：『子婦拒姦毆傷伊翁之案，審明實係猝遇強暴，情急勢危，倉卒捍拒，或伊翁到官供認不諱，或親族鄰居指出素日淫惡實跡，或同室之人確有見聞證據，毫無疑義者，仍依毆夫之父母本律定擬，刑部核覆時恭錄邢傑案內諭旨將應否免罪釋放之處奏請定奪。……參看刑案彙覽，LIII. 12b-13b 。

⑪清律例，『毆祖父母父母』條，道光十年續纂例。有司擬時仍須按子婦致死夫父母律定擬，將可否改爲斬監候之處奏請定奪，不得遽行問擬斬候。雖拒姦時不知係翁，亦不能例外。有一黑夜圖姦子婦的案件，其媳喝問不應，復被捫口，情勢危急，將翁毆傷身死。未死前並經姑氏詢明其翁屬實，確有證據。總督以該氏犯時不知，照凡人擅殺律擬徒。刑部以案關倫紀，凡子婦拒姦毆傷伊翁之案，無論知與不知，俱應按照本律分別問擬，援案奏請，駁令改擬。將該氏仍依妻毆夫父母律問擬凌遲處死，聲明情節，援案奏請（見續增刑案彙覽 xlv 23ab ）。

⑫刑案彙覽，LIII, 4a 。

⑬清律例，刑律，人命『威逼人致死』條，乾隆三十七年例。

⑭刑案彙覽，xxxlv. 25b-26a。

⑮刑案彙覽，xxxlv. 13a-14b。

⑯續增刑案彙覽，lx. 46b-47a。

⑰刑案彙覽，lx, 26b。

⑱同右，27a。

⑲同右，27ab。

⑳犯姦犯盜，翁姑並未縱容，憂忿戕生，或被人毆死，及謀故殺害者均絞立決。如翁姑事前縱容袒護，事後畏罪自盡者，發雲貴兩廣極邊煙瘴充軍；翁姑因此被人毆死或謀故殺害則擬絞監候。如翁姑教令犯姦犯盜，後畏罪自盡者，杖一百徒三年；翁姑因此被人毆死或謀故殺害則杖一百流三千里。若子婦所犯係罪犯應死及謀故殺人等罪，事情敗露，致翁姑自盡，則照各本犯罪名擬立決。（清律例，刑律，訴訟，『子孫違犯教令』條，嘉慶六年十五年兩次修改，十九年後奉頒修，道光元年修改例。）

㉑唐律疏義，『妻妾毆詈父母』。

㉒清律例，『毆祖父母父母』；清律例，『毆祖父母父母』。

㉓唐律疏義，『妻妾毆詈夫父母』；明律例，『毆祖父母父母』；清律例，『毆祖父母父母』。

㉔明律例，『毆祖父母父母』；清律例，『毆祖父母父母』。

㉕唐律毆死子孫之婦者徒三年，明清律毆死子孫之婦者亦杖一百，徒三年，但加非理毆殺字樣。（唐律疏

義，『妻妾毆詈父母』；明律例，『毆祖父母父母』；清律例，『毆祖父母父母』。）

㉖刑案彙覽 xxxxlv. 9a-10a 。

㉗唐律疏義，『妻妾毆詈父母』；明律例，『毆祖父母父母』；清律例，『毆祖父母父母』。

㉘清律例彙輯便覽，『毆祖父母父母』條附乾隆四十五年湖南案。

㉙清律例，二六，刑律，人命，『謀殺祖父母父母』條乾隆四十八年原例，道光十年修改例。

㉚同右，『毆祖父母父母』條，乾隆五十六年原例，嘉慶六年修併十九年道光五年修改例。

㉛同右，『謀殺祖父母父母』條，乾隆三十七年例。

㉜清律例，二六，刑律，人命，『威逼人致死』條，嘉慶六年纂修，道光六年修改例。

㉝清律例，二六，刑律，人命，『威逼人致死』條，嘉慶六年續纂，道光六年修改例。

㉞刑案彙覽，L111. 29b-31a ；續增刑案彙覽 xlv. 24a 。

㉟刑案彙覽，L111. 31a 。

㊱刑案彙覽，L111. 28b-29a 。

㊲唐律疏義，二三，鬬訟三，『毆詈夫期親尊長』。

㊳明律例，一〇，刑律二，鬬毆，『妻妾與夫親屬相毆』；清律例，二八，刑律，鬬毆下，『妻妾與夫屬相毆』。

㊴唐律疏義，『毆詈夫期親尊長』；明律例，『妻妾與夫親屬相毆』；清律例，『妻妾與夫親屬相毆』。

㊵同右。

㊶同上。

㊷唐律疏義，鬬毆，『毆兄妻夫弟妹』。

㊸明律例，『妻妾與夫親屬相毆』；清律例，『妻妾與夫親屬相毆』。

第六節　婚姻的解除

一　七出

婚姻的目的旣以祖宗嗣續爲重，以家族爲中心，不能達到這種目的婚姻，自須解除。所以七出①的條件除竊盜一項僅關係個人的失德外，其他條件無一不與家族有關。

無子顯然與婚姻最主要的神聖的目的相背。無以下繼後世，上事宗廟，不孝有三，無後爲大，此種無果的婚姻必須解除。凡是以嗣續爲重的社會，皆以此爲離婚的條件，固不僅中國如此②。但通常引用這一條風俗和法律時往往言之太過，誤認無子爲絕對的離婚條件。事實上除極少數的例子外③，歷史上以無子而被出的實不多見。我們應注意無子還附有其他附帶條件。

第一，無子被出是有年齡限制的，依據規定必妻年五十以上無子，纔受此條拘束④。換而言之，妻不到絕育期是不能以無子爲理而提出離異的。妻有此保障，很少的人到了五十以上還想和妻離婚的。

第二，在妾制之下，離婚和子嗣並不是太嚴重的問題，妻無子不妨以納妾的方式來補救這缺陷，妻本身不能生育而又妬悍不許夫納妾，纔發生嚴重的問題，所以妬纔是離婚條件，同時法律上又有妻五十以上無子聽立庶以長的規定⑤，妾之子亦即妻之子，法律上原不要求必須妻本身有子。

漢元后之母以妬被出，更嫁爲苟賓妻⑥，馮衍妻任氏悍忌，不得畜媵妾，兒女常自操井臼，遂爲衍所逐⑦。妬足以妨害妾媵之制，所以古人認爲惡德。魏孝友曾因當時王公以下皆無媵妾，表奏云：『其妻無子而不娶妾，斯則自絕，無以血食祖父，請科不孝之罪，離遣其妻。』⑧若能如戴女之不妬⑨，則夫可以隨意納妾，無論爲子嗣計，爲個人情感及性慾計，夫皆無逼妻離婚之理。夫如廣蓄姬妾而仍無子，也就不能以無子爲理由而提出離異了。

第三，無子應出，若有三不去之一，也不致被出。淫亂足以紊亂血統，神不歆非類，自更不爲夫家所容，所以構成重大的離婚罪，唐、明、清律其他條件有三不去皆不出，獨姦罪不能援用此例⑩。

上以事宗廟原是婚姻的神聖的、宗教的目的，甚至可說是最終的目的，惡疾之所以構成離婚條件者便在於此。古人說得明白，有惡疾爲其不可與共粢盛也。其關係全在家族祭祀上，唐律甚至惡疾與姦淫同爲不適用三不去的二條件⑩，在重視家族宗教的社會中，固無足怪。

宗廟的奉事，廣義言之，應包括活的祖宗在內，所以事舅姑成爲子婦的天職⑪，而不事舅姑則爲離婚條件之一。古人說：『子婦未孝未敬，勿庸疾怨，姑敎之，若不可敎而怒之，不可怒，不放婦出而不喪禮焉』⑫。

蒸梨不熟⑬，姑前叱狗⑭之所以出妻便是因爲不善事舅姑。他如姜詩妻之汲水未即還⑮，劉瓛妻之緣壁掛履⑯，皆屬於此類。

其所謂不事或不順，與其說是客觀的行爲，不如說是繫於舅姑的主觀態度。不順舅姑有時即不得舅姑之歡之謂。禮記上說子甚宜其妻，父母不悅，出；子不宜其妻，父母曰：『是善事我，子行夫婦之道焉，沒身不衰』⑰。得舅姑之歡與否實爲婚姻繼續與否的先決條件，像孔雀東南飛裏的蘭芝，陸游妻唐氏，都是在子甚宜妻父母不悅之下而夫妻生離的。女誡謂：『夫雖云愛，舅姑云非，此所謂以義自破者也⑱。』原是無可奈何的悲劇。婚姻之締結既以父母之命爲主，不曾考慮子的意志，則婚姻的解除，仍以父母的意志爲主，毋須考慮子的意志，自是合理的，勢所必然的。

曾持舅姑之喪便爲三不去條件之一⑲，不在七出之限，也可見父母在子的婚姻上的重要性遠過於本人。

口多言之所以構成離婚條件之一的理由，很顯明的也是由於家族主義的關係。其目的在於維持家族間秩序，防止家族內人口之衝突，口多言只是爲其離親也。女人天性本好說話，親屬的配偶來自各個不同的家庭，彼此之間本無情感，尤易引起口舌紛爭，所以古人採取不許多說話的政策來安輯這一大羣女人。鄭濂家累世同居，自云所以致此，便因不聽婦人言⑳。陳平之嫂因說：『有叔如此，不如無有』爲兄所出㉑。李充亦因妻多言，出之㉒。

從七出的內容中我們可以清楚的看出來無一條件是涉及夫婦本人的情愛及意志的，禮謂：『婦順者順於舅姑，和於室人，而后當於夫』㉓，夫在此順序中的比較地位是顯而易見的。

二　義絕

七出之外，離婚的另一條件爲義絕。義絕包括夫對妻族妻對夫族的毆殺罪㉔，姦非罪㉕，及妻對夫的謀害罪㉖而言。夫妻原以義合，恩義斷絕，斷難相處，所以這些行爲皆目爲離婚的客觀條件。

所不同者，七出爲可以作爲夫方要求離婚的條件，離不離，其權在於夫，而義絕則爲當然離婚條件，有犯必須強制離異，其權在法律。前者是單方面的，後者則是雙方的。所以妻無七出及義絕之狀或犯七出而有三不去，便不能去妻，否則是要受刑事處分㉗，而且法律上是不承認離婚效力的，被勒逼離去的妻還須追還完聚㉘。這是說法律劃出離婚的範圍，不在此範圍以內的便不許出妻。不應離而離則悖於禮律，所以擅行出妻的有罪。若犯義絕則任何一方皆不容許不離，所以應離不離者亦有處分，唐律處徒刑一年，明清律杖八十㉙。

三　協離

七出三不去及義絕爲法定之離婚條件已如上述，我們可以相信婚姻的解除係以家族爲前提，甚少涉及夫妻本人的意志。有些人誤會夫權在這方面的應用，以爲夫的單獨意志可以任意休妻，是不合於事實的。與其說妻受夫的支配，離合聽夫，不如說夫妻皆受家族主義或父母意志的支配。任意出妻和犯了家族規律而出妻是兩件事，不應混爲一談。

但我們也不可過於誇張說夫妻絕對無意志可言。單方面的任意離婚固不生效，妻單方面的意志更屬有乖婦道㉚。但雙方同意的離婚則仍是法律所承認的。所以雖不合於七出義絕條件，而夫妻不和而願離異，則在許可之列㉛。

【注釋】

①按七出之文見於大戴禮，又見於家語本命解。（婦人七出，不順父母，爲其逆德也；無子，爲其絕世也；淫，爲其亂族也；妬，爲其亂家也；有惡疾，爲其不可與共粢盛也；口多言，爲其離親也；竊盜，爲其反義也。）唐見於令（據疏義七出者依令云云），明律無文，清律則附註於律文內。蓋七出本出於傳統的禮，而法律加以承認，予以法律的效力。

又法律上七出的秩序與禮書所載略異，秩序的先後或表示社會着重點的不同。（按唐律以來七出之秩序爲：無子，淫佚，不事舅姑，多言，盜竊，妬嫉，惡疾）。無子躍居第一，妬嫉及惡疾退處最後，其變動應與社會的意識形態有關，不可不注意）。

②例如在古希臘社會中，無子亦爲離婚條件之一。

③漢書應敬傳云：應順少與同郡許敬善，敬家貧，親老，無子，爲敬去妻更娶。是歷史上以無子而出妻僅見之例。

④見唐律，『妻無七出』條疏義。

⑤同右，衞莊姜美而無子，以娣戴嬀之子爲己子（左，隱三），無子何曾被出？以妾媵之子爲子的慣例，自古已然。

⑥漢書，九八，元后傳。

⑦後漢書，五八下，馮衍傳。

⑧北史，一六，太武五王傳。

⑨皇甫謐，列女傳云：『沛公孫去病妻者，同郡戴元世之女，既嫁久而無子，謂其夫曰：妾不才得奉巾櫛歷年無嗣，禮有七出，請願受訣』。以其夫不許，復進曰：『福莫大於昌熾，禍莫大於無嗣。君不忍見譴，當更廣室』。（御覽四四〇引，）只要容夫納妾，己身有子無子，原不成問題。

⑩見唐律疏義，大明令（唐明律合編一四引）及淸律例『出妻』條例。

⑪唐律，『妻無七出』條疏義，禮云婦順者順於舅姑（婚義）。又云：『子婦孝者敬者，父母舅姑之命勿逆勿怠』（內則）。內則記子婦事舅姑之禮甚詳：『下氣怡聲，問衣燠寒疾痛癢等而敬仰搔之，出入則或先或後而敬仰扶持之。進盥，少者奉槃，長者奉水，請沃盥，授巾，問所欲而敬之，柔色以溫之』。又記事舅姑之態度云：『有命之應唯敬對，進退周旋愼齊，升降出入揖，不敢噦、噫、嚏、咳、欠伸、跛倚、睇視，不敢唾涕』。歷來的女教，無不着重婦順（女戒之類）。臨嫁，父母猶再三以謹愼從舅姑之言爲誡（見穀梁傳），唯恐忘却平日之訓。

⑫內則。

⑬孔子家語。

⑭後漢書，五九，鮑永傳。

⑮姜詩事母至孝，妻奉順尤篤，母好飲江水，水去舍六七里，妻嘗泝流而汲，後値風，不時得還，母渴，詩責而遣之。（後漢書，一一四，列女傳，姜詩妻傳）。

⑯劉瓛妻王氏穿壁掛履，土落瓛母孔氏床上，孔氏不悅，瓛卽出其妻。（見南齊書，三九，劉瓛傳，南史，五〇，本傳）。

⑰內則。

⑱後漢書，一一四，列女傳，曹世叔妻。

⑲三不去，據家語，有所取無所歸也，經三年之喪也，先貧後富也。法律但有其名而不列舉其內容（唐律見於疏義，清律見於律註），亦禮之入於法者，故清律輯註云：『七出者，禮應去之也，三不去者，禮應留之也』。

⑳都穆，都公談纂（陸采編，原名談纂，硯雲甲乙編本）。

㉑史記，五六，陳丞相世家。

㉒後漢書，一一一，獨行傳，李充傳。

㉓禮記，昏義。

㉔此項包括夫毆妻之祖父母父母，殺妻外祖父母，伯叔父母，兄弟姑姊妹，及夫妻祖父母、父母、外祖父母、伯叔父母、兄弟姑姊妹自相殺，以及妻毆詈夫之祖父母父母，殺傷夫外祖父母，伯叔父母，兄弟姑姊妹。（唐律『妻無七出』條，疏義。明清律則散見於條文中。）

㉕妻與夫之緦麻以上親姦，及夫與妻母姦。

㉖唐律疏義云，欲害夫者。

㉗唐律妻無七出及義絕而出之者徒一年半，明清處罪較輕改爲杖八十。若有三不去而出妻者皆減二刑——唐杖一百，明清杖六十。（唐律疏義，『妻無七出』；明律例，戶律，婚姻，『出妻』；清律例，一〇，戶律，『出妻』。）

㉘唐律疏義，『妻無七出』；明律例，『出妻』；淸律例，『出妻』。
㉙唐律疏義，戶婚下，『義絕離之』；明律例，『出妻』；淸律例，『出妻』。
㉚古人認爲婦人之義當從夫，無自專之道，夫可出妻而妻無自絕於夫之理，所以擅自出走便無異於背夫在逃，唐律處徒刑二年，明淸律杖一百，從夫嫁賣。若因此而行改嫁，自更不可容恕，所以處罪更重。唐律徒刑三年，明淸律處置尤嚴，重至絞候。便是因夫棄逃亡，在三年之內不告官而逃去者亦杖八十，改嫁者杖一百。（唐律疏義，『義絕離之』；明律例，『出妻』；淸律例，『出妻』。）
㉛唐律疏義，『義絕離之』；明律例，『出妻』；淸律例，『出妻』。

第七節　妾

妾制在中國有悠長的歷史，有史以來就有，但同時自始至終是一妻一夫制。社會和法律承認一個男人和一羣女人住在一個家庭營共同生活的權利，但只承認其中的一人爲其配偶（妻），其餘的人則爲妾。只能說是一妻多妾制。士庶固然只有一妻和一個或一個以上的妾①，天子諸侯也只能有一皇后或一夫人。其餘的則是妃嬪之類②，所以古人說『諸侯無二嫡』③，又說『並后匹敵，兩政禍國，亂之本也』④。

在一夫一妻主義之下，於是有妻再娶便構成重婚罪。歷代的法律對此都有類似的規定，既不承認重婚的效力，還附有刑事處分。唐時的處分是徒刑一年（女家減一等），後娶之妻離異。若欺妄冒娶，有妻詭言無妻，則加徒半年，女家不坐，仍離異⑤。明淸處刑較輕，但杖八十，離異⑥。總之，法律上只承認原配，除非妻死或離異，婚姻關係已經終了或撤銷時，再不能另爲婚姻的。

晉張華曾造甲乙之問曰：甲娶乙後又娶丙，居家如二適，子宜何服？太尉荀顗議曰：『春秋譏並后匹適，令不可犯禮而遂其失也；先至爲適，後至爲庶，而子宜以適母服乙，乙子宜以庶母服丙』⑦。母雖是假設之辭，我們也可看出古人對此事的態度。

明倪鴻寶初娶陳氏，後以情感不洽，復娶王氏。倪請封本陳氏，王氏私以己名易之，便得封誥。有人於溫體仁前洩露其事，溫便以妾冒再娶冒封事彈劾倪鴻寶。倪不得已，假說陳氏爲出妻。朝廷旨下，命冠帶閒住。後倪殉難於京師，宏光朝議恤典，陳氏親往金陵，於是封予陳氏⑧。二妻之不能並存是顯而易見的。所以倪爲了辯護起見，只得以出妻爲理由，而朝廷的封誥也只能給予一人。

社會既不承認二妻，除了男家妄冒外，自不肯將女兒許嫁與他，甘心作妾。兼祧的問題則比較複雜，近代社會有此習慣，一般人都認爲承祧兩房的人是有資格擁有兩妻的，與通常有妻更娶的人不同，所以肯將女兒許配與此種人。法律也因此種習慣在民間的廣徧，並不堅持有妻更娶律應離異的條文，強制撤銷此種婚姻，等於默認兼祧兩娶的事實。刑部說帖云：

查有妻更娶與其夫及夫之親屬有犯仍按服制定擬之例，係指其夫並未承祧兩房後娶之妻律應離異者而言，若承祧兩房各爲娶親，冀圖生孫續嗣，是愚民罔知嫡庶之禮，與有妻更娶不同，止宜別先後而正名分，未便律以離異之條⑨。

又云：

查人情莫不愛恤其女，在明知其有妻而仍許配者事所罕有，至承祧兩房之人，愚民多誤以爲兩房所娶皆屬嫡妻，故將女許配，議禮先正名分，不便使嫡庶混淆，而王法本乎人情，原無庸斷令離異有犯應以妾論，情法俱得其平⑩。

可見禮法所堅持的只是名分問題而已。一夫祇應一婦，斷無二婦並稱爲妻之理⑪，於是別先後而定名分，只承認先娶者爲妻，後娶者爲妾，凡是發生服制上或刑事上的問題時，都如此定擬。

嘉慶時余篤生承繼兩門，各爲娶妻，長門爲其初娶張氏，生子萬全；二門爲其初娶雷氏，無出，納妾杜氏，生子萬德，旋雷氏病故，萬德以嫡母丁艱，萬全應如何稱名，如何服制，由河南學政咨文禮部請示。禮部咨文云：『余篤生在長門已娶嫡室張氏，繼娶雷氏，祇當爲其納妾，不當爲其娶妻。雷氏之生，稱名已混於嫡庶之間；雷氏已死，喪服何得亂斬衰之列。萬德爲次門承祀既已呈報丁憂，尚可比照慈母之例，斬衰三年，萬全毋庸持服。至余篤生二妻比娶，嫡庶混淆，事屬錯誤，業經身故，應毋庸議⑫』。

彭文漢先經父彭自立娶妻鄭氏，鄭氏故後，續娶王氏，其後文漢之嬸彭高氏因夫死無嗣，又爲文漢聘娶鄭氏爲妻，冀圖生子承祧。後鄭氏被彭自立殺死，刑部以後娶之婦既以妾論，如夫及夫之親屬有犯自應以妾科斷，而依毆死子妾律科斷⑬。

從以上這些事例中，我們曉得在任何情形之下，禮法都不承認有二妻，兼祧也不能例外，否則便成重婚罪。法律即使遷就事實不強制離異，也只承認其中一人爲妻。

妻妾的主要區別在於夫或妻與妾結合的方式和妻妾的不同身分及權利。

古人說聘則妻奔則爲妾⑭，妾是買來的⑮，根本不能行婚姻之禮，不能具備婚姻的種種儀式⑯

，斷不能稱此種結合爲婚姻，而以夫的配偶目之。妾者接也⑰，字的含義即指示非偶，所以妾以夫爲君⑱，爲家長⑲，俗稱老爺，而不能以之爲夫。所謂君，所謂家長，實即主人之意。

妾在家長家中實非家屬中的一員。她與家長的親屬根本不發生親屬關係。不能像妻一樣隨着丈夫的身分而獲得親屬的身分。她與他們之間沒有親屬的稱謂，也沒有親屬的服制⑳。他們以姨太太或姨娘呼之，她也只能像僕從一樣稱呼那些人爲老太爺老太太老爺太太或少爺小姐，甚至對於老爺太太所生的子女如此稱呼，除非是她自己所生的子女，她才能直呼其名而有母子的關係，同時太太所生的子女因她有子才加母字而稱之爲庶母或姨娘。妾而採取奴僕式的稱謂，是極有趣的事，不但指示她非家中的親屬，而且令人懷疑她的地位就有些近於家中的奴僕。此外，還有我們應注意的一點，她自己的父母兄弟姊妹是不能往來於家長之家的，他們之間根本不能成立親戚的關係。這些無一不足以指示妾非合二姓之好。

更重要的，她也不能上事宗廟——這是婚姻的功能，她不能參加家族的祭祀，也不能被祀（有子則爲例外，但只能別祭，不能入廟）。妾無論如何是不能加入家長之宗的。

妾既爲賤，君既爲尊，所以家長與妾之間的不平等較夫妻之間更甚。家長毆妾比毆妻罪更輕二等（妻比凡人減二等，妾比凡人減四等）㉑。殺妾唐律但處流刑㉒，明清律處分更輕，止杖一百徒三年㉓。過失殺妾自得與過失殺妻一樣，不論㉔。

若妾毆詈家長，則處罪較妻毆詈重得多了。詈者杖八十㉕，毆則較妻毆夫加一等治罪，不問有傷無傷，俱徒一年或一年半㉖。折傷以上便加凡鬬傷四等，入於死罪㉗。

妾是以正室為女主的㉘，原處於妻的權力之下，理當敬謹奉事㉙，所以妻得馭妾，毆殺減罪。妾對妻則不得有侵侮的行為。

妻毆傷殺妾與夫毆傷殺妻同罪，傷者減凡人二等，且須妾親告乃坐。死者以凡論，過失殺得不論㉚。

妾犯妻則與妾毆罵夫主同罪㉛，唐時媵高於妾一等㉜，所以媵犯妻則減妾一等治罪，而妾犯媵，則加凡人一等㉝，後代無媵之名目，正妻以外通曰妾，故明清無此分別。

【注釋】

①白虎通義云：『卿大夫一妻二妾，士一妻一妾，不備姪娣』。庶人亦容許有妾，孟子云：齊人有一妻一妾，戰國策之楚人一妻一妾，孔子及韓非子云：宋人有妾二人，一妾二妾似不甚嚴格。後人納妾只要財力許可亦無數量上的限制。

②據禮記，昏義：古者天子后立六宮，三夫人，九嬪，二十七世婦，八十一御妻。又周禮王者立后，三夫人，二十七世婦，八十一女御。後代掖庭，除皇后外，又有美人，才人，八子，七子，婕妤，娙娥，昭儀，昭容，修容，修儀，貴妃，淑妃，德妃，賢妃等等名目，各朝名色雖不同，但皆為妃嬪。公侯據曲禮，有夫人，有世婦，有妻，有妾。

③左傳，杜註。

④左傳，桓公十八年，辛伯語。

⑤唐律疏義，一三，戶婚，『有妻更娶』。

⑥明律例，四，戶律，婚姻，『妻妾失序』；清律例，一〇，戶律，婚姻，『妻妾失序』。

⑦晉書，二〇，禮志。

⑧章木來，偁陽雜錄（仰視千七百廿九鶴文齋書本）。

⑨刑案彙覽，xxxx，22b-23a。

⑩刑案彙覽，xxxx. 24a。

⑪同右，23b。

⑫同右，22ab。

⑬同右，23a-25b；但同時我們也應注意社會習慣自社會習慣，法律自法律的情形。法律和禮所堅持的只是名分問題，而非婚姻關係的繼續問題。實際上，法律既不強制撤銷此種婚姻，也不過問家人究竟如何正名定分的問題，以余篤生妻爲例，雷氏生前實以妻自居，人亦以妻目之。假如余萬全不是附生，不發生服紀的疑問，不經學政咨文禮部，便不會發生兩妻或一妻的問題。同樣的彭文漢的案子如不發生殺死子婦的凶案，在彭家及其親友心目中，王氏鄭氏同是妻，也不會發生名分上的疑問的。一經到官便咬文嚼字，引經據點——和一般人的社會生活並不發生關係的經義。

⑭內則。

⑮曲禮云：『買妾不其姓則卜之』。唐律疏義云『妾通買責』，（一三，戶婚中，『以妻爲妾』條）。

⑯婚姻儀式是婚姻成立的形式要件，聲伯之母不曾經聘的儀式，穆姜便不承認她是娣姒，而目爲妾，雖生子猶出之（左傳，成公）。

⑰白虎通義云：『妾者接也，以時接見也』。釋名亦云：『妾，接也，以賤見接幸也』。

⑱儀禮，喪服，妾爲君傳曰：『君至尊也』。註云妾謂夫爲君者不得體之，加尊之也。

⑲服制圖有妾爲家長族服圖。

⑳除對家長，家長祖父母父母及家長之子外，皆無服。但對家長諸人之服亦不足以證明其間有親屬關係，並無報服，此種服制純由於分尊義重。

㉑唐律疏義，二二，鬪訟二，『毆傷妻妾』；明律例，一〇，刑律二，鬪毆，『妻妾毆夫』；清律例，二八，刑律，鬪毆下，『妻妾毆夫』。

㉒唐律殺妻者以凡論，殺妾者則減凡人二等，（見『毆傷妻妾』條疏義）。毆死凡人者絞，以刃及故殺者斬，減二等是處流刑一千五百里或三千里。

㉓明律例，『妻妾毆夫』；清律例，『妻妾毆夫』。

㉔同註㉑。

㉕唐律疏義，二二，鬪訟二，『媵妾毆詈夫』；明律例，一〇，刑律二，罵詈，『妻妾罵夫期親尊長』；清律例，二九，刑律，罵詈，『妻妾罵詈期親尊長』。我們應注意妻罵夫是無罪的。

㉖唐律妻毆夫徒一年，加一等是徒一年半；明清律妻毆夫杖一百，加一等是徒一年。（唐律疏義，『媵妾毆詈夫』；明律例，一〇，刑律二，鬪毆，『妻妾毆夫』；清律例，刑律，鬪訟，『妻妾毆夫』）。

㉗故折傷罪卽可加至死刑，不必至篤疾始處死。（唐律疏義，『毆傷妻妾』；清律例，『妻妾毆夫』；清律例，『妻妾毆夫』）。

㉘釋名云：『夫爲男君，故名其妻曰女君也』。

㉙儀禮喪服云：『妾之事女君與妻之事舅姑等』。

㉚唐律疏義，『毆傷妻妾』；明律例，『妻妾毆夫』。清律例，『妻妾毆夫』。

㉛唐律疏義，『毆傷妻妾』，『妻妾毆詈夫』；明律例，『妻妾毆夫』；清律例，『妻妾毆夫』。

㉜唐律疏義云：『依令五品以上有媵，庶人以上有妾』，（『妻妾毆詈夫』條疏義）。

㉝唐律疏義，『媵妾毆詈夫』。

第三章　階級

我們都曉得封建社會中貴賤之對立極爲顯著，爲封建關係所必具之基礎。孔孟荀子以及其他見於左傳國語中的關於君子小人的理論都產生於此時代①。但我們應注意貴賤的對立並不曾因封建組織的解體而消失，士大夫（君子）與庶人（小人）的分野自周代以迄淸末的三千年間一直似爲社會公認的，重要的，二種對立的階級，只是這一時期的士大夫與封建時代的士大夫不同，以另一種姿態出現而已。儒家關於君子小人及貴賤上下的理論仍爲社會的中心思想，習俗和法律一直承認他們之間優越與卑劣關係之對立，承認他們不同的社會地位，承認他們不同的生活方式，賦予士大夫以法律上政治上經濟上種種特權。如果我們稱之爲特權階級，而以非特權階級爲庶人的代名辭或無不當。從主觀的社會評價和階級意識以及客觀的權利和生活方式各方面看來，實已具備構成階級的條件。

特權階級與非特權階級在生活方式上的差異是非常有趣的一問題。在許多社會中階級的劃分雖甚顯著，但生活程度的低下只是經濟剝削以後的結果，並非由於風俗法律制度上的一種規定，在這種社會中，一切的物質享受是決定於一個人的消費能力及其欲望的。不同社會地位的人可以有相同的生活方式，而社會地位較高的人因經濟能力不很充裕，或是有節儉的習慣，他的物質享受可以反而不如社會地位較低的人，這沒有什麼希罕，旁人也不覺得這種現象危及社會秩序，必須加以糾正。物質享受與社會地位並無必然的連帶關係，一個有社會地位的人決不因生活簡陋而降低其身份，也沒人想以生活方式爲區別社會地位的指數。

一九一一年以前的中國社會便與上述之情形相反，欲望的滿足是與社會地位成正比例的，生活方式互不相同。臧僖伯云：『臨文章，明貴賤，辨等列，順少長，習威儀也』②。臧哀伯云：『袞冕黻珽，帶裳幅舄，衡紞紘綖，昭其度也。藻率鞞鞛，鞶厲游纓，昭其數也』③。管子云：『度爵而制服，量祿而用財，飲食有量，衣服有制，宮室有度，六畜人從有數，舟車陳器有禁，修生則有軒冕服位穀祿田宅之分，死則有棺槨絞衾壙壟之度』④。新書云：『奇服文章以等上下而差貴賤，是以高下異，則名號異，則權力異，則事勢異，則旗章異，則符瑞異，則禮寵異，則秩祿異，則冠履異，則衣帶異，則環珮異，則車馬異，則妻妾異，則澤厚異，則宮室異，則床席異，則器皿異，則食飲異，則祭祀異，則死喪異』⑤。可以說是衣履器物無一不異，『見其服而知貴賤，望其章而知其勢』⑥。人的社會地位從外表上便可一目了然。在這種社會中，各種欲望的滿足必以社會地位爲取決的條件，消費的能力與欲望的意志是無關的，所謂『雖有賢身貴體，毋其爵不敢服其服，雖有富家多資，無其祿不敢用其財』⑦。是漢成帝詔書有云：『聖王明禮制以序尊卑，異車馬以章有德，雖有其財而無其尊，不得踰制』⑧。

如此，纔能使貴賤有別，下不凌上，而維持所期望的社會秩序，倫常綱紀得以不替，君子得以重臨民，所以臧哀伯說：『夫德儉而登降有數（登降謂上下尊卑），文物以紀之，聲明以發之，以臨照百官，百官於是乎戒懼而不敢易紀律。』⑨古人論社會風氣，論政治得失，常以此爲準。晉師救鄭伐楚，隋武子說楚國德刑政事典禮不易，不可敵也，率師而還，其所說政績之一，便是『君子小人，物有服章，貴有常尊，賤有等威，禮不逆矣』⑩。歷代帝王常爲臣下車服踰制而下詔申禁，官吏也常爲此事而奏請制止⑪，古人之重視此事可想而知。

生活方式的差異既如此重要，與社會秩序有如此密切的關係，所以古人認爲這種差異必須嚴格維持，絕對不容破壞，否則，必致貴賤無別，上下失序，而危及社會秩序，其推論實有其理論上的根據（參閱第七章第一節儒家論禮）。於是不僅將這些差異規定於禮中（禮即所以分別貴賤尊卑的行爲規範，詳第七章），圖以教育，倫理，道德，風俗，及社會制裁的力量維持之，且將這些規定編入法典中，成爲法律。對於違犯者加以刑事制裁，因之這些規範的強制性愈加強大。

【注釋】

①見註五。

②左傳隱五。

③同右桓二。

④管子卷一，立政。又見春秋繁露，卷七，服制。

⑤新書，卷一，服疑。

⑥同右。

⑦管子，同右。

⑧漢書，成帝紀。

⑨左傳，桓二。

⑩同上，宣一二。

⑪賈誼上疏陳漢政之失，其中之一，可爲長太息者，便是衣服逾制（見漢書，四八，賈誼傳）。

第一節 生活方式

現在讓我們先來分析各階級在日常生活方式上的差異，帝王后妃以及他的親屬的行住服飾以及所用儀式自不同於常人，禮有專書，官有專責，今皆略而不論，本節所述但以百官士庶賤民爲範圍。

飲食

飲食在封建時代是有限制的。天子食太牢，諸侯食牛，卿食羊，大夫食豚，士食魚炙，庶人食菜①，如管子所說的『飲食有量』，新書所說的『則飲食異』。按當時常以肉食者指卿大夫②，詩中亦有『采荼薪樗，食我農夫』之句③，庶人除老耄之外不肉食，是可信的。

衣飾

衣飾上的限制自古迄清都是用以區別貴賤的一種重要標識。官吏的朝服公服雖爲服官之用，其形式花樣及顏色自不同於常服，官吏因官階不同而服色不同，其制亦不足異④，我們可以略而不論，但亦不可忽略其社會意義。不但婚禮，祭祀得穿用公服，斂時穿用公服⑤，便是居家常禮亦得穿用⑥，致仕官辭閒官且許用公服⑦，公服實不僅用於朝廷及衙署中。社會回應（Social response

）的範圍極廣，不僅限於政治圈內，即在家族中亦然。

現在讓我們來說常服，我們要注意官吏平居的私服與士庶賤民之服有何不同。

顏色的分別是很重要的——包括公服私服，這種限制雖因各代所尚的色不同，而規定不一，但以顏色來指示衣着者的身份，其意義則一。有些上色是品官專用的，所以這幾種顏色對於庶人便是禁忌不許服用，他們只能穿用這些上色以外的顏色。漢代青綠二色是民間常服⑧，隋唐及宋紫朱綠青四色只有官品才能服用⑨，流外官及庶民便不得混用此色，隋時庶人通用白色⑩，唐時流外官及庶人只能穿用黃白二色⑪，朱紫綠青等色不但不許僭用爲衣，便是以此等顏色爲裏衣亦所不許。咸亨五年便因在外官人百姓不依令式，袍衫外衣如制，而內着朱紫綠青等色的短衫襖子，或於閭野公然露服，貴賤莫辨，有斁彝倫，下勅嚴禁⑫。後唐時都將衙官使下係名目者祇得衣紫皂衣，庶人商旅只衣白衣⑬。宋制，庶人舊來仍服白色，其後流外官貢舉人及庶人通許服皂⑭，於是皂白兩色成爲士庶通用的服色，紫色是禁用的⑮，便是黑地白花的衣服多藍黃紫地撮暈花花樣也不許士庶服用，婦女並不許用白色褐色毛緞及淡褐色正帛製作衣服⑯。明制士庶穿雜色盤領衣，不許用黃⑰，民間婦女袍衫止用紫，綠，桃紅，及諸淺淡顏色，不許用大紅，鴉青，黃色。帶用藍絹布。她們的禮服也只能用紫染色⑱。

商人有時特加賤視，不與庶人同列，因之服色別有限制。至於奴僕娼優皂隸原爲賤民，爲人所不齒。爲了區別良賤，服色自更不同於常人。漢時，蒼頭⑲白衣⑳爲奴隸之服。隋制商人服皂㉑。唐時，部曲客女奴婢通用黃白，客女及婢通服青碧㉒。元時，以娼妓多與官員士庶同着衣服，不分貴賤，制定娼妓服色，穿着紫皂衫子，戴着冠兒，至娼妓之家長及親屬，則男裹青巾，婦女帶子抹㉓。明制，教坊司伶人，常服綠色巾，樂人衣服限用明綠，桃紅，玉色，水紅，茶褐顏色，繫紅綠褡褳，樂妓穿皂褙子㉔，皂隸公使人穿皂衣，繫白褡褳，後皂衣改用淡青㉕。清，奴隸優伶皂隸不得用石青色衣服㉖。

衣料的質地有很大的講究，錦繡綺羅一類質地精細的絲織品一向被目爲上服，有許多人是不許服用的。漢時，賤商，錦繡綺縠絺紗罽都在禁用之列㉗，褐衣爲賤者之服㉘。唐時品官纔許通用紬綾及羅，流外官庶人部曲客女奴婢止許服紬絹絁布㉙。宋，庶人布袍㉚。元制，庶人惟許服暗花紵絲紬綾羅毛毳㉛。樂藝人等服用與庶人同，皂隸公使人止許服用紬絹㉜。明制，庶人男女服止許用紬絹素紗，不許僭用錦綺紵絲綾羅㉝，金繡閃色衣服之禁更嚴，違用者治罪，衣物入官㉞。四民之中只有農民之家許穿紬紗絹布，商賈之家便止許用絹布，如農民之家但有一人爲商賈者，亦不許穿紬紗㉟，隸卒下賤之人亦不許服用紵絲，紗羅，綾錦㊱。清制，五品官以下不得用蟒緞粧緞，八品以下不得用大花緞紗㊲。庶民男女衣服許用紵絲綾羅紬絹素紗，不得用金繡，婦人亦不得裁製花樣金線裝飾㊳，金繡衣服仍懸爲厲禁㊴。奴隸，長隨，皂隸只許用錦紬，繭紬，毛褐，葛苧，梭布㊵。僧道在明清二代都不許服用紵絲綾羅，止許用紬絹布疋㊶。

皮毛同樣有一定的分寸，管子云：『百工商賈不得服長鬈貂。』㊷春秋繁露則云：『不敢服狐貉』㊸。明正德時禁商賈吏典僕役娼優下賤服用貂裘㊹。清代對於皮毛考究最大，便是品官也有分寸，不能隨意穿用。王公以下不得用黑狐皮，五品官以下不得用貂皮猞猁猻，八品官以下不得用白豹天馬等皮。又文官四品以下武官三品以下除有職掌大臣及一等侍衞之外，不得用緣貂。至於奴僕長隨優伶皂隸便只許穿貉皮，羊皮，各種細皮是禁用爲衣的。便是冬帽也只能用染駱鼠，狐貉，獺皮，不許用貂㊺。

衣服而外，冠履佩飾無一不有等第，不許隨意穿着。唐時庶人帽子皆大露面不得有掩蔽㊻。元代庶人帽笠不許飾用金玉㊼。明制流外官及庶人，帽不得用頂，帽珠只許用水晶香木，巾環則不得用金，玉，瑪瑙，珊瑚，琥珀㊽。清制帽頂亦爲品官貢監生員所專用㊾，便是雨帽亦不得亂用㊿。庶人帽上不許用絨纓大結(51)。

唐制流外及庶人妻女不得着五色線鞾履(52)。元制，庶人靴不得裁製花樣(53)。明洪武初年定庶民靴不得裁製花樣金線裝飾，二十年已定制，靴子止有文武官同籍父兄伯叔弟姪子壻及儒士生員，吏典，知印，承差，欽定監，天文生，太醫院醫生，瑜珈僧，正一道士，將軍，散騎，舍人，帶刀之人，正五馬軍，並馬軍小旗，教讀大誥師生許穿靴。此外庶民商賈技藝，步軍及軍下餘丁管步軍總，小旗官下官人火者皂隸，伴當，在外醫卜陰陽人皆不許穿靴，止許穿皮札𩊚，在北平山西山東陝西河南直隸徐州一帶地方人民，也只許穿牛皮直縫靴(54)。

佩飾方面金玉銀犀各朝皆禁止人民使用。唐代玉及金銀鍮石爲品官之飾，庶人只能用銅鐵(55)。宋品官帶魚以玉金銀及犀飾之，胥吏工商庶人只許以銅鐵角石黑玉爲帶飾(56)。

婦女的地位及服飾是決於夫或子的，其夫或子爲官，便爲命婦(57)，別有禮衣，恰如其夫或子之有朝服公服，且其日常服飾亦不同於士庶的妻母。她們只能服用紬絹，命婦則能服用綾羅錦繡，她們只能服用黃白青碧等色，命婦則能服用朱紫等色。貞觀四年制品官服色，詔曰婦人從夫之色㊽。開元十九年勅，婦人服飾各依夫子，五等以上諸親婦女及五品以上母妻通服紫，九品以上母妻通服朱，五品以上母妻衣腰襻褾，緣用錦繡㊾，故唐書車服志：婦人燕服視夫。元制定貴賤服色等第，命婦一至三品得服用渾金衣服，四五品服荅子，六品以下服銷金及金紗荅子㊿，這些衣服不是常人婦女可以服用的。

即以命婦禮服而論，其社會意義亦不可忽略，唐命婦花釵翟衣及廟見皆得服之(61)，明時命婦禮服在家見舅姑，夫，及祭祀都可服用(62)。不僅限於從品朝會時服用。這樣，使得命婦在家族中威儀赫赫，地位優越於其餘親屬婦女。

首飾的使用和衣服一樣，須決定於夫或子的官階，金珠翠玉一直是命婦的專用品，非尋常婦女所能奢望，法律限制了她們的擇用，使得富有而非仕官人家的婦女咨歎徘徊於珠光寶氣之外。宋代除了命婦外禁用銷金泥金珍珠裝綴衣服，只有命婦才許用金首飾，及以金爲小兒鈴鐲篸釧纏珥環之屬，只有她們才許用珍珠裝綴首飾及頂珠，瓔絡，耳墜，頭𦅾，抹子之類(63)。元制三品以上命婦首飾許用金珠寶玉，四五品金玉珍珠，六品以下用金，惟耳環用珠玉(64)，庶人及妻女只許用翠花及金釵錍各一事，只有耳環可用金珠碧甸，餘並用銀(65)。明時也只有命婦才能以金珠翠玉爲飾，一二品金珠翠玉，三四品去玉，五品去珠去玉，六品以下，金鍍銀間用珠(66)，民間婦女便止許用銀鍍金的首飾，耳環得用金珠，釧鐲便只得用銀(67)，至於寶石首飾鐲釧及用珍珠緣綴衣履並結成補子，蓋額纓絡等件，則更在禁用之列，犯者嚴禁，飾物入官(68)。清制，民間婦女只許用金首飾一件，金耳環一對，餘概用銀翠，不得製造花樣金線首飾[69]。如僭用金寶首飾鐲釧及用珍珠緣綴衣履並結成補子蓋額纓絡等件，家長照律治罪，飾物入官[70]。

房舍

居住方面，屋舍的大小，間數式樣和裝飾，各有定制，不能隨意亂用。皇宮王府一望而知，公侯品官宅第排場也不同於凡人。曰宮殿，曰府邸，曰公館，曰第，曰宅，曰家，自來的習慣語在名稱上也給予不同的稱謂。宋時執政親王所居曰府，餘官曰宅，庶民曰家[71]，至今北平猶曰某宅某宅，南方則曰某公館，宅第公館一類的字是含有相當濃厚的士大夫氣息的。

廳堂間數自來有一定的格式。唐營繕令：三品以上堂舍不得過五間九架，廳廈兩頭門屋不得過三間兩架，六七品以下堂舍不得三間五架，門屋不得過一間兩架[72]。明制，公侯所居前廳七間或五間，兩廈九架，中堂七間九架，後堂七間七架，門屋三間五架。一二品官廳堂五間九架，門房三間五架。三品至五品官廳堂五間七架，正門三間三架。六至九品廳堂三間七架，正門一間三架[73]。清制，一二品廳堂七間九架，正門三間五架，三至五品，六至九品，廳房正門間數並同明制[74]。庶人間數最少，自來廳房不得過三間[75]，門只一間或無[76]。所以庶人不論如何厚富，他可以造九十所房子，但每一所房子的廳房都不得過三間。洪武三十年便爲此下一勅令，房屋雖至一二十所，隨其物力，但不許超過三間以上，五間九間是絕對不行的，其後雖下令（正統十二年）稍稍變通，架數可以增加，間數則仍照舊[77]。在北平城中現存的舊式房屋除王府外，都是五間至三間的。

房屋的形式和裝飾，大有分寸。重拱藻井雖品官亦不許用[78]。瓦獸只限於品官之家。唐時非常參官不許施懸魚對鳳瓦獸⑲。明制，公侯屋脊用花樣瓦獸，五品以上官皆用瓦獸⑳。元律，小民房屋安置鵝銜脊有鱗爪瓦獸者，笞三十七，陶人二十七㉑。清制，一品二品屋脊許用花樣吻獸，三四五品許用獸吻㉒。

梁棟斗拱簷桷，也只有品官才能加以彩飾。明制，公侯用彩色繪飾，門窗枋柱用金漆或黑飾；一至五品官梁棟斗拱簷桷用青碧繪飾；六至九品梁棟止用土黃刷飾㉓。清制，品官繪飾同明制㉔。庶人自不得以彩飾加於棟宇，自唐迄清皆然㉕。

門飾亦以華麗為貴，唐代五品以上可作烏頭大門㉖。明制，公侯用金漆及獸面錫環的大門，一二品用綠油獸面擺錫環，三至五品黑油擺錫環，六至九品黑門鐵環㉗。清制略異，一二品改用獸面鋼環，三至五品改用獸擺錫環㉘。庶人的門飾最為樸素，唐時堂舍門房皆不得施裝飾㉙。

門口的裝飾，古代有施戟之制，唐儀制令，正一品開府儀同三司，嗣王，郡王，並勳官上柱國柱國等帶職事三品以上並許列戟，一品門十六戟，少者十戟㉚。宋代諸道府公門皆有，私第則爵位穹顯並經恩賜者許之㉛。晉天福三年詔中外臣僚帶平章事，侍中，中書令，及諸道節度使，並許私門立戟㉜，皆為特寵殊榮。

古代房屋之制如此繁異，所以但從某人宅第經過，就曉得這房主人的身世，只須略一注視門飾，屋瓦，廳堂的大小，便可一目了然。房屋等第之制的原意即在於此。

室內的陳設亦有種種限制。宋代，帳幔，繳壁，承塵，柱衣，額道，項帕，覆旌，床裙，概不許用純錦徧繡㉝。元明清之制，一品至三品官帳幕許用金花刺繡紗羅，四五品用刺繡紗羅，六品以下用素紗羅。庶人用紗絹[94]。士庶僭以大紅銷金製爲帳幔被褥是懸爲厲禁的[95]，被褥在洪武時代有特殊的規定，一至五品官用紵絲錦繡，六至九品用綾羅紬絹，庶民用紬絹布[96]。坐褥在清代也有規定，一品冬用狼皮，夏用紅褐，二品冬用貛皮，夏用紅褐，綠皀褐，三品冬用貉皮，夏用皀褐，綠紅褐，四品冬用山羊皮，夏用皀布，五品冬用青羊皮，夏用藍布，襯白氈，六品冬用黑羊皮，夏用黑棕色布，七品冬用鹿皮，夏用灰色布，八品冬用麅皮，夏用土布，九品冬用獺皮，夏用土布[97]。

朱紅器爲御用物，所以官吏士庶自來禁用朱紅漆木器。宋時禁京城造朱紅器皿，凡器皿毋得表裏朱漆金漆，下毋得襯朱，士庶僧道不得以朱漆飾床榻[98]。明代屢次申明禁令，官民人等不許僭用朱紅金飾的椅桌木器，官員牀面屏風槅子都許用雜色漆飾[99]。明清律官吏軍民人等器皿僭用硃紅黃顏色者，俱比照僭用龍鳳紋律斷罪，器皿追收入官[100]。

金玉也是內廷專用的，所以歷代對於金玉器皿都限制綦嚴，雖品官之家亦不得隨意使用，唐制一品以下食器不得用純金純玉[101]。宋時只是金銀箔線，貼金，銷金，泥金，蹙金，線裝貼什器土木玩用之具，一概禁斷，並禁民間製造金絲盤蹙金線[102]。只有三品以上官及宗室戚里之家許用金稜器，用銀者不得塗金玳瑁，酒食器非官禁毋得用純金器，賜者聽用[103]。元代一品至三品許用金玉茶酒器，四五品惟臺盞用金，六品以下臺盞用鍍金，餘並用銀。庶人酒器許用銀壺瓶臺盞盂鏇，餘皆禁止[104]。明制，公侯一二品官酒注酒盞用金，餘用銀，三品至五品酒具用銀，酒盞用金，六至九品酒注酒盞用銀，餘皆用磁漆木器，並不許用硃紅及抹金描金。庶民酒注用錫，酒盞用銀，餘磁漆[105]。

明清律俱規定軍民僧道人等器物僭用戧金描金，酒器全用金銀（止用一件不禁），事發俱照律治罪，器物入官[106]。

輿馬

關於行的方面，各階級亦不同，因行的工具及其裝飾上的差異而顯示不同的身份。一般說來士大夫可以說是乘車騎馬的階級，庶人及賤民通常皆步行，或只能乘用指定的一定形式的交通工具。孔子最喜愛的弟子顏回死了，顏父請求借用孔子的車子爲槨，孔子不肯，說：『吾從大夫之後，不可以徒行』[107]。孟子出門後車數十乘。士大夫是不肯步行的。

有種人是禁用車馬的，他們包括賤商政策下的商人及賤民。漢高帝詔商賈不許乘車騎馬[108]。唐時也不許工商乘馬，庶人僧道並在禁內，乾封二年曾下敕嚴禁，但事實上禁令漸鬆，商人不但乘馬，還雕鞍銀鐙，裝飾煥爛，且從以童騎。太和年間又下令禁斷[109]。賤民一向不許騎乘，元時娼家出入亦不許乘坐車馬[110]。

輿檐之禁最嚴。唐宋時代不但平民不能乘輿，即貴戚大臣非特旨殊恩亦不能乘用。當時百官出入皆乘馬，唐，王公大臣車輅藏於太僕，只受制行册命巡陵昏葬給乘，平日以騎代車。雖宰相之尊亦不能例外。張宏靖以宰相鎭幽州，用人輿出入，將士駭怒，幾至於亂。王安石在金陵有進肩輿者，怒曰：『奈何以人代畜』。建康末年高宗奉使至磁，磁守宗汝霖以所乘黑漆紫褥之轎進，高宗却之。宋時外省較自由，有乘轎者，但京畿之內，因迴避至尊，除婦人得乘車外，百官皆不用肩輿，限制極嚴。只有耆德大臣及宗室老疾不能騎馬的才特許乘輿。唐開成五年定制，宰相三公師保，尚書令，僕射諸司長官及致仕官疾病許乘檐，三品以上官及刺史有疾暫乘，不得舍驛。宋神宗優待宗室老疾不能騎者，出入聽肩輿。司馬光居相位時不能騎，詔許肩輿至內東門，皆特恩異禮，輿檐之禁一直到南渡以後因道路險阻，淮揚道上磚滑難騎，皇帝體念從蹕諸臣，不忍使之奔走危地，才許百官乘輿。於是羣臣無乘馬者(111)。

但輿禁自南宋而後並非全然解禁，並不是文武大小官吏一體得乘用的，明制只有在京三品以上官許乘轎，四品以下仍騎馬，不許違例用轎或肩輿，在外各衙門各大小吏以下一律騎馬，武官勳戚因不欲其荒廢騎射。明初即定制不許乘轎(112)。清制仍不許武官乘轎，但提督總兵多以轎代騎(113)。文官則大小無不乘轎，雖佐貳雜職亦罕騎馬，甚至輿台廝養援例入國學，亦儼然肩輿出入(114)。

庶人有許多時候是不許乘用車轎或馬的，唐宋時雖品官亦不得乘輿，民間自更不得乘用(115)。婦人纔能例外，唐時胥吏商賈之妻老者得坐葦輦車(116)，宋時惟婦人得乘車(117)。元明以後婦人及官民老疾者皆許坐轎(118)。

雖有多種人許乘坐車輿，但並不是所有許乘車輿的人都能乘坐同樣的車輿，它的構造顏色以及附帶的裝飾，每一細微的差異都足顯示乘坐者的不同身份。

漢景帝以長吏車駕衣服宜稱其官，不當與民無異，致亡吏體，詔令二千石車朱兩轓，千石至六百石朱左轓，又制三百石以上皂布蓋，千石以上皂繒覆蓋，二百石以下白布蓋，車騎從者不稱其官皆令檢舉(119)。北齊正從一品執事散官及儀同三司乘油朱絡網車，車牛飾得用金塗及純銀，三品乘卷通幰車，車牛金飾，七品以上乘白銅裝飾，六品以下不許乘幰(120)。三公夫人及公主王妃犢車紫幰朱網絡，五品以上命婦幰[121]。唐親王及武職一品象輅青油纁，朱裏通幰朱絲絡網，二品三品革輅朱裏青通幰，四品木輅，五品軺車皆碧裏青通幰，五品軺車曲壁，碧裏青通幰[122]，外命婦三品以金銅飾犢車檐子，四五品白銅飾犢車檐子，六品以下畫奚車檐子[123]。宋制三品以上革車緋幰，縣令乘軺車紫幰[124]，內命婦及皇親乘銀裝白藤輿檐，外命婦乘白藤輿檐，金銅犢車，漆犢車[125]。唐時庶人所用革傘車，不兜籠，從名稱上便可以想像其簡陋。元明二代車輿之制，一至三品許用間金裝飾，銀螭頭，繡帶，青幔，四五品用素獅頭，繡帶，青幔，六至九品用素雲頭，素帶，青幔。庶人車輿黑油，齊頭平頂，皂幔，不許用雲頭[126]。清制，三品，輿頂用銀幃，蓋用皂，四品以下，錫頂。命婦車輿，一品皂蓋，四角綠緣，綠幨皂幃，輿用銀頂，二品皂蓋不緣飾，綠幨，皂幃，三品皂蓋不緣飾，皂幨皂幃，四品皂蓋不緣飾，皂幨青幃，輿用錫頂，五品以下青蓋不緣飾，皂幨青幃（以上各物，二品以上用繒，餘均用布）。輿，三品以上用銀頂，四品以下錫頂[127]。

抬轎的人數，唐命婦檐舁以八人，三品六人，四品五品四人，庶人所用兜籠二人[128]。宋制庶人所乘兜子亦不得過二人[129]。明制文武例應轎者只許四人扛抬，擅用八人者，指實奏聞[130]。清制三品以上京堂，在京乘四人輿，出京八人，四品以下文職舁夫二，出京四。直省文職督撫坐八人轎，司道以下教職以上四人轎，欽差官三品以上輿夫亦用八名，命婦同夫[131]。

馬與驢同為代步的牲畜，但馬比驢神氣多了，官吏皆騎馬，恐只有庶人及不許乘馬的人纔騎驢。明初官員到任多無馬，或借假於人，或乘驢，太祖諭兵部，以禮當別貴賤，明等威，布政司按察司府州縣官多乘驢，甚乖治體，令官為買馬，布政司，府，州，縣各給馬若干匹，以供騎乘[132]。

馬飾的差異極大。宋代只有京官三品以上者外，任者許以纓飾[133]，在明代纓飾並不這樣名貴，官民人等俱許懸用，但官民都禁用紅纓，止許用黑色的[134]。清制惟四品以上得懸繁纓[135]。

鞍轡歷代都有詳細規定。唐制未仕者不許用銀及鍮石，只能用烏漆鞍鐵踏鐙，且只許乘蜀馬小馬[136]。梁開平二年勅：『車服以庸，古之制也，貴賤無別，罪莫大焉。應內外將相許以銀飾鞍勒。其刺史，都將，內外諸司使，祇許用銅飾，仍永爲定式』[137]。宋制，白皮鞍勒雖朝官不許用，繡韉及鬧裝校具只限於五品以上官[138]，且曾只限宗室及恩賜者使用[139]。銀鞍只限於五品官以上，白銀銜鐙陷銀銜鐙及油畫鞍非恩賜者不得使用。六品以下官便只能用烏漆素鞍及氈皮絕紬韉子[140]。元制一品許以金玉飾鞍輿，二三品飾以金，四五品飾以銀，六品以下只能以鍮石銅鐵爲飾[141]。明制：公，侯，一品，二品用銀減鐵事件，描銀鞊，三至五品用銀減鐵事件，油畫鞊，六至九品用擺錫事件，油畫鞊[142]。清制郡王以上用金黃韁，貝勒貝子入八分公用紫韁，未入八分公以下用青韁。

除了車輿馬飾外，儀衛是區別貴賤的另一重要標識。皇帝有鹵簿，王侯以至百官儀衛各有等第，其意義除愼戒外，更有增加統治者尊嚴的目的，或威儀煌赫，使人望而生畏，使他們得以安徐而無譁地通過街衢，不與平民混雜在一處，更不致爲人所阻塞。品官出來，不但輿馬鮮明，一望而知來者是何官階，車前儀仗成行，遠遠即聞呵道聲，行人遠望遙聞，便可早作肅靜迴避的準備。富鄭公（弼）致仕，着布直綴，跨驢出郊，道逢水南巡檢，呵引而來，前卒見有人騎驢當道，呵騎者下，富舉鞭促驢，卒聲愈厲，喝言不肯下騎，請問官位。富自稱名，巡檢知是富鄭公，不勝惶恐，下馬伏謁道左[143]。杜祁公（衍）以少師致仕，道遇一新榜高科者，假得大帥牙兵寶劍旌鉞導從，呵擁甚盛，杜無路可避，命二老卒斂馬側立於旁，舉袖障面，新貴人頗恚其立馬而避[144]，民庶見官而不迴避，小官見大官而不迴避是不對的。

行路賤避貴是公認的原則，唐儀制令云：『行路賤避貴』，違者笞五十(145)。宋乾德二年詔令詳定內外羣臣相見之儀，大小官相遇於塗，官級懸殊者便會引避，次尊者斂馬側立，稍尊者則分路行(146)。漢武時曾詳定各種人相遇迴避的細則。街市軍民人等買賣及乘坐驢馬出入者，遙見公、侯、駙馬，一品以下至四品官過往，即便下馬讓道。官員間的迴避，或分道而行，或引馬側立，或趨右讓道而行，或引馬迴避，各種不同的方式，皆決定於雙方尊卑的距離(147)。清亦有下馬立，勒馬側立，勒馬（停車）候過，讓道旁行，分路而行等儀(148)。

關於官員儀從，各朝都有詳細規定，原則上是官品愈高則儀從愈盛，所用儀仗愈堂皇。唐時一品導從七騎，二品三品五騎，四品三騎，五品二騎，六品一騎(149)。唐宋一品官鹵簿除鼓吹繖扇，旛蓋外，戟刀盾弓箭矟等兵仗多至三百數十，隨從的清道，車輻，駕士亦在四十以上，僚佐尚不在內，一行威儀之盛可想(150)。明官員儀從，公十人，侯八人，伯六人，一品至三品六人，四至六品四人，七至九品二人，引導七品以上官三對，用錫槊，鋼叉，籐棍；或二對，用銀槊，籐棍，少者引導一對，止用籐棍，八九品止用竹篦一對引道，職雜不許(151)。清代品官儀衞以總督爲最盛，繖、扇、旗、槍、兵拳、雁翎刀、獸劍、鐵棍、銅棍、皮槊、迴避牌、肅靜牌等件有十七對之多，府、州、縣官亦有一繖，一扇，二銅棍，二皮槊，二肅靜牌。以雜職之微亦有二竹板(152)。

命婦皆許用儀衞，唐一品至四品內外命婦別有鹵簿，除繖、戟、清通、青衣外，另有雉尾扇、小偏扇、團扇、方扇、及行障坐障等(153)。宋制，命婦鹵簿與品官同(154)。清制亦然(155)。

庶人絕對沒有用儀衞的資格，即使有一二僕役隨行也不能喝道，或令一人騎馬在前。宋史上說得很明白，車前不許呵引，及前列儀物，也不得以銀骨朵水罐引喝隨行⑮⑥。淸時官吏庶民擅用引馬者，官交部議處，民交部治罪⑮⑦。

因儀衞中有傘，於是傘的使用不得漫無限制，以防混淆。明淸二代品官傘蓋是用各色羅絹做的⑮⑧，雨傘亦有紬絹油紙之別⑮⑨，所以庶民絕對不許用羅絹涼傘；雨傘也止許用油紙的，禁用油絹⑯⓪。

以上是官吏士庶衣飾器用的等第，其中有一共同的原則，即上可兼下，而下不得僭上⑯①。從以上的事實中，我們可以看出各種不同社會政治地位的人在各種生活方式的差異，眞足以令人驚異不置。每一細微的部份無不經過縝密的考慮與有系統的設計，所以別貴賤辨等威者，可謂無微不至。

這些瑣細的規定不僅規定於禮書中⑯②，且編入法典中⑯③。我們所以重視這些規定，便是因其不僅有社會制裁的支持，更重要的是還有法律制裁，決不僅是一些散漫的零亂的習慣風俗，而是制度化了的成文規範——禮與法。

唐以來的法律對不依規式僭用衣服器物者都有嚴厲處罰。唐律營舍宅車服器物於令有違者杖一百⑯④，衣服於式有違者亦笞四十⑯⑤。太和七年又敕衣服輿馬等物如故違制度，九品以上量加黜責，布衣五年不得選舉⑯⑥。元明淸律房舍車服器物皆有專條，違者分別有官無官治罪。無官者家長處笞⑯⑦。有官者，元職官解現任，期年後降一等敍⑯⑧。明淸二代除罷職不敍外，更附杖一百⑯⑨。永樂時且以服色違式爲遷發種田罪名之一⑰⓪。所以分別有官無官是因有官者應知禮法，知法犯法罪重，故處罪倍重於士庶，甚致失官，中國古代法律對於有官者犯罪皆從輕發落，輕於士庶，獨服舍違式一項從重處分，重於士庶，於此亦可見古代對服舍違式之看重了。

便是承造的工匠也有責任，除自首免罪外，須笞五十⑰，這樣使得工匠不敢不問來由，冒昧承造，是杜絕來源之意。

除了對於服用者及承造者的處分外，還有一項很重要的規定。唐律舍宅車服器物於令有違者，可賣者聽賣，不可賣者亦須改正⑰。太和六年又奏准沒入所犯物⑰。元律以違禁物付告捉人充賞⑰。明清律例中皆有違式之物責令改正及沒收入官之規定⑰。這些條例如眞能實行，自是更徹底的辦法。

職業的劃分原不可與階級相混，士農工商不能目爲階級，官吏更不能目爲階級，但如果像以上所說的，官吏與士農工商的生活方式完全不同，工商又與士農不同，此外，奴僕娼優皂隸等下賤人又另成一團體，而且種種差異成爲一種不可動搖的制度時，則是政治社會法律上都承認他們的不同社會地位身分，不同的權利。假如一個人的眞正的生活方式足以告訴我們他在社會中所處的地位，又假如以社會法律所定的權利來觀察社會中各個階級的層次，不失爲一具有客觀性的方法的話，則我們將士大夫（包括已退休的官吏）農工商賈及奴僕娼優等賤民目之爲三種不同的階級，而以特權階級爲士大夫的代名詞，或尙與中國歷史上的情形相合。

再進一步來說，解職的致仕官服用仍與現任官相同⑰，也是研究這問題的一重要點。官吏原非世祿，如官吏解職以後，便失去官吏的身分，失去以前所有特權，其社會地位法律地位完全與平民無別，而生活方式亦與庶人同，目之爲階級，則毫無意義可言，其生活方式上的差異，亦只限於在任的一個時間，這種差異和劃分只是暫時性的。但反過來講，如果做官人一旦獲得官吏的身份以後，除去少數例外（如革職不敍），便永遠保持特殊的社會地位（所以政治上有致仕官的名稱，社會上有紳衿的稱謂，表示一種特殊地位，雖退休不居官仍與士庶不同，而與官宦同列）與社會特權（例如法律上的），即在日常生活及行住服飾上亦有法律上規定的差異，使得他們與士庶的生活方式永遠不同，則官吏與士庶的劃分不僅極端嚴格，且成爲永久性的，使兩種社會分子之間永遠保持一定的距離而構成階級的形態，其社會意義及影響極重大，不容忽視。從這方面來看，目之爲特權階級，說他們的官吏身分並不因行政職權的解除而喪失，而變異——官吏的身分與官吏的職權在這種情形之下，是析而爲二的——並不是沒理由的。

還有一點事實對於我們在這方面的研究也很重要。這是與官吏家族有關的，每一朝代的法律都承認官吏家屬的特殊社會地位及權利。品官的直系尊親屬及配偶原在封贈之列，他們本身也已取得特殊的身分，她們的享受自得依照其所封贈的品級，不同常人，便是品官的子孫姊妹弟姪不在封贈之列的，也得享受與父祖伯叔兄弟相同的生活方式。房屋方面自來的法律都容許品官的子孫在品官故去後仍舊居住，雖然他們本身並無官職，或其官品小於他們的父祖，與他們所住的房屋等第不相符合，也沒有關係。唐制，『其祖父舍宅門蔭子孫雖盡，聽依舊居住』[177]。宋制，『父祖舍宅有者子孫許之』[178]。明制，『其父祖有官身歿，非犯除名不敍，子孫許居父祖房舍』[179]，清律，『父祖有官身歿，雖曾經斷罪者，其房仍許子孫居住』[180]。房屋而外，其他車馬衣服等物也不禁止子孫及其他家屬使用，除非他們的父祖在除名不敍之限。歷代法律有相同的規定⑱。明時曾議定品官的直系旁系親屬及其配偶的冠服⑱。這樣，品官家的子孫及其他家屬，雖無官也得使用官吏的衣飾器用車馬等物（子孫有官者原有服用權利，自可各依其品級，——明會典云：『子孫有官者依品級』）。他可以穿各色綾錦，戴金玉首飾，乘繡帶青幔的車子，用油絹傘。紅樓夢裏那些小姐少爺所以能穿用那樣豪華不同於士庶的衣飾，便是因爲他們的父祖是官，他們所住的房子也是榮國公寧國公遺留下來的。這些事實很重要，社會意義極大，使得官吏的家屬也構成一特殊團體。其生活方式不同於普通人家。他們的特殊生活方式並不是由於家庭的富有而是由於他們的父祖所給予他們的特權。古人說毋其爵不敢服其服，毋其祿不敢用其財，應該加一句說父祖有爵有其財亦得服其服用其財。如此做官人家與普通人家實有法律上承認的特權與非特權的差異，社會中不但有許多有特權的人，還有許多有特權的家族，社會分異實包含兩種不同的單位。從這一點來看中國古代社會的階級結構，或可幫助我們對階級的認識。

但我們愼勿過於誇張，以爲這些生活方式上種種差異是絕對嚴格而無僭越的。法律的規定並非具文，有許多人因違禁而遭受處分。

嘉靖時伊王府多設門樓三層，新築重城侵占官民房屋街道，奏准勘實，俱行拆毀⑱。

告病回籍布政司理向瞿中溶，因錢債涉訟，僭用五品頂戴，又指罵縣官，經縣通詳，照服舍違式律杖一百，革職⑱。

生員莫因時僭用龍女宗牌，被典史票傳，遂將宗牌乘夜燒燬，據律僭用龍鳳文，杖一百徒三年，工匠杖一百。又毀棄祖宗神主，比依毀棄父母死屍律，當擬斬候。刑部以莫因時圖壯觀瞻僭用龍文，後因畏罪情急，毀棄宗牌，並非有心毀棄，奏請減一等發落[185]。

且查禁甚嚴，漢成帝敕有司禁軍民車服逾制，並詔司隸校尉究察[186]。清時派步軍統領五城御史在京城內稽查，失察者有處分[187]，各省則責成地方官查禁，失察者分別處分[188]。但服色僭越的事，並不因此而絕迹，且不止是少數人的違法行爲，常成爲一種社會風氣，寖以成俗，歷代層出不窮，雖一再申明禁令，固然是政府重視此事的明證，從另一方面來說則未嘗不是社會上多數人習於踰制的反證。

漢時禁商賈服錦繡綺羅，但賈誼疏中說：『富家大賈至以紈縠黼繡爲牆衣，雖僮婢亦繡衣絲履』[189]。成帝詔書云：

聖王明禮制以序尊卑，異車服以章有德，雖有其財而無其尊，不得逾制，故民興行，上義而下利，方今世俗奢僭罔極，靡有厭足，公卿列侯親屬近臣，四方所則，未聞修身遵禮，同心憂國者也，或迺奢侈逸豫，務廣第宅，治園宅，多蓄奴婢，被服綺縠，設鐘鼓，備女樂，車服嫁娶葬埋過制，吏民慕效，寖以成俗，而欲望百姓節儉，家給人足，豈不難哉[190]。

唐制工商不許騎馬，但當時商人不但乘馬，且雕鞍銀鐙裝飾煥爛，並從以童騎，太和六年爲此特頒詔令，嚴加禁止[191]。

宋政和七年臣僚上言：

輦轂之下奔競侈靡，有未革者，居室服用以壯麗相誇，珠璣金玉以奇巧相榜，不獨貴近，比比紛紛，日益滋甚。臣嘗考之，申令法禁雖具，其罰尙輕，有司玩習，以至於此。如庶民之家不得乘轎，今京城內暖轎非命官至富民娼優下賤遂以如常。竊見近日有赴內禁，乘以至皇城門者，奉祀乘至宮廟者，坦然無所畏避，臣妄以爲僭禮犯分，禁亦不可以緩(192)。

丁和亦言衣服之制尤不可緩。

今閭閻之卑，娼優之賤，男子服帶犀玉，婦人塗飾金珠，尙多僭侈，未合古制。臣恐禮官所議，止正大典，未遑及此，伏願詔明有司，嚴立法度，酌古便今，以義起禮，俾閭閻之卑不得與尊者同榮，娼優之賤不得與貴者並麗(193)。

這些例證充分說明了這種趨向於僭越的傾向是不大容易禁絕的。

蘇洵的話尤足以表現生活自生活，法律自法律的情形。

先王患賤之凌貴而下之僭上也，故冠服器皿皆以爵列爲等差，長短大小，莫不有制。今也工商之家曳紈錦，腸珠玉，一人之身循其首以至足；而犯法者什九。此又擧天下皆知之而未嘗怪者三也(194)。

呂坤巡撫山西時布告禁約風俗云：

織金妝花本王府仕官人家品服，以別貴賤。今商賈工農之家一概穿着，已爲僭分，又有混戴珠冠及金銀髮髻四圍花通袖刻絲捺紗挑繡袖口領緣等服，而娼優裝飾金珠滿頭，至於牀頭幃帳渾身衣服俱用金銷……又有衏棍市遊綾段手帕濫作裙褲雜色寬帶，直與衣齊，甚爲可恨，今後庶民之家富者止許無補綾羅段絹，下三則人戶梭布絹紬。凡在省銷金匠除汗巾銷金不禁外，敢有於衫裙及書簡箸簽帕帳簾幃，銷金及男女僭分穿着前衣者，鄉約擧報到官，男子罰穀五十石，送邊，仍與匠人裁縫俱重責枷號，其娼婦穿錦繡戴金珠者，樂工重責枷號，衣飾賞給孤老。

二線金梁便有品級，三鑲雲履原是朝靴，俱非未仕者之服，近日不係縉紳，金梁亂戴，而吏承門快鑲履亂穿，甚屬僭逾，今後但有仍前濫現妄戴，……除夫男重責陞戶外，工匠裁縫人等枷號革鋪，係外來者違解原籍，小兒女輒用金線珠翠作帽爲髻者，其家長俱重責枷號，罰穀陞戶。

房屋爲蔽風雨，雕刻彩畫，如何間架，自有品級，民間豈得亂蓋，至於鍍銀鞍轡，段絹圍裙，捺織坐褥，金銀器皿，俱非士民之家所宜泛用，違者許諸人告出陞戶三則[195]。

以他的話和明律例及明會典中關於庶人工商及倡優隸卒衣飾房舍種種限制的規定相較，法律的實際作用可知。我們不要忘了倡優隸卒在所有的人中是最賤的，其生活方式的限制最嚴，也不要忘了在衣飾的限制中銷金之禁也是最嚴格的。

【注釋】

①國語，楚語下，觀射父語。

②曹劌請見魯莊公，其鄉人曰：『肉食者謀之，又何問焉？』劌曰：『肉食者鄙，未能遠謀』（左傳，莊一〇）又說苑云：東郊祖朝上書晉獻公，願聞國家之計。獻公使人告之曰：『肉食者已慮之矣，藿食者又何預焉？』

③詩，豳風，七月。

④公服朝服之制，舉凡冠式（例如冠梁的多寡，詳漢官儀；通典，一〇八，註六八，開元禮纂類三，序例下，『君臣冕服冠衣制度』，明會典六一，禮部，十九，冠服二，『文武官公服』），冠飾（例如清代

之帽頂帽珠，詳清會典三九，禮部，清通禮五三，冠服通制；清律例一七，禮律，禮儀，『服舍違式』），服色（通典，六一，禮二一，嘉六，『君臣章服制度』；唐書，二四，車服志；禮部式則，（唐律義疏，二七，雜律，『違令』條引）；宋史，一五三，輿服志；元典章，二九，禮部二，禮制二，『服色』；明會典，『文武官公服』），花樣（通典『君臣章服制度』，唐書，車服志，元典章，『服色』；明會典，『文武官公服』；清會典，二九，清通禮，『冠服通制』；清律例，『服舍違式』），腰帶（詳通典，六三，禮二三，嘉八，『天子諸侯王珮劍綬璽印』，宋史，一五三，輿服制，元典章，『服色』；明會典，『文武官冠服』；清會典，二九，清通禮『冠服通制』；清律例，『服色違式』），佩綬（詳禮記玉藻；唐律，車服志；通典『天子諸侯玉佩劍綬璽印』；明會典，『文武官公服』），魚袋（通典『天子諸侯玉佩劍綬璽印』；唐書，車服志；宋史，一五三輿服志），朝笏（詳禮記，玉藻，唐會要，三〇，輿服下『笏』；宋史，一五三，輿服志；明會典，『文武官公服』，甚至冠服上任何細微的小部分無一不指示品級的等次，古代的人不必看全身的冠服，只須任何一件物事，如一頂帽子，或帽上的一顆珠子，一條腰帶，或帶上的一塊玉，便可以曉得它的主人是什麽官。

⑤詳後。

⑥司馬光書儀云：凡節序及非時家宴，上壽於家長，卑幼盛服序云，一人搢笏，執進，一人搢笏執酒注，斟酒後出笏再拜，家長命侍者偏酢卑幼，飲訖，家長命易服，皆退，易便服還復就坐（卷四，『居家雜儀』）。據同書卷二『冠儀』云，盛服謂有官者具公服靴笏，無官者具幞頭鞾襴或衫帶，蓋宋時許官吏居家亦得服公服。

⑦明洪武三年令，年老致仕，及侍親辭閒官，許用紗帽束帶，若爲事無降者，服與庶人同。三十年又令致仕官服色與見任同，若遇朝賀，謝恩，見辭，一體具服行禮（明會典，『文武官冠服』），清制，官員致仕後，准照所封之品服用，其有加級，捐封，因公革職，未追封誥者，准用原品官頂戴榮身（清會典，二九，禮部）。

⑧漢書，十，成帝紀。

⑨隋制，三四品紫，五品朱，六品以下綠，官吏青（二儀實錄，王三聘古今事物考卷六，冠服，服色條引）。唐三品以上服紫，四五品以上緋，六品以上綠，八九品以上青，通服黃（見通典，六一，禮二一，嘉六『君臣章服制度』，唐書，二四，車服志，唐會要，三一，章服品第及雜錄）。唐會要云：『貞觀四年八月十四日，詔曰冠冕制度，已備令文，尋常服飾，未爲差等，於是……』（通典但云貞觀四年制）知此係常服服色。又按禮部式，親王及王三品已上，若二王後，服色用紫，飾以玉，五品以上服色用朱，飾以金，七品已上服色用綠，飾以銀，九品以上服色用青，飾以鍮石（唐會要三一，雜錄）。宋因唐制，三品以上服紫，五品以上服朱，七品以上服綠，九品以上服青。元豐元年始去青不用，四品以上紫，六品以上緋，九品以上綠（宋史，一五三，輿服制五）。

⑩二儀實錄。

⑪通典，『君臣章服制度』，唐書車服志，唐會要雜錄。

⑫唐會要三一，章服品第。

⑬五代會要，六，雜錄。

⑭宋史一五三，輿服志，據王栐燕翼詒謀云：『國初仍唐舊制，有官者服皂袍，無官者白袍』，則皂袍原爲有官者之服，後始通用於庶人。

⑮宋史輿服志五云：『縣鎮場務諸色公人並庶人商賈伎術，不係伶人，只許服白皂色……不得服紫』，據燕翼詒謀『紫惟施於朝服，非朝服而用紫者有禁』，則是品官服紫亦有限制。

⑯宋史，輿服志，五。

⑰明會典，冠服二，『士庶巾服』。

⑱同右。

⑲漢書，七二，鮑宣傳註孟康曰：『漢名奴爲蒼頭』，瓚曰：『漢儀注官奴給書計從侍中已下爲蒼頭青幘』。

⑳漢書，七二，兩龔傳師古註云：『白衣給官府趨走賤人』。

㉑二儀實錄。

㉒唐會要，三一，雜錄。

㉓元典章，『服色』。

㉔明會典，冠服二，『教坊司冠下服』。

㉕同右，『吏員巾服』，『士庶巾服』。

㉖清通禮：冠服通志。

㉗漢書卷二，高帝紀，二四，食貨志。

㉘漢高帝購季布，匿濮陽周氏，爲之髡鉗，衣褐衣，賣爲魯朱家奴（史記，一〇〇，季布傳）。

㉙唐書，車服志；通典云流外庶人服紬絁布（卷六『君臣章服制度』）。

㉚燕翼詒謀。

㉛元章典，『服色』；元史，一〇五，刑法志四，『禁令』。

㉜同右。

㉝明會典『士庶巾服』云：『庶民男女衣服，並不得僭用金繡綿綺紵絲綾羅』，明律例，『服舍違式』條例則云：『若常服僭用錦綺紵絲綾羅彩繡……』云常服，則大服不禁（金則證服常服皆在禁用之列）。故明會典，『士庶妻冠服』條亦有士庶妻許用紵絲綾羅紬絹之文。

㉞參看明律例，禮律，『服舍違式』；明會典，『士庶妻冠服』。前條云軍民夫婦僭用金繡閃色衣服，事發各問以應得之罪，服飾並追入官。後條云軍民婦女不許用銷金衣服帳幔，犯者本身家長夫，男，匠作各治重罪。

㉟明會典，『士庶巾服』。

㊱同右。

㊲禮部則例。

㊳清律例，『服舍違式』條列。又嘉慶十五年修改例云：『軍民僧道人等常服不許僭用錦綺紵絲綾羅彩繡。』原註云：『言常服則大服不禁』。前一條例蓋兼指大服而言。

㊴事發照例治罪（罪坐家長），物飾入官（清律例，『服舍違制』嘉慶十五年修改例）。

㊵清會典，二九，清通禮，冠服通制；清律例，『服舍違制』，嘉慶十五年修改例。

㊶清律例，一七，禮律，儀制，『僧道拜父母』。
㊷管子卷一，立政。
㊸春秋繁露卷七，『服制』。
㊹明會典，『士庶巾服』。
㊺清會典，二九，清通禮，冠服通制；清律例，『服舍違制』條例。
㊻唐會要，『章服品第』。
㊼元典章，『服色』；元史，刑法志，『禁令』。
㊽明會典，『士庶巾服』。
㊾平時所戴煖帽涼帽，親王世子，郡王長子貝勒貝子，入八分公俱用紅寶石頂，未入八分公，固倫額駙，和碩公主額駙，民公侯伯，鎮國將軍，和碩額駙，及一品大臣，俱用珊瑚頂，輔國將軍及二品官俱用起花珊瑚頂，奉國將軍及三品官俱用藍玉石頂及藍色明玻璃頂，奉恩將軍及四品官俱用青金石頂，及藍色涅玻璃，五品官用水晶頂及白色明玻璃，六品官用硨磲頂及白色涅玻璃頂，七品官用素金頂，八品官用起花金頂，九品官用起花銀頂。未入流與九品同。進士舉人貢生俱用金頂，生員監生俱用銀頂（清律例，『服舍違式』條例）。
㊿雨帽雨衣，一品二品大紅雨帽，四五六品用紅頂黑鑲邊雨帽，七八九品及有頂帶人員用黑頂紅鑲邊雨帽（同上，據清通禮，二品以下除督撫外雨衣概用青色）。
51 清通禮，五三，『官民冠服』。

㊾唐會要，『章服品第』；唐書，車服志。
㊿元典章，『服色』；元史，刑法志，『禁令』。
51明會典，『士庶巾服』。
52詳通典，六一，『君臣章服制度』；六三，『天子諸侯玉佩劍綬璽印』；唐書，車服志，唐會要，『章服品第』，雜錄。
53宋史，輿服五。
54封贈，各代皆有定制。唐宋時一品母妻爲國夫人，三品以上爲郡夫人，四品爲郡君，五品爲縣君，勛官四品有封者爲鄉君。文官一品贈三代，二品三品二代，四至七品一代。正從一品曾祖母，祖母，母，妻各封贈一品夫人，正從三品祖母，母，妻各封贈夫人，正從三品母妻各封贈淑人，正從四品，母妻各封贈恭人，正從五品宜人，正從六品安人，正從七品孺人。曾祖母，祖母，母，各加太字。
55通典，六一，禮二一，嘉六，『君臣章服制度』；唐會要，『章服品第』。
56唐會要，『章服品第』。
57元典章，『服色』；元史，刑法志『禁令』。
58通典，一〇八，禮六八，開元禮纂類三，『皇后妃內外命婦服及首飾制度』。
59明會典，六一，冠服二，『命婦冠服』。
60宋史，一五三，輿服五，燕翼詒謀云：『非命婦不得以金爲首飾，許人糾告，並以違制論』。
61元典章，『服色』；元史，刑法志，『禁令』。

㊺同上。

㊻明史，輿服三。

㊼明會典，『士庶巾服』；『士庶妻冠服』，若爲娼妓，則並銀鐲釧亦不得用。

㊽參看明律例，『服舍違式』，明會典，『士庶妻冠服』。前條云：婦女僭用金寶首飾鐲釧及用珍珠緣綴衣履，並結成補子蓋額纓絡等件，事發各問以應得之罪，服飾器用等物並通入官。後條則云婦女不許用寶石首飾鐲釧，犯者本身家長夫男匠作，各治重罪。

㊾清通禮，二四，『冠服通制』；清律例，『服舍違式』條例。

㊿清律例，『服舍違式』，嘉慶十五年修改例。

(71)宋史，一五四，輿服六。

(72)唐書，車服志。

(73)明會典，六二，禮部二十，『房屋器用等第』。

(74)清律例，『服舍違式』條例。

(75)唐制，三間四架，宋明清三間五架（見唐書車服志，唐會要三一雜錄，宋史輿服志，明會典，『房屋器用等第』，清律例，『服舍違式』條例）。

(76)唐制一間二架（唐書，車服志；唐會要，三一，雜錄），宋非品官不得起門屋（宋史，輿服志）。元明清俱無關於庶人門屋之規定。

(77)見明會典，『房屋器用等第』。

(78)唐營繕令云：『王公以下，凡有舍屋不得施重拱藻井』（唐律義疏，二六，『舍宅車服器物』條例）。宋以下禁令見宋史，『輿服志六』。明會典，『房屋器用等第』。清律例，『服舍違式』條例。

(79)唐書，同右。

(80)明會典，同右。

(81)元史，刑法志，『禁令』。

(82)清律例，『服舍違式』條例。

(83)明會典，『房屋器用等第』。

(84)清律例，同右。

(85)唐書，車服志云：庶人不得輒施裝飾。宋史，輿服志云：凡民庶家不得以五色文彩爲飾。明會典，『房屋器用等第』云：『庶民所居房舍不許用斗拱及彩色裝飾』。又云，洪武三十五年申明軍民房屋棟梁止用粉青刷飾。清律亦有庶民房舍不得用斗拱彩色雕飾之文。

(86)唐書，同右。

(87)明會典，同右。

(88)清律例，同右。

(89)唐書，同右。

(90)唐會要，三二，輿服下，『戟』。

(91)宋史，同右。

92 五代會要下，『戟』。

93 宋史，輿服五。

94 元典章，『服色』；明會典，『房屋器用等第』；清律例，『服舍違式』條例。

95 明律例，『服舍違式』條例云：軍民僧道人等僭將大紅銷金製爲帳幔被褥之類，事發，各問以應得之罪，器物並追入官。明會典，『士庶妻冠服』條例云：正德元年令軍民婦女不許用銷金衣服帳幔，犯者本身家長夫男匠作各治重罪。清律例，『服舍違式』條例與明律例同。

96 明會典，『房屋器用等第』。

97 清會典，二九，清通禮，『官服通制』。

98 宋史，同上。

99 明會典，同上。

100 明律例，『服舍違式』條例，清律例同條。

101 清律疏義，二六，雜律，『舍宅車服器物』。

102 宋史，同上。

103 同右。

104 元典章同上。

105 明會典，同上。

106 明律例，清律例，『服舍違式』條例。

(107) 論語，先進。

(108) 漢書，高帝紀，食貨志，後漢書，三九，輿服志。

(109) 唐會要，三十一，雜錄。

(110) 元會典，『服色』；元史，刑法志，『禁令』。

(111) 本節參看唐書，二四，車服志，唐會要，三一，雜錄；宋史，一五〇，輿服志；趙彥衛，雲麓漫鈔，卷七；錢易，南部新書，戊；李心傳，建炎以來朝野雜記，甲集，卷三，『典禮』，『百官肩輿蓋』條，嚴有禧漱華隨筆，卷一，各書。按各書皆言北宋時丞相非特恩不得乘輿，獨南部新書云元和以後丞相始詔乘肩輿，與諸書所記不同。

(112) 參看明會典，『房屋器用等第』；明律例，『服色違式』條例；明史，輿服一，漱華隨錄，卷一。

(113) 清制武職官員定例不准乘坐肩輿。嘉慶時申明禁令，將軍，都統，副都統，提督，總兵官如有乘坐肩輿者，經人糾參，卽行照例革職，城守尉，協領，副將以下等官如有乘坐肩輿者，着該管將軍都統副都統，督，撫，提鎮參奏，卽行革職，曾經出兵著有勞績者，奏明作爲兵士食糧效力，其並無勞績者卽行革職。（嘉慶十二年四月初四日上諭，清律例彙輯便覽，『服舍違式』條例。）將軍，提督，總兵官惟年逾七十，不能乘騎者，聽其奏聞取旨，得准乘輿，又因公赴京，遇無馬處所，或天雨不能乘騎，示暫准坐轎。（參看清通禮五四，儀衞通制；中樞政考——大清律例彙輯便覽，『服舍違式』條例。）提鎮以下官則絕對不許，副將以下坐轎者卽行革職。（見中樞政考，故漱華隨筆云武員惟提鎮以下不得坐轎）。

(114) 見漱華隨錄。按清制漢官與滿官不同，漢文官大小皆得乘轎，惟雜職乘馬。滿官則惟親郡王，大學士，六部尚書得乘肩輿，貝勒，貝子，公，都統，及二品文臣非年老皆不得乘輿。其餘文武俱乘馬。（清會典，二九，清通禮五四）。

(115) 宋史，輿服五云：『民間毋得乘檐子』。

(116) 唐書，車服志。

(117) 建炎以來朝野雜記，『百官肩輿蓋』條云：『東部舊制惟婦人得乘輿』。

(118) 明會典，『房屋器用等第』。

(119) 參看漢書，五，景帝紀；後漢書，三九，輿服志。

(120) 通典，六五，禮二五，嘉一五『公侯大夫等車輅』。

(121) 同上卷，『王妃命婦等車』。

(122) 唐書，車服志。

(123) 淮鹵簿令，外命婦一品乘厭翟車，二品以下白鋼飾犢車，後因婦人多用檐子，參酌時宜，另立此制（詳唐會要，三一，雜錄）。

(124) 宋史，一五〇，輿服志二。

(125) 同右，輿服志五。

(126) 元典章，『服色』；明會典，『房屋器用等第』。

(127) 清會典，二九，清通禮五四。

(128) 唐書，車服志；唐會要，三一，『雜錄』。

⑫⑨宋史，輿服五。

⑬⓪明會典，同上。

⑬①清會典，二九；清通禮，同上。

⑬②余繼登，典故紀聞，卷五。

⑬③宋史，輿服志五。

⑬④明會典，同上。

⑬⑤清會典，二九；清通禮，同上。

⑬⑥參看通典，六三，『天子諸侯玉佩劍綬璽印』；唐會要，三一，雜錄；唐書，朝服志。

⑬⑦五代會要，六，雜錄。

⑬⑧宋史，輿服二。

⑬⑨祥符五年詔，繡韉及鬧裝校具，除宗室及恩賜者悉禁，熙寧間五品以上復許銀鞍鬧裝，若開花繡韉，惟恩賜乃得乘（同上）。

⑭⓪宋史，同上。

⑭①元典章，『服色』。

⑭②明會典，『房屋器用等第』。

⑭③朱彧，萍州可談。

⑭④釋夕瑩，湘山野錄。

(145) 唐律疏義，二七，雜律，『違令』條疏義引。

(146) 宋史，一一八，禮志，七一，禮二一，賓禮三。

(147) 明會典，五九，禮部，一七，官員禮。

(148) 清會典，二九，禮部，清通禮，四六，『賓禮』。

(149) 唐書，車服志。

(150) 各品鹵簿（唐限四品以上，宋限三品以上），詳見通典，一〇七，禮六七，開元禮纂類二，序例中，『群官鹵簿』。宋史，一四七，儀衛五。

(151) 明會典，『官員禮』初制六品以下不許引導。

(152) 詳清會典，二九；清通禮，五四，『儀衛通例』。

(153) 通典，一〇七，開元禮纂類二，『外命婦鹵簿』。

(154) 詳宋史，『儀衛五』。

(155) 清通禮，『儀衛通制』云，命婦儀衛皆從其夫。

(156) 宋史，輿服制五。

(157) 見禮部則例。按引馬或稱頂馬，隨園隨筆云：『今貴人街行，前有騎馬者二人，號稱頂馬』。（卷九，『頂馬』條）京官惟三品以上許用，外省文官亦限三品以上，武官則二品以上纔得用引馬（見清通禮，『儀衛通制』）。

(158) 明制，一品至四品茶褐羅，五品青羅，六至九品青絹（明會典，『官員禮』）。

清制一品至四品吉黃羅，五品藍羅，六至八品藍絹（清律例，『服舍違式』，道光十五年修改例）。

⑲明制五品以下用紅油絹雨傘，餘止用油紙（明會典，同上）。清則品官通用油絹傘（清律例，同上）。

⑯明史，六五，輿服志一；清律例，『服舍違式』道光十五年修改例。

⑯見武德四年令（唐書，車服志）咸亨五年敕（唐會要，三一，『章服品第』）開元禮（通典，一〇八，禮六八，開元禮纂類三，『皇后王妃內外命婦及首飾制度』）元延祐二年旨，（元會典，『服色』；元史，刑法志，『禁令』）。明洪武初令（明會典『房屋器用等第』）。清律例，『服舍違式』條例）。

⑯禮即所以別尊卑異貴賤（詳第七章第一節），禮書即此種具體規定。

⑯唐代宅舍車服器物等第分別詳細規定於營繕令，儀制令，衣服令，禮部式等令文中，（此外又有貞觀禮，顯慶禮，開元禮）法律則只爲概括的規定。故『宅舍車服器物』條云：『諸營造舍宅車服器物於令有違者杖一百』，又『違令』條云：『諸違令者笞五十（謂令有禁制而律無罪名者）別式減一等』。自法理言之，此種概括規定的法律效力實與一一列舉相同，且令式本身即法律，其法律效力與法典相同，並不待法典有此一項規定纔開始，法律上有此一項規定，不過明定違令式之處分而已。明清律『服舍違式』條云：凡官民房舍車服器物之類，各有等第，若違式僭用云云。又『違令』條云：『凡違令笞五十（謂令有禁制而律無罪名者），』亦只爲概括

的規定，詳細的規定則在禮書會典及各朝敕令條例中，法律只明定違制的處分而已（禮書會典中無若何治罪之文），詳細的等第則在禮書會典及各朝敕條例中。

⑯④見⑯③。

⑯⑤按唐律疏義，『舍宅車服器物』條，疏義於述及衣服令時謂服者衣服令，一品袞冕，二品鷩冕；又違令條（卷二七，雜錄下）疏義解釋別式謂，禮部式，五品以上服紫，六品以下服朱之類。是則僭用衣服者，或杖一百或笞五十，當以違令違式爲條。

⑯⑥唐會要，雜錄。

⑯⑦元史，刑法志，『禁令』。

⑯⑧元典章，『服色』；元史，刑法志『禁令』。

⑯⑨明律例，『服舍違式』；清律例，『服舍違式』。

⑰⓪明會典，一七三，刑部一五，罰名一。

⑰①明律例，『服舍違式』；清律例，『服色違式』。

⑰②唐律疏義，『舍宅車服器物』。

⑰③唐會要，三一，雜錄。

⑰④元典章，『服色』；元史，刑法志，『禁令』。

⑰⑤明律例，『服舍違式』；清律例，『服舍違式』。

⑯元會典及元律俱云『職官致仕與現任同解降者依應得品級不敍與庶人同』。（元會典，『服色』；元史，刑法志，『禁令』，）明制：官員任滿，致仕亦與見仕同（見明會典，『房屋器用等第』）。
⑰唐書，車服志。
⑱宋史，輿服六。
⑲明會典，『房屋器用等第』。
⑳清律例，『服舍違式』條例。
⑱元會典，『服色』；元史，刑法志，『禁令』。明會典，『房屋器用等第』。清律例，『服舍違式』條例。
⑱洪武元年禮部奉詔議定內外官父兄伯叔子孫弟姪用烏紗帽軟腳垂帶，圓領衣，烏角帶，（按此與八九品常服同），品官祖母及母與子孫同居視弟姪婦女禮服合以本官所居官職品級通用漆紗珠翠慶雲冠，本品衫霞帔褙子，綠襈襖裙，惟山松特髻子止許受封誥敕者用之。品官次妻許用本品珠翠慶雲冠褙子爲禮服，銷金濶領長襖長裙爲常服。二十五年又令文武官父兄伯叔弟姪子壻皆許穿鞾（按無官者不許服鞾）——見明史六輿服志三。

按元會典，『服色』，『貴賤服色等第』，命婦衣服首飾之下註云：『同籍不限疏，期親雖別籍，並出嫁同』。品官家婦女衣飾得與命婦同，由來已久。

(183)明會典，一八二，工部。

(184)刑案彙覽，XI. 5a-6a。

(185)同上書，Lx 50a-52b。

(186)漢書，十，成帝紀。

(187)雍正七年上諭（清律例彙輯便覽，『服舍違式』條例）。

(188)雍正八年上諭，嗣後內外文武大小官員帽頂補服坐褥等項悉照本身現任品級，不得指稱加級以開僭越之端，在京着有稽查之責者嚴行稽查，在外着該道上司稽查，如仍復不遵，除將本人議處外，其失察之員一併處分（同上）。

嘉慶八年上諭，各省軍民違禁，督撫失察三次罰俸三個月，司道失察二次罰俸三個月，府州縣官每次罰俸三個月（同上）。

(189)漢書，四八，賈誼傳。

(190)同上書，十，成帝紀。

(191)唐會要，三一，雜錄。

(192)宋史，一五三，輿服五。

(193)同右。

⑭蘇洵：申法（載嘉祐集）。

⑮呂坤，實政錄三，民務，禁約風俗。

第二節 婚姻

一 階級內婚

在有階級差別的社會裏，各階級間的通婚常爲社會所不贊許，若階級的分野極固定嚴格，階級的升降完全不可能或幾乎不可能時，則階級間的通婚更難容許而形成階級的內婚制。

封建時代身分完全是生物的決定，階級的劃分最爲嚴格，在這樣的社會裏，我們發現了嚴格的階級內婚制。從經傳上天子娶后嫁女於諸侯，諸侯互爲婚姻，卿大夫互爲婚姻的例子，以及勾踐使大夫文種求盟於吳所說的：『請勾踐女女於王，大夫女女於大夫，士女於士』①的設辭中，我們大致可以看出貴族各階層之間通婚的情形。雖同爲貴族，因天子諸侯卿大夫士身分的差別，仍有內婚的趨勢，似只容許上下相差一級間的通婚②。至於特權階級之貴族與非特權階級之庶族之間之通婚，自更是不可能的。

魏晉南北朝時，士庶之分極嚴，社會地位高下懸殊，截然爲兩不相接觸的階級，士族爲保持其尊嚴，平日猶避免與庶族往來，自更不肯與之通婚，社交的範圍與婚配的範圍都是限於同一階級之內的。從另一方面來說，士庶之分既純以門閥郡望爲基礎，身分爲家世的承襲，與個人在政治經濟上的成就就無關，爲了保持家世血統的崇高，避免低門血統混入，階級內婚自屬必須，否則家世便無法永久維持了。魏書記公孫叡封氏之所生，崔氏之壻，從兄邃母雁門李氏，地望懸隔，祖季眞每云：『士大夫當須好婚親，二公孫，同堂兄弟耳，吉凶會集，便有士庶之異』③。可見以男家而言，父系不變，如女家門第稍低，不僅影響夫壻的地位，且將影響及第二代的地位，母系家世顯極重要。反之，以女家而言，壻家家世自亦極重要，所以崔巨倫之姑李叔胤妻，因其姪女眇一目，內外親類莫有求者，其家議欲下嫁之，聞而悲曰：『吾兄盛德，不幸早世，豈令此女屈事悲族？』④

所以當時士族擇偶對於男家女家的門第極爲看重，而社會人士也以此來衡量某一氏族的門第，甚至政治上的選舉亦以婚姻爲考慮條件，與政治經歷同樣重要⑤。像公孫叡的外祖家岳家的門第，自爲人所稱道。又如崔悛之一門婚嫁皆是衣冠之美，白建之男婚女嫁皆得勝流，自難怪爲當時所稱，以爲寵榮之極⑥。

若士族不自愛不自重，與庶族通婚，則必爲士族所不齒，爲清議所不容，不但婚配的本人，即其家屬全體亦將喪失其固有的聲譽與地位，甚至被排斥於士族之外。平恆三子不率父業，好酒自棄，恆忿其世衰，不爲營事婚宦，任意官娶，故任聘濁碎，不得及其門流，恆婦弟鄧宗慶及外孫孫玄明等每以爲言⑦。楊佺期自云門戶承籍，江表莫比，有以其門地比王珣者猶恚恨，而時人以其晚過江，婚宦失類，每排抑之⑧。有時甚至爲士族所攻擊，詔爲玷辱流輩，汚及士族全體，而加糾彈，王源嫁女滿氏，沈約彈之云：『源雖人品庸陋，胄實參華……而託姻結好，唯利是求，玷辱流輩，莫斯爲甚，王滿連姻，實駭物聽……蔑祖辱親，於事爲甚。此風弗剪，其源遂開，點世塵家，將被比屋。宜寘以明科，黜之流伍，使已汚之族，永愧於昔辰，方媾之黨，革心於來日。臣等參議，請以見事免源所居官，禁錮終身，輒下禁止視事如故』⑨。高門與低門連姻，而至實駭聞聽，引起兩個家族以外人士的憤慨與攻擊，被認爲玷辱流輩，若不是婚姻重門第的六朝時代斷不會發生這種事情。且滿璋之自云是高平舊族，寵奮胤胄，王源在連姻以前也曾索閱滿氏簿閥，見璋之任王國侍郎，子鸞又爲王慈吳郡正閣主簿，纔與連姻，並非漫無稽考，任意婚配，即沈約亦自承璋之姓族士庶莫辯⑩，若其爲庶族，無可置疑，則王源亦不屑與之連姻，而更將爲士族所攻擊了。

六朝時最重鄉議，凡被糾彈付清議者即廢棄終身，同於禁錮，鄉論原爲中正品第升黜所本，名爲輿論，實兼有社會政治兩種制裁。被貶議者，既爲士族所排抑，又將沈滯於宦途之外，社會地位政治地位同時喪失。

有時政府更爲此制定法律，不許士庶通婚，在這種社會中，階級內婚不僅爲禮俗所支持，且爲法律所支持，違者不僅遭受社會制裁，且受法律制裁。在北朝便見有此種情形，北魏和平詔曰：『夫婚姻者人道之始……尊卑高下宜令區別，然中代以來，貴族之門多不率法，或貪利財賄，或因緣私好，在於苟合，無所選擇，今貴賤不分，巨細同貫，塵汚淸化，虧損人倫，將何以宣示典謨，垂之來裔？今制皇族師傅王公侯伯及士民之家不得與百工技巧卑姓爲婚，犯者加罪』⑪。詔書中的話和沈約彈章所說的一樣，最足以代表當時士大夫對於階級內婚之觀念，在社會法律雙重制裁之下，自難怪產生史書所說的：『自魏太和中定望族七姓，子孫迭爲婚姻』⑫。士族構成一內婚團體的情形，與南朝王謝兩家南北媲美。

隋唐以後門閥雖漸就消滅，但階級內婚的積習仍餘風猶存，一時牢不可破。舊族雖衰落，不復冠冕⑬，仍以先世門第自矜，自爲婚姻，深閉固拒⑭。冠冕新貴也以買婚舊門爲榮⑮，李義府雖因爲子求婚於望族七姓不得，奏禁後魏隴西李寶，李原，王瓊，滎陽鄭溫，范陽盧子遷，盧澤，盧輔，清河崔宗伯，崔元孫，前燕博陵崔懿，晉趙郡，李楷，凡七姓十家不得自爲婚。但這些『禁婚家』反而益自貴重，仍潛相聘娶，天子不能禁⑯。當時王妃主壻雖皆取當世勳貴名家，未嘗尚山東舊族⑰，故加抑制，但一班人仍以得偶舊族爲榮，像房玄齡，魏徵，李勣，李敬玄諸人皆與山東舊族爲婚⑱。至唐文宗時，去唐初已二百餘年，民間婚姻仍不計官品而尚閥閱⑲，惹得文宗大發牢騷，說『我朝二百年天子，顧不及崔盧耶?』士庶階級內婚制之根深蒂固，不易以政治勢力消滅，可以想見。一直到五季以後，婚姻纔不問門閥⑳。士族所構成的內婚團體纔告消滅。

這些沒落的舊族，在這社會政治的變遷中，最初還能強自矜持，共嗤勳格，但已經喪失政治經濟勢力之後，久而久之也就無所誇耀，日就消沉，難與新興的士族抗衡了。新的勳貴最初固然爲舊族所嗤，但他們的興起由於科舉功名，不由於無恥的鑽營，實無可非議訕謗，而且數代之後，子孫相繼不衰，也就以門族自高成爲世家了㉑。在這種情形之下，一無表現，但以先世門閥自高的舊族自爲人所漸遺忘，加之六朝以來舊的譜系已被唐政府加以燒毀，新的氏族則完全以當代冠冕爲等級高下㉒。譜系既亂，也就無從以舊的家世標榜於世了。

科舉以文章取士，原不問先世閥閱，對於門第觀念的消滅，自有其貢獻。六朝士庶之分是家世或生物的決定，所以高門低門一成而不易，譜牒及階級內婚爲維持門第所必需。唐代士庶之分是科舉的或社會的決定，社會政治地位決於個人的努力與機會，與先世的窮通無關㉓。士族可以降爲庶族，庶族也可升爲士族，門限並不是不可踰越的。在這種情形之下，士庶之分自非絕對的，累世不變的，同時譜學及階級內婚制亦失去其存在之價值。通志云：『自隋唐而上，官有簿狀，家有譜系，……自五季以來，取士不問家世，婚姻不問閥閱，故其書散佚而其學不傳』㉔。的是確論。

士庶之間的不通婚姻只有在士庶成爲兩階層的時代爲然，門第之風廢，此種禁忌亦隨之而打破，其歷史不過包括三世紀以迄八世紀前後的幾百年。在另一方面，良民與賤民的區分及不通婚的禁忌則始終存在，始終保持不變，士庶在社會及政治地位上雖有分別，從法律上看來，庶族並沒有喪失獨立的人格，與士族尚非處於平等的地位。良賤之分則很明顯地社會地位法律地位皆不平等。社會對於良賤之間的歧視，實遠甚於士庶之間的歧視，一沾賤籍，便喪失獨立的人格，遭受非人的待遇，他的配偶將與之同命，他的子孫也將世世承繼他們的身分。法律上良賤實處於不平等的地位，而分別適用特殊的法律。在這種情形之下，我們自不難想像良賤之間的階層實較士庶之間的更爲嚴格，而良賤之間不通婚的禁忌亦遠較士庶之間的爲嚴格，所以六朝的制裁大都是社會的政治的，只見有北魏一個例外，是法律的制裁。歷代對於良賤通婚的禁止及制裁則不僅是社會的且是法律的。可以說自有奴隸以來的歷史無不如此。唐律疏義所謂：『人各有耦，色類須同，良賤既殊，何宜配合？』㉕即此種典型意識的代表。

唐時官私賤民種類很多，地位亦不一致，通婚的限制亦不盡同，官賤民中官戶雜戶皆爲內婚團體，戶令上明文規定『當色爲婚』㉖。雜戶違律與良人爲婚者杖一百，官戶娶良人女者同罪㉗。太常音聲人係因罪謫入營署的伶官，即使原是衣冠世緒或公卿子孫，一沾此色便後世不改，『婚姻絕於士類，名籍異於編氓』㉘，後來纔下詔蠲除一同民例，不在賤民內婚團體之列，所以法律上說太常音聲人依例婚同百姓㉙。私賤民中奴婢最賤自不得與良人爲偶，違者處徒一年半至二年㉚。部曲客女的地位雖較良人爲低，却較奴婢爲高，實居良賤之間，所以他們的法律地位較奴婢爲高㉛，而婚姻的限制亦較自由，可以同類相求，可以降格相求與奴婢爲婚，亦可以上與良人爲婚㉜。唐以後無部曲客女名目，所以法律上良賤爲姻但指奴婢而言，與齊民身分同等的雇工人是不在內的。明清律奴娶良人爲妻者杖八十，妄冒爲良人而與良人爲婚者，罪加一等㉝。

以賤取良，賤人固屬有罪，但良人甘心從賤，亦咎由自取，所以法律上亦有處分，唐明清律，嫁女與奴之女家但減奴娶良人罪一等㉞，且須離異，唐律疏義云：『唯本是良者，不得願嫁賤者』㉟，法律上不承認，自由人在這方面的自由意志，對階級內婚制的堅持是極可注意的。

奴婢是屬於家長所有的，家長有處分督責的全權，所以歷史法律皆以此種責任加於家長。不但爲奴娶良人女及妄以奴婢爲良人而與良人爲婚之家長，罪與自娶良人爲妻之奴及自行妄冒之奴同，便是家長知奴娶良人而不加禁止，亦不能無罪，——減奴罪二等㊱。若家長因將奴所娶之良家女入籍爲婢，則壓良從賤，其罪更大，所以處刑更重，唐律流三千里，明清律杖一百㊲。

奴婢之外，倡優樂人亦爲賤籍，不齒於齊民，所以律亦禁以良人女爲妻妾。明清律犯者杖一百，知情之家長同罪㊳。若良人而娶樂人爲妻妾，除官吏及應襲之子孫外，庶人是不坐的，官員有辱體統，故杖六十㊴。

從上述的事實中我們可以看出良賤爲婚的法律制裁都指賤男娶良家女子而言，並不包括良家子弟娶賤民女子。除妄以奴婢爲良人而與良人爲夫妻一項係兼指男女兩方而言外，餘均止奴娶良人女爲妻的罪名。同樣地倡優樂人，除官吏因情形特殊之外，亦只有單方面的規定。立法的原意是值得我們注意的。女子是從夫的，以賤從良，爲良，以良從賤便如元律所說的：『諸良家女願與人奴爲婚者即爲奴婢』㊵，而淪爲賤籍了。所以法律對良人加以保障，嚴禁賤人以良人爲妻。

還有一重要點不當爲我們所忽略的是法律不但立有良賤爲婚的專條，對於違犯者加以刑事制裁，更重要的是根本否認這種婚姻的法律效力，而予以撤銷的處分㊶。僅有刑事制裁而無撤銷的處分，階級內婚制的維持是難得徹底的。

二　婚姻儀式的階級性

不但擇偶如上所述，有階級上的限制，便是結合的儀式也是有強烈的階級性。

通常所謂六禮，實是士以上的婚禮，對於不能備禮的庶人是不能不力求簡便的，不要求他們遵守這些禮儀，宋史云：『品官婚禮納采，問名，納吉，納徵，請期，親迎，同牢，廟見，見舅姑，姑醴婦，盥饋饗婦送者並如諸王以下婚，但四品以下不用盥饋饗婦禮，士庶人婚禮並問名於納采，並請期於納徵』㊷。朱子家禮爲簡便計，亦無問名納吉，止納采納幣請期親迎四禮，且併納幣請期爲一禮，實止三禮。洪武元年令民間嫁娶應依朱文公家禮，止行四禮（品官則仍備六禮）㊸。且納采納幣請期之儀有媒無賓詞，亦與品官不同㊹。禮不下庶人原是因繁文縟節無論財力上人力上都有未逮，所以不能備禮，有傾向於從簡的趨勢，但如果規定他們必須如此，雖財力人力所許，亦不許備禮，這樣便成了對於庶人的一種限制了。

從品官士庶所用儀物的限制上更可以看出這種階級的意義來。自來對於納幣的質量都有一定的規定，多寡豐儉皆以品級爲比例㊺。有時甚至對於婚筵也有限制㊻。

新郎的禮服，品官得用本品官服㊼，若爲品官子孫，雖無官亦許攝盛，唐制三品以上有公爵者嫡子之婚假絺冕（四品冕服），五品以上子孫九品以上子及五品等爵皆假弁服（六品以下九品以上服）㊽。宋三舍生及品官子孫假九品服㊾。明品官子孫亦假九品服㊿。清三品以上官子孫攝五品服，五品以上攝七品服，六七品攝八品服，八九品下及士人攝公服51。

本身無官婚禮得盛攝，原是重婚姻大事，特加隆重的意思，有些時代，庶人亦許假借公服。唐庶人婚假絳公服52，明庶人服常服或假九品服53。有的時代則不許，宋庶人婚皆皂衫衣折上巾54，清庶人盛服而已55。

程伊川云：『重禮者當重其服，故律許假借，未仕而昏用命服，但只限於士，農工商則不可，非其類也』56。將許假借及不許假借的道理完全道出。

新娘的禮服適用同樣的原則，官吏娶婦則用命婦之禮，其服以夫品爲準57。庶人娶妻，自不得着命婦禮服。清時庶民婦女婚嫁皆不許用冠帔補服58。

親迎所用車輿不是可以隨意使用的59。

婚禮所用儀杖最足以顯示門第。自來品官婚姻都許用本品鹵簿儀杖60。清時品官家子孫雖本身無官職亦許用父儀仗61。庶人則禁僭用62。鐙鼓樂人均有定數63。唐太和六年頒定舍宅輿馬服飾制度條件，勒云：『其喪葬婚嫁吉凶禮物，雖不在條件之內，亦委所司，準令式勾當，仍加捉搦』⑭。

以上是關於品官士庶婚儀的規定，一一評定於禮書中，違式僭用者即按違令律治罪，笞五十。嘉慶二十五年上諭步軍統領及直省督撫，各飭所屬將民間婚喪等事悉照會典所載規條刊發，徧行曉諭，務令祇遵，不得習尙浮華，有違定制，仍着該管各衙門隨時稽查，如有不遵例制者，嚴行究辦⑮。又規定失察官吏的處分⑯。限制不可謂不嚴，但事實上社會上往往不嚴格遵守這些禁令，一般人都好風光，趨向於豪侈，不但財禮婚筵等等如此，即以儀仗而言，平日的禁令雖極嚴格，婚禮中則頗多僭用，官吏往往對此特加通融，不認眞糾察，久之，便成爲一種風氣。王應奎，柳南隨筆云：『蘇俗娶婦者不論家世何等，輒用掌扇，黃蓋，銀瓜等儀仗，習以爲常，十室而九，且掌扇上必粘翰林院三字』⑰。他所說的是清初的情形。

【注釋】

①國語，越語上。

②瞿同祖，中國封建社會，商務，民二六，頁二五九—二六一。

③魏書，三三，公孫表傳。

④同右，五十，崔辯傳，附崔武傳。

⑤魏書，六〇，韓麒麟傳云：『朝廷每選擧人士，則校其一婚一官以爲升降』。

⑥北齊書，二三，崔㥄傳，四〇，白建傳。

⑦魏書，八四，平恆傳。

⑧晉書，八四，楊佺期傳，按當時人每婚宦並提，實非偶然。

⑨沈休文，奏彈王源（文選，四〇，彈事）。

⑩同右。

⑪魏書，五，高宗紀。

⑫新唐書，二二三上，李義府傳。

⑬唐太宗嘗曰：『我於崔盧李鄭無嫌，顧其世衰，不復冠冕』（新唐書，高儉傳）。

⑭舊唐書云：『關東魏齊舊姓，雖皆淪替，猶相矜尚，自爲婚姻』（卷八二，李義府傳）。

⑮唐太宗云：『今謀臣勞士以忠孝學藝從我定天下者，何容納貨舊門，向聲背實，買婚爲勞耶』。（新唐書，高儉傳）。

⑯新唐書，高儉傳。

⑰同右。

⑱同右，參看唐書，一〇六，李敬玄傳。

⑲新唐書，一七二，杜羔傳，附中立傳。

⑳通志云：『自隋唐而上，官有簿狀，家有譜系，官之選擧，必由於簿狀，家之婚姻，必由於譜系，自五季以來，取士不問家世，婚姻不問閥閱，故其書散佚而其學不傳』。（卷二五，氏族略，氏族序）然舊五代史謂李專美之遠祖本出姑臧大房，與清河小房崔氏，北祖第二房盧氏，昭國鄭氏，爲四望族。『男

女婚嫁，不雜他姓，欲聘其族，厚贈金帛始許焉』（卷九二，李專美傳）。知五代時階級內婚制並未完全消滅。

㉑故新唐書，七一上，宰相世序表序云：『唐爲國久，傳世多，而諸臣亦各修其家法，務以門族相高，其賢材子孫不換其世德，或父子相繼居相位，或累數世而屢顯，或終唐之世不絕，嗚呼，其亦盛矣。然其所以盛衰者，雖由功德薄厚，亦在其子孫。』

㉒新唐書，高儉傳云：『太宗詔高士廉韋挺岑文本令狐德棻，責天下譜牒，合二百九十三姓，千六百五十一家，爲九等，是曰氏族志。崔幹仍居第一，帝曰『我於崔盧李鄭無嫌，顧其世衰，不復冠冕，猶時舊地以爲其貲，不肖子偃然自高，販鬻松檟，不解人間何爲貴之，齊居河北，梁陳在江南，雖有人物，偏方下國，無可貴者，故以崔盧王謝爲重。今謀士勞臣以孝弟學藝，從我定天下者，何容納貨舊門，向聲背實，買婚爲榮耶？太上有立德，其次有立功，其次有立言，其次有爵爲公卿大夫，世世不絕，此謂之門戶。今皆反是，豈不惑耶？朕以今日冠冕爲等級高下』。遂以崔幹爲第三姓，班其書天下。高宗時刊定姓氏錄，以四后姓酅公，介公，及三公，太子三師，開府儀同三司，尚書僕射爲第一姓，文武二品及參知政事三品爲第二姓，各以品位高下敍之，凡九等，取身及昆弟子孫，餘屬不入，改爲姓氏錄。當時軍功入五品者，皆昇譜限，譜紳恥焉，號曰勳格。義府奏悉索氏族志燒之。李義府傳亦云：『以仕唐官至四品皆昇士流，於是兵卒以軍功進者悉入書限』。

㉓故李勣謂弟弼曰：『我見房玄齡杜如晦高季輔皆辛苦立門戶，亦望詔後，悉爲不肖子敗之』。（新唐書，九三，李勣傳）。

㉔鄭樵，通志，二五。

㉕唐律疏義，一四，戶婚下，『奴婢良人爲妻』條疏義。

㉖唐律疏義，一二，戶婚中，『養雜戶爲子孫』條疏義引戶令。

㉗唐律疏義，一四，戶婚下，『雜戶不得娶良人』。

㉘見唐大詔令，八一。

㉙唐律疏義，『雜戶不得娶良人』條疏義。

㉚奴娶良人女爲妻者徒一年半，妄爲良人而與良人爲婚者徒二年（唐律疏義，『奴娶良人爲妻』）。

㉛所以良人毆部曲減凡人一等，毆奴婢又減一等，而部曲奴婢相毆殺則依部曲與良人相毆殺傷法。

㉜唐律疏義云：『部曲其妻通娶良人客女奴婢爲之』。（卷六名例六，『官戶部曲』條疏義）。

㉝明律例，四，戶律一，婚姻，『良賤爲婚姻』；清律例，一〇，戶律，婚姻，『良賤爲婚姻』。

㉞唐律女家徒一年（唐律疏義，『奴娶良人爲妻』），明清律杖七十（明律例，『良賤爲婚姻』，清律例，『良賤爲婚姻』）。

㉟唐律疏義，一二，戶婚上，『放部曲爲良』條問答。

㊱唐律杖一百，明清律杖六十（唐律疏義，『奴娶良人爲妻』；明律例，『良賤爲婚姻』；清律例，『良賤爲婚姻』）。

㊲同右。

㊳明律例，一一，刑律三，『犯姦』；『買良爲娼』。清律例，三三，刑律，『犯姦』，『買良爲娼』。

㊴明律例，四，戶律一，婚姻，『娶樂人爲妻妾』；淸律例，一〇，戶律，婚姻，『娶樂人爲妻妾』。淸律本條總註云『不言庶民者以爲不足責也』。

㊵元史，一〇三，刑法志，『戶婚』。

㊶唐律疏義，『奴娶良人爲妻』，明律例，『良賤爲婚姻』，『娶樂人爲妻妾』，『買良爲娼』。淸律例，『良賤爲婚姻』，『娶樂人爲妻妾』，『買良爲娼』。

㊷宋史，一一五，禮志，六八，禮一八，嘉禮六，『品官婚禮』，『士庶人婚姻』。

㊸明會典，七一，婚禮五，『品官納婦』，『庶人納婦』。嘉靖八年題准士庶婚禮如問名納吉不行已久，止仿家禮納采納幣親迎等禮行之。知此習相沿已久。

㊹明史，五五，禮九，嘉禮三，『品官婚禮』，『庶人婚禮』。

㊺北齊　一品　元三匹，纁三匹，束帛十匹，璧一，豹皮二，錦采四十匹，絹一百四十匹，羔羊一口，羊二口，犢二頭，酒黍稷稻米麵各四斛。

四品以下無璧。

六品以下至從九品改用鹿皮。

絹二品以下每品減二十匹。

一至三品用錦采，每品遞減十匹，四品以下用雜采。

四品十六匹，五品十匹，六七品五匹。

四品五品減一犢，六品以下無犢。

酒黍稷稻米麵四品五品減爲二斛，六品以下減爲一斛。

唐

一品至三品　玄纁束（元三匹纁二匹合束之）乘馬，玉以璋。

四品至五品　玄纁束，兩馬，無璋。

六品至九品　玄纁束，儷皮二，無馬。

元

一品二品　五百貫。

三品　四百貫。

四品五品　三百貫。

六品七品　二百貫。

八品九品　一百二十貫。

庶人　上戶一百貫，中戶百十貫，下戶二十貫。

清

一品至四品　幣表裏各八兩，容飾合八事，食品十器。

五品至七品　幣表裏各六兩，容飾合六事，食品八器。

八九品及有頂戴者　幣表裏各四兩，容飾合四事，食品六器。

庶人　紬絹四兩，容飾四事，食品四器。

（以上見通典，一二九，禮八九，開元禮纂類，二四，嘉八，『納徵』；唐書，一八，禮樂志八；元典章，一八，戶部四，『婚禮』；清通禮，二六，『嘉禮』）。

㊻唐　一品以下牲用少牢及臘，六品以下牲用特牲及臘，皆三俎，三簠，三簋，二甄，豆數一品十六，二品十

四，三品十二，四品十，五品八，六品六。

元　官品不過四味。

庶人　上戶中戶不過三味，下戶不過二味。

清　民公二十席，侯十八席，伯十七席，一品官十五席，二品十三席，三品八席，四品六席，五品五席，六至九品俱用三牲，庶人二牲。

（參看通典，一二九，禮八九，開元禮纂類，二四，『親迎』；唐書，一八，禮樂志八；清會典，二八，清通禮，二五，『嘉禮』）。

㊼通典，一二九，開元禮纂類，二四，『親迎』云：子服其上服，一品袞冕，二品鷩冕，三品毳冕，四品絺冕，五品玄冕，六品爵弁』。五代會要二，『婚禮』云：『本朝（後唐）舊儀自一品至三品婚姻得服袞冕，斂佩衣九章』。宋史，一一五，嘉禮六，『品官婚禮』云：親迎云曰子，『公服升自西階』。又一五三，輿服志云：『淳熙中朱熹又定祭祀冠婚之服，特頒行之，凡士大夫家祭祀冠婚則具盛服，有官有幞頭帶鞾笏，進士則幞頭襴衫帶，處士則幞頭皂帶，無官者通用帽子衫帶，又不能具，則或深衣或涼衫』。

司馬光書儀云：『冠婚祭諸儀，主人皆盛服，有官者具公服靴笏，無官者具幞頭鞾襴或衫帶，各取其平日所服最盛者』（卷二，冠儀，『冠』）。

明會典，七一，婚禮五，『品官納婦』云，『壻具公服親迎』。清通禮，二六，『嘉禮』云：『初婚壻公服立於堂下，有官者以其服』。

㊽通典，一〇八，禮六八，開元禮纂類三，序例下，『君臣冕服冠衣制度』。

㊾宋史，一一五，禮一八，嘉禮六，『士庶人婚禮』。

㊿明會典，七一，婚禮五，『庶人納婦』。

(51)清會典，二八，清通禮，二六。

(52)通典，一〇八，『君臣冕服冠衣制度』；一二九，『親迎』。

(53)明史，五五，禮九，『庶人婚禮』；六七，輿服三。明會典則云：『品官子孫假九品服，餘皂衫折上巾』（卷七一，婚禮五，『庶人納婦』）。

(54)宋史，『士庶人昏禮』。

(55)清通禮，二六。

(56)二程語錄，卷十一。

(57)唐百官以下女官准其夫服花釵寶鈿飾翟衣，一品花釵九樹翟九等，二品八樹八等，三品七樹七等，四品六樹六等；五品五樹五等，（按花釵翟衣即內外命婦之服，惟五品以上得服之，唐書，車服志云：外命婦嫁及受冊從蠶大朝會之服也。）六品以下九品以上妻及九品以上女服花釵（以金銀雜寶飾）大袖之服，庶人花釵（以金銀琉璃等塗飾）連裳服，（詳通典，一〇八，禮六八，開元禮纂類三，『皇后王妃內外命婦服及首飾制度』；一二九，禮八九，開元禮纂類，二四，『親迎』），五代會要，二，婚禮云：『後唐同光三年皇子興聖宮使繼岌婚，太常禮院奏皇子官是檢校太尉，合准一品婚姻施行，其妃準禮婦人從夫之爵，准一品命婦禮，花釵九枝博麾褕翟衣九等，蓋猶唐制，清通禮二六，『嘉禮云』，『女具服加飾，服胝壻之等』。可知新人服飾各代皆依命婦之品級。

⑱ 清會典，二八。

⑲ 隋制，王公大臣象輅，革輅，木輅，親迎及葬則乘之（通典，六五，禮二五，嘉十，『公侯大夫等車輅』）。唐制，親迎親王乘輅，三品以下官乘革輅，四品五品木輅，五品非京官職事者，乘青通幰犢車，六品以下青偏幰犢車。婦車及從車各準其夫。（通典，一二九，開元禮纂類二四，『親迎』。又卷六五，禮二五，『王祀命婦等車』云，『王公以下車輅皆太僕官造貯掌之，婚葬則給之。）清制，品官用輿，襜蓋飾采絹，垂流蘇，五品以上八，前後左右各二，六品以下四，前二後二，八品以下無流蘇，襜蓋前但飾采絹二，庶人襜蓋無飾，且不得乘大轎（清會典，二八，清通禮，二六）。

⑳ 唐制應給鹵簿，職事四品以上，散官二品以上，及京官職事五品以上，本身婚葬皆給之。京官五品並得借四品鼓吹儀，至元年建卯月三日，婚葬鹵簿據散官封至一品，事職官正員三品；並駙馬都尉，許隨事量給，餘一切權停（見唐會要，三八，『葬』），元至元二十一年禮部議得品官遇有婚喪止依品職合得儀從迎送（元典章，三〇；禮制，三，『婚禮』）。清制凡有品級官婚嫁用本官執事，鼓樂不得過十二名，鐙不得過六對（清會典，二八，禮部）。

㉑ 元典章，三〇，云儀從禁斷無官百姓人等不得僭用。清通禮，二五云：『儀衛各胝其品，子未受職，父爲納婦者，禮胝其父，鼓樂不得過十二人，鐙不得過十二』。

㉒ 清會典，二八云：『無品級人及監生軍民不得用執事』（清通禮，二五云，『庶民』不得僭用儀衛）。

㉓ 鼓樂不得過八名，鐙不得過四對（清會典，二八，清通禮，五二）。

㊿唐會要，三一，雜錄。
65嘉慶二十年十月初四日上諭。
66凡進士舉貢生監有職人員及軍民人等婚喪祭祀越禮僭分，州縣官失於察禁，罰俸一個月（公罪），若循庇紳衿，容隱不究，降三級調用（私罪）。淸律例彙輯便覽，一七，禮律，儀制，喪葬條引。
67王應奎，柳南隨筆（借月山房彙鈔本）卷三。

第三節　喪　葬

同是一死而有崩，薨，卒，死，捐館等不同的名稱①。

喪葬的用器和儀式，自始喪以至埋葬無一不指示階級的差異，荀子云：『事上不忠厚，不敬文，謂之野，送死不忠厚，不敬文，謂之瘠，君子賤野而羞瘠，故天子棺槨十重，諸侯五重，大夫三重，士再重，然後皆有衣衾多少厚薄之數，皆有翣文章之等以敬飾之』。

死者如果生前是官吏，他得以公服朝服入殮，庶人只能穿常服②。殮衣的稱數以多爲貴，庶人最少，常止一稱③。複衾的顏色也有規定④。

尸口的含，或珠玉，或錢貝，不得亂用⑤。

棺木，明代品官用油杉，朱漆，槨用土杉，庶人棺以油杉，柏或土杉松爲之，只能用黑漆金漆，不得用朱紅⑥。

銘旌本身便是用以炫耀鄉里的東西，縉紳人家之喪，旌上大書某官某公，或某某氏之柩⑦。題字的人常為當時顯貴，此風至今不息。題字而外，銘旌的長短也足以顯示死者的身分，五尺，七尺，八尺，九尺，四種尺寸，其長度是與官品成正比例的⑧。

唐宋時又有所謂重者，也以長為貴⑨。

明器的尺寸，數量，及所用質料均依官品為序，庶人的明器既少且小⑩。

出殯時品官得用生前所用儀仗⑪。

喪儀也有專屬於品官的，方相魌頭只限於八品以上官員之喪，四品以上許用方相（四目），七品以上只能用魌頭（二目）⑫。行披鐸翣⑬及挽歌，庶人亦不許僭用，官吏之中因品級不同，數量上亦有差異⑭。

柩轝雖為官吏士庶所共有，但各種裝飾有很大的差異，華麗樸素全以死者身分而定，禮記上面便記載國君至士大夫不同的柩飾⑮隋唐宋各代輀車上的裝飾如車幔（幰），幰竿，垂帶，流蘇，以及車廂時畫飾，皆以品級為差，品級愈高，則幰竿愈長，垂帶流蘇愈多⑯。庶人喪車則極樸素，唐會昌元年新制，工商百姓諸色人吏無官者不得用油幰流蘇等飾，並不得繪綠結絡⑰。後唐及宋庶人喪車皆用鼈甲車，亦無幰襈畫飾⑱，明品官喪車皆繪綠，皆飾帷幔，四面垂流蘇，庶人但以衾覆棺而已⑲。清代柩轝荒幃及轝杠各有定制⑳，庶人以布衾罩棺，柩轝不施幃蓋，杠兩端黑，中飾紅堊㉑。

抬柩人數的多寡亦隨品級而異，後唐時品官多者至二十人，庶人只用八人㉒。清時品官多至六十四人，庶人但十六人㉓。

從上所述，我們可以想像得出官宦人家死後的風光，鼓吹儀仗陳器的繁華，棺槨喪車的垂麗，以及抬柩人數，和挽歌執紼人數之多，出喪的熱鬧，猶如今大出喪，道人爭看，官品愈高，則出喪愈益熱鬧繁華。唐李義府葬祖父，主公以下皆來送葬，會葬車馬祖奠供帳七十里間相繼不絕㉔。

葬亦與階級有關，據禮記所載，便因連葬的日期也因階級而不同㉕。公羊也有正及渴葬，慢葬之說，惟其說不足信㉖，一般說來，富貴人家因講求鋪張，停靈禮儀，及迷信風水的關係，實際自比窮家小戶，需要較多的時日，平常人家一則喪葬簡單原不需許多籌備的時間，同時停靈在家不但房舍隘小出入不便，多停一日多費一日的錢，從職業方面來說，一日不工作便少賺一天的錢（不像官員之丁憂，杜門之日正多，可以從容佈置喪事），各方面都不許可緩葬，但這是經濟社會的原因而不是禮法有如此的規定。歷代都無如禮經的規定。唐葬憲宗時，葬期未定，太常博士王彥威奏：『臣按禮經天子七月而葬，國朝故事，高祖六月而葬，太宗四月而葬，高宗九月而葬，中宗六月而葬，睿宗五月而葬，順宗七月而葬，元宗肅宗二聖山陵，以聖誕吉凶相屬，有司懼不給，故並十二月而葬，蓋有爲而然，非常典也。……今國哀在正月，並閏至六月，即合禮經七月之數，……待詔楊士端遠卜十二月二十八日，……自國哀以至虞祇凶毀之儀，首尾十四月，國朝且無故事，豈惟禮經不合？臣謹參詳禮文，用六月爲便』㉗。可見天子葬期原不依禮經，且無定制，若唐禮書中有此項規定，王彥威何必遠引古經？明會典官庶葬期俱爲三月，惟清通禮制定品官庶人葬期不同，一爲三月，一爲一月㉘。法律上並規定凡有喪之家，必須依禮定限安葬，惑于風水及託故停柩在家經年不葬者杖八十㉙。

開元禮規定擇葬日擇葬地，五品以上用卜，六品以下用筮㉚，雖卜亦別貴賤。墳塋自來皆有定制，官品越高，則占地愈廣，墳亦愈高，成爲不移之原則。禮云：『天子墳高三雉，諸侯半之，大夫八尺，士四尺』。漢律列侯墳高四尺，關內侯以下至庶人各有差㉛。原侯坐葬過律奪國，樅陽侯亦因塚過制髡削㉜。其後，唐元明清皆有規定，墳地尺圍步數，墳高若干，皆有明文，品官禁地多至周圍九十步，墳塚高至一丈八尺，最少者亦有二十步，高八尺，庶人則少至七步九步，高僅四尺㉝。

碑碣上的題字㉞，碑身碑首碑趺的尺寸，首趺的形狀和花樣，無一不足以指示墓中人的身分㉟。原則上庶人是不許用碑碣的㊱。

更有些專屬於大官的哀榮，除輟朝，賜祭，賜賻，賜謚，及遣官治喪等事外，立於墓地的有神道碑，及石人石獸等等㊲。

以上是歷代對於喪葬儀制的規定，命婦自有品級，官吏子孫亦得各依品蔭。上得兼下，下不得僭上的原則仍適用於此（見前）。後唐喪葬令云：『諸喪不得備禮者，貴得用賤，賤不得用貴』㊳。貴而不富的人家，往往拙於財力，喪葬不能備禮，有些窮官如御史之流，常至身後蕭條，無以爲殮。富而不貴的人家，往往格於禁令，想大事鋪張而不可能。秦可卿之喪正是賈府財旺時，可惜她的丈夫不過是個黌門監，靈旛寫起來不好看，便是執事也不多，爲了使喪禮風光些，所以賈珍千方百計爲捐一官銜，喪事才得稱心。賈母是命婦，喪事原可十分風光，却又當家業破敗時，力不從心。前一事可以看出有其財而無其位的窘迫，後一事則可以看出有其位而無其財的窘迫，細加玩味，最足以說明財力與身分經濟能力與政治地位在儀式上的關係。

我們應注意這些規則與社會間的距離。

喪葬的等第固然令文限制甚嚴，違者常受處分，唐律墳塋石獸之屬於令有違者杖一百，雖令赦，石獸碑碣之屬，皆令改去㊴。長慶二年又詔百姓喪葬以金銀錦繡爲飾，及陳設音樂，葬物稍涉僭越者，皆勒令毀除㊵。後唐令所司切加糾察，如物色數目大小有違條式，及飾以金銀者杖六十㊶。明清律皆規定器物之類違式僭用者，有官者杖一百，罷職不敍，無官者五十，違式之物並責令改正。

歷代爲了切加防止，常將責任放在承辦的行人工匠身上，如有違犯，皆問其罪，唐時喪葬條例皆由官府散榜城市及諸城門，宣示一切供作行人，令知所守，如有違犯，先罪供造行人賈售之罪㊷。喪家儀物違制，皆罪坐工人。後唐時規定租賃及製作喪葬器物的行人在承辦以前必須查明喪家官秩高卑，合使人數物色，報請巡使判狀，纔能供應㊸。爲了防止喪家冒稱官秩起見，除死者係升朝官見任官外，其餘官吏俱須將官誥或敕牒呈本巡使判押文狀，行人纔可據以供應㊹。如過制度，其假賃行人徒二年，喪葬之家即不問罪㊺。明清律皆規定承造違式器物之工匠並笞五十，自首免罪㊻。

即官吏有失糾察，有時亦加懲責㊼。

但史實告訴我們，法律的禁制並不曾發生很大的效力，在人民日常生活方面已經如此，喪葬方面這種情形尤爲顯著而普遍，孝道本爲朝廷所倡導，人子厚葬其親，原爲孝道的表現，喪家往往不惜以身式法，政府方面實有防不勝防，罰不勝罰之苦，同時爲了表現孝道，也不便過於認眞追究，有時禁令竟成具文。唐元和三年京兆尹鄭元修條奏王公士庶喪葬等第，結果因『是時厚葬成俗久矣，雖詔命頒下，事竟不行』㊽。

元和六年官庶喪葬本有定制。會昌元年御史台酌定新制，品官明器每等皆加十事，舁數及人物尺寸皆分別增加，庶人明器亦由十五事增爲二十五事，由三舁增爲十舁，四神十二時原不許置，今亦不禁。這些新的規定都是爲了從寬處置，臺奏所說：『伏以喪葬之禮，素有等差，士庶之室，近罕遵守，逾越既甚，糜費滋多。臣忝職憲司，理當禁止，雖每令舉察，亦怨謗隨生，苟全廢糾繩，又議責立至。總以承前令式及制敕皆務從儉省，減刻過多，遂令人情易逾禁，將求不犯，實在稍寬，臣酌量舊儀，創立新制，所有高卑得體，豐約合宜，免令無知之人，更懷不足之意』㊾。確爲情實。怨謗隨生議責立至二語，表現官方左右爲難的心情，可稱實供。宋太平興國七年命李昉等重定士庶喪葬制度，昉奏議曰：『臣等參詳子孫之葬父祖，卑幼之葬尊親，全尚樸素，即有傷孝道，其所用錦繡，伏請不加禁斷〔舊禁百姓喪葬祭奠不得以金銀錦繡爲飾〕，其用音樂及攔街設祭，身無官而葬用方相者嚴禁之』㊿。也是同一態度的表現。

唐律舍宅車服器物違式皆令改正，惟墳則不改(51)，無異於對既成事實的默認。喪家儀物違制止按治工人，不許更至喪家妄有捉搦，即便在衢路捉獲，亦只罪坐工人，不得拘留喪家行李，令過時日(52)。後唐時亦但處分行人，喪葬之家不問罪。御史台奏稱：『今則凡是葬儀，動逾格物，但官中只行檢察，在人情各盡孝思，徇彼稱家之心，許便送終之禮，臺司又難將孝子盡決嚴罰，祇以供人例行書罰，以添助本司支費』53。法律對於喪家的寬容，不將責任加於孝子，其社會後果是不難想像的。

按律庶人喪事不得用儀杖，不得立碣，可是事實上並不然。元時喪家往往使用祇候人等掌打茶褐傘蓋，銀裹校椅儀仗等物送殯54，明清時代遺留下來的古塚，雖爲庶人無不有碣。這些事實都足以表現喪葬逾制之習，大約除了使用六十四抬柩，用全副儀仗，墳前樹立石人石獸石柱，建神道碑，及用螭首龜趺等類儀物外，其他不甚嚴重的事物是不大會引起嚴重糾紛的。

【注釋】

①禮記云：『天子曰崩，諸侯曰薨，大夫曰卒，士曰不祿，庶人曰死。』（曲禮下，亦見公羊，隱公）開元禮云：『凡百官身亡，三品以上稱薨，五品以上稱卒，六品以下達於庶人稱死。』（通典，一〇八，禮六八，開元禮纂類三，序列下，『雜制』），明會典云：『亡者官尊即云薨逝，稍尊即云捐館，生者官尊則云奄棄榮養。』（卷九九，禮部五七，喪禮四，『品官』，『弔奠賻』條註）。

②隋制，官人在職喪，聽斂以朝服，有封者斂以冕服，未有官者白帢單衣，婦人有官品者亦以服斂（通典，八四，禮四四，凶六，喪制三二，小『斂』）。唐百官以理去職而薨卒者聽斂以本官之服，無官者介幘單衣，婦人有官品，亦以其服斂（同上）。司馬光書儀云：『今從開元禮，上服者，有官則服公服，無官則襴衫或衫，婦人以大袖或背子，皆常經衣者』（卷五，『喪儀』一）。知宋制猶然。明史云：品官殮用朝服一襲（明史，六〇，禮一四，凶禮三，『喪葬』，『士庶人喪禮』）。清會典，清通典皆云官員殮服朝衣冠帶各視其等（清會典，三八，清通典，凶禮）。

③唐制品官小斂衣十九稱，大斂衣三十稱（通典，一三八，禮九八，開元禮纂類三三，凶五，三品以上，喪上，『陳小斂衣』，『陳大斂衣』）。明品官用常服十番，衾十番，庶人襲衣一稱，深衣一（明史，『士庶人喪禮』）。清品官常服一襲，複衾一，殮衣，三品以上五稱，五品以上三稱，六品以下二稱，士常衣一稱，殮衣一，複衣一。庶人常服，殮衣，複衾一（清會典，三八，清通典，凶禮）。

④清制，一二品絳色，三四品緇色，五品青色，六品紺色，七品灰色（清會典，三八，清通典，凶禮。）

⑤唐　一品至三品　飯粱稷璧。

四品五品　飯稷稷蹇。

六品至九品　飯粱稷貝。

明　一品至五品　飯稷稷珠。

六品至九品　飯粱稷小珠。

庶　人　飯粱稷錢（三）。

清　一品至三品　含小珠玉屑（五）。

四品至七品　含金玉屑（五）。

士　含金銀屑（三）。

庶　人　含銀屑（三）。

（以上見通典，一三八，開元禮纂類，『含』；明史，『喪葬之制』，『士庶人喪禮』；清會典，三八，清通典，凶禮）。

⑥明會典，九九，禮部五七，喪禮四，『品官』；一〇〇，禮部，五八，喪禮五，『庶人』。

⑦開元禮云：書曰某官封之柩，並無封者云某姓官之柩，婦人其夫有官封，云某官封夫人姓之柩，不有官封者，云太夫人之柩，郡縣君隨其稱（通典，一〇八，開元禮纂類，『銘』）。宋史云，銘旌皆書某官封姓之柩，（卷一二四，禮志，一七，禮二七，凶禮三，『諸臣喪葬等儀』）。書儀云，官卑曰某君某妻（不曰某官某公），曰某封邑某氏，若無官封卽隨其生時所稱（卷五，『喪儀一』，『銘旌』條）。清通禮云，品官銘旌題曰某官某公（內喪書某封某氏）之柩，士（謂八九品及有頂戴者）題曰某官封（未仕則否）顯考某府君之柩，婦則書顯妣某氏（卷五二，凶禮）。

⑧
唐	一品至三品	九尺。
	四品五品	八尺。
	六品至九品	七尺。
後唐	同右。	
宋	同右。	
明	一品至四品	九尺。
	五品六品	八尺。
	七品至九品	七尺。
清	一品至三品	九尺。
	四品五品	八尺。

六品至八品　七尺。

九品及有頂戴者　五尺。

（以上見通典，一三八，開元禮纂類，『銘』，五代會要八，『喪禮上』，宋史，一二四，禮志，七七，禮二七，凶禮三，明史『士庶人喪禮』，淸會典，三八，淸通禮，凶禮。）

⑨隋制，一品懸鬲五，六品以上四，六品以下二（通典，八四，凶六，『懸重』）。唐一品至三品長八尺，四五品七尺，六品以下六尺（通典，一三八，開元禮纂類『重』）。宋，喪禮令諸重，一品柱鬲六，五品以上四，六品以下二，（見書儀卷五，『喪儀一』，『魂帛』）。按重主道也，鑿土爲之，置於中庭（見禮記，『檀弓』；儀禮，『士喪禮』）。士庶無重，以魂帛代之。書儀云：『士民之家未嘗識（重）也，皆用魂帛，魂帛亦主道也』。（『喪儀一』，『魂帛』。）故後代皆以魂帛代重，明會典但記魂帛。

⑩唐　三品以上　明器九十事，共五十舁。

五品以上　明器六十事，共三十舁。

九品以上　明器四十事，共十舁。

以上明器並用瓦木爲之，四神不得過一尺，餘人物不得過七寸。

庶　人　明器十五事不置四神十二時，所造明器，用瓦，不得過七寸，共三舁。

後唐　三品以上　明器九十事。

五品以上　明器六十事。

　九品以上　明器六十事。

宋　五品六品　三十事，共八床。

　七品常參官　二十事，六床。

　六品以下京官及檢校試官，十五事，五床。

　庶人　十二事，二床。

明　公侯　九十事。

　一品二品　八十事。

　三品四品　七十事。

　五品　六十事。

　六品七品　三十事。

　八品九品　二十事。

　庶人　一事。

（以上見通典，一〇八，禮六八，開元禮纂類三，序例下，『雜制』；唐會要，三八，『葬』五代會要，卷九，喪葬下；宋史，一二五，禮志七八，禮二八，凶禮四；明會典，喪禮四，喪禮五。按唐開元二十九年及會昌元年別有定制，本註但以元和六年制爲例，又後唐係以天成元年之制爲例，長興二年別有新制，從略）。

⑪唐會要，三八，『葬』；宋史，一二四，禮，志，七七，禮二七，凶禮三，又一四七，儀衞五；元典章

，三〇，禮服三，『婚禮』；清會典，三八，禮部。

⑫見五代會要，八，『喪葬上』；宋史，一二四，禮二七，凶禮三；明會要，喪禮四，『品官』。按唐宋時以四目兩目分別方相魌頭，明四目兩目通曰方相，但仍限四品以上四目，七品以下兩目。

⑬引卽行車之紼，披繫於車四柱，在旁執之，以防傾覆，銅鐸以節挽歌，翣據漢禮，以木爲筐，席三尺，高二尺四寸，方兩角高，衣以白布，柄長五尺，車行使人持之以從（禮記『喪大記』鄭註引）。後代皆用以障柩。黼翣畫黻文，黻翣畫黻文，各如其象，畫翣則畫雲氣。（同上，另據開元禮知黼黻翣四緣亦畫雲氣，畫翣則內外四緣皆畫雲氣——通典一三九，『陳器用』）。

⑭禮記天子八翣，諸侯六翣，大夫四翣。（見禮器，喪大記記君黼翣黻翣畫翣各二，大夫黻翣畫翣各二。崔舒弒齊景公草草葬之，四翣不蹕，〔左傳，襄二五〕貶損不依君禮，故書之）。

歷代之制如下：

唐	一品	引四，披六，鐸十六，黼翣二，黻翣二，畫翣二。
	二品三品	引二，披四，鐸十二，黼翣二，畫翣二。
	四品五品	引二，披二，鐸八，黼翣二，畫翣二。
	六品以下	引二，披二，鐸四，畫翣二。
後唐	三品以下	引披鐸翣之數不詳，挽歌三十六人。
	五品以上	引二，披二，鐸四，翣四，挽歌十六人。
	九品以上	二翣。

宋　三品以上　引四，披四，鐸六，翣六（謂黼黻畫翣各二），挽歌三十六人。

四品　引二，披二，鐸四，翣四，挽歌十六人。

五品六品　挽歌八人。

七品八品　挽歌六人。

明　公侯　引四，披六，鐸十六。

一品二品　引二，翣四，鐸十二。

三品四品　引二，翣二，鐸四。

翣　公侯六，三品以上四，五品以上二。

清　五品以上　畫翣四

六七品　畫翣二。

（參看通典，一三九，開元禮纂類，『陳器用』；唐會要，『葬』；唐書，禮樂志；五代會要，『喪葬上』；宋史，『諸臣喪葬等儀』；明會典，喪禮四，『品官』；清會典，三八；清通禮，『凶禮』。按本註所引唐制係根據開元禮，元和六年及會昌元年，別有新制，今從略，可參看唐會要。又挽歌之數，開元禮不載，唐會要云『三品以上挽歌三十六人，五品以上十六人，九品以上十人）。

⑮喪大記云：『飾棺，君龍帷，三池，振容，黼荒，火三列，黻三列，素錦褚，加僞（帷）荒，纁紐六，齊五采五貝，黼翣二，黻翣二，畫翣二，皆戴圭，魚躍拂池。君纁帶六，纁披六。大夫畫帷，二池，不振容，畫荒，火三列，黻三列，素錦褚，纁紐二，玄紐二，齊三采三貝，黻翣二，畫翣二，皆戴綏，魚躍池。大

夫戴前纁後玄，披亦如之。士布帷布荒，一池，揄絞，纁紐二，緇紐二，齊三采一貝，畫翣二，皆戴綏，士戴前纁後緇，二披用纁』。

⑯隋　三品以上　油幰　朱絲絡網，施襈兩廂畫雲氣，朱幰竿，垂六流蘇。

七品以上　油幰施襈，兩廂畫雲氣，垂四流蘇。

八品以下至庶人　鼈甲車無幰襈流蘇畫飾。

唐　三品以上　用開轍車油幰，朱絲絡網兩廂畫龍虎朱幰竿長二丈六尺，帶五重流蘇十八道纛竿九尺。

五品以上　幰竿長二丈二尺，帶四重，流蘇十六道（無朱絲網絡）。

九品以上　幰竿長一丈九尺，帶三重，流蘇十四道。

庶人　用合轍車，幰竿一丈六尺，帶二重，流蘇四道。

（按此係元和六年制，會昌元年新制始禁庶人用油幰流蘇等飾。）

後唐　三品以上　油幰，朱絲網絡施襈，兩廂畫龍虎，朱幰竿，重六旒蘇。

七品以上　油幰襈兩廂畫雲氣，垂四旒蘇。

九品以上　無旒蘇。

宋　三品以上　油幰朱絲絡網施襈，兩廂畫龍，朱幰竿，垂六旒蘇。

七品以上　油幰施襈，兩廂畫雲氣，垂旒蘇。

九品以上　無旒蘇。

（以上見通典，八六，禮四六，凶八，喪制之四，『薦車馬明器及飾棺』；唐會要，『葬』；五代會要，喪葬上；宋史，凶禮三。）

⑰唐會要，『葬』；五代會要，喪葬上。

⑱按後唐天成元年條流喪制，庶人禁斷使歌，祇合使甲竃車，並無幰襮畫飾，長興二年以喪家送葬或值炎夏，車中苦於搖撼，人情不便，始因有司之請，敕准庶人於竃甲車外亦許用轝（見五代會要，喪葬上，喪葬下）。宋制庶人仍用竃甲車無幰襮畫飾（宋史，凶禮三『諸臣喪葬等儀』）。

⑲明會典，喪禮四，『品官』；喪禮五，『庶人』。

⑳清代品官柩轝，四檐垂流蘇，青藍色繒荒繒幃，公侯伯織五采，二品以上施散金，五品以上畫雲氣，六品七品素繪無飾，士（謂八九品及有頂戴者）絹荒絹幃，仍垂流蘇。杠，五品以上皆髹朱，九品以上飾紅堊（參看清會典，三八；清通禮『凶禮』）。

㉑清通禮，『凶禮』。

㉒五品六品升朝官　舁轝用二十人。
七品八品升朝官　十六人。
六品至九品不升朝官　十二人。
庶人　八人。
（見五代會要，喪葬下）。

㉓二品以上　六十四人。

五品以上　四十八人。
八品以上　三十二人。
九品及有頂戴者　二十四人。
庶人　　十六人。
（見清會典，三八，清通禮，凶禮）。

㉔舊唐書，李義府傳。

㉕禮記，禮器。

㉖瞿同祖，中國封建社會，二六三—二六五頁。

㉗唐會要，三八，『葬』。

㉘同右，卷五二，凶禮。

㉙明律例，六，禮律，『喪葬』；清律例，一七，禮律，『喪葬』。但清通禮規定葬期，品官及士三月，庶人一月，清律例則註明職官庶民皆三月而葬。

㉚通典，一三八，開元禮纂類，『卜兆室』，『卜葬日』。

㉛周禮，春官，冢人註引。

㉜潛夫論，卷三，浮侈。

㉝唐

一品	墓地方九十步	墳高一丈八尺
二品	八十步	一丈六尺

	三品	七十步	一丈四尺	
	四品	六十步	一丈二尺	
	五品	五十步	九尺	
	六品以下	二十步	七尺	
元	一品	九十步		
	二品	八十步		
	三品	七十步		
	四品	六十步		
	五品	五十步		
	六品	四十步		
	七品以下	二十步		
	庶人	九步		
明	公侯	一百步	墳高二丈	圍牆高一丈
	一品	九十步	一丈八尺	九尺
	二品	八十步	一丈六尺	八尺
	三品	七十步	一丈四尺	七尺
	四品	六十步	一丈二尺	六尺

	五品	五十步	一丈	四尺
	六品	四十步	八尺	
	七品以下	三十步	六尺	
清	一品	九十步	一丈六尺	圍牆周圍三十五丈
	二品	八十步	一丈四尺	三十五丈
	三品	七十步	一丈二尺	三十丈
	四品	六十步	一丈	三十丈
	五品	五十步	八尺	三十丈
	六品	四十步	六尺	十二丈
	七品以下	二十步	六尺	十二丈
	庶人	九步	四尺	八丈

（以上見通典，一〇八，開元禮纂類三，『雜制』；元典章，三〇，『葬禮』；明會典，二〇三，工部二三，『墳塋』，『職官墳塋』；清會典，三八，清通禮，五三，凶禮；清律例，一七，『服舍違式』條例。）

㉞碑上皆書官位。清通禮云：『品官墓碑書某官某公之墓，婦人則書某封某氏。八九品以下及庶士碑文曰某官某之墓，無官則書庶士某之墓，婦稱某封氏，無封則稱某氏（『凶禮』）。

㉟唐　五品以上　螭首龜趺（高不過九尺）。

七品以上　圭首方趺（高四尺）。

宋　同上。

明　公侯　螭首龜趺（碑身高九尺，濶三尺六寸，碑首高三尺二寸，碑趺三尺八寸）。

一品　同　右（碑身高八五寸，濶三尺四寸，碑首高三尺，碑趺高三尺六寸）。

二品　麒麟首龜趺（碑身高八尺，濶三尺二寸，碑首高二尺八寸，碑趺高三尺四寸）。

三品　天祿辟邪首龜趺（碑身高七尺五寸，濶三尺，碑首高二尺六寸，碑趺高三尺二寸）。

四品　圓首方趺（碑身高六尺，濶二尺八寸，碑首高二尺四寸，碑趺高三尺）。

五品　同　右（碑身高六尺五寸，濶二尺六寸，碑首高二尺二寸，碑趺高二尺八寸）。

六品　同　右（碑身高六尺，濶二尺四寸，碑首高二尺，碑趺高二尺六寸）。

七品　同　右（碑身高五尺五寸，濶二尺二寸，碑首高一尺八寸，碑趺高二尺四寸）。

清　一品　螭首龜趺（碑身高八尺五寸，濶三尺四寸，碑首高三尺，碑趺高三尺六寸）。

二品　麒麟首龜趺（碑身高八尺，濶三尺，碑首高二尺八寸，碑趺高三尺四寸）。

三品　天祿辟邪首龜趺（碑身高七尺五寸，濶三尺，碑首高二尺八寸，碑趺高一尺二寸）。

四品至七品　圓首龜趺（碑身高七尺，濶二尺八寸，碑首高二尺六寸，碑趺高一尺）。

士　圓首方趺。

（以上見通典，一〇八，開元禮纂類三，『雜制』；宋喪葬令〈書儀，七表儀三，『碑誌』引〉；明會典，『職官墳塋』；清會典，三八，清通禮，『凶禮』。）

㊱按唐宋明三代皆止七品以上有碑碣（見上註），唐會要云：『若隱淪道素，孝義著聞，雖不仕，亦立碣』（卷三八，『葬』），則是不仕立碣，只有幾種人是例外，明清二代皆明定庶人止用壙誌，不許立碣（明會典，『職官墳塋』云，『庶人只用壙誌』，清通禮，『凶禮』云，『庶人有誌無碣』）。

㊲唐	石獸	二品以上六事二五品以上四事。
宋	三品以上	石人二，石羊二，石虎二，石望柱二。
	五品以上	石羊二，石虎二，石望柱二。
明	公侯至二品	石人二，石馬三，石羊二，石虎二，石望柱二。
	三品	石虎二，石羊二，石馬二，石望柱二。
	四品	石虎二，石馬二，石望柱二。
	五品	石羊二，石馬二，石望柱二。
清	同右。	

（以上見唐令文〈唐律疏義，二六，『舍宅車服器物』條引〉；開元禮，〈通典，一〇八，禮六八，開元禮纂類三，序例下，『雜制』〉；書儀，七，喪儀三，『碑誌』；宋史，一二四，禮志，七七，禮二七，凶禮三；明會典，二〇三，工部，二三，『職官墳塋』；清通禮，凶禮，清律例，『服舍違式』條例。）

㊳五代會要，喪葬上。
㊴唐律疏義，雜律上，『舍宅車服器物』，惟墳則不改。
㊵見五代會要，喪葬上；宋史，凶禮四，『士庶人喪』。
㊶五代會要，喪葬上。
㊷唐會要，『葬』。
㊸五代會要，喪葬下。
㊹同右，喪葬上。
㊺同右。
㊻明律例，『服舍違式』；清律例，『服舍違式』。
㊼唐長慶三年浙西觀察使李德裕奏官吏以上不能糾察，請加懲責。清時令該管各衙門隨時稽察官吏失察者，分別罰俸降級（見前頁註）。
㊽唐會要，『葬』。
㊾唐會要『葬』。
㊿宋史，一二五，禮志，七八，禮二八，凶禮四。
51唐律疏義，『舍宅車服器物』。
52唐會要，『葬』；五代會要，喪葬上。
53五代會要，喪葬上。

54元典章，三〇，禮部二〇，『禁送殯迎婚儀仗』。

第四節　祭　祀

從孝道的立場來講，人人皆當愼終追遠，生則敬養，死則敬享，原當獎勵，不加禁制，但從另外一方面來講，在一個任何種生活方式都有階級限制的社會裏，祭祀也不能例外，於是『德厚者流光，德薄者流卑』①。德厚者不但所祀者遠，同時祀儀也特加隆盛。

在上古時代關於廟數便有限制，天子七廟，諸侯五廟，大夫三廟，士二廟（一廟），庶人但祭其父②。後代仍然保持這種習慣，對於所祀世代數有一定的規定，王公大臣比於古諸侯，祀不過五代，餘止三代二代。北齊之制，王及五等開國執事官散從二品以上皆祀五代，五等散官正三品以下，從五品以上祭三代，執事官正六品以下，從七品以上祭二代③。開元十二年敕一品許祭四廟，三品許祭三廟，五品許祭二廟，嫡士許祭一廟。開元禮改定二品以上祀四廟，三品以上祠三廟，三品以上不須爵者亦四廟，四廟外有始封祖，通祠五廟，四品五品有兼爵亦三廟④。宋制官正一品平章事以下立四廟，樞密使，知樞密院事，參知政事，樞密副使，同知樞密院事，簽書院事，見任前任同，宣徽使，尙書節度使，東宮少保以上皆立三廟⑤。大觀二年議禮局言：『侍從官以至士庶通祭三代，無等差多寡之別，豈禮意乎？……今恐奪人之恩而使通祭三世，徇流俗之意非先王制禮等差之義』。請文執政官武官節度使以上祭五代，文武升朝官祭三世，餘祭二世⑥。

於此我們可以看出祭祀制度在世代上的一種轉變，最初庶人只能祭一代，逐漸推遠及於二代三代四代，漸漸的消除貴賤在這方面的差等，宋代已經如此，明品官皆奉高曾祖禰四世，庶人亦得奉其祖父母父母⑦。到清代品官士庶一體奉高曾祖禰四代祭祀⑧。於是貴賤在祭祀上不再有世代多寡的分別。

廟的建築大有分寸。唐制三品以上九架，廈兩旁，三廟者五間，中爲三室，左右廈一間⑨，明制五廟者五間九架，廈旁，四廟者三間五架⑩。清制，三品以上官廟五間，階級五，東西廡各三間，四至七品官廟三間，階三級，東西廡各一間，八九品廟亦爲三間，但中廣左右狹，階只一級，堂亦無廡，堂及垣皆只一門（七品以上皆三門）⑪。

庶人向例不許立廟，只能祭於寢。國語，穀梁傳，禮記皆如此說⑫。北齊之制八品以下達於庶人皆祭於寢⑬。開元禮六品以下達於庶人皆祭祖禰於正寢⑭。宋制除許立廟者外，餘官及庶士皆祭於寢⑮。明制庶人無祠堂，以二代神主置居室中間，無櫝⑯。清九品以上始得立廟，庶士庶人俱於寢堂之北爲龕奉祀，庶士以版別龕爲四室，庶人則否⑰。

祭器祭品皆以多爲貴，唐制五品以上每室罇，簋，簠，㽅，銅，俎各二，籩豆一品二品各十，三品八，四品五品六，六品以下罇，簋，簠，㽅，鉶，俎各一，籩豆各二⑱。宋制，正一品每室籩豆各十二，簠，簋各四，從一品籩豆各十，簠，簋各二，正二品籩豆各八，簠，簋各二⑲。清制三品以上每案籩豆各六，俎，鉶，敦各二，七品以上籩豆各四，俎，鉶，敦各一，八品以下籩豆各二，俎，鉶，敦各一⑳。

祭品自來有嚴格限制。春秋時代即如此，觀射父云天子祀用會（三太牢），諸侯用太牢，卿特牛，大夫少牢（羊），士用特牲，庶人魚㉑。子木引祭典云，國君牛享，大夫有羊饋，士有豚犬之奠，庶人有魚炙之薦㉒。二說惟牛享與太牢相異，餘皆同，當時的人，生前食品既有等級上的限制（見前），則死後血食不同本不足怪。據觀射父所云，知祭加於食一等，天子食用太牢，祀便用會，諸侯食用特牛，祀便用太牢，卿食用少牢，祀便用特牛，大夫食用特牲，祀便用少牢，士食魚炙，祀便用特牲，庶人食菜，祀便用魚。北齊三品以上牲用太牢，從五品以上用少牢，六品以下從七品以上用特牲㉓。唐五品以上祀以少牢，六品以下至庶人用特牲，縱祖父官有高下，皆用子孫之牲㉔，五品以上簠實稷黍，簋實稻粱，籩實石鹽乾脯棗栗之屬，豆實醢醬韲菹之屬，六品以下，簠實稷，簋實黍，籩實脯棗，豆實菹醢㉕。明二品以上羊一豕一，五品以上羊一，以下豕一，並且規定須分四體，不能具牲㉖。清三品以上羊一豕一，四品至七品特牲，八品以下用豚肩，庶士薦餅餌二盤，肉食菓蔬四器，羹二飯二，庶人每案不過四器，羹飯具㉗。

官吏私祭皆得服用公服㉘。唐制二品以上官私家祭祀得服元冕（五品之服），五品以上得服爵弁（六品以下九品以上從祀之服），六品以下則服進賢冠（文武朝參三老五更之服）㉙。主婦得服用花釵禮衣（後或改衣冠從公服，無則常服）㉚。司馬氏書儀云：冠婚祭儀主人皆盛服，有官者具公服靴笏，無官者具幞頭韡襴或衫帶，各取所服平日最盛者㉛。南渡後，士大夫家冠婚祭祀服帽衫（烏紗帽，皀羅衫，角帶，繫鞵，東都時士大夫交際常服之）㉜。明制皇帝親祀郊廟社稷，文武官分獻陪祀，皆服祭服（青羅衣赤羅裳，赤羅蔽膝，方心曲領，冠帶佩綬同朝服）。家祭亦用此種祭服，三品以上但去方心曲領，四品以下去領及佩綬而已。命婦亦得服用禮服㉝。清禮，家祭主人朝服，率執事者盛服入廟㉞。歷朝惟元代不許用公服與祭。元律云：『諸家廟春秋祭祀輒用公服行禮者，禁之』㉟。

【注釋】

①穀梁傳，僖一五。

②參看國語，楚語下；穀梁傳，僖一五；禮記，王制，祭法；孔子家語，八，廟制解。

③通典，四八，禮八，吉七，『諸侯大夫士宗廟』。

④參看通典，一〇八，禮一八，開元禮纂類三，『雜制』。唐書，一三，禮樂志三；唐會要，一九，『百官家廟』。

⑤宋史，一〇九，禮志，六二，禮一二，吉禮一二。

⑥同右。

⑦明會典，九五，禮部，五三，祭祀五，『品官家廟』。

⑧清通禮，一七，吉禮。

⑨唐書，禮樂志三。

⑩明史，五二，禮志六，吉禮六。

⑪清通禮，一七，吉禮。

⑫國語，楚語下；穀梁傳，僖十五；禮記，王制，祭法；孔子家語，八，廟制解。

⑬通典，四八，『諸侯士大夫宗廟』。

⑭同右，一〇八，『雜制』。

⑮宋史，禮一〇九，禮志，禮一二，嘉禮一二。

⑯明史，五二，禮志六。

⑰清通禮，同上。

⑱通典，一二一，禮八一，開元禮纂類，一六，吉一三，『三品以上時享其廟』；唐書，一三，禮樂志云：五品以上室異性，六品以下共牲。

⑲宋史，一〇九，禮志六二，禮一二，吉禮一二。

⑳清通禮，一七。

㉑國語，楚語下。

㉒國語，楚語上。

㉓通典，四八，禮八，吉七，『諸侯大夫宗廟』。

㉔同上書，一〇八，禮六八，開元禮纂類三，序例下，『雜制』。

㉕同上書，一二一，開元禮纂類一六，『三品以上時享其廟』。

㉖明史，五二，禮六。

㉗清通禮，一七。

㉘似惟元代爲例外。元史，一〇四，刑法志三，『禁令』云：『諸家廟春秋祭祀輒用公服行禮者，禁之』。

㉙參看通典，一〇八，禮六八，開元禮纂類三，序例下，『君臣冕服冠衣制度』；唐書，車服志。

㉚唐書，一三，禮樂志三。

㉛司馬光，書儀卷二，冠儀，『冠』。

㉜宋史，一五三，輿服志五。

㉝明會典，六一，禮部一九，冠服二，『文武官公服』，『命婦冠服』。又卷九五，禮部五三，羣祀五，『品官家廟』，『行事』條云：『主祭者見居官則唐帽束帶，婦人曾受封者則花釵翟衣，士人未爲官者則幅巾深衣，庶人則巾衫結滌，婦人則大襖長裙，首飾如制』。

㉞清通禮，一七。

㉟元史，刑法志，『禁令』。

第四章　階　級（續）

上章我們已討論各階級在社會生活上的差異，這一章裏我們將以各階級在法律上不同的地位與權利爲討論範圍。

第一節　貴族的法律

最先讓我們討論貴賤間的不平等。

貴族爲了適合其徹底統治的要求，不但把握住統治的工具，並且設法壟斷法律，使法律成爲不公開的。他明白秘密的價値，他決不肯將他的法律公開，致使被統治者明曉其內容。如果始終不揭露其秘密則他的意志有更大的威權，他的命令就是法律，不容人懷疑，更不容人質問，人民完全在他的操縱中，統治更爲徹底而積極。亨利梅因 (Henry Maine) 說東西法律曾經有一秘密時期，法律知識及判斷爭訟的原理爲少數特權階級（貴族等）所獨佔，彼等爲其守藏人或管理人①。中國也曾有此一時期。叔向所謂『先王議事以制，不爲刑辟』，即無公開法律隨事議斷之意②。邢侯與雍子爭田，叔魚代理理官的職務，受雍子女而袒之。邢侯怒，殺叔魚及雍子。韓宣子時爲正卿，不知所爲。叔向請殺其生者而戮其死者③，即議事以制之一例。一直到春秋之世，鄭④，晉⑤，魏⑥等國次第頒定刑書，法律才由秘密而公開，不再是貴族的秘藏，這一重大的轉變在中國法律史上是極端重要的事，這種改變對於治人者及治於人者，雙方皆有重大的影響。從貴族方面來說實處於不利的地位，所以每一次法典公開的運動都引起他們極端的騷擾不安與嚴重的抗議。子產相鄭，鑄刑書，叔向特地寫信給他道：『先王議事以制，不爲刑辟，懼民有爭之心也。…民知有辟則不忌於上，並有爭心，以徵於書而徼幸以成之，弗可爲矣』⑦。其後晉將范宣子所爲刑書鑄於鼎，仲尼譏之云：『晉其亡乎？失其度矣。……民在鼎矣，何以尊貴，貴何業之守？⑧』他和叔向所代表的完全是貴族的意思，不是一二人的私見，他們所以如此重視這事，實因貴族的權力遭受威脅的原故，他們的動機從他們的話裏暴露無遺，貴族所爭者在此，而法家所爭者亦在於此。法家之努力便在打倒貴族之把持與專斷，使法律公開於一切人之前。

法律在法家心目中原是必需成文公布的。韓非對法律所下的定義便說：『法者編著之圖籍，設之於官府，而布之於百姓者也』⑨。又說：『法者憲令著於官府，刑罰必於民心，賞存乎愼法而罰加乎姦令者也』⑩。公布的價値便在於刑罰必於民心，確定不移，何爲合法的，何爲非法的，知所趨避，不致爲統治者所欺蔽，輕重。故商君之『法令明白易知，爲置法官吏爲之師以道之知，萬民皆知所避就，避禍就福，而皆以自治也』。『吏明知民知法令也，故吏不敢以非法遇民，民不敢犯法以干法官也』⑪。他爲了達到使天下之吏民皆知法令，用之如一而無私起見，主張立法之吏有解答官吏人民關於法令疑問的義務⑫。這種不憚其煩的諮詢辦法和鑄刑書於鐵鼎的辦法，應是印刷術未發明以前可能想得到的辦法，此外恐難有更妥善的處置。

梁啓超說部落時代的刑律專爲庶人階級而設，庶人大率皆異族，刑不上士大夫，與刑以威四夷，其義一貫⑬。他的話大足資人啓發，在封建時代的情形確曾如此，法律只是貴族用以統治人民的工具，他自己則全然立於法律之外，不受其拘束及制裁，所謂『禮不下庶人，刑不上大夫』⑭。『由士以上則必以禮樂節之，衆庶百姓則必以法數制之』⑮。便是在這種法律制度下所產生的典型思想。

關於禮不下庶人，刑不上大夫，常易發生種種誤解，似有重新加以解釋的必要。許多人以爲庶人無禮，如果我們承認禮是滿足人類欲望的行爲規範，而且承認這種行爲規範有貴賤尊卑的差等，則我們不難明瞭任何人都有禮——只是所用的禮不同而已。我們只能說庶人所用的禮較爲簡陋，但我們不能說庶人無禮。舉例來說，婚姻是一種重要的禮，如說庶人無婚姻之禮，豈非不合事實？我們曉得庶人有庶人的婚禮，猶之天子諸侯卿大夫各有其婚禮。禮記云：『夫禮者所以章疑別微以爲民坊者也，故貴賤有等，衣服有別，朝廷有位，則民有所讓⑯。』民即庶人。荀子說得很明白：『禮之生爲賢人以下至於庶也』⑰。禮記亦云：『夫禮者自卑而尊人，雖負販者必有尊也，而況富貴乎？富貴而知好禮則不驕不淫，貧賤而知好禮則志不懾』⑱。可見通富貴貧賤不能廢禮。

白虎通云：『禮不及庶人者，謂酬酢之禮也』⑲。從庶人不能備禮方面來解釋，自較合理，但亦恐非禮不下庶人的意義，與刑不上大夫一話更無連繫，至多只成爲陪襯語而已。如果以禮刑爲兩種不同的社會約束，說『禮爲有知制，刑爲無知設。』⑳失禮纔入刑，則上流社會中有身分的人，曾受特殊教育，以知恥爲務，事事遵循禮的規範，自無需刑罰制裁，反之，一般庶人則難以此種方式達到同樣的目的。荀況云：『由士以上則必以禮樂節之，衆庶百姓則必以法數制之』㉑。荀悅云

：『禮教榮辱以加君子，化其情也，桎梏鞭朴以加小人，治其刑也。君子不犯辱，況於刑乎？小人不忌刑，況於辱乎？』㉒便是這個意思。這原是理論上的一種假定，但這種理論經實際運用後便成爲一種固定的實踐的法律規則，於是一躍而爲大夫的特權，即使他們有違法的行爲也不受刑事制裁了。刑不上大夫的原意是大夫遵守禮法，必不犯辱，無需刑罰，後來則謂大夫尊貴，不可以刑辱之㉓。由主觀的理論一變而爲客觀的事實，頗可注意。

大夫有違禮的行爲，有何反應，這是應當進一步研究的問題。通常所得的社會反應是輿論的制裁，一違禮的行爲常引起輿論的輕視貶責和譏嘲，左傳上充滿了這種論調，君子曰：『禮也』，『非禮也』，便是當時士大夫團體中自身對於某一士大夫某一行爲贊許或不贊許的反應（這種批評自不會及於庶人的，他們不懂禮，有了過失自有法律制裁，無需以禮義來責備之，君子也不屑爲小人浪費口舌）。我們不可輕視這種消極的社會制裁的力量。人類學上的材料告訴我們在一接觸密切的社會裏，譏嘲的言詞或歌唱對於被嘲弄的人的確是一種嚴重可怕的懲罰，予以極端的難堪和痛苦，無地逃避，最嚴重而使人失去社會生活，無異於爲社會所放逐，人們因不堪種種奚落，孤寂，甚至因此而自殺㉔。古代中國的象刑，以人類學的眼光來看，未嘗沒有其存在的可能。赭衣㉕或即象刑之遺跡。周禮圜刑以明恥代刑㉖，雖出，三年不齒㉗後代也有師法象刑遺意而收得效果的。封氏聞見記，記一事，李封爲延陵令，吏人有罪不加杖罰，但令裹碧頭巾以辱之，隨所犯輕重以日數爲等級，日滿乃釋，吳人着此服出入州鄉以爲大恥，無敢僭違㉘。明代申明亭的成立也具同樣的意義㉙。於此我們不難想像存在於一團體較小而接觸更爲密切的社會中，輿論制裁有更大的可能性。士大夫的團體經社會選擇的過程，只包括全國人口中的一小部分，同時因共同興趣（學問，道德，及政治事業）及其他社會活動（如射及鄉飲酒之類的集會）的關係，接觸可說是非常密切的，姓名家世政治活動及其他行爲無不彼此互悉，且爲彼此所深切注意，無論美行惡行都很難逃過他人的耳目與隨之而來的批評。這種反應是非常敏感的。遭受惡意的指責和譏嘲的人，不但將爲同類所不齒，所賤視，無地自容，甚至被排斥於大夫或君子團體之外。更重要的是政權既全部把握在士大夫階級手中，則全體或大多數人對於某一二人的非難與惡感，可能暫時或永久剝奪其政治生命。賈誼所謂『廢之可也，退之可也』㉚是。試以東漢以及魏晉時代清議的影響爲例，更可想見此中奧妙，當時士族因被貶議，廢棄數十年或終身的不知凡幾㉛。

但我們愼勿以爲除了輿論的制裁外，別無更積極的制裁，通常對於刑不上大夫一語每多誤解，不求甚解。固然笞榜之刑不及大夫，大夫亦不下獄，賈誼云：『若夫束縛之，係緤之，輸之司寇，編之徒官，司寇小吏詈罵而榜笞之，殆非所以令衆庶見也』㉜。白虎通德論亦云：『刑不上大夫者，據禮無大夫刑，或曰撻笞之刑也』㉝。但我們應當注意刑不上大夫的刑字，並不指笞榜而言。漢文帝廢肉刑，始以笞當刑，漢以前無笞刑，但有五刑，所謂刑即五刑，刑不上大夫亦指五刑而言。五刑之中除死刑而外，墨劓剕宮四者爲肉刑，皆損毀肢體，殘闕官能，與完刑有別㉞。這種容貌形體上無法掩飾的殘毀，受者終身不齒於人，奇恥大辱無過於此，自非君子所能堪，而且墨者守門，劓者守闕，宮者守內，刖者守囿㉟，種種賤役，更非君子所屑爲，無論其刑其役，都非君子所能容忍，不但對於受刑者本人是一種絕大的侮辱，便是對於貴族全體也是一種侮辱，威嚴已失，何以臨民？爲了尊禮大臣，笞扑縲曳猶不可加之，甚至有罪猶遷就而諱之，不直言其罪[36]，何況以肉刑加之？賈誼疏中說得很清楚：『廉恥節禮以治君子，故有賜死而無戮辱，是以黥劓之罪不及大夫』[37]，他的話可以充分證明刑不上大夫，大夫即不被五刑之謂。賈誼去古未遠，他的話自不是信口言之，毫無根據的。若白虎觀集議諸儒去古較遠，故所說爲或曰揣測之辭，而遠於眞象。

法家所以爲儒家所排斥（也可以說爲貴族所排斥），便是因爲他們主張法律平等主義。商君所以積怨畜禍，爲宗室貴戚所怨望，終不免於車裂之慘，便是因爲他實行了法家平等的主張，刑太子傅公子虔，黥太子師公孫賈，後又劓公子虔[38]，公子虔因失去了鼻子，愧於見人，杜門八年不出，這種奇恥大辱，自非貴族所能容忍。史記云商君行法十年，秦民大說，又說相秦十年，宗室貴戚多怨望者。趙良說商君，也以得罪貴族，積怨畜禍爲言。春秋時代，貴族確無受刑者，商君獨破其例，難怪爲全體貴族所深惡痛絕，若遵照當時的習慣，將公子虔，公孫賈，放逐出境，甚至賜死，或將他們殺死，我想事態便不會這般嚴重，結恨也不至如此之深。

貴族有簒位，弑君，弑父，及貴族自相爭奪，殘殺等危及國家秩序，擾害貴族全體安全的行爲，不能爲貴族全體所能容忍而超過了輿論的譴責程度時，常爲貴族所放逐或殺戮。梁啓超舉『投諸四裔以禦魑魅』，『屏諸四夷，不與同中國』，及魯人盟臧孫紇的例證，以爲對於貴族有逐放的辦法，妨害本社會秩序者則屏諸社會以外[39]。這是對的，書經上說：『流有五刑，五流有宅，五宅三居[40]。』因爲不忍加以墨，劓，宮，刖，大辟等刑，纔將他放逐邊遠，這和後代以流爲五刑之一，且重於笞杖徒刑者不同，意義亦不同，所以上古時代流放是用以對付刑所不加的大夫的，而中古近世則流爲重刑，八議以內及有官階的人是不流的，其間的分別頗可注意。像笠工，驩兜，潢和鯀都是當時刑所不加的君子，而其惡不可以容忍，故投諸四裔以禦魑魅。春秋時代流放的習慣仍很普遍。公孫楚傷公孫黑，子產放之㊶。還有許多人則因立足不住，免得被人放逐或誅殺而自動出奔他國。

還有一種辦法是結束他的生命，我們或需於此重新提醒刑不上大夫一語是包括死刑而言的，大辟棄市只用於庶人。周禮云：『凡殺人者踣諸市，肆之三日，刑盜於市，凡罪之麗於法者亦如之』㊷。禮記云：刑人於市與衆棄之㊸。應劭云：先此諸死刑皆磔於市，今改曰棄市㊹。釋名云：『市死曰棄市，言與衆人共棄之也』。這種死刑是非常可恥辱的，所以通常亦名之曰戮，戮字原含有辱的意思，訓作辱也，常與辱字刑字相連，曰戮辱，曰刑戮，（見廣韻）。周禮：『戮人』，鄭注云：『戮猶辱也，既斬殺又辱之』。又晉語，戮其死者句註：『陳屍爲戮』。市井爲小人出入之地，君子所不履，何況刑之而陳屍於市，這種戮辱自非君子所能堪。所以賈誼說：『今自王侯三公之貴，皆天子之所改容而禮之也，古天子之所謂伯父伯舅也，而令與衆庶同黥、劓、髡、刖、笞？傌棄之法，然則堂不亡陛乎？被戮辱者不泰迫乎？廉恥不行，大臣無迺握重權，大官而有徒隸亡恥之心乎？』㊺

自盡則是最能保全貴族體面及尊嚴的辦法，不令衆庶見之，與受戮於吏完全不同。所以賈誼云：『君子有賜死而去戮辱，……雖或有過，刑戮之罪不加其身，……聞譴則白冠氂纓盤水加劍造請室而請罪耳，上不執縛係引而行耳，其有中罪者聞命而自弛，上不使人頸盭而加也，其有大罪者，聞命令則北面再拜跪而自裁，上不使捽抑而刑之也』㊻。周秦時代許多貴族大臣都如此從容自裁，略一示意，便自赴死，毫不猶豫。晉惠公將殺里克，公使謂之曰：『微子，則不及此，雖然，子弒二君與一大夫，爲子君者，不亦難乎？』對曰：『不有廢也，君何以興？欲加之罪，其無辭乎！臣聞命矣』。伏劍而死[47]。伍員[48]白起[49]扶蘇[50]都是賜劍自裁的。若畏縮不肯自殺，便將爲人所殺而遭屈辱了。公孫黑將作亂，子產使吏數之以罪曰：『不速死，大刑將至矣』。又曰：『不速死，司寇將至』。公孫黑縊，尸諸周氏之衢，而加木[51]。趙高矯始皇詔賜世子扶蘇及將軍蒙恬死，扶蘇自殺，恬疑其詐，不肯死，使者繫之於獄，恬知不免，乃吞藥自殺[52]。

還有一種結束生命的方法是殺死他。春秋經傳上有許多貴族被殺的記載，這種殺害與大辟棄市有別，是不刑於市的。康誥曰：『義刑義殺』，刑與殺似非無別。雖未必如周禮所云：『凡有爵者，與王之同族奉而適甸師氏以待刑殺』[53]，但與常囚之適市而刑殺者不同，則是可信的。北周常囚死罪，皆書其姓名及其罪於拲，殺之於市，唯皇族與有爵者隱獄[54]，即此種遺意。

趙高說秦二世嚴法刻刑滅大臣而遠骨肉，史稱二世然其言，更爲法律，於是羣公子有罪，輒下高令鞫治之，殺大臣蒙毅等，公子十二人戮死咸陽市，十公主矺死於市[55]，貴族而磔於市，實行恐怖政策，更爲有法律以後的事。

後代有時對大臣保留賜死的遺習。漢文帝納賈誼之言，大臣有罪皆自殺不受刑，武帝時始稍復入獄[56]。北魏時大臣當大辟者多得歸第自盡[57]。唐時獄官令明文規定五品以上官犯死罪皆賜死於家[58]。安史之亂，脅從者相率待罪闕下，大臣陳希烈等便是賜自盡於獄中的[59]。宋太祖勒石三款，嗣君跪讀，其中一款即不殺士大夫。

【注釋】

①H. Maine, *Ancient Law*, 11th edition, John Murry, London, pp. 11—13。

②左傳昭公六年。漢書，刑法志，李奇註曰：『先議其犯事，議定然後乃斷其罪，不爲一成之刑，著於鼎也』。師古曰：『舜則象以典刑，流宥五刑，周禮則三典五刑以詰邦國，非不豫設，但弗宣露使人知之』。

③國語，晉語九。

④鄭子產鑄刑書，事在昭公六年，見左傳。

⑤晉爲刑鼎，鑄范宣子所爲刑書，事在昭公二十九年。

⑥李悝爲法經。

⑦左傳，昭公六年。

⑧同右，昭公二十九年。

⑨韓非子，一六，難三。

⑩同右，一七，定法。

⑪商君書，定分第二十六。

⑫同右。

⑬梁啓超，先秦政治思想史，民二五，中華，頁四七。

⑭禮記，曲禮上。

⑮荀子，六，富國篇。

⑯禮記，坊記。

⑰荀子，一九，大略篇。

⑱禮記，曲禮上。

⑲白虎通德論，四，五刑。

⑳同右。

㉑荀子，卷六，富國篇，按荀子所謂士庶，與其說是身分的劃分，毋寧說是行爲的劃分。所以他說『人有是〔禮〕士君子也，非是民也』（卷一三，禮論篇）。『雖王公大夫之子孫也，不能屬於禮義，則歸之庶人，雖庶人之子孫也，積文學正身行，能屬於禮義，則歸之相卿矣』（卷五，王制篇）。他既主張禮刑分治，而士庶又以客觀標準，於是禮刑的應用也成了以行爲爲標準的『以善至者待之以禮，以不善至者待之以刑』（王制篇）。

㉒荀悅，申鑒，卷一，政體。

㉓賈誼云：『君之寵臣雖或有過刑戮之辜不加其身，尊君之故也，此所以爲主上豫遠不敬也，所以體貌大臣而厲其節也。今自王侯三公之貴，皆天子之所改容而禮之也，古天子之所謂伯父伯舅也，而今與衆用黥劓髡刖笞傌弃市之法，然則堂不亡陛虖？被戮辱者不泰迫虖？廉恥不行，大臣無迺握重權，大官而有徒隸亡恥之心乎？……夫嘗已在貴寵之位，天子改容而體貌之矣，吏民嘗俯伏以敬畏之矣，今而有過，常令廢之可也，退之可也，賜之死可也，若夫束縛之，係緤之，輸之司寇，編之徒官，司寇小吏詈罵而

榜笞之，殆非所以令衆庶見也。夫畏賤者習知尊貴之者，一旦吾亦迺可以加此也，非所以習天下也，非尊尊貴貴之元也。夫子之所嘗敬，衆庶之所以嘗寵，死而死耳，賤人安得如此而頓辱之哉？……故古曰禮不及庶人，刑不至士大夫，所以厲寵人之節也』（漢書，賈誼傳）。又白虎通德論云：『刑不上士大夫何？尊大夫』。

㉔ Consult.. Thomas, *Primitive Behavior* p.5 15。

E.S. Hartland, *Primitive Law*, Methuen, 1924, p.161ff。

㉕漢以後皆以赭衣爲囚服，漢書，食貨志，董仲舒言赭衣半道，又楚元王傳王戊辱申公白生胥靡之，衣以赭衣使杵臼椎舂於市。按孝經緯云：上罪黑幪赭衣，中罪赭衣雜屨，下罪雜屨（通典，一六三，『刑』引）。尚書，大傳云：上刑赭衣不純，中刑雜屨，下刑黑幪（太平御覽，六四五引）。荀子云：殺赭衣而不純（卷一二，正論篇）。白虎通及北當書鈔引尚書，大傳俱云犯劓者赭衣，惟愼子象刑無赭衣之說，與諸書異。孝經緯及尚書大傳因皆僞書不足徵，荀子亦不信世俗象刑之說，但荀子時代既世俗有此說法，總非毫無根據。後代赭衣之制當非無因而起。

㉖周禮，秋官，司寇，大司寇之職云：『凡害人者寘之圜土而旋職事焉，以明刑恥之』鄭註云：『明刑書其罪惡於大方版，着其背』。又『司圜』云：『凡害人者弗使冠飾而加明刑焉，…凡圜土之刑人也，不虧體』。註云：『弗使冠飾者着黑幪，若古之象刑與？』

㉗周禮，『司圜』。

㉘封演，封氏聞見記，九，『奇政』。

㉙明史，四，刑法志云：明初『重繩贓吏，揭諸司犯法者於明亭以示戒，又令刑部凡官吏有犯宥復職，書立榜其門，使自省，不悛者論如律』。此爲對官吏者，平民有過亦書於申明亭。明律集解云：『州縣各里皆設申明亭，里民有不孝不弟，犯姦犯盜，一應爲惡之人，姓名事蹟，俱書於版榜以示懲戒，而發其羞惡之心，能改過自新則去之。其婚戶田土等小事許里老於此勸侖解分。今仍申明教誡之制也。』箋釋亦云：『按古各州縣各里俱設立申明亭，民間詞訟，除犯十惡強盜殺人之外，其婚戶田土等事，許老人里甲在亭剖決，及書不孝不弟與一應爲惡之人姓名於亭。能改過自新則去之。板榜卽教民榜文之類也。』唐明律合編，二六，制律九，雜犯，『拆毀申明亭』條引）。

按日知錄知申明亭用以懲惡，別有旌善亭，書善以示勸。又知洪武中下邑里皆置此二亭，至中葉已成具文，亭宇多廢，善惡不書，但明清律仍有拆毀申明亭及毀板榜之禁，違者杖一百流三千里。清律且註明處刑外仍各令修立，乾隆九年覆准現在仍有申明亭俱行修整，舊有申明亭現爲胥役民人侵佔者，查出悉行交官修葺。凡所奉敎民勅諭俱由督撫率屬員繕寫，刊刻懸掛申明亭，並將舊有一切條約，悉行刊刻木榜曉諭（此條已纂例）。又飭申明亭舊制凡不孝不弟及一應爲惡之人，書其姓名於亭，能改過自新者則去之，應仍照舊制遵行。（此未纂例，以上見清律例彙輯便覽，三四，刑律，雜犯，『拆毀申明亭』），知清初又恢復舊制，但所着重者爲勅諭之刊布，書惡一層似仍爲具文。

㉚漢書，四八，賈誼傳，周禮云以八柄詔王馭群臣，七曰廢，以馭其罪（卷一，天官冢宰，大宰之職註云廢猶放也，恐未洽）。

㉛隋書。刑法志云：梁『士人有禁錮之科。亦以輕重爲差。其犯清議，則終身不齒』。又云：陳制，『唯

重清議，禁錮之刑，若縉紳之族，犯虧名教不孝及內亂者，發詔棄之，終身不齒』。參看日知錄。

㉜漢書，賈誼傳。

㉝白虎通德論，四，五刑。

㉞周禮，『司圜』云：『凡圜土之刑人也，不虧禮』。又『掌戮』云：『髠者使守積』。鄭司農示髠當爲完，謂但居作三年，不虧體者也。鄭玄謂此出五刑之中，而髠者必王之同族不宮者，宮之，爲翦其類，髠頭而已。守積，積在隱者，宜也。漢除肉刑，當完者完爲城旦舂，當黥者髠鉗爲城旦舂（漢書，刑法志）。

㉟周禮，秋官大司寇，『掌戮』。

㊱賈誼云：『古者大臣有坐不廉而廢者，不謂不廉，曰簠簋不飾。坐汚穢淫亂男女之別者，不曰汚穢，曰帷簿不修。坐罷軟不勝任者，不謂罷軟，曰下官不職。故貴大臣定有其辠矣，猶未斥然正以謼之也，尙遷就而爲之諱也』。（漢書，賈誼傳）。

㊲漢書，賈誼傳。

㊳史記，六八，商君列傳。

㊴先秦政治思想史，頁四七。

㊵書，虞書，舜典。

㊶子產曰：『余不女忍殺，宥女以遠，勉速行乎，無重而罪』。（左傳，昭公元年）。

㊷周禮，秋官司寇，『掌戮』。

㊸禮記，王制。
㊹漢書，景帝紀，改磔曰棄市句註。
㊺漢書，賈誼傳。
㊻漢書，賈誼傳。
㊼左傳，僖公十年。
㊽史記，六六，伍子胥列傳。
㊾史記，七三，白起列傳。
㊿同右，八七，李斯列傳。
51左傳，昭公二年。
52史記，八八，蒙恬列傳。
53周禮，秋官司寇『掌囚』。
54隋書，刑法志。
55史記，李斯列傳。
56漢書，賈誼傳。
57魏書，六二，李彪傳。
58舊唐書，五〇，刑法志云：『會昌元年九月庫部郎中知制誥紇于泉等奏，準刑部奏犯贓官五品以上合抵死刑，請準獄官令賜死於家者，伏請永爲定格，從之』。據新唐書，五六，刑法志則云，『五品以上罪論死，乘車就刑，大理正涖之，或賜死於家』。

㊾新唐書，五六，刑法志。

第二節　法律特權

封建政治解體以後，大一統的中央集權政治消滅了原有的許多封建單位，各有爲政的政治制度，法律制度有了新的需要，也就不能保持原有的形態與機構。不再容許各個政治單位不同的法律的存在，而代之以大一統的同一法典①。這法典是國家的，或是皇帝的，而不再屬於貴族了。這時只有他是立在法律門國以外的唯一的人，法律是他統治臣民的工具，主權命令全國所有的臣民——治人者和治於人者，貴族和平民——都遵守這部法典，一切人都在同一司法權以下，沒有任何人能例外。這樣便打破了某一種人，不受法律拘束，刑不上大夫的傳統習慣。

但是我們只能說法律在秦漢以後有進一步的平等，貴族不再能置身法外，却斷不能過分誇張地說，秦漢以後的法律已由不平等而進至絕對的平等，武斷地說，貴族和平民處於同等法律地位。法家固然是主張絕對平等的，商君等法家也曾竭力實行，但漢以後儒家又漸漸地抬頭，政治上不斷地受其支配及影響，於是法家的主張始終不能貫徹，絕對的平等主義始終不能澈底實行。古代的法律始終承認某一些人在法律上的特權，在法律上加以特殊的規定，這些人在法律上的地位顯然是和吏民迥乎不同的。這些人包括八議者，其他官吏及上述二種人的親屬，因其法律上特殊的地位，我們不妨稱之爲法律上的特權階級。若就法律上所給予的種種特權加以分析，我們自能了解此中情況。

一　貴族及官吏

首先我們應指出這些特權階級不受司法機構及普通法律程序拘束的情形。許多時代的法律都規定司法機構不能擅自逮捕審問他們，除非得有皇帝的許可。宋神宗詔，品官犯罪，按察之官並奏劾聽旨，毋得擅捕繫罷其職②。明清二代，八議者犯罪，官吏不能擅自逮捕，須先將所犯事情實封奏聞取旨，奉旨推問，才許拘問，若奉旨免究，便作罷論③。八議以外的官吏也能享受這種優待，清律無論大小官員所司皆須開具事實實封奏聞請旨，不許擅自拘問④。明律，京官及在外五品以上官有犯皆須奏聞請旨不許擅問⑤。便是直轄上司對於府州縣官雖有處分權，他的權限也只限於笞決、罰奉、收贖、紀錄等項，重罪仍須依據上述同樣的原則，奏聞後方許推問⑥。

他們也不受拘繫刑訊。漢孝惠制，爵五大夫吏六百石以上及官皇帝知名者，有罪當盜械者皆頌繫⑦。梁制，郡國太守，相，都尉，關中侯以上，及二千石以上非檻徵者並頌繫之⑧。隋書，刑法制云：陳制，『囚並着械，徒並着鎖，不計階品』。可知南朝諸國定例，大臣犯罪皆不拘繫，陳獨不從其例，故表而出之。北周之制，死罪枷而拲，流罪枷而梏，徒罪枷，鞭罪桎，杖罪散以待斷，皇族及有爵者，徒已下，皆散之，唯死罪流罪鎖之⑨。

不受刑訊，自唐以來皆有明文，唐律應議，請減者⑩，不合拷訊，但據三人以上的衆證定罪，違背此制，故加拷訊的官吏是有罪的。無論罪有無出入，前種情形之下依故出入人失出入人論罪，即罪無出入，亦以鬬殺論⑪。防制可謂極嚴。宋以後限制較鬆，在某種情形之下得加拷訊。政和間詔，品官犯罪，三問不承即奏請追攝，情理重害而隱拒，方許枷訊。詔書中並云：『通來有司廢法，不原輕重，枷訊與常人無異，將使人有輕吾爵祿之心，可申明條令，以稱欽恤之意』⑫。元律按問官吏，毋遽施刑，惟衆證已明而不疑付者加刑問之⑬。明清律的規定和唐律略同。凡應入議之人不合用刑拷訊，皆據衆證定罪，違者以故失入人罪論⑭。清例又規定三品以上大員革職拿問，不得遽用刑夾，有不得不刑訊之事，須請旨遵行⑮。

更重要的一點是審問以後，法司也不能依照普通的司法程序，加以斷決。在漢代便有先請的規定，貴族及六品以上官有罪都在先請之列⑯。八議成爲法律的一部份以後，議請的範圍愈益推廣而確定。唐時八議犯死罪非十惡者，條錄所坐及應議之決，先奏請議，由都座集議，議定奏裁，由皇帝裁決，議者只能原情議罪，不能正決⑰。晉周的法律有上請的規定⑱。明清法律亦有類似的規定，八議犯罪除十惡外不問死罪徒流皆須經過此種議奏手續⑲。便是八議以外的官吏雖不必經議請的手續，但仍不能由承審官逕行判決。唐律官爵五品以上犯罪非十惡，反逆，緣坐殺人，監守，內姦盜，略人，受財枉法者，得開具所犯及應請之狀奏請⑳。明律六品以下官雖聽分巡御史按察司幷分司取問，亦只能依律議擬，聞奏區處。便是府州縣官經上司推問以後，亦須議擬回奏，俟委官審實方許判決㉑。清律限制較明律更爲嚴格，不問大小官員均須依照議擬奏聞的手續，候覆准方得判決㉒。

從上述事實中我們可以看出這些特權階級，不受司法機構及普通法律程序拘束的情況，法司不能依法逮捕他，審問他，更不能判決他的罪名。這種人只受最高主權——皇帝——的命令，只有他才能命令他的法官審問他，也只有他才能宣判其罪名，加以執行。這種辦法是極富於彈性的，過問與否，懲罰或免罪，以及減免的程度，都取決於他個人的意志，他的法司不能擅作主張。

除議論外，還有一辦法則是缺乏彈性的，但亦較爲簡捷——依例減贖，不必議請。隋制，八議以內及官品第七以上犯罪，例減一等，八九品官亦許贖罪㉓。唐制，八議以內者除犯死罪須議請外，流罪以下，罪非十惡，便可由所司依例減一等斷訖。八議以外官秩較小的也有詳細的減贖辦法，七品以上官犯流罪，非十惡，反逆，緣坐，殺人，監守，內姦盜，略人，受財枉法者，減一等，八九品官流罪則聽贖㉔。

進一步更值得我們注意的是判決以後實際發落的情形。通常無論公罪私罪，判刑後都有優免的機會，以罰俸收贖降級革職等方式抵刑。這種立法的原意多少與影響遠深的刑不上大夫的概念有關。

漢時，上造以及內外公孫耳孫有罪當刑及當爲城旦舂者，皆耐爲鬼薪白粲㉕，使不受刑。晉律應八議以上皆留官收贖，勿髡鉗笞㉖，免官者比三歲刑㉗。嗣後歷代法律皆有以祿抵刑的辦法。北魏王公及五等列爵可以爵邑除罪，官品第五以上亦可以官階當刑，免官三年以後才許還仕，降原官階一等㉘。陳制，如所得係五歲刑或四歲刑，准以官當罪二年，餘下的二年或一年居作；三歲刑則以官當二年，餘一年如爲私罪許贖，如爲公坐過誤許罰金；二歲刑，有官者皆許贖罪（無官的人只有一歲刑許贖）㉙。隋唐之制，品官犯罪除得贖外㉚，徒流罪又可以官當，以官爵大小折抵罪刑，官爵愈高，則所當之罪愈多，而減免的機會亦愈多，分別官階大小，抵罪若干，辦法較前代爲複雜，而對於大官的優待亦較前代爲厚。據律，犯私罪以官當徒者，五品以上官當徒二年，九品以上官當徒一年，當流者三流同比徒三年；犯公罪當徒者，五品以上官當徒三年，九品以上官當徒二年，當流者三流同比徒四年㉛。

唐官當法優禮官吏可謂無微不至，官當雖至多比徒三年，但另以種種方式使不致實徒實流，同時，又設法保留犯官的官位，使不致因之而斷送政治生命。先看第一點，有二官者，例得先以職事官散官及衞官中之最高者當之，次以勳官當之㉜，一一折算，毫不吃虧，即使現任二官當罪之外尚有餘罪，或當罪已盡，後又犯法者，並聽以歷任之官當之㉝。例如一官現任六七品職事官兼帶六品以下勳官，犯了流罪，例減一等，合徒三年，依據官當法，他可以先以職事官中最高的一官（六品官）當徒一年，再以勳官當徒一年，還剩一年徒刑，他以前還任過八品官又可以當徒一年，正好將罪除盡。即使仍不能抵當他所應得的罪，他也不必憂慮，法律上規定得很清楚，『諸以官當徒者，罪輕不盡其官，留官收贖，官少不盡其罪，餘罪收贖』㉞。便是官已當盡，在未重敍以前，又犯流以下罪，仍聽以贖論㉟。這可以看出來官吏在法律上的特殊地位及權利并不因解除官位而喪失，法律上幷不因此而以平民待之。所以官已當盡，仍保留贖罪的權利。我們應注意，除名免當等法原不是永遠剝奪官吏的政治生命，那只是暫時的，以官當罪者期年後但降先品一等敍㊱，便是罪犯除名免官若干年後亦聽敍官㊲，敍官以後又可以享受官吏在法律上應得的種種的特權了。

明清律在這方面對於官吏的優待不如唐律遠甚，官吏免刑的範圍只限於笞杖輕罪，徒流以上便須實配。官吏公罪笞刑例得收贖或罰俸，杖以上的重罪則分別輕重黜陟，俱不決罰㊳，如所犯係私罪，笞杖等罪，例不決罰。明制按輕重降等，笞四十以下附過還職，五十解見任別敍，杖六十降一等，七十降二等，八十降三等，九十降四等，俱解見任，流官於雜職內敍用，雜職於邊遠敍用，杖一百者始罷職不敍㊴。清制，官吏犯笞刑者分別罰俸，笞一十，罰俸兩個月，笞二十罰俸三個月，三十，四十，五十各遞加三個月，犯杖刑者分別降級革職如明制㊵。進士舉人貢監生員，犯官杖罪，亦一律照例納贖，不的決㊶。

現在讓我們討論貴族官吏與平民間的訴訟問題。先講傷害罪，皇家親屬，不可輕犯，若加毆殺，自不當以凡論，歷代法律都採加重主義，按被殺或傷害的皇家親屬與皇帝的親疏關係來治罪，服制愈親，則加重的程度愈甚。唐明清律在這方面的規定大致相同。毆皇家袒免親者，雖無傷亦徒一年，有傷更徒二年（常人無傷不成罪，輕傷亦不致徒刑），重傷者加凡鬬二等，若爲緦麻，小功，大功，期親，又各遞加一等，毆皇家親屬至篤疾者，明清律處絞，唐律無文，毆死者，唐明清律皆處斬㊷。

官吏與平民既有貴賤之分，平日相遇，尙須意存尊敬，不同凡禮，若以賤凌貴而加毆辱，自更不可輕恕，所以法律上亦別立專條，不以凡論，而採取加重主義。加重的程度是與官品的高下成正比例的，唐明清律流外官以下及庶人毆三品以上官者，無傷徒二年，有傷加徒一年，折傷流二千里，若毆傷四五品官則減三品以上罪二等（但減罪輕於凡鬬傷者，須加凡鬬二等論罪），若毆傷六品以下，九品以上官則各加凡鬬傷二等㊸。

若部民毆本屬地方長官，以子民而侵犯父母官，自更罪大難容。宋劉秀之云：『民敬是官，比之父母，行害之身，雖遇赦，謂宜長付尙方，窮其天命，家口補兵』㊹。社會上對於此事的重視可以想見，所以法律上的處分又較毆非本管官吏的罪名為重。唐毆制使，本屬府主，刺史縣令，明清毆本屬知府，知州，知縣，無傷皆徒二年，有傷皆流二千里，折傷者絞㊺。若謀殺本屬長官則入於十惡中之不義㊻，處分自更嚴厲。唐明清律已行者流二千里，已傷者絞，已殺者斬㊼。元律，部民毆死長官，主謀及下手者皆處死㊽。

便是毆本屬長官的家屬，因尊重父母官的關係，其處分亦較常人為重。唐律為此特立專條，毆本屬府主，刺史縣令之祖父母，父母，及妻子者，皆徒一年，傷重者加凡鬬傷一等㊾。明清律雖無文，但習慣上仍較凡人的處分為重，——斟酌情形比較毆非本管官律量減一二等。嘉慶時已故三等侍衛巴林之妻韓彭氏因索討地價向王三撲毆，被王三回毆，未成傷，韓彭氏係五品命婦，將王三比依毆非本官五品以上官杖六十徒一年律量減一等，杖一百㊿。道光時正黃旗包衣護軍葉清保之妻葉劉氏率同崔二向正藍旗滿洲護軍參領國興之妻李氏索債，葉劉氏及崔二將李氏毆傷，李氏係三品命婦，自應照毆非本管三品以上官問擬，惟係索欠起釁，依例減二等科斷(51)。

最後我們應提到官吏在訴訟上的優待。士夫原以涉足公庭為恥，與平民涉訟因而對簿公庭，尤其有辱官體，所以有些法律在這方面予以特殊的便利和優待，以存其體。法律上根本否認士庶在訴訟上平等的地位，無論其為原告或被告，均不使與平民對質，平民不能當面控訴他，他也沒有親自在法官前答辯的必要。這些立法是有其深意的。在周禮中我們便見有命夫命婦不躬坐獄訟的規定(52)。元律有條類似的規定，一云：『諸職官得代及休致，凡有追會，並同見任，其婚姻田債諸事，止令子孫弟姪陳訟，有輒相佔陵者究之』。又云：『諸致仕得代官不得已與齊民訟，許其親屬家人代訴，所司毋得侵撓之』㊸。明清律幷嚴禁有司以公文行移，違者有罰：『凡官吏有爭論婚姻錢債田土等事，聽令家人告官對理，不許公文行移，違者笞四十』㊹。鄭端政學錄上說：『士夫或被人牽告，止許家人代理，票中不得開士夫姓名，若係上司詞狀，開而不點。倘令士夫褻衣小帽出入衙門，豈獨同鄉士夫有狐兔之感。即我輩亦當設身處地也。蓋士夫即有罪大惡極，問明後自有三尺在，又必於其中常存不得已之心，委曲處置，此仁人君子之心，忠厚長者之道』㊺。這種存於法律規定以外的意識，顯然是具有重大的法律上的實效的，狐兔之感，即階級意識，問官對於涉訟的士大夫往往有衣冠同類及共同利害，休戚榮辱相關的感覺，而加以寬容，呂坤所主張的官莫輕打，生員莫輕打㊻，也正是同一意識的表現。

貴族官吏在法律上的特殊地位及種種特權已如上述，最令人驚異而感興趣的是以官抵罪的方式。官職以今日的概念言之，原是行政上的一種職位，在古代則視為個人的一種身份，一種個人的權利，所以一旦獲得此種身份，便享有種種特權，生活方式上（所謂禮）如此，法律上亦如此，他可以不受普通法律的拘束，還可以他的官位去交換他的罪刑，好像他以私人的奴婢財產去贖罪一樣。我們在此處應注意，因犯罪而降級革職與以官位來抵當罪刑，二者的重大分別。

若從去職的官吏仍能享受這種特權的一點事實來看，我們更可以看出官職是一種身分，是一種權利，罷官所喪失的只是某種官位的行使職權，身分權利則屬於個人而永不喪失，除非有重大的過失而革職。我們或可說在通常情況之下所喪失的是職而不是官，所以致仕官的生活方式同於現任官，法律上的種種特權亦同於現任官。唐律云：『諸以理去官與見任同（解雖非理，告身應留者亦同），贈官及視品與正官同』(57)。明清律亦云：『凡任滿得代，改除致仕等官與見任同（謂不因犯罪而解任者，若沙汰冗員，裁革衙門之類，雖爲事解任降等，不追誥命者，并與見任同），封贈官與正官同……犯罪者并依職官犯罪律擬斷』(58)。

二　貴族及官吏的家屬

如果我們因貴族官吏在法律上的特殊地位而稱之爲特權階級，則同樣的理由，他們的家屬亦應包括在這特殊階級之中，藉他們的庇蔭而獲得異於平民的法律地位，我們可以說貴族官吏本身不僅獲得法律上許多特權，且將這些特權擴及於他們的家屬，他們的官爵愈高，則擴延的範圍愈廣，而法律所給予的優待亦愈多。

唐代八議者期以上親及子孫犯死罪可以上請，流罪以下減一等(59)，五品以上官之祖父母父母兄弟姊妹妻子孫，犯罪以下亦減一等(60)，七品以上官之祖父母父母兄弟姊妹妻子孫，犯流罪以下則聽贖(61)。便是五品以上官之妾流罪以下亦聽贖(62)。宋代三品五品七品以上官，親屬犯罪，亦各以等蔭減贖(63)。明清法律對於官吏家屬的優待和對於官吏本身的優待一樣，採取彈性的辦法，並無固定的依例減贖的規定，只是審問判決的程序上和平民不同而已。凡應八議者之祖父母父母妻及子孫犯罪和八議者本身待遇相同，須實封奏聞取旨，不許擅自勾問，奉旨推問以後，亦不能由法司逕自裁判，須開具所犯及應議之狀，先奏請議，議定奏聞，由皇帝決之(64)。其待遇完全與八議者本身相同。皇親國戚及功臣之外祖父母，伯叔父母姑兄弟姊妹女壻，兄弟子，以及四品五品官之父母，妻，及應合襲蔭子孫犯罪，雖許有司依普通司法程序逮捕審問，不必參提，但亦不得由有司逕自判決，仍須議擬奏聞，取決於帝(65)。

官吏可以蔭及親屬，原是國法對於特殊階級的一種推恩。應從階級及家族主義二種關係上來看，推恩的本身是家族主義的一種表現，基於骨肉慈孝之心，推恩的範圍及程度則又爲階級觀念所限制。若子弟藉尊長蔭而犯所蔭尊長，或藉旁系親屬之蔭而犯旁系親屬之祖父母父母，則與蔭的立法原意相反，全失慈孝的本意，所以在這種情形之下便不許用蔭(66)。唐律，這種精密周到的規定，指示當時立法對於家族主義及倫常的反覆注意。一方面既體念骨肉慈孝之恩，使家屬得到一人的庇蔭；一方面又顧到利用蔭而有違反原意的行爲，二者皆爲倫常之維護。」

【注釋】

①史記，六，始皇本紀云：『一法度衡石丈尺，車同軌，書同文字』。蓋秦幷天下，廢封建，海內爲郡縣，各種制度始趨於整齊劃一。以法令而言，亦歸一統，不似前此諸侯國之各有法律也。故丞相綰御史大夫劫廷尉斯等曰：『法令由一統，自上古以來所未有，五帝所不及』。

②宋史，一九九，刑法志。

③明律例，一，名例上，『應議者犯罪』；清律例，四，名例律上，『應議者犯罪』。

④清律例，名例律上，『職官有犯』。

⑤明律例，名例上，『職官有犯』。

⑥同右。

⑦漢書，二，惠帝紀。

⑧隋書，二五，刑法志。

⑨同右。

⑩應議者謂在八議以內者；請謂應議者期以上親及孫，若官爵五品以上者；減謂七品以上之官，及五品以上之祖父母父母兄弟姊妹妻子孫。

⑪唐律疏義，二九，斷獄上，『八議請減老小』。

⑫宋史，二〇一，刑法志三。

⑬元史，一〇二，刑法志一。

⑭明律例，一二，刑律四，斷獄，『老幼不拷訊』條。清律例，三六，刑律，斷獄上，同條。據清律，總註及輯註，故失入人罪係指拷訊之下虛招者，若違律拷訊而罪情眞實，則罪較輕，輯註謂應以『違制』論，箋釋，謂應照『不應』論罪。

⑮清律例，四，名例律上，『應議者犯罪』。

⑯先請宗室爲一類。後漢書，三六，百官志云：宗正卿歲因計上宗室名籍，若有犯法當髡以上，先上諸宗正，宗正以聞乃報決。周禮，秋官小司寇註所謂議親，若今宗室有罪先請是。先請另一類爲官吏。高帝令郎中有罪耐以上請之（高帝紀），宣帝黃龍元年詔吏六百石位大夫有罪，先請之（宣帝紀）。平帝元始元年令公列侯嗣子有罪，耐以上先請之（平帝紀）。光武建武三年詔吏不滿六百石下至墨綬長相有罪，先請之（後漢書，光武紀。故周禮，秋官，小司寇註亡議貴，若今時吏墨綬有罪先請）。

⑰唐律疏義，二，名例二，『八議者』。

⑱五代會要，十，刑法雜錄。

⑲明律例，清律例，『應議者犯罪』。
⑳唐律疏義，二，名例二，『皇太子妃』。
㉑明律例，『職官有犯』。
㉒清律例，『職官有犯』。
㉓隋律，二五，刑法志。
㉔唐律疏義，二，名例二，『八議者』，『七品以上之官』，『應議請減』。
㉕漢書，二，惠帝紀。
㉖唐律疏義，一，名列一，死刑二，問答引晉律。
㉗太平御覽，六五一引晉律。
㉘魏書，一一一，刑法志。
㉙隋書，刑法志。
㉚隋律，九品以上犯者聽贖，唐制應議請減至九品以上官犯流罪以下聽贖（見隋書，刑法志，唐律疏義，名例二，『應議請減』）。
㉛隋書，刑法志；唐律疏義，名例二，『以官當徒』。
㉜唐律疏義，『以官當徒』。
㉝同右。
㉞唐律疏義，三，名例三，『以官當徒不盡』。

㉟同上，『除名者』。
㊱同右。
㊲除名者六載之後依出身法聽敘，免官者三載之後降先品二等敘，免所居官者期年後降先品一等敘『除名者』。
㊳明律：『凡內外大小軍民衙門官吏犯公罪該笞者，官收贖吏每季類決，不必附過。杖罪以上，明立文案，每年一考，紀錄罪名，九年一次通考，所犯次數重輕以憑黜陟』。（明律例，一，名例上，『文武官犯公罪』）。清律：『凡內外大小文武官犯公罪，該笞者，一十，罰俸一個月，二十，三十，各遞加一個月，四十，五十各遞加三個月，該杖者，六十，罰俸一年，七十，降一級，八十降二級，九十降三級，俱留任，一百降四級調用。吏典犯者，笞杖決訖，仍留役』（清律例，四，名例律上，『文武官犯公罪』）。
㊴明律例，一，名例上，『文武官犯公罪』。若未入流品官及吏典有犯私罪笞四十者，附過各還職役，五十罷見役別敍，杖罪幷罷職役不敍。
㊵清律例，四，名例律上，『文武官犯私罪』。吏典犯者杖六十以上罷役。
㊶清律例，四，名例律七，『贖刑』條例云：凡進士擧人貢監生員及一切有頂戴官，有犯笞杖輕罪，照例納贖，罪止杖一百者，分別資參除名，所得杖罪，免其發落，徒流以上，照例發配。
㊷唐律疏義，二一，鬭訟一，『皇家袒免以上親』；明律例，十，刑律二，鬭毆，『皇家袒免以上親被毆』；清律例，二九，刑律，鬭毆上，『宗室覺羅以上親被毆』。

㊸唐律疏義，二一，鬪訟一，『流外官毆議貴』，（議貴謂文武職事官三品以上散官二品以上及爵一品者）；明律例，十，刑律二，鬪毆，『毆制使及本管長官』；清律例，二九，刑律，鬪毆上，『毆制使及本管長官』。

㊹宋書，八一，劉秀之傳。

㊺唐律疏義，二一，鬪訟一，『毆制使府主縣令』；明律例，『毆制使及本管長官』；清律例，『毆制使及本管長官』。

㊻唐律疏義，一，名例一，『十惡』；元史，一〇五，刑法志，名例，『十惡』；明律例，一，名例上，『十惡』；清律例，四，名例上，『十惡』。

㊼唐律疏義，一七，賊盜一，『謀殺府主等官』；明律例，九，刑律一，人命，『謀殺制使及本管長官』；清律例，二六，刑律，人命，『謀殺制使及本管長官』。

㊽元史，一〇五，刑法志，四，『殺傷』。

㊾唐律疏義，二一，鬪訟一，『毆府主縣令父母』。

㊿刑案彙覽，xxxv111. 24B。

(51)續增刑案彙覽，x. 68ab。

(52)周禮，秋官司寇，小司寇之職，註云：『爲治獄吏褻尊者也。躬身也，不身坐者，必俟其屬若子弟也。』

(53)元史，一〇二，刑法志，一，職志上，一〇五，刑法志四，訴訟。當時一般的習慣，閒居官員與百姓爭訴，每署押公文行移不赴官面對，大德七年以如此辦法使小民生受不便，始禁以公文往來，議定許令子孫弟姪或家人代訴的辦法，（詳元典章，五三，刑部，一五，訴訟，『閑居官員與百姓爭論子姪代訴』，『官吏詞訟家人代理』）。

(54)明律例，一〇，刑律，二，訴訟，『官吏詞訟家人代理』；清律例，三〇，刑律，訴訟，『官吏詞訟家人代理』。

(55)鄭端政學錄（畿輔叢書本）卷三，『事上接下』，『待士大夫』，按榜牒不點縉紳姓名，並非一人之見。王應奎柳南隨筆（卷四）云：『故事官批訟牒必以硃筆點訟者姓名，其人或係縉紳，則用圈焉。時縣令爲喻宗栓，誤以筆點汪（應銓）名。汪聞大怒，作詩一絕云：八尺桃笙臥暑風，喧傳名掛縣門東。自從玉座標題後，又得琴堂一點紅』。

(56)呂坤，刑戒，官莫輕打條云，『微末小官亦國家名器，且係一生廉恥』。

(57)唐律疏義，二，名例，二，『以理去官』。

(58)明律例，二，名例下，『以理去官』；清律例，四，名例律上，『以理去官』。

(59)唐律疏義，二，名例二，『皇太子妃』。

(60)同右，『七品以上之官』。

(61)同右，『應議請減』。

(62)同右，『五品以上妾有犯』。

(63)宋史，二〇一，刑法志三。

(64)明律例，一，名例上，『應議者之祖父有犯』；清律例，四，名例律上，『應議者之父祖有犯』。

(65)同右。

(66)唐律疏義，二，名例二，『以理去官』。

第三節　良賤間的不平等

一　良賤

中國歷史上的社會階級，如果貴賤是一種範疇，則良賤①是另一種範疇。貴賤指示官吏與平民的不同社會地位（包括法律地位在內），良賤則指示良民和賤民的不同社會地位，四民或稱良民②，或稱齊民，字義的本身，即指出其齊一或平等的身份，並有與賤相對的意識。賤民包括官私奴婢，倡優皂隸③，以及某一時代某一地域的某種特殊人口，如清初山西陝西的樂戶，江南丐戶，浙江惰民，廣東蜑戶等④。

凡名列賤籍，法律上明白規定其社會地位不同於良民者，均屬於此類。他們的生活方式不同於平民，他們不能應考出仕⑤，他們不能與良民通婚⑥，他們與平民之間的傷害罪也不能以凡論而適用一般的條文，法律上實承認良賤爲法律地位不平等的二階級。

歷代立法都採取同一原則，——良犯賤，其處分較常人相犯爲輕，賤犯良，其處分則較常人相犯爲重。

殺傷罪

奴婢毆殺良人，處分極重，漢時奴婢射傷人者皆棄市⑦。唐律官戶部曲及部曲妻毆良人者加凡人一等治罪，奴婢因身分較官戶，部曲爲低，所以又加一等，等於加凡人二等⑧。明清二代奴婢無高下之分，凡毆良人者，一律加凡人一等治罪⑨，若奴婢毆良人傷至折跌肢體，瞎目及篤疾者，唐，明，淸各律皆處絞刑⑩，至死者斬。

良人毆傷他人奴婢皆減凡人論罪，唐律分別部曲奴婢，一減一等⑪，一減二等⑫，明，淸律減一等⑬。唐，明，淸法律常人鬬毆殺人者絞，故殺者斬⑭，對於奴婢則不問毆殺故殺俱止於絞⑮。唐代則僅殺部曲者絞，若爲奴婢則不處死刑，止流三千里⑯，元代對於殺奴婢的處分最輕，常人鬬毆殺人者，例處絞刑⑰，但毆死奴婢止杖一百，徵燒埋銀五十兩⑱。一絞一杖，輕重至相懸殊，歷代法律中無有更輕於此者。故輟耕錄云：刑律私宰牛馬杖一百，毆死軀口比常人減死一等，杖一百七，是視奴婢與牛馬無異。

姦非罪

關於姦非罪立法的原則和毆殺罪一致，奴姦良人者較常人相姦爲重，良姦賤者則較常人相姦爲輕。我們已經討論過良賤兩種階級間通婚的禁止，我們在此處更應注意此二階級間通婚姻以外的性關係，亦在嚴格禁止及懲罰之列。此種性的禁忌不但爲強有力之社會習慣所不容許，且爲法律所裁制。我們不難明瞭此種性關係的限制，除階級內婚制所着重的對於後裔的社會地位的觀念外，又別有一觀念，認爲良人婦女不是卑賤的奴隸所可接觸的。若高貴的婦女爲卑賤的男子所接觸，則成爲終生不可洗滅的汚辱。在古代着重貞操的社會裏，婦女爲人所姦汚，是異常重大的事，被汚的婦女常因此而羞憤自盡，如是處女則影響及她的婚姻與終身幸福，關係更爲重大，何況她們爲一不可接觸的卑賤男子所姦汚，而社會禁忌又使她不能嫁給他。

在另一方面我們又看到一奇異的現象。賤民階級的女子爲良民階級的男子所姦汚，則社會上認爲無足輕重，對於這男子並不是了不得的羞恥，同時法律所予的處分，亦極輕微，有傾向於減輕的趨勢。這現象告訴我們社會上祇要求婦女的貞節，更重要的，女子的地位決定於她的男人，而男人則有他自己的地位，不爲所接觸的女人所影響。假如是婚姻關係，一男子娶一卑賤階級的女人爲妻，還可以影響及他的社會地位及後裔，若是納之爲妾，止於通姦，則不發生此種嚴重問題了。

在古代，着重道德風化社會裏，姦非罪是異常被重視的，犯姦的男女同屬有罪，無分軒輊，惟獨良姦賤的處分特輕，其間的意義是極可注意的。

所以唐律，部曲雜戶官戶姦良人者較常人相姦加一等治罪，徒二年或二年半。奴姦良人加二等，徒二年半，強姦者加至流罪，因姦折傷者絞⑲。若良人姦他人部曲妻或雜戶官戶婦女，則減處杖刑一百，姦官私婢則又減等，杖九十⑳。明，清律奴姦良人婦女加凡姦罪一等，強姦由絞加至斬。良人姦他人婢，減凡姦罪一等㉑。

二　主奴間

以上是良賤兩階級在法律上地位的不同，若良賤而有主奴的關係，則不平等的程度更爲增劇。這些家奴多由買賣㉒而來，有時則由於投靠，或國家的賞賜㉓。他們一旦屬於主人以後，便完全喪失其自由及人格，成爲一種商品，具有經濟及勞動價值，或留供勞役，或當作商品轉讓出賣，全由主人任意處分。唐律疏義所謂．『奴婢同於資財』㉔，『奴婢賤人律比畜產』㉕，『奴婢部曲身繫於主』㉖，奴婢『合由主處分』㉗等語，最能代表社會法律對人奴及主奴關係的看法。

他們沒有婚姻的自主權，由主人爲之婚配，更重要的是他們所生的子孫也淪爲奴籍，永遠在主家服役。唐律疏義之生產蕃息者謂，婢產子馬生駒之類㉘。奴產之子和小馬一樣，同樣是屬於主人所有的。男奴成年以後，主人爲之婚配，所生子孫，便爲家生奴，永遠屬於主人所有㉙。女婢，雖一般的習慣只收到她出嫁爲止，到了適當年齡便遣嫁之，同時除她的奴籍。但有時則不遣嫁，而爲招配，通常是於男奴中擇一爲之夫，有時則另行招配，這樣女婢的不自由便永不解除，而她的子孫也就世世成爲家奴了㉚。總之，奴婢在契賣以後，她的身體便屬於主家，其奴婢身分並無異於男奴，所不同者，祇是出嫁所引起的可能的改變，但究竟打發與否，全取決於主人的意思，她自己及她的父兄是無權過問的㉛。同樣的情形，也適用於男奴或女奴所生的第二代女奴。歷代法律爲防止奴婢將女私嫁於人，皆定有專條。唐律奴婢私嫁女與良人爲妻妾者，準盜論。疏義加以解釋云：『奴婢旣同資產，即合由主處分，輒將其女私嫁與人，須計婢贓準盜論罪』㉜。清律對於契買家奴及戶下陳人將女私聘於人，亦有處分，未成婚者給還本主，已成婚者，則追身價銀四十兩，無力者量追一半給主，嫁女之人杖一百，徒三年，滿刑之日，給主管束，娶者知情與同罪，不知不坐㉝。元律，良民竊奴婢生子，子隨母還主㉞。可看出女奴雖私嫁與良人，亦不能解除奴籍。在這種情形之下，所生的子女，仍爲主家所有。

總之，這些家奴若不經主人放出，是永不會獲得自由的。背主潛逃，處分極嚴。唐律，部曲奴婢亡者一日杖六十，三日加一等㉟。元律，奴背主在逃杖七十七，其他窩藏者皆有處分㊱。清律家奴背主逃匿者，折責四十板，面上刺字，交還本主，容留窩藏者以窩藏逃人律治罪㊲。婢女自行背家長在逃者杖八十，因而改嫁者，杖一百，給還家長，窩主及知情娶者各與同罪㊳，若係被婢女父母私自拐逃者，杖一百，徒三年，婢女給主領回㊴。

殺傷罪

在平日，奴婢有供給一切勞役的義務，不能違背主人的意志，拒絕主人的差遣役使，如僮約所說：『當從百役使，不得有二言』㊵。他們必須恭順服從，否則主人可以責罵他，處罰他。僮約云：『奴不聽教當笞一百』，這是主人的口吻。『人奴之道得不笞罵足矣』，則是人奴的口吻。爲人奴而不免於笞罵，的確是難得的幸運。司馬光雍容持重猶以杖責爲持家馭奴之道㊶，若主人橫暴如蕭穎士，自更不待言，難怪笞箠備至了㊷。扑責奴婢原是主人當然的權利，即使因此而致死，只要事出無心，並非故意毆死，便可不負責任㊸。

法律所禁止的只是非刑和擅殺，漢建武詔敢灸灼奴婢，論如律㊹。宋元時代因士庶之家常私將家奴黥刺，特加禁止㊺。關於殺死奴隸，一因人命爲貴，人賤命不賤，不可隨意殺死，且生殺予奪係國家主權㊻，自從被主權宣告收回以後，任何人都得妄自殺人，對子孫，對奴婢俱如此。所以除過失殺死奴婢外㊼，擅殺奴婢不問伊等有罪無罪，都有刑事上的責任。董仲舒曰：宜去奴婢，除專殺之威㊽。光武詔：『天地之性人爲貴，其殺奴婢不得減罪』㊾。當時擅殺奴婢者雖衆，政府禁止的企圖是明顯的。趙廣漢至丞相府，召丞相夫人跪庭下受辭，責以殺婢事，收奴婢十餘人去，丞相自承妻實不殺婢㊿，可見漢律已禁止擅殺奴婢，雖丞相家亦不能例外，但同時有謁殺法[51]。晉法奴婢悍主，主得謁殺之[52]。後代皆有此法，凡奴婢有罪，皆可告官而殺之，但不得擅殺。遼法奴婢犯罪至死，聽送有司，其主勿得擅殺[53]。唐，元，明，清律對主人擅殺的處罰，皆杖一百[54]。

奴婢無罪，而故加擅殺，自更爲國法所不容。唐律殺死無罪奴婢，處徒刑一年，毆死部曲同罪，若本心故殺，加徒半年(55)。元律故殺無罪奴婢杖八十七(56)。明，清時殺死無罪奴婢杖六十，徒一年，當房人口，悉放爲良(57)。

反過來看，奴婢事主，應存謹敬，不得稍存侮慢之心，更不得有犯主之行爲，歷代的法律都以奴隸視同子孫，要求他以對父祖的態度對家長。他和子孫一樣，不得告家長，除非是謀叛以上的罪，皆應爲主隱瞞，否則屬干名犯義。唐律，部曲奴婢告主，非謀反叛逆者，處絞，被告之家長同首法，免罪(58)。遼法，主非犯謀反大逆及流死罪者，其奴婢無得告首(59)。明，清律奴婢告家長，雖得實，杖一百徒三年（主不免罪），誣告者絞(60)。反之，奴婢有罪，家主自得送官究治，即誣告亦同誣告子孫例，不論(61)。

奴婢若有毆罵家長以上之舉動，自更悖逆，和子孫毆罵父祖一樣，同屬惡逆大罪，法律上處分極重。罵便構成重罪。唐律，部曲奴婢罵主，及過失傷主，皆處流刑(62)。元律奴詬詈其主不遜者杖一百七，並居役三年，役滿後，仍歸其主(63)。若主人因奴有毆罵的行爲，而將奴毆死者，免罪(64)。明，清律，奴婢罵家長者絞，毆者不問有傷無傷皆斬(65)。若將主人殺死，自更罪大惡極，入於極刑。唐律，部曲奴婢殺死主人雖由過失亦處絞刑(66)。元律，奴婢殺傷本主者處死，故殺者凌遲(67)。明清律奴婢殺死家長，不問毆殺，故殺，謀殺，皆凌遲處死，謀殺已行而未死者斬，過失殺者絞，傷者杖一百流三千里(68)。我們應注意，凌遲原是最慘酷的重刑(69)。除元律外，皆不在五刑之內，爲刑外之極刑(70)。只用以處分謀反大逆，子孫妻妾殺尊長，殺一家非死罪三人，支解人及採生折割人等重罪，而奴婢及雇工殺死家長，亦處以凌遲，可見法律對主奴名分之重視。故元律以奴殺主罪名入於大惡[71]。明洪武初定眞雜犯死罪各項罪名，以奴婢毆罵家長入於眞犯，死罪，弘治十年定奴婢雇工人毆殺謀殺家長，皆在眞犯死罪決不待時罪名中[72]。清赦款章程中奴婢毆家長，謀殺家長，皆在不准援免之列[73]。

以上是關於主奴之間互相侵犯的法律責任，我們可以看出一原則，即奴侵主較普通賤人侵犯良人的處分加重，主侵奴則較良侵賤的處分減輕，於良賤關係之外，又加上主奴關係，名分綦重，自難怪如此，有些時代的法律甚至對於已經放贖爲良的奴婢與舊主之間的侵犯，亦不以凡論，而斟酌輕重，別立專條[74]。古代法律之重視名分，可以想見。

若主人非平民而爲官吏，則其間的差異更爲加深。官吏的身分不同於平民，已非平民所能代抗，何況身份又低於平民的奴婢，其間的懸殊更甚了。所以有的法律又就此加以特殊的考慮，規定官吏對於奴婢的傷害罪，較常人對於奴婢的爲輕，清代條例官吏致死奴婢除刃殺須杖一百，並革職不許折贖外，毆死故殺不過罰俸降級等處分[75]，較尋常家長毆殺故殺奴婢須杖六十徒一年的處分又輕多了，官吏根本不受身體刑或自由刑。即殺死族中奴婢，亦止於降級革職[76]，較常人之毆死他人奴婢，即擬絞候者，自是不同。又常例，家長毆死贖身奴婢及其子女之科斷較未贖身之奴婢爲重，毆死者徒三年，故殺者絞候，放出奴婢及放出奴婢之子女，則分別依照奴婢本律及雇工人科斷[77]。但官吏毆死此種人及其子女不過降一級調用，故殺亦不過降三級調用[78]。

官員家婦女致死奴婢亦得依照其夫或家長品級罰俸，即使夫及家長已經身故或去官無俸者，仍得依照原官品級追罰銀兩[79]。

至於典當家人隸身長隨雇工人等雖有主僕名分，平日起居飮食不敢共同，亦不敢與主人爾我相稱⑧⓪，但身分究與奴婢不同，法律上的地位與待遇亦與奴婢不同。典當是有時間性的，過時不贖纔淪爲奴僕。這種人是否喪失其自由，在典當未滿期之前，還未可知。若主家恩養年久又爲配有家室，則頗難自拔。所以清代的法律即就此層加以區分。典當家人隸身長隨恩養在三年以上，或未及三年而配有妻室者，如與主人之間互有殺傷，便依奴婢本律論罪。倘甫經典買或典買未及三年，並未配有妻室，便依雇工人待遇，不以奴婢論⑧①。

雇工人包括轎夫，車夫，廚役，水夫，打雜，受雇服役人等⑧②，這種人接受定額工資爲主家服役，權利義務完全基於奴方所同意的契約關係，並未典賣於人，仍保留其自由及人格，契約終了時便停止其服務之義務，同時解除主僕的關係，所以社會上視爲獨立自主的人，身不繫於人，法律不以賤民及私屬視之⑧③，與良民發生法律糾紛時互以凡人論，與家長之間則既不按奴婢本律論，亦不按凡人論，別有雇工人專條。立法原則是：雇工人毆殺家長較常人相毆爲重，而較奴婢毆殺主人罪爲輕。反之，家長毆殺雇工的處分則較毆殺奴婢爲重，而較常人互相毆殺爲輕。

奴婢祇要有毆罵的行爲便處死刑，殺死主人不問毆殺故殺皆凌遲，雇工人罵家長但杖八十，徒二年⑧④，毆罪亦分別有傷無傷，是否折傷，分別滿徒滿流及絞。不似奴婢之不問有傷無傷，但毆即斬。奴婢致死主人不問毆殺故殺，皆凌遲，原因是毆死已至凌遲無可再加，雇工人則不然，毆死者斬，故殺者才凌遲處死。過失殺傷者且各減本殺傷罪二等⑧⑤。這可以充分看出雇工人與奴婢有間的情形⑧⑥。

反之，我們也可看出主人不能以奴婢對待雇工人的情形。主人毆奴婢非死勿論，有罪擅殺不過懲其不告官私自毆殺之罪，且處分甚輕，只杖一百，即無罪故殺亦不過一年徒刑，是不抵命的。若爲雇工人則毆至折傷即有罪，減凡人折傷罪三等，因而致死者，不論有罪無罪，俱處滿徒，故殺則須擬抵，罪至絞候[87]。這我們也可看出雇工人不同於奴婢的情形，殺死奴婢雇工分別擬抵及不擬抵是極可注意的一點——可以看出奴婢命賤，雇工人的生命則與凡人相類。但另一方面又可看出主人對於雇工的威權，及其在法律上的優越。雇工人雖與奴婢有間，但在傭工期間，究有主僕之名分，應受家長管教，如有過失，家長自得加以責罰，所以非折傷得勿論，且因違犯教令而依法決罰，邂逅致死者，及過失殺死者，亦得勿論[88]，奴婢與雇工人在各方面的待遇都有顯著的差異，祇有這一點是相同的。

從上所述，很明顯地，雇工人的地位是介於奴婢與常人之間的，在法律上，一方面既不否認雇工人獨立自由的身分，另一方面又斤斤不忘主僕名分的結果。名分攸關一語在中國法律上是屢見不鮮極爲重要的一句成語，不僅關於主奴主僕之間爲然。

雇工而外，又有一種爲人服役的人，佃戶雇請耕種工作之人，及店舖小郎之類的人的地位是值得注意的。法律上認爲這些人平日與東家共坐共食，彼此平等相稱，不爲使喚服役，素無主僕名分，所以如有殺傷應各依凡人論斷[89]。元律主人毆死佃戶者杖一百七[90]，又有禁佃賣佃戶及佃戶嫁娶從其父母的法令[91]。這些都足以證明佃戶不是主人的私屬，不能由主人處分。

奴婢，雇工，長隨，佃戶等人的罪名既因身分的不同，而大有出入，關係重大，所以身分的分別甚爲重要，法律上即對於印契極爲重視，以爲客觀的物證。平日契買奴婢必立文契，並呈明地方官鈐蓋印信，有犯便按契究治⑫，有契無契紅契白契分別甚大⑬。

在家族主義之下，奴婢雇工與家長親屬的關係是極可注意的一問題，古代家族共同生活團體常包含幾個世代的人口，家長雖只一人，但奴婢雇工實不祗一主人，與其說是屬於家長一人，勿寧說是屬於這個共同團體的，對全體皆應服役而有主僕的名分。在這種情形之下，奴僕止服從家長，而對其餘的人都傲慢無禮，實是不可想像的事。再從家長與其親屬間及家長與奴僕之間的雙重名分上來看，主奴之間既有一定的名分，則奴僕對家長所親睦而有一定名分的親屬，不問同居分居，亦應存謹敬之心，不同於非主人親屬的其他良人，自是情理中事。法律上注意到這一點，於是立一原則，奴婢侵犯主人的親屬較侵犯其他良人的處分爲重，後者對於前者之侵犯則較侵犯其他賤人的處分爲輕，加重減輕的程度，決定於家長親屬及家長間的親疏關係，關係愈親，則奴僕的責任愈重，而家長親屬的責任愈輕，二者之間，爲反比例。

唐律，部曲奴婢毆主之緦麻親徒一年，傷重者加犯良人罪一等，小功大功遞加一等，至死者斬。若爲主之期親及外祖父母，處分更重，僅次於主，詈者徒二年，毆者絞，毆傷者斬，過失殺者減二等，過失傷者又減一等⑭。明清律大致與唐律相同，但奴婢罵家長之大功小功緦麻親屬亦有處分，分別杖八十，七十，六十⑮。對於家長期親及外祖父母的故殺罪則加至凌遲⑯。

雇工人罵家長之期親及外祖父母者杖一百，大功杖六十，小功笞五十，緦麻笞四十⑰。毆家長之期親及外祖父母者杖一百，徒三年，毆傷者杖一百，流三千里，折傷者絞，死者斬，故殺者凌遲，過失殺傷者各減本殺傷罪二等。毆家長之緦麻親杖八十，小功杖九十，大功杖一百，傷重至內損吐血以上，緦麻小功加凡人罪一等，大功加二等，死者斬⑱。除故殺罪外，處分皆輕於奴婢。

唐律，家長的緦麻小功親毆傷部曲奴婢，非折傷勿論，折傷以上各減殺傷凡人部曲奴婢二等，大功減三等，過失殺者勿論。若爲主之期親及祖父母，則待遇全同於本主⑲。明清律與唐律大略亦同，毆死緦麻小功親奴婢者杖一百，徒三年，故殺者絞⑳。對於雇工人的傷害罪則較對奴婢的傷害罪爲重，而較對凡人的傷害罪爲輕。我們應注意，雇工人與平民並無良賤之分，有犯以凡論，而家長的親屬殺傷雇工人得減凡人論罪，且非折傷勿論，這完全是因爲主僕的名分關係的着重。所以毆傷期親及外孫之雇工人，待遇與本主毆殺雇工人相同，且因雇工人違犯教令而依法決罰，邂逅至死，及過失殺者皆勿論㉑。毆緦麻小功親雇工人，非折傷及過失殺死亦得不論，至折傷以上各減凡人罪一等，大功減二等，至死及故殺者絞㉒。

姦非罪

最後，在結束這一節以前，我們應討論另一關於主奴之間的性的關係的問題——主婢間的姦非罪。我們已經說過良人對於賤人的姦非罪責任甚輕，奴婢及其子女是屬於主人所有的，本可以由主人任意處分，若男主人對於女婢（包括女奴本身及男女奴所生之女）有性的要求，自不足爲怪，甚或可以說是男主人的權利。幾千年來的中國社會中，婢與主人的性的關係本是社會和法律所默認的，例如唐例便規定有婢生子及經放爲良者聽爲妾的條文㉓。所以如此規定者，正可反證古代社會中婢生子及以婢爲妾的衆多。晚清社會中此類事的普遍，更是我們這一輩人所親見親聞的。究其實，婢妾所不同者，一是暗的，一是明的而已，若婢經過明的手續或生子以後，便很輕易地取得妾的地位。元律奴有女已許嫁爲良人妻，即爲良人，其主欺姦者杖一百七⑩。可以看出姦非罪只成立於奴女許嫁良人之後，若未許嫁，或許嫁者非良人，主人便無罪。

女奴而外，家長對奴婢的性的權利有時甚至包括部曲妻及雇工人妻。唐律只有姦他人部曲妻及客女之條，可見姦己家者不坐，疏義亦如此說⑩。明清律也採取含混意會的辦法，法律上只有奴及雇工人姦家長妻女而無相反的規定⑩，主人姦婢及僕婦，法無明文，自不爲罪。一借他人部曲妻及客女立論，一借奴僕姦家長立論，方式不同，卻同樣地暗示姦己家奴僕妻不爲罪，可謂異曲同工。元律在這方面乾脆得多，不作反面文章，毫無掩飾地說：『諸主姦奴妻者不坐』⑩。

中國古代法律因注重禮敎的關係，對於姦非罪一向很重視，對於有夫姦的重視尤甚於無夫姦，處罰特重，但主姦奴，雖部曲及雇工人妻亦不爲罪。這是很有趣的一問題，雖不能說對主僕名分的重視更甚於風化的重視，我們至少可說法律實默認主對奴僕妻女的通姦權。這種習慣維持了很久的一個時期，到清代纔附加條例，對於有夫的僕婦和無夫的婢女加以區別，於是法律將家長的通姦權縮小，至僅以無夫的婢女爲限，但我們應注意，家長姦家下人夫之婦者，不過笞四十，係官交部議處⑩，處分是極輕微的。

圖姦僕婦所引起的傷害的問題，同樣很有注意的價値。我們曉得常人皆有拒姦的權利，同時法律對於持横強姦及因姦致死婦女的處分極重，其所以如此皆因對禮敎風化的重視，所以對婦女予以保障，對奸徒予以膺懲，但我們應注意僕婦拒姦的限制及主人因姦殺死僕婦的責任。

乾隆時有一主人圖姦僕婦，被割傷莖物，比照毆家長律減等擬流⑽。又有一家長期親圖姦僕婦吳氏，摟住親嘴，吳氏哄令將舌伸入咬下舌尖，亦比照毆傷家長期親律減等擬流，後奉旨以咬破舌尖係屬自取，該氏拒姦亦係臨時取意，並非設計誆騙，所擬杖流纔得加恩寬免⑾。按家長圖姦家下人婦女被本婦拒傷，無治罪專條，向例皆援引毆傷家長之例酌量辦理⑾，大多仍顧及主僕名分，不過於本律量減一等，吳氏之案若非幸而奉旨恩免，便須實流。以前一案而言，僕婦不能享受常人拒姦的權利是明顯的，她並不能因拒姦而不受奴僕毆傷主人的法律拘束。換言之，主僕的名分始終存在，其行爲能力始終是有限制的，並不因保護自己而例外。圖姦之家長不過依例笞四十，或交部議處，可是拒姦的僕婦反因此而處流刑。在不平的待遇下，其後果無異於使僕婦不要拒姦，——至少是有限度的拒姦，以不毆傷主人爲限。我們雖不能說她完全喪失拒姦的權利，至少可以說她喪失了一部份。她在這種情形之下最好的辦法不是服從，便是自盡。

清律常人因強姦而殺死婦女，或因姦而逼人致死者皆處死刑，但這兩條法律對於主人是不適用的。條例上規定凡家主將紅契所買奴婢及白契典買恩養已久奴僕之妻妾行佔奪，或圖姦不遂，因而將奴僕毒毆致死，或將其妻致死，審明確有實據及本主自認不諱者，家主不分官員平人，俱發黑龍江當差。若所殺奴婢係白契所買恩養未久，則照殺雇工人律擬絞監候⑿，與常人因姦殺死婦女斬決的處分至相懸殊⒀。若家主強姦奴及僱工人妻女未成，因而使被姦婦女羞憤自盡，也不適用常人因姦威逼人至死的條文。條例上說家長有服親屬強姦雇工人妻女未成或致令羞憤自盡者杖一百，發近遠充軍⒁，較常人因姦逼死婦女斬候絞候⒂的處分也輕多了。嘉慶時豫親王強姦包衣人世祿之女，事後該女羞忿自縊身死，其父世祿具呈控告。豫親王按平人強姦已成，本婦自盡斬候例量減一等擬流，世祿依奴婢告家長得實律，擬滿徒折枷，並革去六品典儀官⑯。主人因姦逼死婢女僕婦固屬有罪，但被害人的家長或本夫具呈控告，又因名分的拘束，不能避免奴告主的罪名，處境是十分為難的。於此亦可見法律對主僕名分之重視，雖因姦而釀成人命，也不能例外。

自然，以上所說的關於性特權只限於男主人，若女主人及官長的眷屬婦女則不在內，這原是男性中心社會的現象，不足為怪。所以唐律與部曲及奴通姦之主家婦女，但減姦主之奴罪一等，奴處絞而主家婦女亦處滿流⑰，其罪至重，較尋常奴姦良人只處徒刑的罪名還要重。明清律家長妻女與奴及雇工通姦者與奴及雇工同罪⑱，處分更加嚴重了。

奴僕姦良人婦女，罪已不可逭，若奴僕而姦家長妻女，以下烝上，瀆亂名分，自更罪大惡極，不可容忍，所以明洪武初定眞雜犯死罪各項罪名時，以奴姦家長妻女入於眞犯死罪中⑲。法律對於此種事之深惡痛絕，可想而知。至於歷代法律對此種罪名處罰之重，更一致的表現同一的精神。奴姦良人不過徒刑，此則加至死刑。唐律部曲及奴姦主者絞，強姦者斬⑳。元律奴姦主妻女者皆處死，以傔從與命婦姦，以命婦從姦夫逃者皆處死㉑。明清律奴及雇工人姦家長妻女者斬㉒。清律且規定即強姦未成亦斬立決，便是調姦未成，亦從重處分，發黑龍江給披甲人為奴㉓。

即姦主人之有服親屬，因名分攸關，亦較姦其他良人為重，被姦的主人親屬與主人的關係愈親，則奴僕的處分亦隨之而愈重。唐律部曲及奴姦主之期親及期親之妻者，與姦主同罪，姦主之緦麻以上親及緦麻以上親之妻者流，強姦者絞㉔，明清律姦家長之期親及期親之妻者絞，姦緦麻以上親之妻者，杖一百流二千里，強姦者斬[125]。

若所姦者為家長妾及家長親屬之妾，則各減罪一等[126]。

關於姦殺問題是另一有趣的對比。主人對奴僕因姦而成立的傷害罪，不按常人強姦殺死及威逼致死的律文辦理而從輕發落已如上述，奴僕對主家婦女因姦而成立的傷害罪亦不按常人強姦而殺死及威逼致死的律文辦理而從輕發落。

道光時一雇工與家長之外甥女大妞調戲成姦，嗣因姦情敗露，大妞羞憤自盡，依照雇工姦家長緦麻以上親杖一百流二千里律酌加一等，杖一百流二千五百里[127]。有時因罪情重大，甚至不按奴婢雇工人殺傷家長律辦理。嘉慶時有一奴圖姦家長之女，女嚇罵不從，被用刀殺死，有司以例無奴僕強姦家長親屬，逞凶殺死治罪明文，擬依奴婢故殺家長期親例凌遲處死[128]。很明顯地是因名分綦重，不可但按常人強姦殺死罪名止於斬決，所以加重以極刑。

【注釋】

①清會典，一七，戶部云：『凡民之著於籍，其別有四：一曰民籍，二曰軍籍，三曰商籍，四曰竈籍，察其祖寄，辨其宗系，區其良賤』。分別良賤並不止是習慣語上的一種抽象名詞，在戶籍上，在考試法上，在刑法上，都有此分別。明清律皆有良賤相毆之條。

②清會典，同上，『區其良賤』句註云：『四民為良』。

③同上註云，奴僕倡優隸卒為賤，衙門應役之人，除庫丁，斗級，民壯仍列為齊民外，皂隸，馬快，步快，小馬，禁卒，門子，弦兵，仵作，糧差，及巡捕番役，皆為賤役。

④山西，陝西樂戶，江南丐戶，浙江惰民，清初皆隸賤籍。雍正元年，七年，八年，始先後豁除賤籍，如報官改業後已越四世，親友無習賤業者，即准應考出仕。廣東之蜑戶，浙江之九姓漁戶，亦照此例（見清會典，七，戶部）。又有某種人口，徽州府之伴當，寧國府之世僕（徽，寧，池三府皆有此種名目），當地呼爲細民，執奴僕賤役，法律上並未列入賤籍，社會法律地位不一致，遇有捐監應考及訴訟事件輒生糾紛，身分甚爲含混，與其他賤民似有分別。故雍正五年諭旨云：『近聞徽州府則有伴當，寧國府則有世僕，本地呼爲細民，其籍業下賤，幾與樂戶，惰民相同，追究其僕役起自何時，則皆茫然無考，非實有上下之分，不過相沿惡習耳，此朕得諸傳聞。若有此等之人，應予開豁爲良人，俾得奮興向上，免致汚賤終身，且及於後裔』。又安徽巡撫咨內稱：『現在安徽有徽州等府地方，似世僕而非世僕，似良民而非良民，俗謂之細民者不下數千戶』。（清律例彙輯便覽，二七，刑律，鬪毆上，『良賤相毆』條引說帖），遇有捐監應考及訴訟等事輒生糾紛。（嘉慶十四年安徽巡撫奏摺稱徽寧池三府向有世僕名目，遇有捐監應考等事件，訐控不休。道光三年細民周容法將李應芳毆死一案，刑部以周犯係遠年世僕，並無賣身文契，又非在主家朝夕服役，受其豢養，固未便以奴僕論，若照良賤相毆科斷，則又與細民致死平民無分等差，若照雇工毆死家長例，又恐並啓挾制讎殺之心，非持平恤刑之道，如何辦理，有無罣礙，大費躊躇。該項細民應否概予開豁爲良，或相沿日久不便遽事紛更，而於區別流品之中，如何酌量示以限制，應由該撫察看情形，籌定章程，奏明請旨遵行，——詳清律彙輯便覽『良賤相毆』條引說帖）。

⑤樂戶，丐戶，惰民，蜑戶，浙江漁戶，皆經頒旨豁除賤籍，如報官改業後已越四世，親友無習賤業者，

卽准應考出仕（淸會典，一七，戶部）。徽寧池三府世僕如現在主家服役者，應俟放出三代後，所生子孫方准報捐考試，若早經放出，並非現在服役豢養，及現不與奴僕爲婚姻者，雖曾葬主家之山，佃主家之田，均一體開豁爲良，已歷三代者，卽准其報捐考試，（淸律例，八，戶律，戶役，『人戶以籍爲定』，嘉慶十五年續纂例）。其他契買之奴僕，亦須經主人放出，並經報官存案，入民籍三代之後，始准其子孫與平民一體應試出仕，（淸律例『人戶以籍爲定』條，嘉慶十一年修改例）。卽使是贖出爲民以後娶親，所生之子，未經主人豢養，亦不得立卽令其子應試，仍須三代以後，方許應試（刑案彙覽，V11. 36a-38a，嘉慶二十二年說帖）。原因是『家奴身充賤役，若放出後卽與平民一體應試出仕，其祖父卽得以家奴而上膺封典，不足以淸流品而重名器』，（見同上說帖），若未經主人放出，又未經報官准入民籍，便永不得與齊民一體應試，至於長隨雇工雖身分與家奴不同，但爲官究屬冒濫名器，所以本身及其子孫仍不許應試捐官，違者雖律無治罪專條，向例皆比照家奴之子冒捐職官量減一等治罪，除革去職銜外，杖壹百徒三年，（刑案彙覽，V11. 42b-43a，44ab，45ab，『家奴之子，長隨之子捐官』，『長隨爲子捐監，加捐衞千總銜』，『優伶轎夫朦捐官職』，『長隨捐官並令其侄冒籍考試』，『報捐主簿之後，其父曾充長隨』各案），便是稍有軍功，亦不許破例出仕（同上，V11. 43b，『長隨之子雖有軍功，不准出仕』案）。

倡優隸卒及其子孫例不准入考捐監，如有變易姓名，朦混應試報捐者，除斥革外，照違制律杖一百，（淸律例，『人戶以籍爲定』條例），隸卒之中，除民壯，庫丁，斗級，准報捐應試外，其餘在衙門應役之人，皆不准考，（見學政全書），其分別全在是否賤役，例如收生婦女原非賤役，子孫皆准考試，處女犯姦，檢驗眞假，向由官媒應役，如收生婦曾經傳驗姦情，迹類仵作者，便爲賤籍，不許子孫應捐考，須報官改業四世後，方准捐考。（刑案彙覽，V11. 37b，引禮部通行）

⑥見第二節。

⑦後漢書，光武紀云：詔除奴婢射傷人棄市律，知西漢有此律。

⑧唐律疏義，二二，鬬訟二『部曲奴婢良人相毆』。

⑨明律例，十，典律二，鬬毆，『良賤相毆』，清律例，二七，刑律，鬬毆上，『良賤相毆』。

⑩唐律疏義，同上，明律例，同上；清律例，同上。按常人毆傷，按傷害程度論罪，至多滿徒滿流，（見唐律疏義，二一，鬬訟一，『鬬毆折齒毀耳鼻』，『兵刃斫射人』，『毆人折跌肢體瞎目』；明律例，十，刑律二，鬬毆，『鬬毆』；清律例，二七，刑律，鬬毆上，『鬬毆』）。

⑪唐律疏義，『部曲奴婢良人相毆』；明律例，『良賤相毆』；清律例，『良賤相毆』。

⑫唐律疏義，『部曲奴婢良人相毆』。

⑬明律例，『良賤相毆』；清律例，『良賤相毆』。

⑭參看唐律疏義，二一，鬬訟一，『鬬毆故殺用兵刃』；明律例，九，刑律一，人命，『鬬毆及故殺人』；清律例，二六，刑律，人命，『鬬毆故殺人』。

⑮明律例，『良賤相毆』；清律例；『良賤相毆』。

⑯唐律疏義，『部曲奴婢良人相毆』。

⑰參看元史，刑法志，鬬毆，殺傷二章；元典章，四二，刑部四，鬬毆，『踼打致死』。

⑱元史，刑法志，『殺傷』。

⑲唐律疏義，二六，雜律上，『姦徒一年半』，『犯姦良人』。

⑳同右，『姦徒一年半』。

㉑明律例，十一，刑律三，犯姦，『良賤相姦』，清律例，三三，刑律，犯姦，『良賤相姦』。

㉒明律例，一〇，刑律二，訴訟，『官吏詞訟家人代理』；清律例，三〇，刑律，訟訴，『官吏詞訟家人代理』。

㉓明代有罪緣坐之人方給付功臣之家爲奴。法理上只承認功臣家有奴，不准庶民之家存養奴婢。（參看明律例，戶律，戶役，『立嫡子違法』條及瑣言輯註）。

㉔唐律疏義，四，名例四，『彼此俱罪之贓』條，疏義云：『其奴婢同於資財』，又卷一八，賊盜二，『造畜蠱毒』條問答云：『奴婢比之資財』。卷二〇，盜賊四，『私財奴婢，貿易官物』條，律註云：『餘條不別言奴婢者與畜產財物同』。

㉕同右，六，名例六，『官戶部曲條疏義』。

㉖同右，一七，盜賊一，『祖父母父母夫爲人殺』條問答。

㉗同右，一四，戶婚下，『雜戶不得娶良人』條疏義。

㉘唐律疏義，四，名例四，『以贓入罪』。

㉙清律條例云：『凡民人家生奴僕，印契所買奴僕，並雍正十三年以前，白契所買及投靠養畜年久，或奴婢女招配所生子息者，世世子孫永遠服役，婚配俱由家主，仍造冊報官在案』。（清律例，二八，刑律，

鬭毆下，『奴婢毆家長』，乾隆四十三年原例，嘉慶六年修併例同條引），乾隆二十四年部例云：『家生奴婢世世子孫皆當永遠服役，身契年久遺失，事所恆有，旣已衆證確鑿，不必復以身契爲憑』。又戶部則例云：『漢人爲奴僕，若家主，若印契，若雍正十三年以前白契所買，以及投靠養育年久，或婢女招配生子者，俱照八旗之例，子孫永遠服役，典賣奴僕，若文契雖失，尙受主家豢養者仍令服役，卽已經贖身，其在主家生育者，名分猶存，不准開豁』，（清律例，戶律，戶役，『人戶以籍爲定』條引）。可見奴婢在主家所生的子孫，毫無疑問是永遠屬於主家的，這些生而爲奴的嗣續者的身分，不但無以異於自行賣身投靠的奴婢，而且從上述的條例中看來，其奴婢的身分更爲固定，更難變動。研究見聞雜記云：『男子入富家爲奴，卽立身契，子孫累世不脫籍』。所說的便是這種情形。

㉚參看註二十九。

㉛故清代旗民價買婢女，契內必寫明任憑婚姻或任聽隨房使用等字樣，（見乾隆七年刑部侍郞張條奏，刑案彙覽，xxxxlv，18a）。

㉜唐律疏義，一四，戶當下，『雜戶不得娶良人』。

㉝清律例，二八，刑律，鬭毆下，『奴婢毆家長』條，嘉慶六年續纂例。

㉞元史，一〇四，刑法志三，『姦非』。

㉟唐律疏義，二八，捕亡，『官戶奴婢亡』。

㊱誘引窩藏者杖六十七，隣人，社長，坊里正知不首捕者，笞三十七，關譏應捕人受贓脫放者，以枉法論，寺觀，軍營，勢家影蔽及投下冒收爲戶者，依藏匿論，自首免罪，（見元史，一〇五，刑法志四，『

捕亡』)。

㊲清律例『奴婢毆殺家長』條,嘉慶六年修併例。

㊳同右,一〇,戶律,婚姻,『出妻』。

㊴同右,二八,刑律,鬬毆下,『奴婢毆家長』,嘉慶六年續纂例。

㊵見論衡,骨相篇。

㊶司馬光,書儀,卷四,『居家雜儀』。

㊷見王保定,唐摭言。

㊸唐律疏義,二二,鬬訟,『毆部曲死決罰』,云:『其(謂部曲奴婢)有愆犯,決罰致死及過失殺者各勿論』,元典章,四二,刑部四,諸殺一,殺奴婢倡佃,『毆死有罪驅』條云:『若(奴婢)有愆罪,決罰至死者勿論』,明清律云:『若(奴婢雇工人)違犯教令,而依法決罰,邂逅致死,及過失殺者各勿論』。(明律例,十,刑律二,鬬毆,『奴婢毆家長』;清律例,二八,刑律,鬬毆下,『奴婢毆家長』)。

㊹後漢書,一,光武紀。

㊺文獻通考,一六六,刑考五云:『眞宗咸平六年,詔,有盜主財者五貫以上,杖脊黥面,配牢城,十貫以上奏酌,勿得私黥涅,(舊制士庶家僮僕有犯或私黥其面,上以今之僮僕本傭雇良民,故有是詔)。元律,無故擅刺其奴者杖六十七,(元史,一〇五,刑法志四,『雜犯』)。

㊻唐律疏義,所謂『奴婢賤隸,雖各有主,至於殺戮,宜有稟承』,(二二,鬬訟二,『主殺有罪奴婢』

），即此意。

㊼過失殺死奴婢，歷代法律皆得勿論，見唐律疏義，二二，鬪訟，『毆部曲死決罰』；明律例，十，刑律二，鬪毆，『奴婢毆家長』；（清律例，二八，刑律，鬪毆下，『奴婢毆家長』）。

㊽漢書，二六，董仲舒傳。

㊾後漢書，光武紀。

㊿漢書，七六，趙廣漢傳。

(51)史記，九四，田儋列傳云：『狄城守田儋，詳（佯）爲縛其奴，從少年之廷，欲謁殺奴』集解，服虔曰：『古殺奴婢，皆當告官，儋欲殺令，故詐縛奴而以謁』。

(52)晉書，三〇，刑法志。

(53)遼史，六一，刑法志。

(54)唐律疏義，二二，鬪訟，『主殺有罪奴婢』；元典章，四二，諸殺，殺奴婢倡佃，『毆死有罪軀』；明律例，『奴婢毆家長』；清律例，『奴婢毆家長』。

(55)唐律疏義，『主殺有罪奴婢』；『毆死部曲死決罰』。

(56)見元史，一〇五，刑法志，四，『殺傷』，據元典章，四二，刑部四，諸殺一，殺奴婢倡佃，『毆死有罪軀』則云：奴婢無罪而殺者徒一年。

(57)明律例，『奴婢毆家長』；清律例，『奴婢毆家長』。

(58)唐律疏義，二四，鬪訟，『部曲奴婢告主』。

⑤⑨遼史，刑法志。

⑥⓪明律例，十，刑律二，訴訟，『干名犯義』，清律例，三十，刑律，訴訟，『干名犯義』。

⑥①同右。

⑥②唐律疏義，二二，鬬訟，『部曲奴婢過失殺主』。

⑥③元史，一〇四，刑法志，『大惡』。

⑥④同右，『殺傷』。

⑥⑤明律例，十，刑律二，罵詈，『奴婢罵家長』，鬥毆，『奴婢毆家長』；清律例，二九，刑律，罵詈，『奴婢罵家長』；二八，刑律，鬬毆下，『奴婢毆家長』。

⑥⑥唐律疏義，『部曲奴婢過失殺主』，疏義云：『部曲奴婢是爲家僕，事主須有謹敬，又亦防其二心，故雖過失殺主者絞』，這和清律律後總註所謂：『過失殺傷，本出無心，而立法如此之嚴者，謂奴婢於家長，事當謹敬，不宜至有過失也』。（清律例，『奴婢毆家長者』條），解釋不同，其義則一。

⑥⑦元史，刑法志，『大惡』。

⑥⑧參看明律例，『奴婢毆家長』；卷九，刑律一，人命，『謀殺祖父母父母』；清律例，『奴婢毆家長』；卷六二，刑律，人命，『謀殺祖父母父母』。

⑥⑨陸游奏狀云：凌遲之刑，『肌肉已盡，而氣息未絕，肝心聯絡，而視聽猶存』。清律例彙輯便覽云：『凌遲者其法乃寸而磔之，必至體無餘臠，然後爲之割其勢，女則幽其閉，出其臟腑，以畢其命，仍有支分節解，植其骨而後已』。（卷四，名例律上）其殘酷可想。

(70)陸游奏狀云：『伏讀律文，罪雖甚重，不過處斬，五季多故，以常法之不足，於是始於法外特置凌遲一條，……感傷至和，虧損仁政，實非盛世所宜遵也……欲望聖慈，特命有司除凌遲之刑，以增國家太平之福』。知五代及宋法外已用凌遲，元代始去絞刑，以凌遲入於五刑，明清律死刑仍祇絞斬二種，但已以凌遲為極刑，不見於名例律，而見於該付凌遲罪名之律文中。

(71)元史，一〇四，刑法志，三，『大惡』。

(72)明會典，一七三，刑部十五，罪名一；一七四，刑部十六，罪名二。

(73)刑案彙覽，卷首，赦款章程。

(74)按奴婢脫離舊主，不外二種方式，一種是贖身或被主人放出，一種是被主人轉賣讓與他人，另事新主。法律只承認前種情形之下脫離主人的奴婢適用舊主的專條，有犯不以凡論，若轉賣者則概以凡論。所以唐律，『奴婢謀殺舊主』條下註云：『舊主謂主放為良者，餘條故夫舊主準此』。疏義說得很明白：『其舊主謂經放為良及自贖免賤者，若轉賣或自理訴得脫，即同凡人』。（唐律疏義，一七，賊盜一，『謀殺故夫父母』），明律奴婢罵舊家長者，及家長毆舊奴婢者，奴婢謀殺舊家長者，皆以凡人論。（明律例，九，刑律一，人命，『謀殺故夫父母』；十，刑律二，罵詈，『妻妾罵故夫父母』；鬭毆，『妻妾毆故夫父母』），謀殺故夫父母律註云：『謂將自己奴婢轉賣他人者皆同凡人，餘條准此』。以凡論者，似但指轉賣者而言，但對於放贖為良之奴婢與舊主有犯又無若何治罪之明文，律文甚不明顯。清律，『妻妾罵故夫父母』條云：『若奴婢（轉賣與人其義已絕）罵舊家長者以凡人論（其贖身奴婢罵家長者仍依罵家長本律論）』。謀殺故夫父母條云：『若奴婢謀殺舊家長者，以凡人論，（謂將自己奴婢轉賣他人者，皆同凡人論，餘條準此。贖身奴婢，主僕恩義猶存，如有謀殺舊家長者，仍依謀殺家長律科斷）』。又妻妾毆故夫父母條云：『若奴婢毆舊家長及家長毆舊奴婢者，各以凡人論，（此亦自轉賣與人者言之，奴婢贖身，不用此律，義未絕也）』，（見淸律例，二九，刑律，罵詈，『妻妾罵故夫父母』；二八，刑律，鬭毆下，『妻妾毆故夫父母』；三六，刑律，人命，『謀殺故夫父母』。律文雖同於明律，但律註已很明顯地指出已經轉賣之奴婢始以凡論，而贖放爲良的奴婢是不用此律的。但有一點又和唐律不同，唐律放爲良之部曲奴婢，除過失殺傷舊主依凡論外，餘罪均適用特別的規定，既不同於凡人，又不同於奴婢。詈者徒二年，毆者流二千里，傷者絞，殺者斬。（唐律疏義，二三，鬭訴三，『部曲奴婢詈舊主』）。以詈爲例，常人無罵罪，詈主人者流，罵舊主者徒二年，處刑實重於常人而輕於奴婢。反之，舊主毆舊部曲奴婢的處分亦採取類似的原則，得減凡人論罪，而又重於毆殺未放爲良之部曲奴婢。所以常人毆傷殺他人部曲減凡人一等。奴婢減凡人二等，而舊主毆舊部曲則減凡人二等。毆舊奴婢者則減四等，過失殺者勿論，（唐律疏義，『部曲奴婢詈舊主』），淸律，舊主仍視同舊家長，舊奴婢仍視同奴婢，適用奴婢本律，而不爲採特別的規定，是奴婢雖經放出爲良，對於本主仍得保存主僕的名分，毆詈舊主的處分較唐律重多了。

⑮官員將奴婢責打身死者罰俸二年，故毆者降二級調用（淸律例，『奴婢毆家長』，道光十五年修改例）。

⑯毆死族中奴婢降二級調用，故殺者降三級調用，各追人一口給主，刃殺者革職，不准折贖，杖一百，毆死他人奴婢者革職，追人一口給主，故殺者依律絞候。（同上）

⑰ 同上條，嘉慶六年，道光五年，十五年三次修改例。

⑱ 同上條，乾隆二十八年原例，道光十五年修改例。

⑲ 康熙舊例，官員祖母母妻毆奴婢者照伊夫及子孫官品罰俸一年，故殺者罰俸二年，追人一口入官。如伊夫及子孫原有官職，身故無俸者，仍照原官品級罰。後於乾隆五年修例將此條刪除，但向例婦女犯徒流者，決杖一百，餘罪收贖，並不實配。如同治十年某御史以非刑毆殺奴婢之案，不一而足，推原其故皆由於婦女有罪例得收贖，故任性荼毒，非理凌虐，奏請妥定章程，嗣後不准收贖，或竟罪坐家長，刑部奉旨議以『主僕名分綦重，未可等於泛常，殺死奴婢與殺死子孫罪名相等，婦女故殺子孫既無實發之條，何獨於奴婢而轉嚴其罪？且婦女致斃平人等案，無論減軍減流，均准收贖，豈有殺傷奴婢罪止擬徒之案，反予實發？似非情法之平』。但近年致斃奴婢之案平人婦女尚少，惟官員之家爲多。伊等恃官員之正妻，刑法所不加，任意凌害奴婢，非刑致斃。迨犯案到官不過虛擬罪名，照例收贖。若不稍示懲儆，恐益將肆行無忌，似應就康熙舊例，參酌變通，期歸允當。應請嗣後官員之家婦女故毆殺奴婢雇工人等除罪應擬抵及律止擬杖者仍照本律定擬外，如罪應徒一年者卽依照夫及家長品級罰俸一年，罪應徒三年者罰俸二年，罪應擬流者罰俸三年，如家長及夫身故無俸者仍照原級追罰，並奪本婦誥敕，不得再行濫混邀請封典，庶凶殘者稍加斂迹而於各條律例亦不至有所牴牾。（見刑部通行章程，光緒丙申，京師善成堂刊本，卷上，頁六七—八〇，『婦女致斃奴婢不准收贖』）。

⑳ 清律例，二八，刑律，鬬毆下，『奴婢毆家長』，嘉慶六年修併例。

㉑ 同右。

㉜同上。

㉝故清律例，『奴婢毆家長』律後總註云：『若雇工人則與奴婢有閒矣，……雇工人但受雇價為人傭工，工滿即同凡人，與終身為奴婢者不同』。

㉞明律例，一〇，刑律二，罵詈，『奴婢罵家長』；清律例，二九，刑律，罵詈，『奴婢罵家長』。

㉟明律例，『奴婢毆家長』，清律例，『奴婢毆家長』。

㊱惟奴婢及雇工人謀殺家長之罪相同（明律例，『謀殺祖父母父母』；清律例，『謀殺祖父母父母』）。

㊲同註㉟。

㊳明律例，『奴婢毆家長』；清律例，『奴婢毆家長』。

㊴清律例，『奴婢毆家長』，嘉慶六年修併例。

㊵元典章，四二，刑部四，諸殺一，據同卷，殺奴婢娼佃，『主戶打死佃客』，云：『亡宋已前，主戶生殺，視佃戶不若草芥，自歸附以來，外革前弊，斟酌時宜，禁止尚恐不能……』。

㊶元史，一〇三，刑法志二，『戶婚』。

㊷清律例，二八，刑律，鬬毆下，『奴婢毆家長』，乾隆四十三年原例，嘉慶六年修併例云：『凡民人家生奴僕，印契所買奴僕並雍正十三年以前白契所買及投靠養育年久，或婢女招配生有子息者，但係家奴，世世子孫永遠服役，婚配俱由家主，仍造冊報官存案。其婢女招配，並投靠及所買奴僕，但寫立文契，報明本地方官鈐蓋印信，如有干犯家長及家長殺傷奴僕，驗明官冊印契，照奴僕本律治罪』。又戶部則例云：『民人契買奴僕，呈明地方官鈐印契內有犯，驗契究治』，（清律例，八，戶律，戶役，『人

戶以籍爲定』引）。

㊈㊂無典賣字據者，自以雇工人論，即契買而來者亦有紅白契之分，買契經呈報地方官鈐蓋印信者爲紅契，若未經印契便爲白契。前者子孫永遠爲奴，後者除年限久遠者外，是許贖身的，（清例，雍正十三年以前白契附買者，視同印契，不准贖身，乾隆元年以後白契所買，未入丁冊者，准照例贖身爲民）。除此之外，還有一點重要的分別。清初舊例，白契所買奴婢，視同雇工，（乾隆七年刑部侍郎張條奏云：『世宗憲皇帝洞悉俗恃主僕之分，草菅人名之害，定有紅契白契之分，若白契所買奴婢，止以雇工人論』。故刑條彙輯云：『從前以紅契所買者依奴婢論，白契所買者依雇工論。是罪名之徒絞應以紅契白契爲斷，……今昔例意不同，記出以備參考』。乾隆以後另定新例，始以恩養年限及曾否婚配爲斷。白契所買奴婢如有殺傷家長，緦麻以上親者，無論年限，及已未配有室家，均照奴婢殺傷家長，一體治罪，家長殺傷白契所買養育年久，配有家室者，以殺傷奴婢論。若甫經契買，未配室家，則以殺傷雇工人論。蓄髮年限及曾否婚配，是社會法律很注意的兩條件，即以典當人隸身長隨而論，亦同樣以此爲考慮的條件。（以上參看：清律例，八，戶律，戶役，『人戶以籍爲定』，嘉慶十一年修改例，二八，刑律，鬪毆下，『奴婢毆家長』，乾隆四十三年原例，嘉慶六年修併例；刑案彙覽，xxxlv.17b-21ab　）。

㊈㊃唐律疏義，二二，鬪訴二，『部曲奴婢過失殺主』。

㊈㊄明律例，十，刑律二，罵詈，『奴婢罵家長』；清律例，二九，刑律，罵詈，『奴婢罵家長』。

㊈㊅明律例，『奴婢毆家長』；清律例，『奴婢毆家長』。

㊈㊆明律例，『奴婢罵家長』；清律例，『奴婢罵家長』。

⑱明律例，『奴婢毆家長』；清律例，『奴婢毆家長』。

⑲唐律疏義，二二，鬭訟二，『主殺有罪奴婢』，『毆緦麻親部曲奴婢』。

⑳參看明律例，『奴婢毆家長』，『良賤相毆』；清律例，『奴婢毆家長』，『良賤相毆』。

(101)明律例，『奴婢毆家長』；清律例，『奴婢毆家長』。

(102)明律例，『良賤相毆』；清律例，『良賤相毆』。

(103)唐律疏義，一三，戶婚中，『有妻更娶』。

(104)元史，一〇四，刑法志，三，『姦非』。

(105)見唐律疏義，二六，雜律上，『姦徒一年半』條，疏義云：『姦他人部曲妻，明姦己家部曲妻及客女各不坐』。

(106)明律例，一一，刑律三，犯姦，『奴及雇工人姦家長妻』；清律例，三三，刑律，犯姦，『奴及雇工人姦家長妻』。

(107)元史，一〇四，刑法志，三，『姦非』。故元典章，四五，刑部，七，諸姦圖，主姦奴妻下註云：『難議治罪』。

(108)清律例，『奴及雇工人姦家長妻』條，乾隆八年例。

(109)刑案彙覽，L111. 48a。

(110)同右，51b-53a。

(111)同右，52a 。

(112) 清律例，『奴婢毆家長』，乾隆三年原例，嘉慶六年修改例。

(113) 強姦已成將本婦殺死者斬決梟示，強姦未成將本婦立時殺死者斬立決（清律例，二六，刑律，人命，『威逼人致死』，嘉慶十一年修改例）。

(114) 清律例，『奴及雇工人姦家長妻』條例。

(115) 強姦已成，本婦羞憤自盡者，擬斬監候，強姦未成或但經調戲，本婦羞憤自盡者，擬絞監候，（清律例，『威逼人致死』，嘉慶十一年修改例）。

(116) 刑案彙覽，L111，46ab。

(117) 唐律疏義，二六，雜律上，『奴姦良人』。

(118) 明律例，『奴及雇工人姦家長』；清律例，『奴及雇工人姦家長』。

(119) 明令典，一七四，刑部一五，罪名一；一六，罪名二。

(120) 唐律疏義，『奴姦良人』。

(121) 元史，一〇四，刑法志，三，『姦非』。

(122) 明律例，『奴及雇工人姦家長』；清律例，『奴及雇工人姦家長』。

(123) 清律例，『奴及雇工人姦家長』；乾隆五十三年原例，嘉慶十五年，十九年，道光元年，咸豐二年，四年，四次修改例。

(124) 唐律疏義，『奴姦良人』。

(125) 明律例，『奴及雇工人姦家長』；清律例，『奴及雇工人姦家長』。

⑫⑥唐律疏義，二六，雜律上，『姦緦麻親及妻』，妾減一等句註云：『餘條姦妾準此』。明清律，『奴及雇工人姦家長』云：『妾各減一等，強者亦斬』。

⑫⑦續增刑案彙覽，xlv，27b-28a。

⑫⑧刑案彙覽，L111，45a。

第四節　種族間的不平等

在一個單一種族的社會中，或是雖有二個以上的種族而未形成種族階級時，階級的差異是建立於社會經濟之上的，但一種族爲另一種族所征服並且被統治時，則種族的階級很容易形成，階級的差異爲生物社會的（biosocial）。在這種社會中，統治者，征服者，總是以優越的及支配的地位自居，對於被征服者，被統治者，則採取歧視的態度，社會經濟各方面皆於以不平等的待遇，及嚴格的限制，而明確規定於統治所制定所頒布的法律中。

契丹人，女眞人，蒙古人，和滿州人侵入中國，統治中國時，這種不平等的情形異常顯著，特別是元，清二代因爲統治者時間較久，統治的區域又廣及全國。征服者的種族高高在上，自不待言，即被征服者也以降順的先後定其等次，先進的亡國奴對於後進者儼然居於老前輩的地位。金人分人民爲種人（金人），漢人（先取遼時所得戶籍），南人（繼取山東河南地人民）三個階層。元代蒙古人，色目人（成吉思汗以來平定西域時所得），漢人（滅金時所得人民），南人（滅宋時所得人民）四個順次序的階級層次井然①，無論政治法律及社會各種待遇都依其順序而定其高下。清朝滿洲人的地位永在漢人之上。

元時，政治上的特權以蒙古人最高，色目人次之，漢人南人最下，在任官上有許多限制，不但秉政的中書省樞密院御史台長官必以蒙古人爲之②，漢人不得參與軍政③及機密大事④，便是中書省，樞密院，御史台而外，其他內外百官之長包括寺，監，衞，府，及外之行省，行台，宣慰司，廉訪司，及路府州縣。據元史百官志敍語，也以蒙古人爲長，而漢人南人貳焉⑤。考究實際的情形，這種限制雖非絕對的，漢人南人爲內外長官的，甚至爲中樞首長的，並不是沒有⑥，但我們可以相信原則上確以蒙古人爲長，漢人南人雖有例外，與蒙古人色目人任官長的人數相較，終於佔絕對少數，尤以中樞長官爲最。據箭內互的統計，漢人爲中書令不過一人，丞相不過三人，樞密院只二人。我們斷不能因此而否認蒙古人色目人在政治上的優勢，及對漢人南人的排斥。總之，政治權皆在蒙古人掌握之中，漢人南人是難於抗衡的。箭內互研究此專題之結果，聲稱蒙古人享有一切公權，色目人次之，亦受優遇，至於漢人則置於最劣等的地位⑦，其結論是對的。以官吏蔭敍子法而論，蒙古人，色目人亦較漢人高一級，例如詮敍法上規定正一品子正五品敍，這是指漢人而言，若爲蒙古人或色目人，則正品四敍，各品皆較漢人優一級蔭敍⑧。

在一般的法律上，蒙古人和色目人有許多例外的優異，換言之，一般的法律拘束有時不適用於他們，有些條文上明白承認他們在法律之外。例如服飾，居室，車輿的限制，本以階級爲斷，貴賤有章，分別甚大。但元律云：『諸章服惟蒙古人及宿衞之士不許服龍鳳文，餘并不禁』⑨。這是說他們除了龍鳳文之外，其他一切衣飾皆不受法律的限制，可以隨意服用，那些服色等第可以說是爲蒙古人以外的官民而設的。元典章說得很明白：『蒙古人不在禁限，及見當，怯薛諸色人等亦不在禁限，惟不許服龍鳳文』⑩。至於色目人除行營帳外，其餘并與庶人同⑪。

元代的法令，漢人南人是不許藏有兵器的，漢人除爲兵者外，皆禁持兵器，甚至爲兵者亦只於出征時纔發給兵器，還時仍交還政府⑫。弓箭只有打捕及捕盜巡馬弓手巡鹽弓手許用，餘悉禁之，便是彈弓在都城內也不許人民製造執用。至於鐵骨朵鐵尺含刀的鐵柱杖及盔甲自更存違禁之列⑬。弓馬是相連的，馬也是戰鬬力之一，所以漢人也不許畜馬，有馬者皆當入官，敢私藏匿及互市者罪之⑭。

違禁自藏的處分極嚴，私藏鎗刀及弩至十件，弓箭至十副，盔甲一副者，皆處死刑，便是私藏不堪使用的鎗刀和不堪穿繫禦敵的零散甲片的亦須笞刑⑮。當時爲了徹底執行此次法令，政府常遣人搜括兵器⑯。對於沒收所得兵器，下等者毀之，中等者賜近居蒙古人，上等者貯於官庫，由省院台長官，達魯花赤，畏兀，回回居職者掌之，漢人，新附人（南人）雖居職，無有所預⑰，對漢人防範之嚴可以想見。

元時爲了防範漢人造反，竟至不許田獵習武⑱，法律上規定：『諸棄本逐末，習用角觝之戰，學攻刺之術者，師弟子并杖七十七⑲。』

刑法上種族不平等的規定很多。遼初契丹及漢人的法律不同，以南北二院分治之⑳。征服者與被征服者實在不同的法律及司法權之下，即詔書中亦承認這種貴賤異法之不平說，『若貴賤異法則怨必生，夫小民犯罪，必不能動有司以達於朝，惟內族外戚多恃恩行賄以圖苟免，如是則法廢矣』

㉑。尤其不平等的是契丹，漢人相毆致死，其法輕重不均，聖宗時纔一等科之㉒。元時蒙古人和漢人貴賤異法的情形更爲我們所熟知，也和遼制一樣，征服者與被征服者處於不同的法律及司法權之下。只有漢人南人屬於有司，蒙古人色目人犯罪及與漢人間的詞訟則歸宗正府處斷㉓。若蒙古官犯法，論罪既定，亦必蒙古官斷之。行杖亦由蒙古人㉔。

蒙人和漢人間的鬬訟最足以表現種族間在法律上的不平等。法律上明文規定：『蒙古人與漢人爭毆，漢人勿還報，許訴於有司』㉕。從語義上來講：㈠漢人不許還手。㈡但許訴於有司。㈢一經還手便不得訴於有司，取消訴訟權。實則立法的主要用意着重在不許漢人還手，以及對於違法還手者的懲處。從至元二十年中書省劄文中知實際的懲處還不止消極的取消其訴訟權，且須嚴行斷罪㉖。

蒙古人因爭及乘醉毆死漢人，只斷罪出征，徵燒埋銀，便可以了事。殺人者死的法律只適用於漢人殺蒙古人，蒙古人之間的命案，及漢人之間的命案。

蒙古人犯罪在審斷時也有許多法定的特權，除犯死罪及犯眞姦，盜罪，纔分別加以監禁或散收外，犯其餘輕重罪名皆以理對證，有司不得加以拘執，逃逸者始監收㉗。有的罪刑也不會加在他們身上，刺字原是竊盜犯的一般處罰，但蒙古人色目人例得免刺㉘。法律上爲此並特立一規條，審囚官強愎自用，輒將蒙古人刺字者杖七十七，除名，將已刺字去之㉙。

清代對於滿漢人的岐視不像元代那樣苛刻不平。行政法上沒有滿洲人爲長漢人爲貳的限制，也沒有漢人不得參與機要的限制，刑法也不似元律之待遇懸絕。

但並不是說滿洲人和漢人在法律上的地位完全平等，其中仍有若干歧視。第一滿人漢人是處於不同司法權之下的，理事廳係專管旗人的，條例上雖規定在外居住的八旗，漢軍人等，與漢人一體編查保甲，所有民刑案件俱歸所屬州縣辦理，但州縣與理事同知通判同居一城者，仍須由州縣會同審理，理事等官非駐同城，纔能由州縣官自行訊辦㉚。所以旗人往往驕縱滋事，地方官難於約束㉛。

最爲旗人所有恃無恐因而驕縱滋事的還不在州縣理事分治一層，最主要的關鍵還是在於旗人在刑事上的優待。大清律例雖同樣適用於滿人漢人，但也有專爲滿人而設的專條，『犯罪免發遣』條便是爲優待旗人而設的。根據這條法律，他們除笞杖罪照數鞭責外，徒流軍等自由刑是一律准免發遣而以枷號按等替代的。徒刑按年限折枷，一年者枷號二十日，每等遞加五日，滿徒四十日，總徒四年者三十五日，准徒五年者五十日。流刑則按配所遠近枷號，二千里枷號五十日，每等亦遞加五日，滿流六十日，充軍附近者枷號七十日，近邊者七十五日，邊遠沿海邊外者八十日，極邊煙瘴者九十日㉜。只有行止無賴有玷旗籍的旗人纔削除本身旗檔，照漢人一體辦理，分別發配，不准折枷㉝。道光時八旗都統因旗人驕縱滋事，地方官難於約束，又奏請頒定條例，所有閒散告假，離京居住之旗人，在外滋事，皆照民人（漢人）問擬㉞。

又旗人初次犯竊罪止笞杖者，得免刺字，再犯纔依民人，以初犯論㉟。比漢人之初犯即刺字，三犯即處絞候者，輕重自不相侔。

【注釋】

①據輟耕錄，漢人指契丹高麗女眞竹因歹朮里闊歹竹溫竹亦歹渤海八種。據錢大昕養新錄，漢人南人之分，則以宋金疆域爲斷，江浙，湖廣，江西三行省爲南人，河南省唯江北淮南諸路爲南人，是則亡金之遺民爲清人，亡宋之遺民爲南人。

②元史，二五，仁宗紀曰：『故事丞相必用蒙古勳官』。又一八六成帝傳云：『平章之職亞宰相也，承平之時，雖德望漢人，抑而不與』。賀惟一拜御史大夫時，以故事台端，非國姓不以授，順帝時賜以姓，改其名曰太平（一四〇，太平傳）。台端非蒙古人不授可知。

③元史，一八四，王克敏傳云：『故事漢人不得與軍政』。

④元史，一五四，鄭宣傳云：『爲制樞官從〔車駕〕行，歲留一員司本院事，漢人不得與』。又一八四，韓元善傳記至正十一年丞相脫脫奏事內廷，以事關兵機，而元善及參知政事韓傭皆漢人，使退避勿與俱。此見事關機密者，漢人皆不得與。

⑤見元史，八五，百官志。關於地方民衙長官，至元二年二月甲子令，曾明定以蒙古人充各路達魯花赤，漢人充總管，回回充同知，永爲定制。又曾兩度下令，罷漢人及女貞契丹人之爲達魯花赤者，惟回回，畏兀，乃蠻，唐兀人仍舊（元史卷六，卷十，世宗紀）。卽諸王駙馬分地之達魯花赤，亦須選用正蒙古人員。大德八年江浙行省准中書省咨達魯花赤須選擇蒙古人委付，如果無蒙古人，則揀選有根腳的色目人委付，漢兒，女眞，契丹，達達小名裏做達魯花赤的都合革罷了。（元典章，九，吏部三，官制三，『投下達魯花赤』）。當時漢人，契丹，女眞人如冒用蒙古人名字充當達魯花赤，元政府曾爲此事屢下

公文嚴禁，查出者追收敕牒永不敍用（元典章，官制三，『有姓達魯花赤革去』，『有姓達魯花赤追奪不敍』；廉詔司查革實例，見同卷『革罷南人達魯花赤』，『有姓達魯花赤革去』）。

⑥例楊維中曾繼耶律楚材之後任中書令，史天澤，賀勝，賀惟一曾任左右丞相，趙壁，史天澤曾爲樞密院使，賀惟一曾爲御史大夫。此數人皆以漢人居中樞顯要，若漢人之爲達魯花赤者更不乏人，（參看趙翼，二十二史劄記，三〇，『元制百官皆蒙古人爲之長』，箭內亙，元代蒙漢色目待遇考，（陳捷陳清泉譯）商務，民二二，頁三三以次）。

⑦元代蒙漢色目待遇考，頁三〇。

⑧參看元史，二〇，成宗紀，八三，選擧志。

⑨元史，一〇五，刑法志，四，『禁令』。

⑩元典章，二九，禮部二，禮制二，服色，『貴賤服色等第』。

⑪同右。

⑫元史，刑法志，『禁令』；元史，二九，泰定帝紀。

⑬元史，刑法志，『禁令』。

⑭元史，一四，世相紀，色目人有馬者三取其二，漢人便須全部入官。

⑮詳元史，刑法志，『禁令』。

⑯至元二十六年翬昌汪惟和言近括漢人兵器，臣管內已禁絕。（元史，一五，世祖紀）如果他所奏的不是矇奏的話，則其搜括之嚴可以想見。

⑰元史，一三，世祖紀。

⑱元史，一六，世祖紀，二四，仁宗紀，二八，英宗紀。

⑲元史，一〇五，刑法志，四，『禁令』。

⑳遼史，六一，刑法志云：『太祖詔大臣定治契丹及諸夷之法，漢人則斷以律令，仍置鍾院以達民寃。至太宗時渤海人一依漢法，餘無改焉』。又記聖宗太平六年詔曰：『朕以國家有契丹漢人，故以南北二院分治之，蓋欲去貪枉，除煩擾也。』

㉑同註二十。

㉒同上。按聖宗時不僅契丹及漢人相毆致死，一等科之，太平六年又詔：『自今貴戚以事被告，不以事之大小，並令所在官司案問，具申南北院覆問得實以聞。其不案輒申及受請託爲奏言者，以本犯人罪之』。至於契丹人及漢人的不同法律，亦於道宗清寧六年加以畫一。元史，六二，刑法志云：『常以契丹漢人風俗不同，國法不可異施，於是命惕隱蘇，樞密使乙辛等更定條制，凡合於律令者，具載之，其不合者，別存之』。

㉓元史，一〇二，刑法志一，『職制上』云：『諸四怯薛及諸王駙馬蒙古人色目人之犯姦盜詐僞，從大宗正府斷之』。

按元初之制，蒙古人犯罪及漢人犯姦盜等罪，俱由宗正府斷治（元史，八七，百官志三，宗正府斷事官下云：『凡諸王駙馬投下蒙古色目人等應犯一切公事，及涉入姦盜詐僞蠱毒厭魅誘掠逃驅輕重罪囚』悉掌之）。皇慶元年始以漢人刑名歸刑部，（百官志三，然泰定元年復命兼理）。刑法志所云即係皇慶以後情形，根據大元通制。

泰定帝致和元年別有規定，改爲除『大都上都所屬蒙古人幷怯薛，軍站，色目與漢人相犯者歸宗正府處斷；其餘路府州縣，漢人，蒙古，色目詞訴，悉歸有司刑部管掌』（百官志三）。但順帝元統二年又詔『蒙古色目犯姦盜詐僞之罪者隸宗正府，漢人南人犯者屬有司』（元史，三八，順帝紀），是又恢復舊制，蒙人仍隸宗正府，不屬地方有司。

㉔元史，刑法志，『職志上』。

㉕同右，一〇五，刑法志四，『鬭毆』。

㉖『照得近爲怯薛歹蒙古人員，各處百姓不肯應付吃的，不與安下房子，劄付兵部遍行合屬，依上應付去訖。今又體知得各處百姓依前不肯應付吃的粥飯，安下房舍，至有相爭，中間引惹事端，至甚不便。仰遍行合屬叮嚀省喩府州司縣村坊道店人民，今後遇有怯薛歹蒙古人員經過去處，依理應付粥飯，宿頓安下房舍，毋敢相爭。如蒙古人員毆打漢兒人，不得還報，指立證件於所在官司赴訴。如有違犯之人，嚴行科罪。請依上施行』。（元典章，四四，刑部六，雜例，『蒙古人打漢人不得還報』）。

㉗元史，一〇三，刑法志二，『職制下』。

㉘蒙古人有犯及婦人犯者不在刺字之列，色目人犯盜亦免刺科斷，惟女眞人爲盜刺斷同漢人（元史，一〇四，刑法志三，『盜賊』）。

㉙元史，刑法制，『職制下』。

㉚清律例，八，戶律，戶役，『人戶以籍爲定』，嘉慶十九年修改例。參看刑案例覽 I，34a，b，嘉慶十九年，直隸司說帖。

㉛即管理旗人之旗官亦承認此點。道光五年八旗都統奏云：『向來旗民交涉案件，例由理事廳審理，軍流徒俱拆枷笞杖鞭責，旗人自恃地方官不能辦理，因而驕縱，地方官亦難於約束，是以滋事常見其多（刑案彙覽，I，38a）。

㉜清律例，四，名例律上，『犯罪免發遣』。

㉝同右，乾隆五十年修併例規定在京，滿州，蒙古，漢軍及外省駐防，並威京吉林等家屯居之無差使旗人，如實係寡廉鮮恥，有玷旗籍者，均削去本身戶籍，依律發遣，仍逐案聲明請旨。

又道光五年續纂例規定：『凡旗人窩竊，窩倡，窩賭，及誣告，訛詐，行同無賴，不顧行止，並棍徒擾害，教誘宗室爲非，造買賭具，代賊銷贓，行使假銀，捏造假契，描畫錢票，一切誆騙，詐欺取財，以竊盜論，准竊盜論，及犯誘拐，強姦，親屬相姦者，均銷除本身旗檔，各照民人一例辦理，犯該徒流軍遣者，分別發配，不准拆枷。』

㉞參看八旗都統原奏（刑案彙覽，I 38a-39a）；清律例，『人戶以籍爲定』，道光五年續纂例。

㉟清律例，二四，刑律，賊盜中，『竊盜』，乾隆五十七年上諭，道光五年修改例。

第五章　巫術與宗教

亨利梅因研究古代法律的結果，認爲人類社會有一時期，法律規範尙未脫離宗教規範而單獨存在，在中國則已超過此點①。從表面上來觀察，我們確不易見宗教在中國法律史上的地位。根據歷史材料，我們實無像Hammurabi，Manu或摩西法有一類出自神授的法律。在我們祖先的意識形態中，根本沒有像希臘人那樣以爲每一法律皆爲神所擬定的觀念。同時我們的法律也不曾依賴巫術宗教的力量來維持。沒有一條所知的法律是附有咒詛的②。握有司法權的人也非具有巫術或神權的人③。在中國法律制裁與宗教制裁或儀式制裁是分開的。但是如果我們作更深的研究，我們會發現巫術宗教與法律的功能關係是相當密切的。

第一節　神　判

原始人相信神喜歡正直無罪者，對於侵犯神明及邪惡的人則深惡痛絕④。同時他們相信也只有神能洞察人的善惡邪直，所以原始的法律常求助於神的裁判。神判法（ordeal）是各民族原始時代所通用的一種方法。當一嫌疑犯不能以人類的智慧斷定他是否眞實犯罪時，便不得不乞助於神靈。最簡單的方法是測驗他能否逃過一危險，出死入生。希臘人常將人浮在海上，又有使人從高岩上躍下的習慣。毒劑是非洲Ashanti人常用的一種方法。Ju-Ju人則使嫌疑犯在充滿毒蛇與鱷魚的池裏游泳過去。他們相信神對於無辜者的生命是不會坐視其死而不加以保護的，否則便證明他有罪，同時也就執行了懲罰。這種以生命爲賭注的方式是以神爲裁判者，同時也是執行者。有許多社會不使嫌疑犯受死的威脅，測驗時只受肉體的痛苦，目的只在求神的判斷，執行的部份則由人類自行爲之。火是最常用的，以灼熱的鐵灼人足部或使人握住在手裏是很普遍之方法。有時則以滾熱的油注入手中，或使人從沸水裏撿出熱的石塊。又有的社會使人赤足從鐵藜上走過。這些方法都是使嫌疑犯嘗受肉體上的痛苦，以有無傷毀來判斷他有罪無罪。

有的神判法是不大有痛苦的，將人拋入河池以浮沉⑤測罪的習慣極爲普遍。舊約中以苦水試驗妻的貞操是中世紀歐洲基督教國家公認的斷罪方法。特殊的飲食品也是常用的方法。Sumatra 人以一握生米或麵粉令人吞咽，如果因此而窒息或咳嗽便證明有罪。酒在非洲 Thonga 人中常被應用，在印度又有天平測驗的方法，人在一頭，石頭在另一頭，如天平不能保持平衡，便是有罪。

更有些方法，以物爲試驗的對象，人毫無痛苦不適，例如 Psalter 以詩篇旋轉的方法測驗有罪與否。非洲 Ewe 人在巫前放一鋤和籃子，如拿鋤頭便有罪。有時則將鹽粒拋入沸水中，看是否分而爲二，如不分裂便證明無罪。Borneo 人有鬬鷄斬猿的方法。

像這許多不同的習慣，雖包含各種不同的方法和程序，但是人們依賴神靈求助於神的裁判，目的完全相同⑥。

中國在這方面的進展較其他民族爲早，有史以來即已不見有神判法了。Nathulhoy 說中國人亦有神判法。殺姦的案子如果不能斷定那兩個人頭是不是姦夫姦婦的，便將人頭投在水桶裏，急劇地攪動，看那兩頭是相向還是背向，以決定是否姦夫姦婦⑦。所說完全是無稽之言，不知所本。中古時代的法律根本沒有殺死姦夫姦婦的規定，明清的法律雖有捉姦專條，但條文上規定得很清楚，必須在姦所獲姦，登時姦夫姦婦一併殺死，纔能引用這條法律⑧。實證條件原極具體，法律上並不要求用其他方法來證明。Robson 說神判法是普遍的習慣，在世界上很少有一國家不曾使用這方法，唯一的可能的例外是中國，中國人中找不到神判的痕跡⑨。是愼重而較合於歷史事實的論斷。

我們曉得神判法是人們在不能利用自己的智力來搜索犯罪證據或強迫嫌疑犯吐露實情時，不得不仰賴於神的一種方法。等到人們能利用自己的智力來判斷人的犯罪行爲時，便不須神的裁判了⑩。世界各國無不經過以刑訊來代替神判的階段⑪。

中國有史以來就以刑訊來獲得口供，早就不仰賴神判法了。但在使用刑訊以前，似也曾經過神判的階段。在最古的傳說裏還可以看出一些遺留的痕跡，獬字從廌，廌或作豸，是一隻有角的神獸。說文云：『古者決訟令觸不直』。據論衡，獬豸爲獨角的羊，皐陶治獄，其罪疑者令羊觸之，有罪者則觸，無罪則不觸，天生一角聖獸助獄爲驗，以獸斷曲直，並不是中國所獨有的習慣⑫，不過多一神話的渲染而已。而神獸的產生正是古代第一法官產生的時代，其巧合不是無因的。這種神獸後代雖然絕迹，但漢以來法官一直以獬豸爲冠服⑬。猶有其遺留，至少上古的人都相信此種傳說。可能當初即普通的羊，後人不明瞭神判的意義，加上神話的渲染。亦可能當初以羊爲判時即利用神的心理，使人易於信服。後來獬豸的絕迹與其說是神獸的絕迹，毋寧說是神判法的絕迹。

論衡有一段記載頗可注意：

李子長爲政，欲知囚情。以梧桐爲人，象囚之形，鑿地爲埳，以盧爲槨，臥木囚其中。囚罪正，則木囚不動；囚寃侵奪，木囚動出⑭。

此雖爲個人的行爲，並非法律上的習慣程序，不足以代表一般的情形。但我們也不能全然作個人的創造，謂與過去的或當時的社會習慣或社會意識無關，至少亦可目爲一種對於社會遺留（Social survival）的反應。

神判法在中國的歷史時期雖已絕迹，但是我們只是說在規定的法律程序上不見有神判法而已。實際上神判法還依然有其潛在的功能。官吏常因疑獄不決而求夢於神，這顯然是求援於神（appeal to God）的另一種方式。

在古人觀念中鬼神是不可欺的，邪惡的行爲可以逃過人間的耳目，却不能欺瞞神明。人類的行爲無論善惡，都必爲鬼神所洞悉，如察秋毫。爲了補救法網的疏漏，爲了維持更多的公平，於是對鬼神有極大的期望和信心，這在明代規定的府州縣官祭厲（即祀鬼神）的祭文中看得極清楚：

凡我一府境內人民倘有忤逆不孝，不敬六親者，有姦盜詐僞不畏公法者，有拗曲作直，欺壓良善者，有躲避差徭，靠損貧當者，似此頑惡姦邪不良之徒，神必報於城隍，發露其事，使遭官府，輕則笞杖決斷，不得號爲良民，重則徒流絞斬，不得生還鄉里。若事未發露，必遭陰譴，使舉家幷染瘟疫，六畜田蠶不利。如有孝順父母，和睦親族，畏懼官府，遵守禮法，不作非爲，良善正直之人，神必達之城隍，陰加護祐，使其家道安和，農事順序，父母妻子保守鄉里。我等闔府官吏如有上欺朝廷，下枉良善，貪財作弊，蠹政害民者，靈必無私，一體昭報⑮。

法律對於鬼神的借助和依賴，以及宗教制裁與法律制裁的連繫，可謂備至。祭文中所舉的罪或善行，可以說皆是世俗的，法律的，而非宗教的，所側重的制裁也是法律的，而非宗教的。官府所期望的是罪狀的揭發，制裁的部份仍由法律機構來執行，只有在未發露的情形之下才請求鬼神予以陰譴。可以說法律制裁是主體，宗教制裁則居於輔助的地位。

官吏遇有疑難不決的案件，往往祈求神助。名幕兼名吏汪輝祖每就幕館，次日必齋戒詣城隍廟焚香默禱，將不能不治刑名及恐有寃抑不敢不潔己佐治之故一一禱告。自謂祈禱必應，審理命案多叨神庇⑯。劉開揚一案尤著：

劉開揚者南鄉士豪也，與同里成大鵬山址毗連。成之同族私售其山於劉氏，大鵬訟於縣，且令子弟先伐木以耗其息。開揚慮訟負。會族弟劉開祿病垂死，屬劉長洪等負之上山，激成族鬬爭，則委使毆斃爲制勝之計。比至山而伐木者至，長洪等委開祿於地，開揚使其子閏喜擊開祿額顱，立斃，而以成族毆死具控。余當詰開揚，辭色可疑，縶焉。已而大鵬詞愬辨未毆而已，終不知毆者主名。因幷縶大鵬同至城隍廟。余先拈香叩禱，禱畢，命大鵬開揚幷叩首階下。大鵬神氣自若，而開揚四體戰慄，色甚懼。余更疑凶手之不在成氏矣，然不敢有成見也。相驗回時已丙夜，復禱神鞫兩造於內衙，訖未得實。忽大堂聲嘈嘈起，詢之，有醉者闖入，爲門役所阻，故大譁。命之入，則閏喜也。開揚大愕，跪而前曰：『此子素不孝，請立與杖斃』。余令引開揚去，研鞫閏喜，遂將聽從父命擊開祿至死顚末，一一吐實。質之開揚，信然。長洪等皆俯首畫供，燭猶未跋也。次日覆鞫閏喜投縣之故，則垂泣對曰：『昨欲竄匿廣西，正飲酒與妻訣，有款扉者呼曰：「速避去，縣役至矣」。啓扉出，一碩而黑者導以前，迨至縣門，若向後推擁者，是以譁』。夫閏喜下手，正凶也，牘無名而其父開揚方爲屍親，脫長洪等供吐拘提，已越境颺去，安能即成信讞?

款屏之呼，其爲鬼攝無疑也，殺人者死，國法固然，懵昧如余得不懸案滋疑，則神之所庇不信赫赫乎？⑯。

難怪汪煥曾說城隍之神有益吏治，而將此案原委詳記於其學治臆說中。

【注釋】

①H. Maine, *Ancient Law, p.* 23。

②有的法律幾全部皆爲對遵守法律者的祝福，連違犯者的咒詛，有時甚至除咒詛外並無眞實的身體上的刑罰，認爲違法者將自食其報，報應本爲應得的處罰，即此已足，不再需要人世間的制裁。在許多原始社會中，咒詛實爲維持法律效力的唯一力量。古埃及人如此；十二表法亦然。（詳 W. H. Robson, *Civilization and the Grawth of Law*, Macmillan, London, 1935, Ch, XI）。

③See H. Maine. *Early Law and Custom*, p. 26-27 *Ancient Law* p. 160.

④在此種觀念中，孽（Sin）與罪（Crime）爲一，宗教的罪惡與世俗的罪惡是不分的，於是違犯其一即違犯其二，違犯宗教規條者，應處世俗的制裁，而違犯法律或世俗的規條者，亦爲神所不喜，應受宗教上的懲罰。古代中國人亦有此種觀念，書云：『天秩有禮，天討有罪』，即此種意識的表現。漢書，刑罰志謂聖人因天秩而制五禮，因天討而作五刑。

⑤關於浮沉的習慣各不相同，巴比倫的Hammurabi法認爲犯罪的人會被河神掀在河底，否則便會浮在河面。印度的Manu法則持相反的見解。

⑥關於神判法參看下列各書。

R.H. Lowie, Primitive Society, pp. 450-6, 418, 419-20 422; W.H. Robson, *Civilization and the Growth of Law*, Ch. X; E. Westermarck, *The origin and Development of the Moral Ideas*, vol. I, pp. 504-7, Vol. II, pp. 683-90; p. Vinogradoff, *Outlines of Historical Jrisprudence*, Vol. I, pp. 349, 350; *L. T.* Hobhouse, *Morals in Evolution*, pp. 116-7, 131; Sumner and Keller, *Science of Society*, Vol. I, pp. 679-86, Vol. IV, pp. 277-86; E. A. Hobel, *The Political Organization and Law Ways of the Commanche Indians*, pp. 102-3; E.B. Tylor, "Ordeal", in *Encyclopeadia Britannica* (14th ed.), Vol. XVI.

⑦ T. M. Nathubhoy's article in *Journal yf the Anth.ropological Society of Bombay*, quoted by Sumner and Keller, Vol. IV, p. 280.

⑧明律例，一一，刑律三，犯姦，『殺死姦夫』；清律例，三三，犯姦，『殺死姦夫』。

⑨Robson, *op. cit.* p. 112, Note 1.

⑩故Hobhouse說，公平最初利用超自然的方法——神判和誓，其後便代以搜求證據及合理的證明來行使司法審問（Hobhouse, *op. cit.*, p. 131）。

⑪歐洲在十三世紀時刑訊在司法上便成爲有系統的獲得證據及口供的方法。從這時起刑訊便代稱了以前的神判法。例如英國在一二一五年便正式廢除神判法的應用。意大利十三世紀時就從古代羅馬法中學得刑訊的方法而應用於刑法。後來法國也開始如法泡製。不久就傳播全歐了，J. Williams and G. M. Keeton "Torture", in *Encyclopaedia Britannica*, 14th edition, vol. xxll, p. 311; Robson, *op. cit.*, p. 135-6; Hobhouse *op. cit.*, p. 131）。

⑫除了上文所說過的在蛇及鱷魚的河裏游泳外，東非洲的Bante部落將蜥蜴放在嫌疑犯的鼻尖，如果有罪，便會咬住他鼻子（Sumner, *op. cit.* IV, 281）。古代墨西哥人常將蛇放在那些嫌疑犯之前。如

果其中並無罪人，牠自會爬回監裏去，否則便蜿蜒爬向那人身上（Sumner, *op. cit.*, IV, 286）。這兩個例子極和中國的傳說相似。

⑬漢書，輿服志釋獬豸冠云：獬豸神羊能別曲直，故以爲冠。又漢官儀云：御史服獬豸冠，古有獬豸獸，觸不直者，故風憲以其形用爲冠，令觸人也。唐宋時代法冠皆名獬豸冠，御史服之。（舊唐書，二四，車服志；宋史，一五三，輿服志），明以獬豸風憲官公服。（明史，六七，輿服志），清以爲補服。（清會典）。

⑭論衡，一六，觀龍。

⑮明會典，九四，禮部五三，羣禮四，有司祀典下，『祭厲』及『鄉厲』。按鄉厲祭文同，惟起首云凡我一里之中百家之內，文尾無我等闔府官吏一語。

⑯汪輝祖，學治臆說，下，『敬城隍神』。

⑰同右。

第二節　福報

福報對於刑訟有極大的關係。

古人認爲災異不是自生的自然現象，而是神靈對於人類行爲不悅的反應。政事不修是致災的原因，而政事中刑獄殺人最爲不祥，其中不免有冤枉不平之獄，其怨毒之氣可以上達雲霄，激起神的忿怒。

漢時有孝婦少寡無子，養姑甚謹，姑欲嫁之，不肯，姑不欲累婦，自縊。姑女告嫂殺其母。孝婦冤死。郡中枯旱二年，後太守至，殺牛祭婦塚，天立大雨①。東漢時有一類似的故事，也因孝婦冤死而大旱，後刑公女祭婦墓，才得澍雨②。永平間京師旱，鄧太后親幸洛陽寺錄冤獄，有囚不殺人而拷問誣服，太后問得其狀，收令下獄，未還宮便降澍雨③。晉愍帝時連年大旱，據說便是寃殺淳于伯④。太平興國六年自春及夏不雨，宋太宗意獄訟寃濫⑤。災異與寃獄的連繫在古人心中是如響斯應的，齊廷尉御史中丞孔稚珪所謂：

> 法書徒明於帙裏，寃魂猶結於獄中。今府州縣千有餘獄，如令一獄歲枉一人，則一年之中枉死千餘矣。寃毒之死上干和氣，聖明所急，不可不防致此之由⑥。

便是此理。

所以歷代人君往往因天降災異，而想起寃獄的連繫，而下詔清理獄訟。漢建武四年五月詔：

> 久旱傷麥，秋種未下，朕甚憂之。將殘吏未勝，獄多寃結，元元愁恨感動天地乎？其令中郎官三輔郡國出繫囚，罪非犯殊死，一切勿案，見徒免爲庶人⑦。

和帝永和十六年七月亦詔：

> 今秋稼方穗而旱，雲雨不霑，疑吏行慘刻，不宣恩澤，妄拘無罪，幽閉良善所致，其一切囚徒於法疑者勿決以奉秋令，方察煩苛之吏，顯明其罰⑧。

唐時常因求雨而審理寃獄⑨。宋太宗時雨雪稍愆，輒親錄繫囚，多所原減，諸道則遣官按決，率以爲常，後世遵行不廢⑩。理宗時祈晴祈雪及災祥皆慮囚減罪，死罪情輕者降從流，流降從徒，徒降從杖，杖以下釋之⑪。明制，歲旱特旨錄囚，如霜降錄囚夏月熟審之制。囚犯常得減釋的機會⑫。清代水旱兵災常下詔書清理庶獄⑬，且將天旱清理刑獄減免的規則定在條文內，除徒流等罪外，牽連待質及笞杖案內情有可原者，准由督撫一面酌量分別減免，一面奏聞⑭。

因災異不但囚徒有減免的機會，因此而下令大赦，在中國歷史上也是常見的事。漢代曾屢因日蝕地震火災赦天下⑮。隋開皇十五年，上以歲旱，祠泰山以謝愆咎，大赦天下⑯。唐貞觀三年以旱蝗，責躬大赦⑰。大歷五年以彗星減降死罪，流以下原之⑱。宋太平興國二年以旱大赦⑲。景祐元年以星變大赦⑳。仁宗常因雨災謂輔臣曰：『豈政事未當天心耶？』又曰：『赦不欲數，然捨是無以召和氣』。遂命赦天下㉑。神宗熙寧七年已赦兩次，又因旱欲再赦。王安石以一歲三赦，是政不節，非所以免災，乃止㉒。歷代帝王因災異而頒赦實史不絕書，不勝枚舉。據中國大赦考，歷代因災異而赦者，星變十二，旱飢八，地震五，日蝕四㉓。

反之，災異而不警，刑自不已，自更足以招致災戾，唐武后刑殺嚴急，陳子昂上書：

冤人吁嗟，感傷和氣，和氣悖亂，羣生癘疫，水旱隨之，則有幸之……頃來亢陽愆候，雲而不雨，農夫失耒，瞻望嗷嗷，豈不尤陛下之有聖德而不降澤於人乎？倘旱遂過春，廢於時種，今年稼穡必有損失。陛下可不敬承天意以澤恤人㉔。

陳子昂的話正代表一般人對於災異與刑法的傳統看法。武后不悟天罰，不從諫言，則是一般人所認爲非正的。所以唐書刑法志短短一卷，竟費了許多篇幅詳載陳子昂所上書。

即使是反對肆赦的人也并不是否認上天與刑罰的關係。所不同者只是說赦免犯罪的人使罪人倖免而使無辜的被害人含冤泉下，更將有傷和氣而干天怒㉕。

以上是因天降災異懼而修刑，藉以消除神怒，希望換得神的喜悅而撤銷災異，祥瑞或豐年則是上天喜悅，下降休福。帝王爲了報答天恩，使他更喜悅，於是赦宥罪人以增和氣。漢代各帝曾因靈芝甘露鳳凰仙鶴一類祥瑞而赦天下㉖。梁武帝也曾因天雨調適而赦宥天下㉗。

有時則因想求福報而肆赦，祭祀所以昭報神明，悅神邀福，所以在祭祀時常赦罪人，尤其是最隆重的郊祭。漢代諸帝屢因郊祀封禪赦天下㉘。梁武帝祠事最繁，赦亦最多，不但每郊皆赦，受戒捨身，設無遮會皆赦㉙。武帝詔文嘗謂：『虔恭上帝，祗事烟燎，……思與億兆同其福惠㉚。』唐代郊天地皆赦㉛。宋代常制，三歲遇郊則赦㉜。明代亦常因郊祀而赦㉝。蒙古人崇奉佛教，每修佛室輒由帝師奏釋重囚，前後被釋的約達六百人之多㉞。

祭祀而外，皇室遇有喜慶事，如即位改元㉟，册立皇后㊱，帝后誕辰㊲。生皇太子，或立皇太子㊳一類的事皆赦。這也是爲了祈求福報。

以上這些事可以充分看出鬼神與刑法的關係，或以免災，或以祈福，誠如明史刑法志上所說的，『凡有大慶及災荒皆赦』，及『或以災異修刑，或以覃恩布德』了。

除了帝王因災異福報而修刑外，執法官吏個人的福報觀念對於司法的影響亦不可漠視，關係甚大。

自佛教傳入中國，不殺生及因果報應的信念深入人心以後，執法官吏多斤斤於福孽之辨，以爲殺人係造孽的行爲。

州縣一官作孽易，造福亦易，……果盡心奉職，昭昭然造福於民，卽冥冥中受福於天；反是則下民可虐，自作之孽矣。余自二十三歲入幕，至五十七歲謁選人，三十餘年所見所聞牧令多矣。其於陽讞陰禍親於其身，累及子嗣者，率皆獲上朘民之能吏，而守拙安分，不能造福，亦不肯作孽者，間亦循格遷官，勤政愛民，異於常吏之爲者，皆親見其子之爲太史爲侍御爲司道。天之報施捷於響應。是以竊祿數年，凛凛奉爲殷鑑，每一念及，輒爲汗下㊴。

爲了怕誅及無辜，報應自身，往往以救生爲陰德，不肯殺戮，一意從寬。高允每謂人曰：『吾在中書時有陰德，濟救民命，若陽報不差，吾壽應享百年矣』㊵。便是這種意義的表現：

朱子說得清楚：……

今之法家惑於罪福報應之說，多喜出入罪以求福報，夫使無罪者不得直，而有罪者得倖免，是乃所以爲惡爾，何福報之有？……今之法官惑於欽恤之說，以爲當寬人之罪而出其死，故凡罪之當殺者，必多爲可出之塗以俟奏裁，則率多減等，當斬者配，當配者徒，當徒者杖，當杖者笞，是乃賣弄條貫，舞法而受贓者耳，何欽恤之有？罪之疑者從輕，功之疑者從重……今之律令亦有此條，謂法所不能决者則俟奏裁，今乃明知其罪之當死，亦莫不爲可生之塗以上之。

又云：

今人獄事只管理會要從厚，不知不問是非善惡，只惡從厚，豈不長姦惠惡？㊶

所以官吏遇有可以開脫之處無不曲爲開脫。

留養之條國家法外之仁，非可冒濫；例內捏結留養，各有應得處分，乃有狡黠之徒畏罪規避，詐稱親老丁單，妄希留養。聽者不察，或意存姑息，有心開脫。書役窺知意旨，因而乘機訛索，串通保隣人等，扶同具結，在被害之家，或未悉底裏，或不知義例，既經官爲審辦，往往未敢置喙。上司據結勘轉，驟覺難察，遂得循例聲請。或謂此等事可種陰德也。不知殺人之人倖逃法網，則被殺之人含寃地下。爲生者計，獨不爲死者計乎？余謂此等事不但無陰德，且恐有冥譴㊷。

甚至強姦殺人等重罪亦意存姑息，不辨死罪，袁濱云：

強〔姦〕者之罪則不可不誅也。今之有司大抵寬有罪，誣名節，以爲陰德。然則不肖之人逆知女未必能死，將惟強之是爲，而到官後誣以終和，則其計固已得矣㊸。

方大混也說到此點：

因姦致死人命必應擬抵，切不可聽救生不救死之邪說，致死者含寃地下㊹。

【注釋】

①漢書，七一，于定國傳。
②後漢書，一〇六，循吏列傳，孟嘗傳。
③同右，一〇，后紀，和熹鄧皇后傳。
④晉書，二八，五行志云：『刑罰妄加，羣陰不附，則陽氣勝之罰也』。參看王隱，晉書（御覽，八七七引）。
⑤宋史，二〇〇，刑法志二，『獄治』。
⑥南齊書，四九，引稚珪傳。
⑦後漢書，一，光武紀。
⑧後漢書，四，和帝紀。
⑨舊唐書，二四，禮儀志四。

⑩宋史，一九九，刑法志一。
⑪同右，二〇〇，刑法志二。
⑫明史，七三，職官志一，『刑部』。
⑬清史稿，刑法志三，云：『水旱兵災清理庶獄，視詔章從事』。
⑭清律例，四，名例上，『常赦所不原』條乾隆八年例。
⑮詳西漢會要，六三，刑法三，『大赦』。
⑯隋書，二，高祖紀。
⑰新唐書，一，太宗紀。
⑱同右，六，代宗紀。
⑲宋史，四，太宗紀。
⑳同右，一〇，仁宗紀。
㉑同右，二〇一，刑法志三。
㉒宋史，一九九，刑法志一。
㉓徐式圭，中國大赦考，商務，民二十三，頁九五——九六。
㉔舊唐書，五〇，刑法志。
㉕晉張允進駁赦論曰：『竊觀自古帝王皆以水旱則降德音，宥過猘牢而放囚，冀感天心，以救其災者，非也。假有二人訟，一人有罪，一人無罪，遇赦則有罪者倖免，無罪者銜寃。銜寃者何疎？見赦者何親？

寃氣升聞，乃所以致災，非弛災也。小民遇天災則喜，皆勸爲惡，曰「國家好行赦，必赦我以救災，如此則赦者教民爲惡也。且天道福善禍淫，若以赦爲惡之人而變災爲惡，是則天助惡民也」。或曰「天降之災，警戒人主」，豈以濫捨有罪而能救其災乎?』（五代會要，九，『論赦宥』）。

㉖見西漢會要，六七，刑法三，『大赦』，『赦徒』。

㉗梁書，武帝紀。

㉘西漢會要，『大赦』。

㉙見文獻通考，一七二，刑考十一，『赦宥』。

㉚梁書，武帝紀。

㉛通考，『赦宥』。

㉜宋史，二〇一，刑法志。

㉝參看明史各本紀。

㉞見新元史，一〇三，刑法志。中書右丞荅剌罕，曾以此諫奏云：『僧人修佛事畢必釋重囚，有殺人及妻妾殺夫者皆指名釋之。生者苟免，死者含寃，於福何有?』元史，刑法志所謂『西僧歲作佛事或恣意縱囚，以售其奸宄，俾善良者喑啞而飲恨，識者病之』。即謂此。

但柯劭忞刑志謂：『赦令歷代所同，獨以修佛事而釋重囚，則惟蒙古有之』，則非事實，梁武帝即以法事釋囚。

㉟見通考，一七一，刑考十下，『赦宥』；一七二，刑考十一，『赦宥』；一七三，刑考十二，『赦宥』

。據中國大赦考，即位大赦八十九次，改元大赦一百〇三次（頁九五）。清制歷朝登極升祔都例行恩赦，光緒三十四年，宣統登極循例大赦，是中國史上最後一個皇帝，也是最後的一次大赦（清史稿，刑法志三）。

㊱通考同上。清制，册立皇后爲恩赦之一（淸史稿，刑法志三）。據中國大赦考，立后赦共十八次。

㊲歷代帝后誕辰都行大赦，淸制皇帝五旬以上萬壽，皇太后六旬以上萬壽，都例行恩赦（淸史稿，刑法志三）。

㊳通考同上。據中國大赦考，因皇子生而赦者十四次，因立儲者三十七次。

㊴洪焯祖，說贅。

㊵魏書，四八，高允傳。

㊶朱文公政訓。

㊷陳宏謀，飭各屬辦案條件檄（牧令書輯要，七，刑名上）。

㊸袁演，律例條辨（唐明律合編，二六，『犯姦』條引）。

㊹方大湜，平平言，卷三（牧民寶鑑本）。

第三節　刑　忌

關於刑殺的季節最早見於漢律和月令。在古人觀念中，春夏是萬物滋育生成的季節，秋冬則是肅殺蟄藏的季節，這是宇宙間永遠不易的自然秩序，宇宙間一切物體都不能違背此規則，爲了與自然秩序相配合調適，於是人類的行爲，尤其爲政治行爲，不能不順於四時，與天道相應，這完全是陰陽五行的道理，漢儒多主此說①。

刑的本身便是剝奪宇宙間生命的殺戮行爲，與四時生殺的自然秩序的關係更爲直接，更爲密切，所以刑殺必於秋冬，斷不能於萬物育長的季節施行殺戮，而敢與自然秩序相背，漢律十二月立春不以報囚②，便是此理。章帝時以十一月冬至，冬已盡，陽氣始萌，已不宜行刑，更定十一月亦不得報囚③。漢制立春日輒下寬大書④。章帝曾屢詔有司以秋冬理獄，春日不得案驗⑤。元和二年的旱災長水校尉賈宗等便以爲是斷獄不盡三冬，陰氣微弱，陽氣發洩所致⑥。古人對於刑忌是異常重視的，常因些微的出入而引起嚴重的辯論⑦。

後代的法律皆沿而不改。唐律及獄官令從立春至秋分，除犯惡逆以上及部曲奴婢殺主外，餘罪皆不得奏決死刑，違者徒一年⑧。明律處杖刑八十⑨。清例秋朝審處決人犯亦在立秋以後⑩。

刑殺的禁忌除陰陽四時外，又有關於宗教節日的禁忌。唐以正月五月九月爲斷屠月，每月十齋日⑪爲禁殺日，所犯雖不待時，亦不行刑，違者杖六十⑫。齋月齋日斷屠全是信奉佛教的影響⑬。明代十齋日仍爲禁刑日期⑭，違者笞四十⑮。

此外，遇祭祀日期亦停刑。唐制，大祭祀及致齋日皆不得奏決死刑⑯。元制有事於郊廟，雖散齋日亦不判署刑殺文字，不決罰罪人⑰，清例凡祭享齋戒及四月初八日皆不理刑名⑱。冬夏二至，歲暮，上辛，上戊，上丁，及春秋二分均係祭祀日期，故亦停刑⑲。

【注釋】

①董仲舒等說此甚詳。春秋繁露，四時之制章謂天有四時，王有四政，慶賞刑罰與春夏秋冬以類相應。漢儒多主張則天為政。

②後漢書，章帝紀。

③同右，詔曰：『律十二月立春不以報囚，月令冬至之後有順陽助生之文，而無鞫獄斷刑之政。朕咨訪儒雅，稽之典籍，以為王者生殺宜順時氣，其定律無以十一月十二日報囚』。

④其書曰：『制詔三公，方春東作，敬始慎微，動作從之。罪非殊死，且勿案驗，皆須春秋退貪殘，進柔良，下當用者如故事』。（後漢書，禮儀制）。

⑤元和元年詔曰：『宜及秋冬理獄，明為其禁』。二年詔三公曰：『方春生養，萬物孚甲，宜助萌陽，以育萬物。其令有司罪非殊死且勿案驗，及吏人案書相告不得聽受，冀以息事寧人，敬奉天氣，立秋如故』。（後漢書，章帝紀）。

⑥後漢書，七六，陳龍傳。

⑦肅宗時斷獄皆以冬至之前，自後論者互多駁異。鄧太后詔公卿以下會議，魯恭等皆有議論。（詳後漢書，五五，魯恭傳）。

⑧唐律疏義，三〇，斷獄下，『立春後不決死刑』。

⑨明律例，一二，刑律四，『斷獄』，『死囚覆奏待報』；洪武元年令：『覆决重囚須從秋後，無得非時，以傷生意。』（明會典，一七七，刑部一九，『决囚』）。

⑩立決人犯自不在此限。按清律例春夏二季只正月六月停刑，立決重犯俟二月初及七月立秋以後便可正法。又五月內交六月節及立秋在六月內者，亦停刑。（清律例，四，名例律上『五刑』條例）此外，只冬至以前十日夏至以前五日停止行刑（同上，三七，刑律，斷獄下，『有司決囚等第』，嘉慶十五年修改例）。

⑪每月一日，八日，十四日，十五日，十八日，二十三日，二十四日，二十八日，二十九日，及三十日爲十齋日（見唐律『立春後不決死刑』條疏義），皆禁屠殺。武德初頒其詔：『自今以後，每年正月五月九月，每月十齋日并不得行刑，所在公私宜斷屠釣』。其後屢申其禁。天寶七載勅文：『自今以後，天下每月十齋日不得輒有宰殺』。至德二年又勅：『三長齋月并十齋日，并宜斷屠釣，永爲常式』。（見唐會要，四一，『斷屠釣』）。

⑫唐律疏義，『立春後不決死刑』。

⑬故會昌四月中書門下奏云：『正月五月九月斷屠，伏以齋日，（按三五九月號長齋月，見至德二年十二月二十九日勅文）斷屠出於釋氏』。（唐會要，『斷屠釣』）。又雲溪漫鈔云：『釋氏智論云：天帝釋以大寶鏡照四大神州，每月一移察人善惡，正五九月照南瞻部洲。唐高祖崇其教，故正五九月不食葷，百官不支羊錢』。

⑭見明會典，一七七，刑部一九，『決囚』。

⑮明律例，『死囚覆奏待報』。

⑯唐律疏義，『立春後不決死刑』條疏義。

⑰元史，一〇三，刑法二，『祭令』。

⑱清律例，『死囚覆奏待報』條例。參看清史稿，刑法志。

⑲清律例彙輯便覽，『死囚覆奏待報』條附。

第四節　巫　蠱

法律和巫術的關係是研究原始法律所不可忽略的現象。原始社會常利用巫術來維持法律秩序。人們所以不敢不遵守這些規則，并不是爲了恐佈法律所加於身體上的懲罰，而是怕違犯以後超自然所予的懲罰。有些社會裏，咒是保護財產對付偷兒最有效的辦法①，它比人力的看守法律的預防都有效力，人們怕得到咒的後果就不敢去偷那些在野外無人看守的果實。古代許多法律若不利用咒的力量來維持其效力，便將成爲無人遵守的具文，同時酋長若不以巫術爲司法的手段，他便無法擔負司法上的責任了。在這些社會中超自然的制裁力量實遠勝於人爲的一切制裁，一切力量。

這種巫術的應用，像以巫術爲人療疾驅祟一樣，可以說是對於社會有利的，是合於道德法律宗教規範的。但不是一切巫術都是對於社會有益處的，它也可應用在壞的方面，以侵害人的生命財產爲目的，予人以種種不幸的後果，這種巫術是有害於社會秩序，違背社會道德法律規範的②。像這一類爲害人羣的巫術，自是反社會的，爲人所深惡痛絕，認爲是一切災病死亡等不幸的根源，原始人認爲災病死亡或爲鬼神對人的處罰，或爲使用巫術的結果③，決不是偶然的。這種行爲不僅擾害社會的安寧，並且最爲正直的神所痛惡，猶如正神和邪惡的魔鬼勢不兩立。上帝往往因此大爲震怒而降災於容許巫術的社會，所以在原始人中巫術是極可怖的行爲，是對於社會全體有害的公衆過犯④，必須將這種罪犯除去，否則全體社會將蒙受其害。在許多社會中妖術是最大的罪名，比直接殺人還不可恕⑤。希伯來法律巫是處死的⑥，巴比倫 Hammurabi 法典對於以咒詛人的也處死刑⑦。羅馬十二表法規定使用巫術害人者處死⑧。古代墨西哥人將使用巫術害人者當作獻神的犧牲⑨。歐西的國家一直到十八世紀還處巫以死刑，英國到一七三六年才將這項法律廢止⑩。在近代原始社會中對巫無不惴惴防範視同惡鬼。在澳洲當一個人生病時就懷疑到有人在使用巫術詛他，如果他死了，便將那個有嫌疑的人處死⑪。非洲之 Loango 人如果懷疑他們之中有一人是巫，他們便撲擊他，將他割死⑫。非洲西南部土人相信人的死亡都由於巫術，每一個人的死常引起十個甚至更多人的被控告使用巫術，經過神判法以後處死。每年有幾百人在大的跳舞中因此被殺掉⑬。北美洲西北海岸的印第安人也不知有若干人爲這莫須有的罪名成了犧牲品。美國政府爲了強迫制止這種事件的發生，曾轟毀許多土人的村落⑭。

在有些社會中，巫術甚至是唯一處死刑的罪名⑮。而且對這種罪的處死的方法往往是很殘酷的，常將巫活活地打死⑯，或凶殘的殺死⑰，吊死⑱，燒死⑲，活埋⑳，沉在冰裏，或從山岩上拋下來㉑。

中國自來都相信巫蠱祝詛可以致人於疾病死亡。許多人因仇恨而利用此種妖術，更有許多人因疾病死亡而疑心爲巫蠱所害。漢宣帝太子所幸司馬良娣病且死，謂太子曰：『妾死非天命，乃諸娣妾良人更祝詛殺我』㉒。便是這種意義的表現。漢武帝病時所以信江充祟在巫蠱之言，大興蠱獄者，亦由於此種迷信。當時坐此死者前後數萬人㉓。古代常刻木爲偶咒人使死。漢江充㉔，宋嚴道育㉕，陳長沙王㉖，隋太子㉗，皆是著名的例子。又有畜蠱的方法。不但民間相信這種事，便是官頒的法醫專書——洗寃錄也詳載檢驗蠱毒的方法。

因有巫蠱可以殺人的觀念，所以社會極端厭惡仇視這種邪術左道，而自來的法律對於這種行爲都認爲犯罪而處罪極重。

漢律敢蠱人及教令者棄市㉘。公孫敖趙破奴皆坐巫蠱族誅㉙。魏法尤嚴，爲蠱者男女皆斬，而焚其家，巫蠱者負羖羊抱犬沉諸淵㉚。這和宋巫嚴道育之被鞭殺，而焚屍揚灰於江㉛，同樣具有儀式制裁㉜的意義。火的焚化似含有祓除不祥的清潔意義。水亦具有清潔作用，負羊抱犬更看得出巫術的意味，其使用決非偶然。狗在邪術的破除上是常用的動物。我們應注意中國雖有種種慘刑如車裂凌遲等，亦有剉屍之刑，但焚屍沉屍却不見使用，對巫則爲例外㉝。焚屍更超出了刑事制裁的意義。

隋帝詔畜貓鬼蠱毒厭魅野道之家投於四裔㉞。唐以後律皆以造畜蠱毒及厭魅爲大罪之一㉟，處罪極重。造畜蠱毒及教人畜者皆處死刑㊱。造畜者妻子及同居家口不論知情與否，都處流刑㊲。財產幷入官㊳。里正里長知而不舉者亦有罪㊴。

對於造厭魅及符書咒詛者處罰亦極嚴，欲以殺人者亦以謀殺論，以此致死者依本殺法，若以厭魅符書咒詛令人疾苦者依謀殺法減等㊵。

【注釋】

①E. Westermarch, *The Origin and Development of Moral Ideas*, Vol. II, pp. 68-8. WI. Thomas, *Primitive Behavior*, pp.575-6; E. S. Hartlaud. *Primitive Law*, pp. 81-2.

②通常將巫術分作White Magic和Black Magic兩種。前者指爲人求福利，合於公認的行爲規範的巫術，後者則指以害人爲目的的巫術。雖然實際上的劃分有時并不如此清楚。Malinowski告訴我們，『類似合法及類似犯罪的巫術（guasi-legal and guasi-criminal）的應用是很難劃分的』。『巫術并不全是執行司法的一種方法，也不全然是實行犯罪的一種方式，它在兩方面都可應用』。（見Malinowski, *Crime and Custom in Savage Society*, Kegan Paul, London, 1932. pp. 93-4）。事實上巫術的本身從它的程序方法及內容上來看，本無所謂好壞，一巫術的應用可以在這一方面也可以在相反的方面，并不是截然固定在一面的。從使用巫術的人來看，在他的企圖沒有分明以前，也很難斷定他是好巫還是壞巫。有許多社會對於巫術的好壞的區別的概念便不很清楚明確，Dabu人便如此，但并不是說巫術的劃分是不可能或是不必要的，巫術的本身雖無所謂好壞，但應用以後社會上對於他的行爲的後果一定有一種反應，或是容許的，贊成的，或是不容許的，不贊成的。前者是合於社會所公認的行爲規範的，後者則違背一社會的行爲規範而破壞社會秩序。從社會秩序的立場來看，劃分的概念并不是沒有益處的，事實上有許多民族對於巫術的好壞的確有清楚明白的觀念。例如非洲人便將巫術分爲合法的及非法的或好的壞的兩種（Rowley 在十九世紀便指出這樣的事，——H. Rowley,

Religion of the Africans, 1879, p. 125, quoted By Westermarch, *The Origin and Development of Maral Ideas* Vol. II. pp. 650-1)。E. E. Evans-Prichand 晚近對於非洲 Eande 人的研究，關於合法非法兩種巫術有更詳細和正確的分析。據他的意見，好的巫術是合於社會公認的行爲規範者，壞的巫術幷不是因爲他對於健康財產具有破壞性，而是因爲他違背一社會的法律和道德的規則。他說：『好的巫術的目的是合於社會的規則的，它對於好人是沒有害處的，只有害於罪犯，使用妖術的邪巫，淫亂者及竊盜在使用時是不足爲恥的。它爲輿論及酋長的權力所支持。它的目的在實現某種社會的，經濟的，及文化的作爲，但不妨礙亦不侵害他人的事業。使用巫術的人是人所共知的』。『壞的巫術或妖術，相反地，其目的幷不合於一個社會已建立的法則。它是對於人民的犯罪，爲了私人的或社會的有害的原因。它的使用是可恥的，犯罪的，爲輿論所譴責，酋長將處以死刑。它的目的在毀壞他人社會經濟及文化的事業。其儀式之秘密性是爲了恐懼正直的懲罰』。（E. E. Evans-Pritchand "Sorcery and Native Opinion," *in Africa*, W. 27-40, See Thomas, *Primiteive Behavior* 582-7）古代條頓人中只有爲害人類的巫術是被禁止而認爲是犯罪的。（See Westermarch, *The Origi and Development of Moral Ideas* Vol. II. p. 651）。在羅馬也有同樣的情形，對於無害的巫術是不加干涉的（See Westermarch Vol. II. p. 652）。可見一個社會對於巫術的反應從社會立場來看，幷不是沒有好壞的標準的，在這種社會裏，好的巫術與壞的巫術的區分更是合理而需要的。Benedit 認爲 Black Magic 與 White Magic 在一般情況之下的劃分是沒有什麽帮助的，但在一文化已經發展到能辨別巫術好壞的社會中則爲例外（

R. Benedit, "Magic" in Encyclopaedia of Social Sciences, X, 427 ）。

③Sumner Keller, *Science of Society*, II, 109-20, 777-30, 132, off IV. 302-5, 725 。

④所以Radcliffe-Brown,將巫術罪放在公衆過犯內（Public delicts ）。殺傷，竊盜，淫亂，欠債等項只是私人過犯（Private delicts ）只是對於社會中某一個人的侵犯，只須付給賠償并加以處罰。公衆過犯則是對於社會全體的觸犯，與主體禍福有關，所以必須加以刑事制裁。（A. R Radcliffe-Brown "Law, Primitive", in *Encyclopaedia of Social Science* IX, 202ff.）他這種觀念和區別是對的，即在一對於犯罪和侵害（crime and wrong ）的分別不很清楚的社會中也是如此的，巫術仍然被認爲不同於其他侵害的犯罪，例如在Commanche Indians 中，巫術對於某一個人的使用原是看作一侵害，但這種行爲的社會結果可以引起社會全體的反應，認爲與這種人在一處共同生活是可怕的危險的。有時要求他離羣遠處，有時羣衆情緒激動的結果所有的憤怒都集中在他身上，便會引起直接的暴力行爲——私刑處死。像這種社會全體對於巫術的反感和公共制裁，很顯明地是將巫術看作犯罪，認爲與社會有害，而不僅是對個人的侵害。（E. A. Hobel, *The Political Organization and Low Ways of the Commarche Indians* pp. 77 ff. 85 ff.）。

⑤謀殺罪雖常處死刑，但不是所有的社會皆如此。Homeric Greeks 殺人并不公衆犯罪，只認爲是私人間的侵害，所以除了殺人者須逃避復仇外，法律并不加以檢舉或懲罰（Sumner *op. cit.*, 276 ）。有些社會，殺人罪的處分只是罰金，或雖是死刑而許以財產贖命（Westermarch, *op. cit.*, I. 189

）。

⑥Westermarch, *op. cit*, II, 650。

⑦*Ibid*, 551。

⑧*Ibid*,552。

⑨*Ibid*, 651。

⑩Lowle, *Primitive Society*, p. 420; Sumner and Keller, *op. cit.*, II, 1399。

⑪Sumner and Keller, II, 1320。

⑫*Ibid*, 1337。

⑬*Ibid*,1321。

⑭*Ibid*, VI, 1321。

⑮例如Wagogo and Washambala（See Westermarch, *op. cit.*, I, 189. II, 650）。

⑯非洲的Ewe人便如此（Lowie, *op. cit*, 420）。

⑰非洲的Thonga人將巫以杙刺死（Lowie, *op. cit.*, 422）。
New Guinea將巫亂斬分屍（Sumner and Keller *op. cit.*, II, 1330）。

⑱例如非洲的Thonga人（Lowie, *op. cit.*, 422）。

⑲例如Koffirs（Sumner and Keller, *op. cit.*, IV. 726）。

⑳例如Eve（Lowie, *op. cit.*, 420）。

㉑例如Bavanda of the Bantu Tribes（Thomas, *Primitive Behavior* 551）。

㉒漢書，九八，元后傳。

㉓同右，四五，江充傳。

㉔同右。

㉕文帝時女巫嚴道育與東陽公主婢鸚鵡為巫蠱，刻玉為上形象，埋於含章殿前，事發，道育鸚鵡幷鞭殺於石頭四望山，焚其尸揚灰於江（宋書）。

㉖長沙王叔堅怨望，乃為左道厭魅以求福助，刻木為偶人，衣以道士之服，施機關，能拜跪，晝夜於日月下醮之，祝詛於上（陳書，二八，長沙王堅傳）。

㉗隋太子陰作偶人書帝及漢王姓字，縛手釘心，枷鏁扭械，令人埋葬華山下。其上云：『請西岳華山慈父聖母收神兵九億萬騎，楊諒魂神閉在華山下，勿令收散蕩』。於帝像上則云『西岳神兵收楊堅魂神』。（隋書，四五，文四子列傳）。

㉘周禮，秋官庶民註，鄭司農引賊律。

㉙漢書，二五，公孫敖傳，趙破奴傳。

㉚魏書，一一一，刑法志。

㉛見前註。

㉜人們認為妖術是觸犯神明，使社會蒙受不潔的行為，所以除了將犯人驅除出境或處以死刑外，還須有宗教清潔的儀式來洗刷玷污，Radcliffe-Brown稱之為儀式制裁（Ritual Sanction）— cf Radcliffe-Brown. "Law, Primitive", *in Encyclopaedia of Sociences*, IX 202, 203; "Sanction Social", XIII, 531-2, W. I. Thomas *Primitive Behavior*, 550）。

㉝左傳公欲焚巫尪爲焚巫之一例。又漢書記戾太子炙胡巫上林中一事（卷六三，戾太子傳），更可看出對巫的處死方法不同於常人。胡巫係受江充指使，但太子不焚充而焚巫，對充則仍用普通的方式處死（斬），決不止如服虔所曰：『太子特忿，且欲得其情實，故以火炙之，令毒痛耳』。以火焚巫，處死的本身即含有儀式制裁清潔作用。

㉞冊府元龜，六一一，引。

㉟唐律疏義，一，名例，十惡，『不道』；元史，刑法志一，名例，十惡，『不道』；明律例一，名例上，十惡，『不道』；清律例，四，名律例上，十惡，『不道』。

㊱唐律絞罪，明清斬罪，（唐律疏義，一八，賊盜二，『造畜蠱毒』；元史，一〇四，刑法志三，『大惡』；元典章，四一，不道，『採生蠱毒』；明律例，一九，刑律二，人命，『造畜蠱毒殺人』；清律例，二六，刑律，人命，『造畜蠱毒殺人』。）

㊲唐處流刑三千里，明清二千里，元律遷徙邊遠。（唐律疏義，『造畜蠱毒』，元典章，『採生蠱毒』，明律例，『造畜蠱毒殺人』，清律例，『造畜蠱毒殺人』）。

㊳元典章，『採生蠱毒』；明律例，『造畜蠱毒殺人』；清律例，『造畜蠱毒殺人』。

㊴唐里正里長與造畜者同罪，明清處分較輕，只杖一百，告發則給銀二十兩。（唐律疏義，『造畜蠱毒』

，明律例，『造畜蠱毒殺人』，清律例，『造畜蠱毒殺人』。）

㊵唐律殺人者以謀殺論減二等，欲以疾苦人者又減二等，明清則槪以謀殺論。（唐律疏義，賊盜二，『憎惡造厭魅』；明律例，『造畜蠱毒殺人』；清律例，『造畜蠱毒殺人』。）

第六章　儒家思想與法家思想

第一節　禮與法

儒家法家都以維持社會秩序爲目的①，其分別只在他們對於社會秩序的看法和達到這種理想的方法。

儒家根本否認社會是整齊平一的。認爲人有智愚賢不肖之分，社會應該有分工，應該有貴賤上下的分野。勞力的農工商賈是以技藝生產事上的，勞心的士大夫是以治世之術治理人民食於人的，各有其責任及工作②，形成優越及從屬關係的對立（Subordination and Superordination）。『賤事貴，不肖事賢，是天下之通義』③。一切享受（欲望的滿足）與社會地位成正比例也是天經地義。有的人應該華衣美食，乘車居廈；有的人則應粗衣菜食，居則陋室，出則徒步，『或祿天下而不自以爲多，或監門御旅，抱關擊柝，而不自以爲寡』④。荀子所說：『古者先王或分割而等異之也，故使或美或惡，或厚或薄，或佚或樂』⑤，便是此理。

『物之不齊，物之情也』，儒家認爲這種差異性的分配，『斬而齊，枉而順，不同而一』⑥，才是公平的秩序。無賤無貴，生活方式相同，維齊非齊，強不齊爲齊，反不合理，而破壞社會分工，違反社會秩序了。

貴賤上下的分野，是基於社會上每一個人的才能情性的，可以說是以社會優異或社會成功爲條件的社會選擇。此外，還有一種分異則存在於親屬關係之中，以輩分，年齡，親等，性別等條件爲基礎所形成的親疏尊卑長幼的分野。貴賤上下決定每一個人在社會上的地位和行爲；親屬尊卑長幼親疏；則決定每一個人在家族以內的地位和行爲。享受當讓父兄，勞作則子弟任之⑦，卑事尊，幼事長，二者之間形成優越與從屬的關係，生活方式互不相同，彼此間之權利義務關係也不一致。所謂孝弟之道，婦妾之道，無不以此爲基礎。

儒家認爲這種存在於家族中的親疏尊卑長幼的分異和存在於社會中的貴賤上下的分異同樣重要，兩種差異同爲維持社會秩序所不可缺，儒家心目中的社會秩序，即上述兩種社會差異的總和。所以說，『仁者人也，親親爲大；義者宜也，尊賢爲大』⑧，親親尊賢，而仁義在其中矣。貴賤尊卑長幼親疏都有分寸的社會，便是儒家的理想社會。貴賤尊卑長幼親疏無別，最爲儒家所深惡痛絕。孔子作春秋，以貶亂臣賊子。荀子云：『無分者人之大害也，有分者天下之本利也』⑨。又說：『人有三不祥，幼而不肯事長，賤而不肯事貴，不肖而不肯事賢，是人之三不祥也』⑩。

然而如何使貴賤尊卑長幼各有其特殊的行爲規範自是最切要的實際問題。禮便是維持這種社會差異的工具。禮的內容有多寡豐陋繁簡以及儀式上的種種差異⑪，『名位不同，禮亦異數』⑫，藉禮的不同內容便足以顯示行爲人的特殊名位，因而加重貴賤尊卑長幼之別。所以禮的正確定義爲『異』，與樂之爲『同』者不同⑬。『樂者爲同；禮者爲異』⑭。

『樂統同；禮辨異』⑮。

『樂合同；禮別異』⑯。

『禮不同』⑰。

而禮之功用即在於藉其不同以顯示貴賤尊卑長幼親疏的分別，所以荀子說：『故人之所以爲人者，……以其有辨也，……故人道莫不有辨，辨莫大於分，分莫大於禮』⑱。嚴格說來，禮本身並不是目的，只是用以達到『有別』的手段。

『禮所以定親疏，決嫌疑，別同異，明是非』⑲。

『親親之殺，尊賢之等，禮所生也』⑳。

『禮者養也，君子既得其養，又得其別。曷謂別？曰：貴賤有等，長幼有差，貧富貴賤皆有稱者也』㉑。

『故先王案爲之制禮義以分之，使有貴賤之等，長幼之差，能不能之分，皆使人載其事而得其宜』㉒。

『故制禮義以分之，使有貧富貴賤之等』㉓。

『禮者貴賤有等，長幼有差，貧富輕重皆有稱者也』㉔。

『夫禮者所以別尊卑，異貴賤』㉕。

禮者，『君臣父子之交也，貴賤賢不肖之所以別也』㉖。

禮者『序尊卑貴賤大小之位而差外內遠近新故之級者也』㉗。

『上下有義，貴賤有分，長幼有等，貧富有度，凡在八者禮之經也』㉘。

禮『序民人』㉙。

禮所以『序上下，正人道也』㉚。

所以『進退有度，尊卑有分，謂之禮』㉛。有些學者乾脆即從貴賤上下尊卑長幼對立的優越與從屬關係中來說明禮之性質功用。荀子云『禮也者，貴者敬焉，老者孝焉，長者弟焉，幼者慈焉，賤者惠焉』㉜。游吉云：『禮也者，小事大，大字小之謂』㉝。新書云：『禮者臣下所以承其上也』㉞。所以『禮達而分定』㉟，『禮義立則貴賤等矣』㊱。若無禮，便無尊卑上下之序，而差異性的社會秩序便不能維持了。所以內史過云：『禮不行則上下昏』㊲，禮記亦云『無禮便無以節事天地之神，無以辨君臣上下長幼之位，無以別男女父子兄弟之親，婚姻疏數之交』㊳。

禮既是富於差異性，因人而異的，所以貴有貴之禮，賤有賤之禮，尊有尊之禮，卑有卑之禮，長有長之禮，幼有幼之禮，禮儀三百，繁雜萬分，不是可以茫然隨意運用的。每個人必須按着他自己的社會地位去抉擇相當的禮，合乎這個條件的爲禮，否則便爲非禮。春秋時代之所以稱爲亂臣賊子的時代，就是因爲賤用貴禮，卑用尊禮，僭越謬亂，不如其分。

禮不王不禘㊴，不是王而行王禮，自是非禮。禮記上說，祝嘏辭說，藏於宗祝巫史非禮也；醆斝尸君，非禮也，冕弁兵革藏於私家，非禮也，大夫具官，祭器不假，聲樂皆具，非禮也㊵。所以非禮的原故，並不是說祝嘏辭說不當藏，冕弁兵革不當有，醆斝不能用，祭器聲樂不能具；問題是誰用其禮，這些行爲不合於這些人的社會地位，所以非禮。祝嘏辭說，只當藏於公家，巫史宗祝不當藏之，藏之故爲幽國；冕弁兵革是國君所有，大夫不當私藏之，藏之故爲脅君；醆斝是王禮，諸侯不當用之，用之故爲僭君；只有天子諸侯可以具官，大夫具官，自不合理；大夫祭器，當假於人，自具祭器，亦不合理，而爲亂國。祝嘏辭說醆斝尸君冕弁兵革祭器聲樂皆禮也，非其人而用之便爲非禮。又如辟雍，八佾，樹塞門反坫的本身並無所謂好壞，原皆爲禮。但辟雍八佾，是天子之禮，三家以卿行天子之禮，所以孔子認爲不可容忍。㊶樹塞門反坫是國君的禮，齊侯行之則是，管仲爲之便不合於禮，所以孔子說他不知禮㊷。『天子山冕，諸侯玄冠，大夫裨冕，士韋弁。天子御珽，諸侯御荼，大夫服笏』。『天子彫弓，諸侯彤弓，大夫黑弓，皆禮也』㊸。君命召不俟駕而行㊹，君有君之禮，臣有臣之禮，貴賤上下是不容混淆的。孔子與上大夫言侃侃如也，與下大夫言誾誾如也㊺，地位不同，態度亦不同，正是孔子明禮處。在貴賤方面如此，在尊卑長幼方面也如此。冬溫夏凊，昏定晨省，父命無諾㊻，出必告反必面㊼，不蓄私財㊽，居不主奧，坐不中席，行不中道，立不中門㊾，是人子之禮，主中饋奉箕帚是人妻之禮，長者問，辭讓而對，是幼對長之禮㊿，各不相同。可見合乎禮義與否(51)，斷不能離開行爲人的社會地位而言，離開社會地位，禮便無意義可言，無所謂合於禮義，或不合於禮義了(52)。

像這樣貴賤尊卑長幼親疏各有其禮，自能達到儒家心目中君君臣臣父父子子兄兄弟弟夫夫婦婦(53)的理想社會，而臻於治平。我們應注意倫常與社會差異及禮的關係。第一，所謂倫常綱紀，實即貴賤尊卑長幼親疏的綱要。貴賤關係極爲繁複，君臣足以概括之(54)。家族中尊卑關係也不止一種，最重要的爲父子夫妻，最尊莫如父，婦人以夫爲天。長幼的關係則有兄弟。所以君臣父子夫婦兄弟朋友五種社會關係，只是從千萬種社會關係中提綱挈領歸納所得的五種最重要的範圍而已。人與人的社會關係，皆不能軼出此種範圍，家族的，政治的，社會的關係皆在其中。五倫之中除朋友一倫處於平等地位外，其餘四種都是對立的優越與從屬關係，而其中又以君臣父子夫婦爲最重要，所以漢儒又提出三綱的口號㊺。總之，貴賤尊卑長幼親疏是概括的籠統的說法，五倫三綱則是具體的分類和範疇。

第二，倫常須禮來維持完成。君之所以成其爲君，臣之所以成其爲臣，父子兄弟夫婦之所以成其爲父子兄弟夫婦，便是因爲君守君之禮，臣守臣之禮，父子夫婦兄弟無不各有其禮，所以才能達到『君君臣臣父父子子兄兄弟弟夫夫婦婦，父子有親，君臣有義，夫婦有別，長幼有序，朋友有信』㊻的境地，所謂『爲人君止於仁，爲人臣止於敬，爲人子止於孝，爲人父止於慈』㊼。『父慈子孝兄良弟悌夫義婦聽長惠幼順君仁臣忠』㊽，仁忠慈孝屬性只是君臣父子的美德（即所謂義也），如何才能達到這些屬性，自然非禮不可。前者是抽象的形容辭，後者是具體的規範。人子必須恪守各種人子之禮。藉這些具體的行爲來完成孝。人臣必須盡忠職守恪守人臣之禮方爲忠。聖人一方面提出五倫的美德，一方面又擬定了達到各種美德的行爲規範，二者之關係不可忽略。所以晏子說，君令，臣共，父慈，子孝，兄愛，弟敬，夫和，妻柔，姑慈，婦聽，禮也。君令而不違，臣共而不二，父慈而教，子孝而箴，兄愛而友，弟敬而順，夫和而義，妻柔而正，姑慈而從，婦聽而婉，禮之善物也』㊾。禮記上也說：『禮義以爲紀，以正君臣，以篤父子，以睦兄弟，以和夫婦』㊿。又說：『以（禮）奉宗廟則敬，以（禮）入朝廷則貴賤有位，以（禮）處室家則父子親，兄弟和，以

〔禮〕處鄉里則長幼有序。……聘問之禮，所以使諸侯相尊敬也。喪祭之禮，所以明臣子之恩也。鄉飲酒之禮，所以明長幼之序也。婚姻之禮，所以明男女之別也』[61]。禮與忠孝仁慈各種倫常屬性的關係昭然若揭。

禮既足以節制人欲[62]，杜絕爭亂，又足使貴賤尊卑長幼親疏有別，完成倫常的理想，自足以建立儒家理想的社會秩序，而臻於治平，禁絕爭端原是一切社會維持秩序的最低限度，也是一切行爲規範所同具的目的。五倫則是儒家思想的中心，政治最高的鵠的。齊景公問政於孔子，孔子以君君臣臣父父子子對之，公曰：『善哉，信如君不君臣不臣，雖有粟，吾得而食諸？』[63]魯哀公問爲政如之何，孔子對曰：『夫婦別，父子親，君臣敬，三者正則庶物從之矣』[64]。倫常與政治的關係在他們的對話裏顯露無遺。孟子說：『人人親其親長其長而天下平』[65]，也是同樣的道理。禮記云：『聖人之所以治人七情〔喜怒哀懼愛惡欲〕，修十義〔父慈子孝兄良弟悌夫義婦聽長惠幼順君仁臣忠〕，講信修睦，尚辭讓，去爭奪，舍禮何以治之？』[66]更可以看出禮與治平之關係。

孔子曰：『安上治民莫善於禮』[67]，又說：『禮爲君之大柄，所以治政安君』[68]。叔向也說：『禮爲王之大經』[69]。晏嬰告齊侯：『禮之可以爲國也久矣』[70]。師服云：『禮以體政』[71]。叔齊云：『禮所以守其國行其政令無失其民者也』[72]。荀子云：『禮者治辨之極也，強國之本也，威行之道也，功名之總也，王公由之所以得天下，不由所以隕社稷』[73]。禮可以『經國家定社稷』[74]，所以仲尼謂爲政先禮，禮爲政本[75]，內史過以『禮爲國幹』[76]，荀子謂：『國之命在禮』[77]，禮爲爲政的基礎，原是儒家一貫的主張，禮與治國的關係幾乎是不可相離的。叔服曰：『禮，政之輿也，政，身之本也，怠禮失政，失政不立，是以亂也』[78]。荀子曰：『禮政之輓，爲政不以禮，政不行矣』[79]。二人都以輓和車的關係來比擬禮在政治上的重要性。古人又嘗以禮與政治的關係譬猶衡之於輕重，繩木之於曲直，規矩之於方圓[80]，治國而無禮，便好像失去規矩繩木，手足無所措了。又好像一個瞎子夜裏無燭無件在暗室裏摸索一樣[81]。社會政治秩序焉能維持，天下國家安得不亂？所以『人無禮則不生，事無禮則不成，國家無禮則不寧』[82]，不由禮所以隕社稷[83]，壞國喪家亡人必先去其禮[84]，隆禮貴義者其國治，簡禮賤義者其國亂[85]，『禮之所興，衆之所治也，禮之所廢，衆之所亂也』[86]。國之治亂，全繫於禮之興廢。

禮有上述實踐的社會功能，足以維持儒家所期望的社會秩序，而達到儒家心目中的理想社會，所以儒家極端重視禮，欲以禮爲治世的工具。所謂禮治，斷不是說僅憑一些抽象的倫理上道德上的原理原則來治世之謂，這是我們所應該注意而深思的。

法家並不否認也不反對貴賤尊卑長幼親疏的分制及存在[87]，但法家的興趣並不在這些與治國無關，無足輕重，甚至與治國有妨礙的事物上，牠所注意的是法律政治秩序之維持，認爲國之所以治，端在賞罰，一以勸善，一以止姦[88]。有功必賞，有過必罰，何種行爲應賞，何種行爲應罰，完全是一種客觀的絕對標準，不因人而異，必須有同一的法律，一賞一刑[89]，才能使人人守法，而維持公平。若顧慮貴賤尊卑長幼親疏的因素，則違背此種原則，不能達到一賞一刑的目的。所以法家並不是否認這種社會差異之存在，只是法的重要更重於此，法律爲這些因素所影響，則爲法家所堅決反對。韓非子說：『有賢不肖而無萬惡』[90]，便是這種意思。管子以親貴貨色巧佞玩好爲六攻[91]，

『不知親疏遠近貴賤美惡』，一以度量斷之，才可爲治[92]。

所以法家認爲一切的人在法律前均須平等，不能有差別心，不能有個別的待遇。愼子云：『愛不得犯法』[93]，管子以君臣上下貴賤皆從法爲大治[94]，說明王『不爲親戚故貴易其法，……主上視法嚴於親戚』[95]。商君云：『所謂一刑者，刑無等級，自卿相將軍以至大夫庶人有不從王令犯國禁亂上制者，罪死不赦』[96]。韓非子云：『法不阿貴，繩不繞曲，法之所加，智者弗能辭，勇者弗敢爭，刑過不避大臣，賞善不遺匹夫』[97]。都是同一精神的表現，和儒家所謂刑不上大夫的主張，自不相容。

商君說：『有功於前，有敗於後，不爲損刑。有善於前，有過於後，不爲虧法。忠臣孝子有過，必以其數斷，守法守職之吏，有不行王法者，罪死不赦，刑反三族』[98]。這種毫無通融，不講私愛，完全以客觀行爲爲斷的精神，自和儒家所謂議親，議故，議賢，議能，議貴，議勤，議賓，尊親賢，敦故舊，尊賓貴，尙功能，及議事以制[99]的主張相反，法家根本反對此議。管子說，『不爲君欲變其令，令尊於君』[100]。商君說：

> 世之爲治者多釋法而任私議，此國之所以亂也。先王縣權衡，立尺寸，而至今法之，其分明也。夫釋權衡而斷輕重，廢尺寸而意長短，雖察，商賈不用，爲其不必也。故法者國也之權衡也，夫倍法度而任私議，皆不知類者也。不以法論知能賢不肖者惟堯，而世不盡爲堯，是故先王知自議譽私之不可任也，故立法明分，中程者賞之，毀公者誅之，賞誅之法，不失其義，故民不爭[101]。

儒家主親親，以親親爲人之本[102]，說：『君子篤於親，則民興於仁，故舊不遺，則民不偸』[103]

。『人人親其親，長其長，而天下平』[104]。法家則堅決反對親親之說，以爲『親親則別，愛私則險，民衆而以別險爲務，則民亂』[105]。法家的努力原在去私任公[106]，親親愛私恰與明法的精神背道而馳，自不爲法家所容。愼子說：『骨肉可刑，親戚可滅，至法不可闕也』[107]。說得何等堅決肯斷，這種話焉得不使儒家爲之變色咋舌？

商君曾就親親的利害加以剖析：

用善則民親其親，任姦則民親其制。合而復之者，善也；別而規之者，姦也。章善則過匿，任姦則罪誅。過匿則民勝法，罪誅則法勝民。民勝法，國亂；法勝民，兵彊[108]。

他的意思是國以親親爲善，則民爲親者隱，而過匿。國以治姦爲務，而獎勵告姦，則人不敢私親得罪，法勝民，民勝法，全由於此。韓非子也以此種私善爲不可容忍的罪惡，與國家的利益相違背，治國者必須去之，他說：

爲故人行私謂之不棄……枉法、曲親，謂之有行……不棄者，吏有姦也……有行者，法制毀也……此八者，匹夫之私譽，人主之大敗也；反此八者，匹夫之私毀，人主之公利也。人主不察社稷之利害，而用匹夫之私譽，索國之無危亂，不可得矣[109]。

魯人從君戰，三戰三北，仲尼問其故，以有老父，身故無養爲對，仲尼以爲孝，舉而上之。楚有直躬，其父竊羊而告之吏，令尹殺之，以爲宜於君而曲於父[110]。孔子也曾就攘羊的事表示不同於主張告父者的意見，說：『吾黨之直躬者異於是，父爲子隱，子爲父隱，直在其中矣』[111]。這兩件事充分說明了儒法兩家不同的主張和看法，君之直臣，父之暴子，父之孝子，君之背臣，公私相背，原是不相容，不兩立的⑫。韓非子說：『令尹誅而楚姦不上聞，仲尼賞而魯民易降北，上下之利若是其異也，而人主兼舉匹夫之行，而求致社稷之福，必不幾矣』⑬。從國家的立場法律的立場來看，有功必賞，有過必誅，爲父而北，自不可恕，子告父罪，不可厚非。重國法便不能獎勵這種違背於國家利益的私孝，與儒家所主張的父子相隱，父仇不共戴天之義，以及原父子之親而聽訟的說法，正處於極端相反的立場。

總之，儒家着重於貴賤尊卑長幼親疏之『異』，故不能不以富於差異性，內容繁雜的，因人而異的，個別的行爲規範——禮——爲維持社會秩序的工具，而反對歸於一的法。法家欲以同一的，單純的法律⑭，約束全國人民，着重於『同』，故主張法治，反對因貴賤尊卑長幼親疏而異其施的禮。兩家出發點不同，結論自異。禮治法治只是儒法兩家爲了達到其不同的理想社會秩序所用的不同工具。

【注釋】

①儒家的哲學並不是純哲理的，更不是出世的，一切理論都是實踐的，以維持社會政治秩序爲最後目的。所謂仁義道德並不是獨善其身的個人主義，而是社會化的，修身只是個人修養的基礎，以之達到齊家治國平天下的目的。所謂仁，所謂恕，都是對人的，發生於交互行爲中。仁字卽從二人（說文：『仁親也，從人從二』。鄭玄註禮記：『仁相人偶也』）。仁卽人與人相處之道，所以樊遲問仁，子曰：『愛人』（論語，顏淵）又曰：『居處恭，執事敬，與人忠』（同上，子路）。仲弓問仁，子曰：『己所不欲，勿施於人』（顏淵說恕與此相同，見衛靈公）。

②從士農工商的分工中劃分爲勞力勞心小人君子二大類，並進而規定雙方的權利義務，在各家著述中隨處可見：

『君子勤禮，小人盡力』。（左傳，成公十三年劉子語）

『君子勞心，小人勞力』。（同右，襄公九年知武子語）

『君子尙能而讓其下，小人力農以事其上』。（同右，襄公十三年君子曰）

『君子務治而小人務力』。（國語，周語，嚴公語）

『庶人工商各守其業以共上』。（同右，內史過語）

『有大人之事，有小人之事，……或勞心，或勞力，勞力者治於人，治於人者食人，治人者食於人，天下之通義也』。（孟子，滕文公上）

③荀子，卷三，仲尼篇。

④荀子，卷二，榮辱篇。關於爲甚麽要有不同享受的理由，自是因爲貴貴尊賢的道理。在儒家心目中，貴賤不僅是勞心勞力職業上的劃分，同時也是才智德行的劃分，實假定社會分工，社會地位，及才智德行是三位一體的。賢智必居上位，以治世爲務；庸愚不肖必居於下，食人治於人，國家量能授官，班爵制祿，其目的便在於使賢者貴顯，以養其德，養尊處優的物質享受只是賢德的酬勞。所以荀子說：『德必稱位，位必稱祿，祿必稱用』，（荀子，卷六，富國篇）。又說『論德而定次，量能而授官，皆使人載其事而各得其宜。上賢使之爲三公，次賢使之爲諸侯，下賢使之爲大夫』，（荀子，卷八，君道篇）。才德愈高則爵愈尊，祿愈厚。所以『大德必得其位，必得其祿，必得其名，必得其壽』。（中庸）徐幹

論爵祿云：『功大者祿厚，德遠者爵尊，功小者其祿薄，德近者其爵卑，是故觀其爵則別其人之德也，見其祿則知其人之功也，不待問之，古之君子貴爵祿者蓋以此也』——徐幹，中論，卷上，爵祿。將此中道理說得極明白。『無德不貴，無能不官，無功不賞，……朝無幸位，民無幸生，尙賢使能而等位不遺』，原是『王者之論』，（荀子，卷五，王制）。若『德不稱位，能不稱官，賞不當功，便爲不祥』，（荀子，卷十二，正論篇）。根據這理論，賢者必使貴顯，庸愚不肖必使貧賤，才是公平的秩序，政治上才能臻於治平。所以孟子說：『天下有道，小德役大德，小賢役大賢』，（孟子，離婁上）。在這樣的社會中，貧賤自是無德無能的表示，所以君子恥之，孔子說：『邦有道，貧且賤焉恥也』，（論語，泰伯）。反之，邦無道，奸邪在位，忠賢失志，在這樣腐惡的社會裏，富且貴焉，反足爲恥。所以從理論上來講，在正常的社會中，賢德應與富貴相連，如堯，舜，伊尹，周公，在反常及例外的情形之下，則不一定如此。孔子厄於陳蔡，屈原抑鬱自沈。王符云：『所謂賢人君子者，非必高位厚祿，富貴榮華之謂也，此則君子之所宜有，而非其所以爲君子者也。所謂小人者，非必貧賤凍餒困辱阨窮之謂也。此則小人之所宜處，而非其所以爲小人者也。……夫令譽從我興而二命自天降，詩云：「天實爲之，謂之何哉！」故君子未必富貴，小人未必貧賤，或潛龍未用，或亢龍在天，從古以然』。（王符，潛夫論，卷一，論榮）。將理論上及事實上的差別說得極清楚透徹。

荀子除了上述的基本理論以外，又進一步對此問題從物質的稀少上加以解釋。他說，『天下害生縱欲，欲惡同物，欲多而物寡，寡則必爭矣。……離居不相待則窮，群而無分則爭，窮者患也，爭者禍也，救患除禍則莫若明分使群矣』。（荀子，富國篇），又說『人生而有欲，欲而不得，則不能無求，求而無度量分界，則不能不爭，爭則亂，亂則窮。先王惡其亂也，故制禮義以分之，以養人之欲，給人之求，使欲必不窮乎物，物必不屈於欲，兩者相持而長，是禮之所起也』。（荀子，卷十三，禮論篇）。所以按人均分並不能徧給而解決物少人多的問題，而且人都有貪得的欲望，若任其自然，必起爭亂；只有按一個人的社會地位來分配，才能杜絕爭端而得其平，所以他說：『分均則不偏，勢齊則不壹，衆齊則不使，有天有地而上下有差，明王始立而處國有制。夫兩貴之不能相事，兩賤之不能相使，是天數也。勢位齊而欲望同，物不贍則必爭，爭則亂，亂則窮矣。先王惡其亂也，故制禮義以分之，使有貧富貴賤之等，足以相兼臨者，是養天下之本也』（荀子，卷五，王制篇）。又說：『夫貴爲天子，富有天下，是人情之所同欲也。然則從人之欲，則勢不能容，物不能贍也。故先王案爲之禮義以分之，使有貴賤之等，長幼之差，知愚能不能之分，皆使人載其事而各得其宜，然後使慤祿多少厚薄之稱，是夫群居和一之道也。故仁人在上，則農以力盡田，賈以察盡財，百官以巧盡械器，士大夫以上至於公侯莫不以仁厚知能盡官職，夫是之謂至平。故或祿天下而不自以爲多，或監門御旅，抱關擊柝，而不自以爲寡』。（荀子，榮辱篇）

⑤荀子，富國篇。

⑥荀子，榮辱篇。

⑦有酒食先生饌，有事弟子服其勞，況爲父兄？荀子云：『今人飢見長而不敢先食者，將有所讓也，勞而不敢求息者，將有所代也。夫子之讓乎父，弟之讓乎兄，子之代乎父，弟之代乎兄，……孝子之道，禮義之文也』。（荀子，卷十七，性惡篇）。孝道原不外乎養與事。養是孝的最低條件，所謂菽水之歡（

禮記，檀弓下），旨甘之慈（禮記，內則），便是以飲食珍羞奉之父母，家庭中一切享受以父母爲先。

⑧中庸。

⑨荀子，富國篇。

⑩荀子，卷三，非相篇。

⑪荀子云：『禮者以財物爲用，以貴賤爲文，以多少爲異，以隆殺爲要』，（荀子，禮論篇）。又云：『故爲之雕琢刻鏤黼黻文章，使足以辨貴賤而已，不求其親』，（同上，富國篇）。卽此意。

⑫左傳，莊公十八年臧宣叔語。

⑬按禮樂爲儒家治平之工具，其間之差異及關係不可不察。禮分別貴賤尊卑長幼親疏以維持社會分化（Social differentiation），樂則以音聲節奏激起人的相同情緒——喜怒哀樂——產生同類感的作用，（故樂記云：『樂在宗廟之中，君臣上下同聽之，則莫不和敬；在族長鄉里之中，長幼同聽之，則莫不和順；在閨門之內，父子兄弟同聽之，則莫不和親。……所以和合父子君臣，附親萬民也』——禮記）以維持社會凝固（Social Solidarity），兩者具爲社會組織所不可缺，不可偏廢。所以樂記云：『同則相親，異則相敬，……禮義立則貴賤等矣，樂文同則上下和矣。……樂至則無怨，禮至則不爭，揖讓而治天下者，禮樂之謂也』。（禮記）

⑭禮記，樂記。

⑮同右。

⑯荀子，卷十四，樂論篇。

⑰禮記，禮器，鄭註：『不同言異也』。

⑱荀子，非相篇。

⑲禮記，曲禮上。

⑳中庸。

㉑荀子，禮論篇。

㉒同右，榮辱篇。

㉓同右，王制篇。

㉔荀子，禮論篇。

㉕淮南鴻烈解，卷十一，齊俗訓。

㉖韓非子，卷六，解老。

㉗董仲舒，春秋繁露，卷九，奉本。

㉘管子，卷三，五輔。

㉙左傳，隱公十年。

㉚白虎通德論，卷一，禮樂。

㉛公孫弘語，見漢書，卷五八，公孫弘傳。

㉜荀子，卷十九，大略篇。

㉝左傳，昭公三十年。

㉞新書，卷六，禮。

㉟禮記，禮運。又曲禮上云：『君臣上下父子兄弟非禮不定』。

㊱禮記，樂記。

㊲左傳，僖公十一年。

㊳禮記，哀公問。又經解云：『婚姻之禮廢，則夫婦之道苦，而淫僻之罪多，鄉飲酒之禮廢，則長幼之序失，而爭鬭之獄蕃；喪祭之禮廢，則臣子之恩薄，而倍死忘生者衆；朝覲之禮廢，則君臣之位失，諸侯之行惡，而倍畔侵陵之敗起』。

㊴禮記，大傳。

㊵禮記，禮運。

㊶論語，八佾。

㊷同右，按後漢書，三九，輿服志云：『大夫臺門，旅樹反坫，繡黻丹朱中衣，鏤簋朱紘，此大夫之僭諸侯禮也』。蓋大夫僭用國君之禮，尚不止樹塞門反坫兩事。

㊸荀子，大略篇。

㊹論語，鄉黨；荀子，大略。

㊺鄉黨。

㊻禮記，曲禮上。

㊼鄉黨。

㊽曲禮上。

㊾曲禮上，內則。

㊿曲禮上。

51曲禮上云：『長者問，不辭讓而對，非禮也』。

52禮義常相提並論，不勝枚舉。二者實是一物之表裏，義者宜也，即合理之意，論語云：『君子義以質，禮以行之』，（衞靈公），左傳云：『義以出禮』，（桓公二年師服語，杜註：『禮從義出』）；『禮以行義』，（僖公二十八年）；荀子云：『行義以禮，然後義也』，（大略）禮運云：『禮也者義之實也，協諸義而協』。可見義只是原理原則，禮乃義的具體表現。禮義本爲一物，一爲抽象的概念（concept），一爲具體的行爲。（馮友蘭說：『禮之義即禮普通之原理』——中國哲學史，民二五，商務，頁三三五，說禮義的含義最精）。無義則禮無所出，無禮則義難表現，缺一不可。舉例來說，男女正當結合爲義，怎樣去實現這義呢？男女無媒不交之禮是，六禮備而夫婦成之禮是。韓非子雖然是法家，但對禮義的含義及關係看得極明白透徹。他說：『義者君臣上下之事，父子貴賤之差也，知交朋友之接也，親疏內外之分也。臣事君宜，下懷上宜，子事父宜，賤敬貴宜，知交朋友之相助也宜，親者內而疏者外宜。義者謂其宜也，宜而爲之。……禮者所以貌情也，群義之文章也，君臣父子之交也，貴賤賢不肖之所以別也。中心懷而不諭，故疾趨卑拜以明之。實心愛而不知，故好言繁解以信之。禮者，外飾之所以諭內也。』（韓非子，卷六，解老）管子有一段話說禮義之關係極精緻：『義者謂各處其宜也。禮者因人之情，緣義之禮，而爲之節文者也。故禮者謂有理也，理也者明分以喻義之意也。故禮出乎義，義出乎理，理因乎宜者也』，（管子，卷十三，心術上）。細讀管韓兩段話，對禮義的含義及關係，可得一較深刻的認識，大可玩味。

53 論語，顏淵云：『君君臣臣父父子子』；易，下，咸傳云：『父父子子兄兄弟弟夫夫婦婦』。

54 君臣一倫不一定指國君和臣，凡是臣屬的關係都可以君臣稱之，孔子云：『所求乎臣以事君未能也』（中庸）。孝經云：『敬其君則臣悅』，（廣要道章）。又大戴禮云：『爲人臣而不能事其君者，不敢言人君不能使其臣者也。……與君言言使臣，與臣言言事君』（曾子立孝章），可見人人同時有君有臣，自然從天無二日地無二王一點來說，最尊最貴只有天子一人而已，率土之濱，莫非王臣；其下却有無數臣屬關係，各自爲君爲臣。梁啓超云：『君字不能專作王侯解，凡社會組織總不能無長屬關係』，（先秦政治思想史，中華，民十一，頁七五）即此意。

55 最早見於白虎通德論。

56 孟子，滕文公上。

57 禮運。

58 同右。

59 左傳，昭公二十六年。

60 禮記，禮運。

61 禮記，經解。

62 禮使人的生活方式互不相同，欲望的滿足，有多有少，原含有節制人欲望的意思，所以儒家論禮，常提到『節』字。孔子云：『不以禮節之亦不可行』，（論語，學而）。禮記云：『禮節民心』（樂記）。『禮者因人之情而爲之節文，以爲民坊者也』（坊記）。又云：『是故先王之制禮樂也，非以極口腹耳目之欲也，將以教民平好惡，而反人道之正也，人生而靜，天之性也。感於物而動，性之欲也。物至知知，然後好惡形焉。好惡無節於內，和誘於外，不能反躬，天理滅矣。夫物之感人無窮，而人之好惡無節，則是物至而人化物也。人化物也者，滅天理而窮人欲者也，於是有悖逆詐僞之心，有淫佚作亂之事。是故強者脅弱，衆者暴寡，知者詐愚，勇者苦怯，疾病不養，老幼孤獨不得其所，此大亂之道也。是故先王之制禮樂，人爲之節』（樂記）。

㊸論語，顏淵。
㊹禮記，哀公問。
㊺孟子，離婁上。
㊻禮記，禮運。
㊼孝經，廣要通章。
㊽禮運。
㊾左傳，昭公十五年。
㊿左傳，昭公五年。
⑺同右，桓公三年。
⑺同右，昭公五年。

⑬荀子，卷十，議兵篇。
⑭左傳，隱公十一年，君子曰。
⑮禮記，哀公問。
⑯左傳，僖公十一年。
⑰荀子，卷十一，彊國篇，天論篇。
⑱左傳，襄公二十一年。
⑲荀子，大略篇。
⑳禮記，經解。
㉑禮記，仲尼燕居云：『瞽之無相與，無燭而夜求於出室，其何以行哉？政事必失其施矣』。
㉒荀子，卷一，修身篇。
㉓同右，議兵篇。
㉔禮運。
㉕議兵篇。
㉖禮記，仲尼燕居。
㉗韓非子云：『貴賤不相踰，愚智提衡而立，治之至也』。（卷二，有度）。管子書中關於此類話更多，卷一，權修云：『朝廷不肅，貴賤不明，長幼不分，度量不審，衣服無等，上下陵節，而求百姓之尊主政令，不可得也』。卷三，五輔云：『上下無義則亂，貴賤無分則爭，長幼無等則倍，貧富無度則失，上

下亂，貴賤爭，長幼倍，貧富失，而國不亂者，未之嘗聞也』。

⑱管子以號令斧鉞祿賞爲治國之三器（卷十五政令），說『有功而不能賞，有罪而不能誅，若是而能治民者，未之有也』。（卷二，七法）。商君書云：『夫刑者所以禁邪也，而賞者所以助禁也。……故刑戮者所以止姦也，而官爵者所以勸功也』。（算地第六）愼子，韓子俱以刑賞爲二柄。愼子云：『明王操二柄以馭之，二者刑德也。殺戮之謂刑，慶賞之謂德』（內篇）。韓非子亦云：『明主之所導制其臣者二柄而已矣。二柄者刑德也。何謂刑德？曰殺戮之謂刑，慶賞之謂德，爲人臣者畏誅罰而利慶賞，故人主自用其刑德，則群臣畏其威而歸其利矣』（二柄）。二書語句相類，蓋同一來源。韓非子又云：『聖王之立法也，其賞足以勸善，其威足以勝暴』（守道）。『有賞不足以勸，有刑不足以禁，則國雖大必危』（飾邪）。

⑲商君書云：『聖人之爲國也，壹賞，壹刑，壹教』（賞刑第十七）。

⑳韓非子，卷八，安危。

㉑管子，卷五，重令。

㉒同右，卷一五，任法。

㉓愼子，內篇。

㉔任法。

㉕管子，卷一七，禁藏。

㉖商君書，賞刑。事實上商君並非徒託空言，在刑不上大夫的時代，他曾以最大的努力，不顧宗室貴戚

之怨望，劓太子傅公子虔，黥太子師公孫賈。（見史記，卷六八，商君列傳）。

(97) 韓非子，卷二，本度。

(98) 商君書，賞刑第十七。

(99) 左傳，昭公六年。

(100) 管子，卷六，法法。

(101) 商君書，修權第十四。

(102) 禮記，大傳云：『人道親親也』。中庸云：『仁者人也，親親爲大』。並以親親爲天下國家九經之一。

(103) 論語，泰伯。

(104) 孟子，離婁上。

(105) 商君書，開塞第七。

(106) 管子云：聖君『任公而不任私，……然後身佚而天下治』。（卷十五，任法，按此語亦見愼子內篇）。商君書云：『君臣釋法任私必亂，故立法明分，而不以私害法，則治』。（修權第十四）故『公私之交，存亡之本也』。（同上）

立法卽所以立私任公，韓非子云：『夫立法以廢私也，法令行而私道廢矣』。（卷一七，詭使）愼子亦云『愛多者則法不立，……法之功莫大使私不行』（內篇）。『今立法而行私，是與法爭，其亂甚於無法：……故有道之國，法立則私善不行』。（同上）

(107) 愼子，內篇。

⑽商君書，說民第五。
⑽韓非子，卷一八，八說。
⑽同右。
⑾論語，子路。
⑾韓非子，卷一九，五蠹。
⑾同上。
⑾尹文子云，『以法定治亂，以簡治煩惑，以易御險難。以萬事皆歸於一，百度皆準於法。歸一者簡之至，準法者易之極，如此頑嚚聾瞽可以察慧聰明同其治也』。（大道上）

第二節　德與刑

儒家以禮爲行爲規範，爲維持社會秩序的工具，已如上節所述，然則以何種力量來推行禮，使人人守禮，不違禮，如有人不遵守此種行爲規範而破壞社會秩序，將以何種力量來保護它，需要制裁否，這些問題應作進一步的討論。儒家認爲無論人性善惡①，都可以道德教化的力量，收潛移默化之功，這種以教化變化人心的方式，是心理上的改造②，使人心艮善，知恥而無姦邪之心，自是最徹底，最根本，最積極的辦法，斷非法律判裁所能辦到。所以陸賈云：『夫法令者所以誅惡，非所以勸善』③。漢賢艮文學謂：『法能刑人而不能使人廉，能殺人而不能使人仁』④。一切的善行都是教化所致。有恥且格決不是政刑所能辦到⑤，曾閔之孝，夷齊之廉，豈畏死而爲哉，教化之所致也⑥。『民親愛則無相害傷之意，動思義則無姦邪之心，夫若此者非法律之所使也，非刑罰之所彊也，此乃教化之所致也』⑦。法律斷無強人爲善的力量，只能消極的禁人爲惡，以威嚇的力量使人不敢爲惡，至多只能達到『苟免而無恥』⑧的程度。法網偶疏，法所不察，一旦這種威嚇的力量不存在時，仍將爲惡。

所以『禮者禁於將然之前，而法者禁於已然之後』⑨，一爲事前的預防，一爲事後的補救，二者之價值自不可同日而語。禮教之可貴便在於『絕惡於未萌，而起敬於微眇，使民日徙善遠罪而不自知』⑩。若能如此，則人民根本便無惡的動機，一切惡的行爲自無從發生，法律制裁更無存在的必要，猶之無病便無需醫藥療理，所以孔子以無訟爲最後目的⑪，相信善人爲邦十年便可以勝殘去殺⑫。荀子對此也持同樣的見解，認爲教化既行，便無法律刑罰的需要。

> 故上好禮義，尚賢使能，無貪利之心，則下亦將綦辭讓，致忠信，而謹於臣子矣。如是則雖在小民不待合符節而信，不待探籌投鈎而公，不待衡石稱縣而平，不待斗斛敦槩而嘖，故賞不用而民勸，罰不用而民服，有司不勞而事治，政令不煩而俗美，百姓莫敢不順上之法，象上之志，而勸上之事，而安樂之矣⑬。

董仲舒也說：『古者修教訓之官，以德善化民，民已大化之後，天下常亡一人之獄矣』⑭。

教化雖需相當時日⑮，教化已成，人心已正，只要心術不變，便可永不爲惡，所以教化可以一勞永逸，垂之永遠，使社會長治久安，不像法律只有短暫的功效。從這一點來說，法律的價值也不如德化。賈誼將湯武之所以長治久安，秦朝之所以瞬即亂亡，完全從德治法治方面來解釋，他說：

> 秦王之欲尊宗廟而安子孫與湯武同，然而湯武廣大其德行，六七百歲而弗失，秦王治天下十餘歲，則

大敗，此亡它故矣，湯武之定取舍審，而秦王之定取舍不審。……湯武置天下於樂，而德澤洽禽獸，草木廣裕，德被蠻貊四夷，累子孫數十世，此天下之所共聞也。秦王置天下於法令刑罰，德澤亡一有，而怨毒盈於世，下憎惡之如仇讎，禍幾及身，子孫誅絕，此天下之所共見也……或云禮誼之不如法令，教化之不如刑罰，人主胡不引殷周秦事以觀之也⑯。

董仲舒對此也持相同的見解，說聖王『教化已明，習俗已成，子孫循之，行五六百歲，尚未敗也。秦則棄禮誼，廢先王之道，十四歲而國破亡』。又說：『道者所繇於治之路也，仁義禮樂皆其具也，故聖王已沒而子孫長久安寧數百歲，此皆禮樂教化之功也⑰。』又有人說：『堯舜之化百世不輟，仁義之風遠也。管仲任法，身死則法息，嚴而寡恩也』⑱。根據此種見解，則不僅如秦王之暴戾殘忍不能長保天下，便是如管仲之賢能理國，也不能長治久安，這說明了法律本身功效之短暫。

德化的功用如此宏遠，所以儒家極端推崇德治，孔子以北辰譬擬為政以德⑲。又說：『道之以政，齊之以刑，民免而無恥。道之以德，齊之有禮，有恥且格。』⑳尊德禮而卑刑罰，是儒家一致的信仰㉑。

便是人民偶有違犯，儒家也不主張以法律來制裁。儒家否認法律有救敗之功。法律既不能勸善禁惡於前，習俗已經薄惡之後，想以法律來補救，只是以湯止沸，抱薪救火㉒，更無益處。而且人民有過失，罪並不在民，還是因教化未施，或施而未徹底的原故，其咎在上而不在下，不教而殺為惡，不戒視成為暴㉓，自是不合理不公平的㉔，所以孔子認為從政必須屏此數惡。刑殺的結果也無補於治，當退而更化方能收治平之效。

歷山農人侵畔，雷澤漁人爭地，河濱陶者陶器粗劣。舜往歷山躬耕，一年而人讓畔，舜往雷澤為漁，一年而人讓居，舜往河濱自為陶器，一年而河濱人所作的陶器都質地堅牢㉕。

舜不誅之，而不惜以三年的時間與精力躬往救敗，便是自認教化未徹底，退而更化的例子。

孔子為魯司寇，有父子相訟，孔子拘之，三月不問，其父請止訟，孔子將子釋放，季孫聞之，不悅曰：是老也欺予，語予曰：『為國家必以孝，今殺一人以戮不孝，又舍之』。冉子以告孔子，孔子慨然歎曰：『烏乎，上失之，下殺之，其可乎？不教其民而聽其獄，殺不辜也。三軍大敗，不可斬也，獄犴不治，不可刑也，罪不在民故也。嫚令謹誅，賊也，今生也有時，斂也無時，暴也，不教而責成功，虐也。已此三者，然後刑可即也』㉖。這件故事說明了教化未施不可妄誅無辜的例子。舜的故事代表積極的精神，孔子的故事代表消極的精神，其實兩者的精神都以教化為中心，不肯不教而誅，本質上並無差別，後世儒者仍有不少倣效這種德化的精神的，他們雖然有司法上的責任，却不肯妄行誅戮，想以德化民。

歷史上有許多以德化人的賢吏。

仇覽少為書生，選為亭長，亭人陳元之母告元不孝，覽以為教化未至，親到元家與其母子飲，為陳說人倫孝行，與孝經一卷，使誦讀之。元深自痛悔，母子相向泣，元於是改行為孝子㉗。

韋景駿為貴鄉令。有母子相訟者。景駿謂之曰：『吾少孤，每見人養親，自恨終天無分，汝幸在溫凊之地，何得如此？錫類不行，令之罪也』。垂泣嗚咽，取孝經付令習讀。於是母子感悟，各請改悔，遂稱慈孝㉘。

　　況逵爲光澤縣尹，有兄弟爭田。逵授以伐木之章，親爲諷詠解說。於是兄弟皆感泣求解，知爭田爲深恥。

更有些循吏至以教化不行爲恥，引咎自責。

　　吳祐爲膠東相，民有爭訟者，必先閉閤自責，然後斷訟，以道譬之，或親到閭里重相和解，自是爭訟省息，吏人懷而不欺。嗇夫孫性私賦民錢，買衣獻父。其父怒曰：『有君如是，何忍欺之？』促歸伏罪。吳祐知之，使性歸謝其父，並以衣相遺㉙。

甚至欲解印去官，請罪。

　　韓延壽爲東郡太守，以德爲治，三年之間，令行禁止，斷獄大減，爲天下最。後徙馮翊太守，出行巡縣至高陵，有兄弟因田爭訟。延壽大傷之曰：『幸得備位爲郡表率，不能宣明教化，至今民有骨肉爭訟，既傷風化，重使賢長吏嗇夫，三老，孝弟受其恥，咎在馮翊當先退』。是日移病不聽事，入臥傳舍，閉閤思過。一縣不知所爲，令丞，嗇夫，三老，亦皆自繫待罪。訟者宗族傳相責讓，兄弟深自悔，髡肉袒謝，願以田相移，終死不敢復爭。延壽大喜，開閤延見，內酒肉與相對飲食，厲勉以意，乃起聽事，一郡翕然，傳相敕勵，莫敢犯。徧二十四縣莫復以辭訟自言者，推其至誠，吏民不忍欺紿。延壽接待下吏恩施甚厚，而約誓甚明。或欺負之者，延壽痛自刻責，豈其負之，何以至此？吏聞皆自傷悔，其縣尉至自刺死及門下掾自剄㉚。

　　魯恭拜中牟令，專以德化爲理，不任刑罰。訟人許伯等爭田，累守令不能決。恭爲平理曲直，皆退而自責，輟耕相讓。有一亭長從人借物不肯還。牛主訟於縣令魯恭。恭召亭長，勑令歸牛者，再三勸令，猶不從，恭歎曰：『是教化不行也』。欲解印綬去。掾史泣涕共留之，亭長乃慚悔，還牛主，詣獄受罪，恭貰不問。又有訟人爭田，累守令不能決，恭爲平理曲直，皆退而自責，輟耕相讓。史稱恭『專以德化爲理，不任刑罰』㉛。

有兄弟爭財相訟。太守許荊歎曰：『吾荷國重任而教化不行，咎在太守』。乃顧使吏上書陳狀，乞詣廷尉。兄弟感悔，各求受罪。郡中多有不養父母，兄弟分析者，因此皆還供養者千餘人㉜。

這些都是實行德化，不肯不教而誅，甚至不肯執行法律制裁的代表，許多人相信德化的結果，可使蝗蟲避境，猛虎渡河，何況於人？斷沒有不能感化的道理。

儒家既堅信人心的善惡是決定於教化的，同時又堅信這種教化，只是在位者一二人潛移默化之功，其人格有絕大的感召力，所以從德治主義又衍而爲人治主義。所謂德治是指德化的程序而言，所謂人治則偏重於德化者本身而言，實是二而一，一而二的。他的人格爲全國上下所欽仰，他的行爲爲全國上下所模倣，成爲一種風氣，爲風俗善惡之所繫。『君子之德草，小人之德風，草上之風必偃』㉝，便是此理。所以『爲人君者謹其所好惡而已矣。君好之，則臣爲之；上行之，則民從之』㉞。『陳之以德義而民興行，示之以好惡而民知禁㉟。』『上好禮則民莫敢不敬，上好義則民莫敢不服，上好信則民莫敢不用情』㊱『上好羞則民闇飾，上好富則民死利』㊲。『未有上好仁而下不好義者也』㊳。『上有好者，下必有甚焉者矣』㊴。上行下效的史實是儒家所樂道的。像舜耕歷山，漁雷澤，陶河濱，是其中最著的，其他不勝枚舉㊵。君上之於臣下猶儀之於影，原之於流，儀正則影正，原清則流清，原濁則流濁，又若鑠金在爐，變化唯治所爲㊶。臣子的行爲只是君上行爲的反應。

君上的行爲，如此重要。所以儒家以爲爲政的道理很單純，只須先正其身，從修身入手㊷。季康子問政，子曰：『政者，正也，子帥以正，孰敢不正？㊸』又答魯哀公同樣的問題，也說：『政者，正也，君爲正，則百姓從矣。君之所爲，百姓之所從也。君所不爲，百姓何從』㊹。『君仁莫不仁，君義莫不義，君正莫不正，一正君而國定矣』㊺。若己身不正，自不能求人之正，『舉直錯諸枉則民服，舉枉錯諸直則民不服』㊻。『有諸己而后求諸人，無諸己而后非諸人』㊼，是一定不移的道理。『其所令反其所好而民不從』㊽。所以孔子說：『其身正，不令而行，其身不正，雖令不從』㊾。『苟正其身矣，於從政乎何有，不能正其身，如正人何』㊿。季康子欲殺無道以就有道，孔子說：『子欲善而民善矣，焉用殺(51)？』又康子患盜，子曰：『苟子之不欲，雖賞之不竊』(52)，便是譏諷康子己身不正而欲正人之意。

『堯舜帥天下以仁而民從之，桀紂帥天下以暴而民從之』(53)。『一家仁，一國興仁，一家讓，一國興讓，一人貪戾，一國作亂』(54)。變化之機，如此微妙，所以儒家認爲『惟仁者宜在高位，是播其惡於衆也』(55)。『君賢者其國治，君不能者其國亂』(56)。『遭良吏則皆懷忠信而履仁厚，遇惡吏則皆懷姦邪而行淺薄』(57)。不使不仁在位，便可以不致危亡，有了賢君良吏便不愁風俗不淳，國家不治。國之治亂，皆繫於得人失人。根據此理論，便建立了爲政在人(58)的極端人治主義，有治人，無治法，人存政存，人亡政亡。孔子云：『其人存則其政舉，其人亡則其政亡』(59)。荀子云：

『有亂君，無亂國，有治人，無治法，……法不能獨立，類不能自行，得其人則存，失其人則亡。法者治之端也，君子者法之原也。故有君子，則法雖省，足以偏矣；無君子，則法雖具，失先後之德，不能應事之變，足以亂矣』⑳。又說：『故有良法而亂者，有之矣，有君子而亂者，自古及今未嘗聞也。』傳曰：『治生乎君子，亂生乎小人，此之謂也』㉑。

法家則完全與儒家立於相反的立場，否認社會可以藉德化的力量來維持，更不相信一二人的力量足以轉移社會風氣，決定國家的治亂。根本反對有治人無治法，人存政存，人亡政亡的辦法。法家所需要的是必然之治，使社會長治久安，而不是這種渺茫不可期，時亂時治的辦法。

尹文子說：『若使遭賢則治，遭愚則亂，是治亂係於賢愚，不係於禮樂，是聖王之術與聖主而俱歿，治世之法逮易世而莫用，則亂多治寡』㉒。韓非子也說，堯舜千世而一出，『堯舜至乃治，是千世亂而一治也』㉓。坐待堯舜以救敗，猶之待粱肉而救餓，待越人之善游者以救溺人，餓者必不活，溺者斷不生㉔。

法家認爲堯舜桀紂並皆千世而一出，通常都是些『上不及堯舜，下亦不爲桀紂』的中人。這些中人本身的力量並不足爲善爲惡，有法律的幫助便可治理國家，『抱法處勢則治，背法去勢則亂』，原不必坐候堯舜。若『廢勢背法而待堯舜，堯舜至乃治，是千世亂而一治也。抱法處勢而待桀紂，桀紂至乃亂，是千世治而一亂也』。治千亂一，與亂一治千，相去不知若干㉕。良馬固車，王良御之，固可一日千里，但五十里而一置，使中手御之，追遠致速，也可走完千里的路程。若待王良則不能行動一步，何必坐待王良。治國的道理，正復相同，千載以來國之所以治亂相續，不至於長亂久危者，便是因爲有這一批比肩隨踵而生，抱法處勢而治的中人，所謂『世之治者不絕於中』㉖。

法律原是爲這班中人用以治世的工具，所以韓非說：『立法非所以避曾史也，所以使庸主能止盜跖也』[67]。又說：『使中主守法，拙匠守規矩尺寸，則萬不失矣』[68]。

即使千世而逢堯舜，仁義化人太緩，也不足爲法。『舜救敗，朞年已一過，三年已三過，舜有盡，壽有盡，天下過無已者，以有盡逐無已，所止者寡矣』[69]。堯舜千世而一出，已亂多治少，急不可待，好容易得逢堯舜，又需三五年的時間才能化三五處人民，其他人民如何能待？

以舜之德尚且須以一年的功夫躬藉處苦，而後化民，則不及堯舜者，又將如何？所以韓非說：『且夫以身爲苦，而後化民者，堯舜之所難也。處勢而驕下者，庸主之所易也。將治天下，釋庸主之所易，道堯舜之所難，未可與爲政也』[70]。他認爲治國原不需如此費事，只須『賞罰使天下必行之，令曰：中程者賞，弗中程者誅，今朝至暮變，暮至朝變，十日而海內畢矣。奚待朞年』[71]。原是輕而易舉的事，並不需要堯舜，也不需長久的時間。

再進一步來說，法家以爲即使有堯舜之德，能否以德化人，亦是疑問，民或不受化。『仁者能仁於人而不能使人仁，義者能愛於人而不能使人愛』[72]。反求諸已，亦奈何妄人不得[73]。韓非子駁儒家道：『舜之救敗也，則是堯有失也，賢舜則去堯之明察，聖堯則去舜之德化，不可兩得也』[74]。堯之聖德，何以不能使天下無姦，仍勞舜之救敗？堯之德未必不如舜，可見仁義化天下並非事實，至少不是普遍的，全國皆然的。

所以法家不信人治，聖君『任法而不任智』[75]，『任法而不任躬』[76]。雖聖人亦不能去法而治國，況爲常人，法家常以規矩擬法。聖人雖能任法，却不能廢法而治國，猶之巧者能生規矩，却不能廢規矩而正方圓，雖有明智高行，棄法而治，無異於廢規矩而正方圓(77)。『釋法術而任心治，堯不能正一國』(78)。『無慶賞之勸，刑罰之威，釋勢委法，堯舜戶說而人辯之，不能治三家』(79)。

法家極端反對人治，而重視客觀的工具，於是有人認為即使法雖不善，猶愈於無法(80)，而任人，猶之『雖有巧目利手亦不如拙規矩』(81)。主觀的判斷，時有出入，客觀的標準至少是一律的，法雖不善，亦可以『一人心』，愈於無法(82)。

從治國的立場來講，法家根本否認仁義道德的價值，認為並不足以止亂，無益於治。這些是道德家教育家的事，他們不妨以畢生精力從事於教化，也不妨唱高調，提倡止於至善，討論人生最高鵠的。但這決不屬於法律範圍，決不是法家所感興趣所注意的工作。法家以維持法律秩序為目的，他必須以最準確的程序，最快的方法，最短的時間，來達到這種目的。法之功用原為禁姦(83)，非為勸善(84)，所以『求過不求善』(85)，『刑不善而不賞善』(86)。只要法律的機構足以發惡懲奸，使人不敢為惡，法律的目的便已達到，原不問人心善惡，更不要求人心良善。從法家的眼光看來，一良善不為惡的人，與一畏刑不敢為惡的邪人，在客觀的行為上並無分別，不必注意其內心上的差異，因之也就無須以仁義教人為善。所以韓非說：『明主之治國也，使民以法禁而不以廉止』(87)。

夫聖人之治國不恃人之為善也，而用其不得為非也。恃人之為吾善也，境內不什數，用人不得為非，一國可使齊。為治者用治而舍寡，故不務德而務法。夫必恃自直之箭，百世無矢；恃自圜之木，千世無輪矣。自直之箭，自圜之木，百世無有一，然而世皆乘車射禽者何也？櫽栝之道用也。雖有不待櫽栝，而有自直之箭，自圜之木，良工弗貴也，何則？乘者非一人，射者非一發也。不恃賞罰而恃自善之民，良主弗貴也，何則？國法不可失，而所治者非一人也。故有術之君不隨適然之善，而行必然之道[88]。

道德家教育家能使少數人良善已是很大的成就。法律家則必須使全國人不爲惡，所注意的不是這少數的善人，而是那些惡人及可以爲惡的人。少數人的良善並無關宏旨，無補於治，所以『不恃比干之死節，不幸亂臣之無詐』，但『恃法之所能服，握庸主之所易守』而已[89]。『民不敢爲非，是一國皆善也』[90]。何必以少數人爲對象？若治國者，但斤斤注意於少數人的良善，而忽略其餘大多數的人，『危於伯夷不妄取』，必『不免於田成盜跖之禍』[91]。所以法家主張治國以姦民爲對象，不以治良民之法治姦民，而以治姦民之法治良民，『國以善民治姦民者，必亂至削；國以姦民治善民者，必治至彊』[92]。

法律家與教育家道德家目的不相同，範圍不相涉，原可各行其事，互不相犯。但問題是儒家不止是道德家教育家，也是政治家，有政治上的企圖，更重要的是其道一以貫之，修身，教人，治國的道理是相同的一套，欲以道德家教育家的道理應用於政治上，以禮樂仁義風化天下。事實上他們在政治上確有相當勢力，他們的主張在有些國裏能見諸實行，於是法家與儒家在政治上發生正面的衝突，立於極端相反的立場，互不相容，法家也就不得不對仁義力加排斥，不但否定它在政治上的價值，說『聖王不貴義而貴法』[93]，並且進一步認爲仁義只有反面的價值，是有害於國家的，商鞅以禮樂爲淫佚之徵，慈仁爲過之母[94]，又以禮樂詩書修善孝弟誠信貞廉仁義爲國蝨，國有此數者必至削亡[95]，而論斷云：

故以刑治則民威，民威則無姦，無姦則民安其所樂。以義教則民縱，民縱則亂，亂則民傷其所惡。吾所謂刑者，義之本也，而所謂義者，暴之道也⑯。

韓非對於儒家仁義之說，抨擊尤力，至比其狂妄如巫祝。

今或謂人曰：『使子必智而壽』，則世必以為狂。夫智性也，壽命也，性命者非所學於人也，而以人之所不能為說人，此世之所以謂之為狂也。……以仁義教人，是以智與壽說人也，有度之主弗受也。故善毛嗇西施之美，無益吾面，用脂澤粉黛，則倍其初。言先王之仁義，無益於治；明吾法度，必吾賞罰者，亦國之脂澤粉黛也。故明主急其助而緩其頌，故不道仁義。今巫祝之祝人曰：『使若千秋萬歲，千秋萬歲之聲聒耳，而一日之壽無徵於人，此人所以簡巫祝也。今世儒者之說人主，不言今之所以為治，而語已治之功，不審官法之事，不審姦邪之情，而皆道上古之傳譽，先王之成功，儒者飾辭曰：聽吾言則可以霸王』。此說者之巫祝，有度之主不受也。故明主舉實事，去無用，不道仁義者故，不聽學者之言⑰。

儒家說：『先王有不忍人之心，斯有不忍人之政矣，以不忍人之心行不忍人之政，治天下可運之掌上』⑱。法家堅決反對此種仁政，以為無異於慈母之溺愛⑲，必致姑息養姦，縱民為惡。管子云：『夫民貪行躁而誅罰輕，罪過不發，則是長淫亂而便僻邪也，有愛人之心，而實合於傷民』(100)。韓非云：『存國者非仁義也，仁者慈惠，……慈惠則不忍，……不忍則罰多赦宥，……故仁人在位，下肆而輕犯禁法，偷幸而望犯於上』(101)。並引述咸讙卜皮之言，謂『齊魏之王以仁慈招致亡弱』(102)。法家反對赦也是這個道理。以為勵民之道，在於有過不赦，有善不遺；赦過遺善則民不勸，赦小過則民多重罪。所以赦出則民不敬，惠行則過日益，惠赦加於民，而囹圄雖實，殺戮雖繁，姦不勝矣』。『赦者小利而大害，先易而後難，久而不勝其禍，毋赦者小害而大利，先難而後易，久而不勝其福。故惠者民仇讎也，法者民之父母也』[103]。

所以法家的結論皆主重刑。管子云：『行令在乎嚴罰』[104]。商君云：『去姦之本莫深於嚴刑』[105]。韓非子云，『嚴刑重罰所以治國』[106]。他們以爲刑罰太輕，其力量決不足以止姦制惡。

夫民躁而行僻，則賞不可以不厚，禁不可以不重。故聖人設厚賞非侈也，立重禁非戾也；賞薄則民不利，禁輕則邪人不畏。設人之所不利，欲以使，則民不盡力；立人之所不畏，欲以禁，則邪人不止。是故陳法出令而民不從。故賞不足勸，則士民不爲用，刑罰不足畏，則暴人輕犯禁。民者服於威殺後從，見利然後用，被治然後正，得所安然後靜者也[107]。

〔有〕必得〔之法〕而尙有姦邪賊者刑輕也，刑輕者不得誅也，必得者刑者衆也。故善治者刑不善而不賞善，不刑而民善，刑重也。刑重者民不敢犯，故無刑也，而民不敢爲非，是一國皆善也[108]。

重刑才能使人畏懼慴服，不敢以身試法。

重罰者民之所畏也，重罰者民之所惡也，故聖人陳其所畏以禁其衰，設其所惡以防其姦，是以國安而暴亂不起。吾是以明仁義愛惠之不足用，而嚴刑重罰之可以治國也。無捶策之威，銜橛之備，雖造父不能以服馬，無規矩之法，繩墨之端，雖王爾不能以成方圓，無威嚴之勢，賞罰之法，雖堯舜不能以爲治。今世主皆輕釋重罰嚴誅，行愛惠而欲覇王之功，亦不可幾也。故善爲主者，明賞設利以勸之，使民以功賞而不以仁義賜，使民以罪誅而不以愛惠免，是以無功者不望，而有罪者不幸矣[109]。

在重刑主張之下，有的法家便提出輕罪重刑的口號，以爲重罪輕刑固縱罪容惡，便民爲姦，便是刑之輕重與罪之大小相當，重罪重刑，輕罪輕刑，仍然無益於治，不能止姦，商君說：

故行刑重其輕者，輕者不生，則重者無從至矣，此謂治之於其治也。行刑重其重者，輕其輕者，輕者不止，則重者無從至矣，此謂治之於其亂也。故重〔其〕輕〔者〕，則刑去事成，國彊，重重而輕輕，則刑至而事生，國削⑩。

法家並不是像儒家所說的刻薄寡恩，以殺爲快。他只是以嚴刑爲止姦息暴的手段，不得已才用之，若是能用輕刑止姦，自無須重刑。韓非對此問題曾有下列的辯護，他說：

今不知法者皆曰重刑傷民，輕刑可以止姦，何必於重者？此不察於治者也。夫以重止者，未必以輕止也；以輕止者必以重也。是以上設重刑者而姦盡止，姦盡止，則此奚傷於民也⑪。

嚴刑重罰既有『以刑止刑』⑫的功能，所以法家認爲『法雖慘而不可不行』⑬。忍一時之痛，便可收長遠之利，韓非說：『法之爲道，前苦而長利；仁之爲道，偸樂而後窮。聖人權其輕重，出其大利，故用法之相忍，而棄仁人之相憐也』。猶之治家，相忍以餓寒，相強以勞苦，歲當災亂，可以溫衣美食，反之，相憐以衣食，相惠以佚樂，天餓歲荒，便不免於嫁妻賣子⑭。

【注釋】

①孟子主性善，惻隱羞惡恭敬是非之心人皆自有，喪失本性，始趨於惡，只須加以教化誘導，便能使人回復固有之善的本性。荀子雖主性惡，亦不否認教化的力量，惟其人性本惡，順人之性，任其自然，必趨於爭奪殘殺，所以教化更是絕對必需的。他說，『今人之性，生而有好利焉，順是，故爭奪生而辭讓亡焉；生而有疾惡焉，順是，故殘賊生而忠信亡焉；生而有耳目之欲，有好聲色焉，順是，故淫亂生而禮

義文理亡焉。然則從人之性，順人之情，必出於爭奪，合於犯分，亂理而歸於暴，故必將有師法之化，禮義之道，然後出於辭讓，合於文理，而歸於治』。（荀子，十七，性惡篇）。『順人情性則弟兄爭矣，化禮義則讓乎國人矣』（同上）。禮義師法原爲性惡而設的，其目的便在於矯正人的劣根性，杜絕爭亂，以維持社會秩序。『檃栝之生爲枸木也，繩木之起爲不直也，立君上明禮義，爲性惡也』（同上）。

即主張性或善或惡者，教化亦不可廢。荀悅代表此派。他認爲『情與善惡偕』，（荀悅，申鑒，卷五，雜言下）並不是有善無惡或有惡無善的，但『善難而惡易』，若『縱民之情，使自由之，則降於下者多矣』（同上），所以必加以教導約束，然後能去善就惡。他認爲『性雖善待教而成，性雖惡待法而消，惟上智與下愚不移，其次善惡交爭，於是教扶其善，法抑其惡，得施之九品，從教者半，畏刑者四分之三，其不移大數九分之一也，一分之中又有微移者矣，然則法教之於化民也，幾盡之矣，及法教之失也，其爲亂亦如之』（同上）。所以他的結論是教法並施，對於教化一端因有扶善抑惡之功，所以更爲重視。他說：『善治民者治其性也』。（申鑑，卷一，政體）。他答覆別人『冶金而流，去火則剛，激水而升，舍之則降，惡乎治』的問難，道：『不去其火則常流，激而不止則常升，故大冶之爐可使無剛，踴水之機可使無降，善立教者若茲，則終身治矣，故凡器可使與顏冉同趨』（同上）。『教化之廢，推中人而墜於小人之域；教化之行，引中人而納於君子之塗』（同上）。教化之用，於此可見。

② 王符潛夫論云：『是故上聖故不務治民事而務治民心』（卷八，德化），荀悅所謂『善治民者治其性也』（見上註）。其意相同。

③陸賈，新語，卷上，無爲。

④桓寬，鹽鐵論，卷十，申韓。

⑤論語，爲政。

⑥新語，見前。

⑦王符，潛夫論，卷八，德化。

⑧論語，爲政。

⑨大戴禮記，卷二，禮察。

⑩同右，禮記，經解則云：『夫禮，禁亂之所由生，猶防止水之所自來也，……故禮之教化也微，其止邪也無形，使人日從善遠罪而不自知』。

⑪論語，顏淵。後世有眞奉此爲圭臬而近於迂的。晉時曹混以訟事示鄧攸，使攸決之。攸曰孔子稱聽訟吾猶人也，必也使無訟乎，並訟牘亦不肯視之。混奇之，妻以女。（晉書，九〇，良吏傳，鄧攸傳）。

⑫論語，子路。

⑬荀子，卷八，君道篇。

⑭董仲舒對策，漢書，卷五六，本傳。

⑮舜教化歷山之農，河濱之漁，東夷之陶者，曾各去一年的時間（見前）。孔子相信：『苟有用我者，朞月而已可也，三年有成。』又說：『王者必世而後仁，善人爲邦百年可以勝殘去殺』（論語，子路）。荀子傳述孔子的話，先王陳之以道，『綦三年而百姓往矣』，（荀子，卷二十，宥坐篇。盧文弨曰往

乃從之誤。王念孫云從下當有風字。意謂百姓從風，至多不過三年）。公孫弘對策稱：『周公旦治天下朞年而變，三年而化，五年而定』。武帝問弘之材能自視與周公孰賢，弘對曰：『……臣聞揉曲木者不累日，銷金石者不累月，夫人之利害好惡豈比禽獸木石之類哉？朞年而變，臣弘尙竊遲之』，（漢書，卷五八。公孫弘傳）。一年至三年大約是一般人認爲最少的時間。

⑯漢書，卷四八，賈誼傳，上文帝疏。

⑰董仲舒對策，漢書本傳。

⑱孔叢子，卷二，記問。按孔叢子雖爲僞書，其記問一篇假託子思問孔子的話，尤爲荒謬。（姚際恆，古今僞書考云：『子思年六十三在魯穆公時，穆公之立距孔子七十年，子思尙或未生，安得有問答之事』）。但仁義之風澤遠流長的思想究可代表一般崇尙德化者的見解。

⑲論語，爲政。

⑳同右。

㉑例如潛夫論，卷八，德化云聖人『尊德禮而卑刑罰』。又云：『聖帝明王皆敦德化而薄威刑』。又云『人君之治，莫大於道，莫盛於教，莫神於化』。孔叢子記孔子與文子論刑教的關係，孔子說：『以禮齊民，譬之於御則轡也。以刑齊民，譬之於御則鞭也。執轡於此而動於彼，御之良也。無轡而用策，則馬失道矣』。文子曰：『以御言之』，右手執轡，左手運策，不亦速乎？若徒轡無策，馬何懼哉？孔子曰：『吾聞古之善御者，執轡如組，兩馬參如舞，非策之助也。是以先王盛於禮而薄於刑，故民從命。今也廢禮而尙刑，故民彌暴』（卷二，德刑）。孔叢子爲僞書，假託孔子之言自不可信，但從鞭轡的比

喻裏亦可窺見儒者重禮教輕刑罰的一般意見。

㉒董仲舒對策。

㉓論語，堯曰。

㉔董仲舒對策云：『譬之琴瑟不調，甚者必解而更張之，乃可鼓也。爲政不行，甚者必變而更化之，乃可理也。當更張而不更張，雖有良工，不能調也。當更化而不更化，雖有大賢，不能善治。故漢得天下以來，常欲善治，而今不可善治者，失之於當更化而不更化也。古人有言曰：臨淵羨魚，不如退而結網，今臨朝而願治七十餘歲矣，不如退而更化，更化則可善治』。

㉕參看韓非子，卷十五，難一，史記，卷一，五帝本紀。

㉖荀子，宥坐篇。

㉗參看後漢書，一〇六，循吏列傳，仇覽傳及注引謝承後漢書。

㉘舊唐書，一八五，循吏列傳，韋機傳附韋景駿傳。

㉙後漢書，九四，吳祐傳。

㉚漢書，七六，韓延壽傳。

㉛後漢書，五〇，魯恭傳。

㉜同右，一〇六，循吏列傳，許荊傳及注引謝承後漢書。

㉝論語，顏淵。

㉞禮記，樂記。

㉟孝經。

㊱論語，子路。

㊲荀子，大略篇。

㊳大學。

㊴孟子，滕文公上。

㊵姑舉數例：

『周襄王不能事後母，出居於鄭，而下多叛其親。秦始王驕奢靡麗，好作高台榭廣宮室，則天下豪富制屋宅者莫不倣之，設房闥，備廐庫，繕雕琢刻畫之好，博玄黃琦瑋之色，以亂制度。齊桓公好婦人之色，妻姑姊妹，而國中多淫於骨肉。楚平王奢侈縱恣，不能制下，儉民以德，增駕百馬而行，欲令天下人餒財富利明不可反，於是楚國逾奢，君臣無別』。（陸賈，新語，卷上，無爲）。

『尹文子雖非儒家，亦云：昔齊桓好衣紫，闔境不鬻異采。楚莊愛細腰，一國皆有饑色。上之所以率下，乃治亂之所由也。……昔晉國苦奢，文公以儉矯之，乃衣不重帛，食不異食。無幾時，人皆大布之衣，脫粟之飯。越王句踐謀報吳，欲人之勇，路逢怒蛙而式之。比及數年，民無長幼，臨敵雖湯火不避。居上者之難如此之驗』（尹文子，大道上）。

㊶荀子，君道篇云：『君者儀也。儀正而景正。君者槃也，槃圓而水圓。君者盂也，盂方而水方』。又云『君者民之原也，原清則流清，原濁則流濁』。鑠金之喻譬者甚多。董仲舒云：『夫上之化下，下之從上，猶泥之在鈞，唯甄者之所爲，猶金之在鎔，唯冶者之所鑄』。（漢書，董仲舒傳）。王符云：『猶

鑠金之在爐也，從篤變化，唯治所爲，方圓薄厚，隨鎔制耳』。（潛夫論，德化）。

㊷儒家所以重視修身便是因爲修身而後能正己，正己而後能治人的道理。儒家的修身決不是個人主義，大學所謂修身齊家治國平天下的道理，是儒家一貫的主張，修身只是齊家治國平天下的基礎，有其一定的順序和系統。論語云：『君子修己以安人』，『修己以安百姓』，（卷七，憲問）。孟子云：『君子之守，修其身而天下平』（卷七，盡心下）。中庸云：『爲政在人，取人以身，修身以道，修道以仁』，修身實具有政治的功能，爲德化之本。所以修身爲天下國家九經之一（中庸）。有人請問爲國，荀子對曰：『聞修身未嘗聞爲國也。君者儀也，儀正而景正。君者槃也，槃圓而水圓。君者盂也，盂方而水方。君射則臣決。楚王好細腰，故朝有餓色。故曰聞修身，未嘗聞爲國也（君道篇）。

㊸論語，顏淵。

㊹禮記，哀公問。

㊺孟子，離婁上。

㊻論語，爲政。又子路云：『舉直錯諸枉，能使枉者直』。

㊼大學。

㊽同右。

㊾論語，子路。

㊿同右。

(51)論語，顏淵。

52同上。
53大學。
54同右。
55離婁上。
56荀子，議兵論，
57潛夫論，德化。
58中庸。
59同右。
60荀子，君道篇。
61同右，王制篇。
62尹文子，大道上。
63韓非子，卷十七，難勢。
64同右。
65同右。
66同右。
67同右，卷八，守道。
68同右，用人。

(69)韓非子，卷十五，難一。

(70)同右。

(71)同右。

(72)商君書。畫策第十八。

(73)『愛人者人恆愛之，敬人者人恆敬之』，如有不得便當反求諸己。儒家最重自反的功夫。孟子說：『愛人不親，反其仁；治人不治，反其知；禮人不答，反其敬。行有不得者，皆反求諸己（離婁上）。有人於此，其待我以橫逆，則君子必自反也，我必不仁也，必無禮也，此物奚宜至哉？其自反而仁矣，自反而有禮也，其橫逆由是也，君子必自反也，我必不忠』。但，『自反而忠矣，其橫逆由是也』。君子亦無法可施，只得曰：『此亦妄人也已矣，如此則與禽獸奚擇哉？於禽獸又何難焉』（離婁上）。

(74)難一。

(75)管子，卷十五，任法，愼子，內篇。

(76)愼子，見上。

(77)管子，卷六，法法。韓非子亦以規矩度量爲喩，見用人，難勢篇。

(78)韓非子，用人。

(79)同右，難勢。

(80)愼子，見上。

(81)管子，法法。

⑧²眞子，見上。

⑧³商鞅云：『夫刑者所以禁邪也』（算地第六）。韓非云：『法者，刑罰必於民心……而罰加乎姦令者也』（卷十七，定法）。

⑧⁴法家以賞勸善，亦不以教化。韓非云：『賞在乎愼罰』（定法），又云：『故善爲主者，明賞設利以勸之，使民以功賞，而不以仁義賜』（卷四，姦刼弑臣）。

⑧⁵商君書，開塞第七。

⑧⁶同右，畫策。

⑧⁷韓非子，卷十八，六反。

⑧⁸同右，卷十九，顯學。

⑧⁹韓非子，守道。

⑨⁰商君書，畫策。

⑨¹韓非子，守道。

⑨²商君書，去彊第四，又說民第五篇云：『以良民治，必亂至削。以姦民治，必治至彊』。

⑨³同右，畫策。

⑨⁴同右，說民第五。

⑨⁵見同上書，靳令篇，原文爲六蝨，實則並非兵羞戰爲十二，云『國有十二者上無使農戰，必貧至削』。又去彊篇云：『國有禮有樂，有詩有書，有善有修，有孝有弟，有廉有辯，國有十者，上無使戰，必削

敵不敢至，雖至，必却，興兵而伐必取，取必能有之，按兵而不攻，必富』。意相同，皆反對禮樂，孝弟，仁義之意。

(96)商君書，開塞第七。

(97)韓非子，顯學。

(98)孟子，公孫丑上。

(99)韓非數以慈母敗子爲喻：

慈母之於溺子也。愛不可爲前，然而溺子有僻行，使之隨師，有惡病，使之事醫。不隨師則陷於刑，不事醫則疑於死。慈母雖愛，無益於振刑救死，則存子者非愛也。子母之性，愛也；臣主之權，筴也。母不能以愛存家，君安能以愛持國？（韓非子，卷一八，八說）。

今有不才之子，父母怒之弗爲改，鄉人譙之弗爲動，師長教之弗爲變。夫以父母之愛，鄉人之行，師長之智，三美加焉而終不動，其脛毛不改；州部之吏，操官兵，推公法，而求索姦人，然後恐懼，變其節，易其行矣。故父母之愛不足以教子，必待州部之嚴刑者，民固驕於愛，聽於威矣（同上，卷一九，五蠹）。

嚴家無悍虜，而慈母有敗子，吾以此知威勢之可以禁暴，而德厚之不足以止亂也（同上，顯學）。

(100)管子，一五，正世。

(101)韓非子，八說。

(102)同右，卷九，內儲說上七術。

⑩管子，卷六，法法。
⑩同右，卷五，重令。
⑩商君書，開塞。
⑩韓非子，卷四，姦劫弒臣。
⑩管子，正世。
⑩商君書，畫策。
⑩韓非子，姦劫弒臣。
⑩商君書，說明。又去彊篇云：『行刑重其輕者，輕者不生，重者不來』。靳令篇亦云：『行刑重其輕者，輕者不至，重者不來，此謂以刑止刑，刑去事成』。
⑪韓非子，六反。
⑫商君書，靳令。又畫策篇云：『以戰去戰，雖戰可也；以殺去殺，雖殺可也；以刑去刑，雖重刑可也』。
⑬愼子，內篇。
⑭韓非子，六反。

第三節　調　協

儒家以禮爲維持社會秩序之行爲規範，法家以法律爲維持社會秩序之行爲規範，儒家以德教爲維持禮之力量，法家以法律制裁爲推行法律之力量，儒法之對抗，禮治德治法治之不兩立，已如上二節所述。從思想的同異來說，此二學派完全立於極端相反的立場，本無調和融協之可能，但事實上並不如此，這一節便想在這方面加以討論。儒法二家對抗的時代是在戰國反秦的時代，春秋戰國時代原是儒道楊墨名法家思想學說草創形成，競爭的時代，法家後起①，想和儒家爭一日之短長，正是競爭激烈，互不相讓。但西漢以後，這種思潮的爭辯漸趨於沉寂，儒法之爭，也就無形消滅。

第一，學術界的派別，已由繁而簡，由異而同，經過戰國時代學術競爭的過程，有些學派的勢力已逐漸衰落，趨於消沉，朝廷尊重儒術，以爲正統，帝王以此取士，儒生以此求售，自漢而後歷朝皆然，於是學歸一統，儒家獨尊，百家皆在淘汰之列，法家既已不存在，自無儒法之爭。更可注意的是自是而後，所謂儒家實際上只是讀書人的代名辭（只能稱爲儒或儒者，以別於春秋戰國時代的儒家）；固然他們所讀的仍是儒家所遺留下來的經籍，祖述堯舜而師孔孟，但思想中已雜有一些別家思想在內，已非純粹的儒家典型，我們或可以說漢以後，既無法家，嚴格言之，眞正的儒家亦已不存，故班氏藝文志敍儒家云：『然惑者既失經微，而辟者又隨時抑揚，微離道本，苟以譁衆取寵，後進循之，是以五經乖析，儒學寖衰』。事實上，漢時僞經紛出，不僞者或經竄亂，五經乖亂，已非儒家眞傳，儒學寖衰，自是意中事。

第二，從制度方面來講，儒法之爭亦不存在。孔子時代各國多未制法。子產將鑄刑，叔向以書責之云：『先王議事以制，不爲刑辟，懼民之有爭也，……並有爭心，以微於書，……』②後來晉爲刑鼎，孔子也曾感慨地說『民在鼎矣』③。可證法典的編制，公布在當時還是僅有的駭人聽聞的創舉，引起當時士大夫輿論的激烈的反對與慨歎。從叔向議事以制一語中，我們也可確知當時議而無定法的情形④。所以孔子時代正是儒家高唱禮治人治不需法律的時代。孟子正當法家勢盛時，有些國中且以法圖強，但孟子究是在野的學者，可以純從學理上立論。可是秦漢以後的情形就不同了。每一朝代都有法律，換朝易姓之際，法律的治訂頒布和改年號同樣的重要。國家需要法律已成爲客觀的事實，不容懷疑，不容辯論，法律的需要與價値的問題自不存在。而且事實上參與製訂法典工作的人也是這班讀書人——漢以後便鮮有專門研究法律的法學家⑤。法典的擬訂並不出於法律家的手筆。讀書人只要對前代和當代的法律有相當的涉獵，便有精通法學之譽，可負此責。歷代的法典，除漢律外，都成於這些儒臣之手。

第三，還有一點很重要的事實，也是消弭儒法之爭的。讀書人應試做官後，便不能不懂法律，不應用法律，地方政府自牧令至封疆大吏，都有司法的責任，中央政府也不止三法司與司法有關，九卿常參與司法的討論，會審制度之下，還得參加審判。聽訟成爲做官人不可迴避的責任，成爲考核成績之一以後，讀書人自不會再反對聽訟，反對法治，而高唱德治人治迂論，事實上是不容許的。漢太子以宣帝所用多文法吏，持刑太深，勸用儒生，宣帝說：『漢家自有制度，本以覇王道雜之，奈何純任儒敎，用周政乎⑥？』儒生如爲政，自需適用實際的需要。公孫弘少時曾爲獄吏⑦，兒寬以博士爲奏讞椽，以古法義決讞獄，後擢爲中大夫遷左內史，史稱其『緩刑罰，理獄訟』⑧。漢律章句有叔孫宣，郭令卿，馬融諸儒十有餘家，家數十萬言⑨，儒家而留意律學加以研習，在法律的發展上，儒家的思想上，以及儒法的連繫上，都是極可注意的事。後儒聽訟者，不勝枚舉，即以一代理學大師陸九淵，朱熹，邵伯溫輩而論，亦無例外。邵伯溫嘗提點成都路刑獄⑩，朱熹的訟牘至今仍存於文集中⑪。陸象山對於獄訟處理極勤，知荊門軍時民有訴者，無旦暮皆得造於庭，立期召審，且有明察之譽，郡以爲神⑫。歐陽修爲夷陵令，取積年舊案牘，反覆觀之⑬。薛宣云吏以律令爲師⑭，讀書人既服官『做大事』（用朱子語），自不得不留心吏治，於經史子集外多讀有用之書。雍正欽頒州縣事宜勉地方官熟讀律令，說『每見少年州縣喜恃聰明，或於無事時學書學畫，講弈講詩，津津然自詡爲能，而問之以律令，則吶吶不能出諸口。夫書畫詩弈等類，家居文人之餘事也，律例者，出任治人之大綱也，既已出任治人，而乃效彼家居者揮毫拈韻，子聲錚錚然，以侈得意，是何異於捨己芸人者之可笑也？夫居官之賢否，視乎吏治，若經濟無聞，縱其筆墨入妙，而已無當於國計民生之要，況必至於廢時，必至於誤公，是以有用之精神施於無用之游衍，方且足以引累而招尤，豈不甚可惜哉？⑮』居官自不得不以律例爲急務，否則斷難勝任。

我們已經討論過漢以後已無法家，亦無眞正儒家，讀書人除以儒家著述爲正宗外，雜有若干法家思想在內。我們試從儒者的思想來觀察，便可以看出這時的儒者雖仍以德治爲口號，但已不再排斥法治，和以前的儒家不同，儒法兩家思想上絕對的衝突已漸消滅，在禮治德治爲主法治爲輔的原則之下，禮治德治與法治的思想且趨於折衷調和。

其實儒法兩家思想的調協早就有其可能存在。法家固然絕對排斥禮治德治，儒家却不曾絕對的排斥法律，只是不主張以法治代替禮治德治而已。儒家祖述堯舜禹湯文武周公孔子。儒家的記載上說堯舜時曾殛鯀流共工放讙都竄三苗遷四苗之族。舜曾任命司法官，皐陶是史前最早最著稱的士，五刑，鞭扑之刑，贖刑，都是這一時期所制定的⑯。傳說中的靈獸——獬豸，也是皐陶時期的產物。湯的誓辭中常常附有刑罰制裁⑰。周公曾誅管叔，放蔡叔，並作誓命⑱。孔子惟以無訟爲目的，仍說『聽訟吾猶人也』⑲。孔子也曾稱贊子路『片言可以析獄』，曾子弟子陽膚爲士師⑳，可見孔門弟子也有留心且專長於獄事的，不以聽訟爲恥。事實上孔子爲相時且曾誅少正卯㉑，孔子決不是絕對排斥刑法的人，只是以禮教爲主以刑爲輔而已。他說：『名不正則言不順，言不順則事不成，事不成則禮樂不興，禮樂不興則刑罰不中，刑罰不中則民無所措手足』。禮樂刑罰實相提並論，且有連帶關係，孔子所反對的是刑罰不中而已，刑罰中並無可議之處。

孔子以後的儒家對於法律的看法，益趨於折衷。孟子說過：『徒善不能以爲政，徒法不能以自行』的話㉒，表示二者不可偏廢，折衷的態度。荀子思想中之雜有法家思想，韓非李斯俱出其門㉓，決非偶然。

荀子的書中屢次言及禮法之分㉔，對於刑法已不如以前儒家估價之低。『凡刑人之本禁暴惡且徵（懲）其末也』㉕，是已承認刑法在社會秩序的維持上自有其特殊的功能，不是禮義教化可以代替的，這種說法和法家對於法律功能的看法初無二致。他以爲人之性惡，君子應以禮義師法化民爲善，但不是所有的人都肯服善從教，從教者固可以教化化之，不從教者便須威之以刑，禮刑不妨分治。『以善至者待之以禮，以不善至者待之以刑』㉖，才能禁暴懲惡，維持社會秩序。這種禮刑分治的看法無異於融合儒法兩家主張於一爐。自然，我們不要忘了他是儒家，仍是以禮治爲主，以教化爲先的，所以他說『國之命在禮，人君者隆禮尊賢而王，尊法愛民而霸』。又說：『君國長民者，必先修其在我者，然後徐責其在人者，威乎刑罰』㉗。這種說法和法家之賤仁義，專恃法治者不同，也和儒家但反躬自責的精神不盡相同。

他認爲不教而誅，固不可爲訓；教而不誅，亦不足爲訓。他說：『教而誅，則邪繁而邪不勝；教而不誅，則姦民不懲；誅而不賞，則勤屬之民不勸；誅賞而不類，則下疑俗儉而百姓不一』。『殺人者不死，而傷人者不刑，是謂惠暴而寬賊也，非惡惡也』㉘。不加以裁判自是不公平的。所以他主張賞罰禮刑皆不可廢。他批評墨子的主張道：『賞不行則賢者不可得而進也，罰不行則不肖者不可得而退也』㉙。『無勸不賞，……無罪不罰，……析愿禁悍而刑罰不過』爲王者之定論，『百姓曉然皆知爲善於家而取賞於朝也，爲不善於幽而蒙刑於顯也』㉚，才能勸善懲惡。所以他的書中常德刑禮法相提並論，如

古者聖人以人之性惡，以爲偏頗不正，悖亂不治，故爲之立君上之勢以臨之，明禮義以化之，起法正以治之，重刑罰以禁之，使天下皆出於治，合於善也，……是聖王之治而禮義之化也。今當試出君之勢，無禮義之法，去法正之治，無刑罰之禁，倚而親天下人民之相與也。若是則夫彊者害弱而奪之，衆者暴寡而譁之，天下之悖亂而相亡，不待頃矣㉛。

治之經，禮與刑，君子以修百姓寧，明德愼罰㉜。

而且荀子對於刑法也不一定主張輕刑。他認爲刑輕刑重，可隨時制宜，並不反對重刑。

以爲人或觸罪矣，而直輕其刑，然則是殺人者不死，傷人者不刑也。罪至重而刑至輕，庸人不知惡也，亂莫大焉。凡刑人之本禁暴惡惡，且徵其末也。殺人者不死，而傷人者不刑，是謂惠暴而寬賊也。故象

> 刑殆非生於治古，並起於亂今也。治古不然，凡爵列官職賞慶刑罰皆報也，以類相從者也，……罰不當罪，不祥莫大焉。……夫征暴誅悍，治之盛也，殺人者死，傷人者刑，是百王之所同也，未有知其所由來者也。刑稱罪則治，不稱罪則亂，故治則刑重，亂則刑輕，犯亂之罪固輕也。書曰刑罰世輕世重，此之謂也㉝。

荀卿生當戰國末世，處法治主義抬頭，強秦統一之前夕，其思想如此，時代背景或不無關係。

漢儒在國家律令已經頒布的時代，——事實上漢代法律的頒布遠在漢武表彰六藝尊崇儒術以前㉞，不對法律加以排斥，自不足怪。漢儒不反對刑法之存在（反對嚴刑峻法爲另一問題）似已成爲一般論調。

董仲舒是專治春秋，以陰陽五行解釋王道微旨的大儒。他以德刑與陰陽四時比擬刑德之不可偏廢，猶之不可獨陽無陰，也不可但有春夏而無秋冬，他說：

> 王者欲有所爲宜求其端於天，天道之大者在陰陽，陽爲德，陰爲刑，……陽出布施於上而主歲功，陰入伏藏於下而時出佐陽，陽不得陰之助，亦不能獨成歲功㉟。

> 春者天之所以生也，仁者君之所以愛也，夏者天之所以長也，德者君之所以養也，霜者天之所以殺也，刑者君之所以罰也。由此害之，天人之徵，古今之道也㊱。

陽不得陰既不能獨成歲功，於是他承認法律有其功能，非教化所能代替，僅恃教化不足爲治，必有刑㊲。他所堅持的只是刑德主從的問題。他以天道之任陽不任陰來喻德大刑小，任德不任刑的道理。

陽爲德，陰爲刑，刑主殺而德主生。是故陰陽居大夏，而以生育養長爲事，陰當居大冬，而積於空虛不用之處，以此見天之任德不任刑也。……陽以成歲爲名，此天意也。王者取天意以從事，故任德教而不任刑，刑者不可任以治世，猶陰之不可任以成歲也。爲政而任刑，不順於天，故先王莫之肯爲也。今廢先王之德，教之官，而獨任執法之吏以治民，毋乃任刑之意歟？㊳

董仲舒不但在理論上表現其對於德刑不偏廢的態度，而且事實上他以春秋決獄，是以儒家的經義應用於法律的第一人，以儒爲體，以法爲用，實是眞正溝通德治法治，融會儒法兩家思想於一的實行家，與兒寬異曲同工。

這種以刑爲教之軸的見解，在漢儒中是很流行的。劉向說：『教化所持以爲治也，刑法所以助治也』。他也同樣地反對任刑而不任教，他說：『今廢所恃而獨立其所助，非所以致太平也』㊴。

王符是主張德化的儒者（潛夫論有德化等篇，其德化思想已見上節），但也認爲賞罰必須兼施。他批評當時有功不賞，無德不削，『甚非勸善懲惡，誘進忠賢，移風易俗之法術』㊵。欲變巧僞以崇美化，息辭訟以閒官事，自須『表顯有行，痛誅無狀』㊶。『法令賞罰者誠治亂之樞機也，不可不嚴行』㊷。他強調法律之用在於使『善人勸其德而樂其政，邪人痛其禍而悔其行』㊸。制法之意若爲藩籬溝塹以防失㊹，有禁絕姦邪之功，爲治國之具，斷不可廢，人民猶之輿馬，法令則爲人君之銜轡箠策，奪去銜轡箠策，何以御之㊺，『他認爲政令必行，憲禁必絕，而國不治者未嘗有也』㊻。『法令行則國治，法令弛則國亂』㊼。國之治亂全繫於行法廢法，除法懲姦斷不可姑息，『養稊稗者傷禾稼，惠姦宄者賊良民』㊽，『制法非好傷人肌膚，斷人壽命者也，乃以威姦懲惡，除民害者也』㊾。自不得不行其所不忍，寧可使『一人伏罪而萬家蒙乎福』。『其初雖慙怯於一人，然其終也，是利於萬世，小懲而大戒』㊿。『若諸禍根不早斷絕，則或轉而滋蔓』(51)，必致貽害無窮，不堪收拾。

這些話近似於法家，王符也主張嚴刑。他批評當時的失政便由於太寬所致，他主張寬猛相濟，政寬民慢，必糾之以猛。他說：『夫積怠之俗賞不隆，則善不勸，罰不重則惡不懲，故凡欲變風改俗者，其行賞罰者也。必使足驚心破胆，民乃易視(52)。』儒家皆主赦，他獨反對肆赦，也是嚴刑之意。他說：

今日賊良民之甚者，莫大於數赦。赦贖數則惡人昌而善人傷矣。……（含冤小民），皆望聖帝當為誅惡治寃以解蓄怨，反一門赦之，令惡人高會而夸訑，老盜服藏而過門，孝子見讎而不得討，亡主見物而不得取，痛莫甚焉。

論者多曰久不赦則姦宄熾而吏不制，故赦贖以解之，此乃捨亂之本原，不察禍福之所生者之言也。凡民所以輕為盜賊，吏之所以易作姦匿者，以赦贖數而有倖望也。若使犯罪之人終身使命，得而必刑，則計姦之謀破而慮惡之心則絕矣㉝。

王符是謳歌德化的儒者，其重法並非自相矛盾，而是有其理由的。他的德化為最高理想，但『大惡之資終不可化』(54)，教化對此種人終無用處，且叔世風俗積怠之餘，更不可獨任教化，他說：

議者必將以為刑殺不用，而德化可獨任，此非變通者之論也，非叔世者之言也。夫上聖不過堯舜，而放四子，盛德不過文武，而赫斯怒，……故君子之有喜怒也，善以正亂也，故有以誅止殺，以刑禦殘。且夫治世者登兵矣，必先躡其卑者，然後乃得履其高。是故先治致治國，然後三王之政乃可施也，道齊三王，然後五帝之化乃可行也，道齊五帝，然後三皇之道乃可從也(55)。

他自己生當叔世，正紀綱敗壞，法令不行之時，他的話自是有感而發的，為針對時弊的主張。

荀悅的思想也是可注意的。他認為人性善惡相兼，若任其自然，則為惡易，為善難，為惡者必多(56)。善固可以藉教化的力量來扶持，惡則必藉法發的力量來制止。社會上有一部分人可以受教化的薰染而為善，另一部分人雖然冥頑不靈，必須畏懼刑法的制裁，而不敢為惡，還有一部分則可教刑兼施，並受其影響。他說：

或曰：『善惡皆性也，則法教何施？』曰『性雖善，待教而成，性雖惡，待法而消，唯上智下愚不移，其次善惡交爭。於是教扶其善，法抑其惡，得施之九品，從教者半，畏刑者四分之三，其不移大數九分之一，一分之中又有微移者矣。然則法教之於化民也，幾盡之矣；及法教之失，其為亂亦如之』(57)。

君子以情用，小人以刑用。榮辱者賞罰之精華也，故禮教榮辱以加君子，化其情也，桎梏鞭朴以加小人，治其刑也。君子不犯辱，況於刑乎？小人不忘刑，況於辱乎？若乎民人之倫，則刑禮兼焉。教化之廢，推中人而墜於小人之域；教化之行，引中人而納於君子之塗(58)。

所以教與化，禮與刑，二者各有其功用，缺一不可，必兼用二者之工具，才能收扶善抑惡之功。他說：

〔治〕不去其火則〔金〕常流，激〔水〕而不止則常升，大冶之爐可使無剛，踴水之機可使無降；善立教者若茲，則終身治矣，事凡器可使與顏冉同趨，投百金於前，白刃加其身，雖巨跖弗敢掇也；善立法者若玆，則終身不掇矣。故跖可使與伯夷同功⑲。

而結論云：『德刑並用，常典也』⑳，『故凡政之經，法與教而已』㉑。

荀況對於刑德先後的秩序，並無一定的成見，並且也不反對密刑：

德刑並用，常典也，或先或後，時宜……教初必簡，刑始必略，事漸也，教化之隆，莫不與行，然後責備；刑法之定，莫不避責，然後求密。未可以備，謂之虛教；未可以密，謂之峻刑。虛教傷化，峻刑害民，君子弗由也。設必違之教，不量民力之未能，是招民於惡也，故謂之傷化；設必犯之法，不度民情之不堪，是陷民於罪也，故謂之害民。莫不興行，則一毫之善可得而勸也，然後教備；莫不避罪，則纖介之惡可得而禁也，然後刑密㉒。

以教與法相提並論，於文字中前後對襯，明確表示其分限的功能者，古儒中除荀卿外，當以荀悅爲最。儒家思想中容納法家的意見，兼有德治法治兩種主義者，亦首推二荀，一主性惡，一主善惡相兼，其思想之偏於法治，不加排斥，自有其理論上之淵源。荀悅思想中兼有兩種主義，在其政治思想中也可看出。他的政治主張是先屏四患（私放奢僞）乃崇五政，很顯明地是以除惡去莠爲先。所謂五政：正俗（審好惡以正其俗）章化（宣文教以章其化）兩項是德治人治主義；秉威（立武備以秉其威）統法（明賞罰以統其法）則是法治方面的㉓。

漢昭帝問賢良文學，與御史大夫桑弘羊相詰難，大夫主重法嚴刑，賢良文學主後刑，崇德政，然已非絕對的排斥法律，其言曰：

古者篤教以導民，明辟以正刑，刑之於治，猶策之於御也，良工不能無策而御，有策而無用，聖人假法以成教，教成而刑不施，故威厲而不殺，刑設不犯㊹。

古者周其禮而明其教，禮周教明，不從者然後等之以刑，刑罰中，民不怨，故舜施四罪而天下咸服，誅不仁也。輕重各服其罪，刑必加而無赦，赦惟疑者，若此，則世安得不軌之人而罪之？㊺

可見賢良文學之士不特不排斥法律，且承認法律之用，以禮教爲主，而以刑罰爲輔教的工具。教成便不需法律，以刑措而不用爲最高理想。

他們所堅持的只是主從的問題，所反對的只是（一）不任教而獨任法，（二）執法非其人㊻，（三）法太苛刻，專以刑人爲事㊼。

這種論調是漢賢良文學全體的意見，應代表當時以儒家自居的讀書人對於刑教的一般看法，並非一二人之私見，我們所以重視其意見者在此。從中我們可以看出儒法之爭，已非絕對的而爲相對的，所爭的已不是法律去存的本體問題，而是刑教的主從問題。而且我們可說這是中國史上儒法公開爭辯的最後一次。法律成爲國家既定的制度後，這種爭辯乃漸無產生的可能。

白虎通德論是後漢博士議郎郎官及諸儒集議以後的共同見解，也是公見而非私見，所以同樣值得我們的注意。論云：『聖人治天下必有刑罰何？所以佐德助治，順天之助也。故懸爵賞者，示有勸也；設刑罰者，明有所懼也』㊽。

便是記載禮的意義及內容的專書，儒家重要經典之一的禮記，也有若干處論及刑法的功用，而且禮樂政刑每相提並論，頗有禮法合治的意味。

刑罰行於國，所誅者亂人也，如此則民順治而國安也㊾。

君子禮以坊德，刑以坊淫，命以坊欲（命謂教令）[70]。

禮以達其志，樂以和其聲，政以一其刑，刑以防其姦。禮樂政刑，其極一也[71]。

禮節民心，樂和民聲，政以行之，刑以防之。禮樂政刑四達而不悖，則王道備矣[72]。

禮記之書雜出於漢儒，此種思想應可代表漢儒之見。

由上所述，可見儒法本體之爭在漢代已不存在，漢儒思想中實已雜有若干法家思想在內，不排斥法律，以刑輔教的論調在漢儒中實爲普遍存在之事實，只要我們細讀各家論著，或不致懷疑此語的眞實性。

漢以後的儒者對於刑法更鮮表示反對者。諸葛亮而後，以持法嚴急著稱，如王安石張居正輩，自不必說，便是以祖述孔孟，潛心性理自命的一代大儒朱熹也主張刑不可廢。他說：

今必曰堯舜之世有宥而無刑，則是殺人者不死而傷人者不刑也。是聖人之心，不忍於元惡大憝，而忍於銜冤抱痛之良民也。是所謂怙終賊刑，刑故無小者，皆爲空言，以誤後世也，其必不然也亦明矣。夫刑雖非先王所恃以爲治，然明刑弼教，禁民爲非，則所謂傷肌膚以懲惡者，亦既竭心思而斷之，亦不思人之政之一端也[73]。

又說：

號令既明，刑罰亦不可弛；苟不用刑罰，則號令徒掛牆壁爾。與其不遵以梗吾治，曷若懲其一以戒百？與其覆實檢察於其終，曷若嚴其始而使之無犯？做大事，豈可以不忍爲心[74]。

這種話顯然含有法家的精神，其思想逈然不同於漢以前的儒家。

從法典的精神及內容上來看儒法二家思想之調和，是更重要的一點，明乎此纔能了解中國法的精神及其特徵。我們已講過歷代的法典都出於讀書人的手筆，並不出於法律專家之手，這些人雖然不再堅持反對法治，但究是奉儒家爲正統的，所以儒家的思想就不期然而然支配了一切古代法典，這是中國法系的一大特色，不可不注意。J。Escarra 說：『中國古代立法皆爲孔家的概念所支配』[75]。他的話是正確的，凡是熟習中國古代法律的人都有同感。若是這些法典出於法家之手，儒家的思想斷不會攙雜在法典中。（自然反過來說，眞正的儒家也許不會擔任這種立法的工作，就好像叔向所說的先王不爲刑辟；以及孔子對於晉鑄刑鼎的慨歎。）同時也必遭讀書人的反對。清末製定民刑律草案時，大遭衞道之士的反對，便是因爲這些草案完全是法家的精神，——而且是西方法律的精神，不曾考慮禮教的因素，不再含有二千年來儒家所擁護的禮教思想在內。

總之，歷代的法典雖然編製不同，內容不同，却都代表一種同一的傳統精神，我們如果細加搜尋便不難發現禮教與法律的關係。研究中國古代法律必禮書法典並觀，才能明其淵源，明其精義。

儒家講貴賤上下有別，本爲禮之所以產生，於是八議入於法，貴賤不同罰，輕重各有異。禮，貴賤，服飾，宮室，車馬，婚姻，喪葬，祭祀之制不同，於是這些都分別規定於律中。儒家重視尊卑長幼親疏的差別，講孝弟倫常，於是聽訟必原父子之親，宜輕宜重，一以服制爲斷。『五刑之罪三千，罪莫大於不孝』[76]。於是不孝之罪特大，不特法律有專條，隋唐以來且名列十惡，標於篇首。禮，子當孝事父母，於是供養有缺成爲專條。禮，父母在，不蓄私財，於是私財有罰。禮，父母之喪三年，於是釋服從吉者有罪，居父母之喪嫁娶者有罪。禮，父之仇弗共與戴天，於是子報父仇，每得原減。儒家說，父爲子隱，子爲父隱，於是律許相隱，首匿不爲罪，不要求子孫爲證，更不容許子孫告父祖。禮，有七出三不去之文，於是法律上明定爲離婚的條件。一切都源於禮經，關於親屬繼承婚姻的法律實可說是以禮爲根據的。這些行爲規範原都詳細規定於禮書中，後代編製法律時便將這些禮的規範採入法典中，禮加以刑法的制裁便成爲法律。古人說『禮，法之大分也』[77]，又說『法出於禮』[78]，漢時叔孫通所撰禮儀與律令同藏於理官[79]，禮法的關係是密切無比的，有時爲一，有時爲二，有時分治，有時合治。

其實，禮與法都是行爲規範，同爲社會約束，其分別不在形式上，也不在強制力之大小。從形式上來看，成文與否並非決定的條件，法律不一定成文，禮亦可爲成文，上古時代的禮記儀禮，近代的大清通禮，都是成文的禮書。從另一點來看，強制力的大小，只是程度上的差別，也不能作爲劃分禮法的客觀標準。我們如從制裁的性質及方式來看，或可得一重要的分別。禮是藉教化及社會制裁的力量來維持的，一個人有非禮的行爲，他所得的反應不外乎輿論的輕視，嘲笑，譴責，或不齒，禮記所謂『在執者去，衆以爲殃』[80]是，可以說是一種消極的制裁。法律則藉法律制裁來執行，可以說是一種積極的或有組織的制裁。但禮亦未嘗不可以法律制裁來維持來推行，而無損其爲禮。同一的規範，在利用社會制裁時爲禮，附有法律制裁後便成爲法律。成爲法律以後，既無害於禮，所期望的目的，也不妨害禮的存在，同一規範，不妨既存於禮，又存於法，禮法分治，同時並存。儒家所爭的主體，與其說是德治，毋寧說是禮治，採用何種行爲規範自是主要問題，以何種力量來推行這種規範的問題則是次要的。事實上儒家雖主張德化，却不曾絕對排斥法律，漢以後的儒者則於法律本體的存在問題已不再懷疑，也不再反對以法爲治世之具，採用何種制裁的問題，自不再作迂而無益的堅持，既把握住支配立法的機會，於是以禮的原則和精神，附以法律的制裁，編入法典中，儒家的目的也就以變通的方式達到，而躊躇滿志了。

所以禮所容許的，認爲對的，也就是法所容許的，認爲合法的。禮所不容許的，禁爲的，也就是法所禁爲的，所制裁的。誠如漢廷尉陳寵疏中所云：『禮之所去，刑之所取，失禮則入刑，相爲表裏者也』[81]。能守禮自不犯刑，所以古人常禮法並稱，曰禮法，曰禮律[82]。四庫提要稱唐律準乎禮[83]，的爲中肯之論。實則中國古代法律皆如此，並不止唐律然也。明太宗定律時曾說：『此書首列五刑圖，次列八禮圖者，重禮也』[84]。法與禮的關係，斷不容漠視。

律既與禮相應，互爲表裏，所以斷訟必以禮爲根據，否則便茫無所從。以親屬間的訴訟來說，既以服制爲斷，於是立法司法皆須先明服制，有時因服制不明便無從判決，經禮部議定後纔能問罪[85]。禮與刑的關係不言而喻。

除了法典的內容已爲禮所攙入，已爲儒家的倫理思想所支配外，審判決獄受儒家思想的影響，也是可注意的事實。儒者爲官既有司法的責任，於是他常於法律條文之外，更取決於儒家的思想。中國法律原無律無正文不得爲罪的規定，取自由裁定主義，伸縮性極大。這樣，儒家思想在法律上一躍而爲最高的原則，與法理無異。

董仲舒序公羊董仲舒治獄十六篇[86]，全以春秋大義聖人微旨斷獄。漢書云：『董仲舒在家，朝廷如有大議，使使者及廷尉張湯就其家而問之，其對皆有明法』[87]。遣廷尉詣問，當是與獄訟有關的事，而仲舒以春秋決獄之意相對。應劭刪定仲舒之作，嘗曰：『故膠東相董仲舒老病致仕，朝廷每有政議，數譴廷尉張湯親至陋巷，問其得失，於是春秋決獄二百三十二事，動以經對，言之詳矣』[88]。可知。仲舒弟子呂步舒得董氏之傳，亦以春秋之義決獄[89]，其他以春秋決獄者甚多，散見史漢列傳中[90]。

董仲舒而外，兒寬以儒生爲廷尉奏讞據，以古法義決疑獄[91]，名重一時，也是以經義決獄著稱的。實則，當時廷尉史多以治尙書，春秋之博士弟子補之，以經義決獄的不止兒寬一人[92]。

漢以後此種風氣仍餘風不墜，晉主簿熊遠奏曰：『凡爲駁議者，若違律令節度，當合經傳，及前決故事，不得任情以破成法。愚謂宜令錄事更立條例，諸立議者皆當引律令經傳，不得宜以情言，無所依准以虧舊典』[93]。是當時承認經傳的法律效力與律令相等。元魏太平眞君六年以有司斷法不平治諸疑獄，皆付中書依古行經義論決之[94]。這是見於詔書的，不僅以命令承認儒家經義的法律效力，且無異於宣佈經義的法律效力超於成文法典之上，這是非常重要的一點，不可忽視其意義及對於法律的影響。當時高允以經義斷諸疑事，三十餘載，內外稱平[95]。

唐代猶有此風。京兆府雲縣縣人張莅欠羽林官騎康憲錢米，憲往索之，莅承醉拉憲，氣息將絕，憲男買得年十四，將救乃父，以莅角觔力，人不敢撝解，遂持木鍤擊莅之首，見血，後三日致死者。準律：父爲人所毆，子往救，擊其人折傷，減凡鬬三等，至死者，依常律。即買得救父之難，是性孝非暴，擊張莅是切，非兇。以髫丱之歲，正父子之親以權之，愼則淺深之量以別之。春秋之義，原心定罪。周書所訓，諸罰有權，今買得生被皇風，幼符至孝，哀矜之宥，伏在聖慈。臣職當讞刑，各分善惡⑯。

後唐長興二年大理寺卿李廷範一奏更足以看出當時經義決獄的風氣。

格文內太和四年十二月三日，刑部員外郎張諷奏，大理寺官結訟斷獄，准舊例自卿至司宜訴事，皆許各申所見陳論。伏以所見者是消息律文，附會經義，以讞正其法，非為率胸臆之見，逞章句之說，以定罪名。近者法司斷獄，例皆緝綴章句，略漏律文，且一罪抵法，結斷之詞，或生或死，遂使刑名不定，人徇其私。臣請今後各令尋究律文，具載其實，以定刑辟，如能引據經義，辨析情理，並任所見詳斷。若非律例所載，不得妄為判章出外所犯之罪⑰。

【注釋】

①儒家至孟子荀子時代已集大成，為一大宗。管仲時法治思想雖已萌芽，但法家成為學派，則在商鞅慎到韓非以後，已在戰國時代。

②左傳，昭公六年。

③同右，昭公二十九年。

④孔叢子記孔子的話：『今諸侯不同德，每君異法，折獄無倫，以意為度』。（卷二，刑德）與議事以制，不為刑辟之意相似，可以參看。

⑤史記，始皇本紀云：『若欲有學法令，以吏為師』。漢張湯趙禹皆以刀筆吏擢至九卿（史記，一二二，酷吏列傳），據漢書，七六，陳寵傳云：『律有三家，其說各異，可見秦漢時人有專習法律者。如杜周

延年父子皆以明法律著稱。（漢書，六〇，杜周傳）後漢郭弘習小杜律，以決曹掾，斷獄三十年，子躬傳父業，講授徒衆常數百人，官至廷尉，躬子晊，弟子鎭，鎭子楨，鎭弟子禧皆習家業明法律，史稱：『郭氏自弘後數世皆傳法律』，子孫至廷尉者七人，侍御史正監平者甚衆（後漢書，四六，郭躬傳）。吳雄，子訢，孫恭三世廷尉，爲法名家（同上）。陳咸以律令爲尙書，曾孫寵，玄孫忠皆明習法律，斷獄平決（後漢書，四六，陳寵傳）。魏衞覬請置律博士，轉相教授（晉書，三〇，刑法志），但後代很少像秦漢時代這樣專習法律之家。以科舉取士後，雖大理寺刑部之官，亦必以士爲之。以刀筆吏位至顯要是不可能的事，反之，專習刑名的刀筆吏只能爲掾吏（如州縣衙門刑房書吏之類），爲幕友（按州縣幕友名目有五：刑名，錢穀，書記，掛號，徵比。五者之中，以刑名錢穀爲最繁要，年俸亦最多——見汪輝祖，佐治藥言自序，『辦事分畛域』，『勿輕令人習幕』各條。所以幕友必習法律，以佐東翁——同上書，『讀律』條云：『幕客佐吏全在明習律例，……不僅在引律，如能引律而已，則懸律一條以比附人罪，刑胥足矣，何藉幕爲？』又『須體俗情』條云『幕之爲學，讀律而已』。律最難解悟，所以汪初讀律書時，惴惴惟恐不能習幕，後成名幕，親友有從其習幕者，必先察其才識，如不足以造就刑錢，四五月內便令歸習他業——同上書，『戒已甚』，『勿輕令人習幕』條。聽訟雖爲州縣正堂之事，不能由幕僚代理，州縣官亦不能全然不曉法律，茫無所知，但幕友對於律例的知識必須更爲熟悉，更爲透徹。學治臆說『說贅』，『律例不可不讀』條云『官之讀律與幕不同，幕須全部熟讀，官則庶務紛乘，勢有不暇，凡律例之不關聽訟者，原可任之幕友，若田宅，婚姻，錢債，賊盜，人命，鬭毆，訴訟，詐僞，犯姦，雜犯，斷獄諸條，非了然於心，則兩造對簿，猝難質諸幕友者勢必游移不決，爲訟師所窺測……』

。做官人依靠幕友卽因讀書人平日不悉律例，到任後不得不假借於人。雍正欽頒州縣事宜『愼延幕友』條云：初任州縣『刀筆簿書，旣未學於平日，刑名錢穀，豈能諳於臨時，全賴將伯助茲鞅掌』。陸向榮，瘦石山房筆記云：『近日官途多依靠幕友，而於讀律毫不講解』——牧令書輯要，七刑名上引，所說爲官場通習。幕友實爲州縣左右手，不可或離。高坐聽訟的雖爲州縣官，事實上在幕後提調處理的常爲幕友，不諳刑名的東翁倚畀尤深，自集審至判決皆出於幕友之手。故方大湜平平言云，『辦案靠幕友，審案則全靠自己，非幕友所能代勞』。——卷一，候補宜讀書』條。佐治藥言亦云：『聽訟是主人之事，非幕友能專主，而權事理之緩急，計道理之遠近，催差集審，則幕友之責也』。——『詞訟速結』條。方以地方官的立場，汪以幕友的立場，論地方官與幕友的關係，皆爲局內人之言。一般通例是幕友擬批於副狀，官過目劃押，然後墨筆幕友錄於正狀，過硃發榜，——何士祁詞訟牧令書輯要，卷七引。刑牘的擬辦原是幕友的拿手好戲，也是他的專責。刑案彙編（光緒二十二年圖書集成局本），便是名幕周守赤歷年辦的爰書。爲訟師，訟師爲人所賤視，所深惡，自不待言，（學治臆說云，訟師地棍唆訟害民，二者不去，善政無以及人，必須懲治之。——卷下『地棍訟師當治其根本』，『治地棍訟師』二條），卽掾吏幕友，也只能依人作嫁，不爲人所重。（佐治藥言云『士人不得以身出治，而佐人爲治，勢非得已』——盡心條，而一經入幕，便無他途可謀，終身坐困，不知誤盡幾許人，故勸人勿習幕——『勿輕令人習幕』條。）而且多半的幕友，刑吏，只是熟習條文，善於運用而已，不能目之爲研究法律的法學專家。Jean Escarre 說中國考試制度摧殘了專門人才，阻礙職業法學家之成立。他的話是對的。（J. Escarre, "Law, Chinese" in Encyclopaedia of Social Sciences, Macmillon,

New York, 1931, Vol. IX. p. 251）。

⑥漢書，九，元帝紀。

⑦史記，一一二，平津侯主父偃列傳。

⑧漢書，五八，兒寬傳。

⑨晉書，三〇，刑法志。

⑩宋史，四三三，儒林傳，邵伯溫傳。

⑪有潭州曉諭詞訟榜，見朱文公文集卷一〇〇。

⑫宋史，四三四，儒林傳，陸九淵傳。

⑬宋史，三一九，歐陽修傳。

⑭漢書，八三，薛宣傳。

⑮欽頒州縣事宜，講讀律令。

⑯史記，五帝本紀。參看書，大禹謨，皐陶謨。

⑰湯誓曰：『女不從誓言，予則帑僇女，無有攸赦』。湯誥曰：毋不有功於民，勤力迺事，予乃大罰殛女，毋予恨』。史記，殷本紀。

⑱史記，四，周公本紀，三三，魯周公世家。其誓命云：『毁則爲賊，掩賊爲藏，竊賄爲盜，盜器爲姦，主藏之名，賴姦之用，爲大凶德，在常無赦，在刑不忘』。（見左傳，文十八年注）。

⑲論語，顏淵。後儒便以此爲根據，託爲僞言。孔叢子記孔子的話有幾處是與聽訟有關的。孔子說：『…

…況聽訟乎，必盡其辭矣。夫聽訟者或從其辭，辭不從必斷以情』。又說：『古之聽訟者察貧賤，哀孤獨及鰥寡老弱不肖而無告者，雖得其情，必哀矜之，死者不可生，斷者不可續。若老而刑之謂之悖。弱而刑之謂之喜，不赦過謂之逆，率過以不罪謂之枳。故宥過容小罪，老弱不受刑，先王之道也。書曰大辟疑赦，又曰其殺不辜，寧失不經』。又記曾子子張曾問聽訟之術。孔子答曾子問曰：『其大法也三焉，治必以寬，寬之術歸於察，察之術歸於義。是故聽而不寬是亂也，寬而不察是慢也，察而不中義是私也，私則民怨。故善聽者聽而不越辭，辭不越情，情不越義』。子張問：『書曰若保赤子，聽訟可以若此乎？孔子曰：可哉。古之聽訟者惡其意不惡其人，求其所以生之，不得其所以生乃刑之，君必與衆共焉，愛民而重棄之也』。（孔叢子，卷二，刑論）。後儒所以僞託孔子聽訟並弟子問訟之言，一方面自是依據聽訟吾猶人也一語，借題發揮，同時也不免別有作用，故意借重聖人之言，以提高聽訟的價値。儒者思想中已接受一部分法家思想，不再反對法律，同時實際上又不得不聽訟以後，這種借重提高的企圖，或是事出有因的。

而且我們應注意書雖僞書，假託的話並非完全不近情理，孔子既曾說聽訟吾猶人也，談論聽訟的事，自或有之。孔子說子路可以片言而折獄，子路大約曾對獄訟的事，說過獨到的話，表現過特殊的才能。子路既曾如此，曾子子張或其他門人請問聽訟之術，自非不可能。事實上，孟氏使陽膚爲士師，陽膚就任以前，也曾問於曾子，何以居官，曾子答道：『上失其道，民散久矣，如得其情，則哀矜而勿喜』。（論語卷十，子張）曾子弟子既曾請問訟事，且爲訟官，何以證曾子決不爲此問。如果我們不像歷史家斤斤注重於曾子子張究竟曾否問過這話的史實問題，但以曾子子張代表孔門弟子與夫子談論這事，則可能性極大，孔門弟子似不致諱談聽訟，孔子不惜加以指示，亦情理中事。

⑳論語，顏淵。

㉑史記，四七，孔子世家。

㉒孟子，離婁上。

㉓史記，六三，老莊申韓列傳，八七，李斯列傳，七四，荀卿列傳。

㉔荀子，卷一，勸學篇云：『禮者法之大分，類之綱也』。卷七，王覇篇亦云：『而禮法之大分也』。

㉕荀子，一二，正論篇。

㉖同上書，王制篇，又富國篇云：『由士以上，則必以禮樂節之，衆庶百姓，則必以法數制之』。

㉗富國篇。

㉘荀子，富國篇。

㉙同右。

㉚同右，王制篇。

㉛同右，性惡篇。

㉜同右，卷一八，成相篇。

㉝同右，正論篇。

㉞漢律成於高帝時，儒術則武帝以後始爲人主所重。史記，儒林列傳云高帝『尚有干戈，平定四海，亦未

皇庠序之事』（卷一二一），事實上他原是一酒色無賴，本不知儒術為何物。史記酈生陸賈列傳云『沛公不好儒，諸客冠儒冠來者，沛公輙其冠，溲溺其中，與人言常大罵』。及見酈生，倨牀使兩女子洗足。陸生時時以詩書說上，高帝罵之曰：『乃公居馬上得之，安事詩書』（卷九七）對儒生可謂備極侮慢輕狎。其後惠文景諸帝亦不重儒。史記儒林列傳云，『孝惠呂后時，公卿皆武力有功之臣，孝文時頗徵用，然孝文帝本好刑名之言，及至孝景不任儒者，而竇太后又好黃老之術，故諸博士縣官待問未有進者。』『武帝才一變而重儒』，儒林列傳云：『及竇太后崩，武安侯田蚡為丞相，黜黃老刑名百家之言，延文學儒者數百人，而公孫弘以春秋白衣為天子三公，封以平津侯，天下之士靡然鄉風焉……（復從公孫弘之言，置博士官及弟子）自此以來，公卿大夫士吏彬彬多文學之士矣』。武帝而後，諸帝亦多重儒，漢書儒林列傳云：『昭帝時舉賢良文學，增博士弟子員滿百人，宣帝末倍增之。元帝好儒，能通一經者皆復，數年以用度不足，更為設員千人，郡國置五經百石卒吏，成帝末……增弟子員三千人，歲餘復如故（卷八八）。

㉟董仲舒對策，見漢書，卷二二，禮樂志，又見五六，董仲舒傳。

㊱董仲舒傳。參看春秋繁露，卷十一，天辨在人，卷十三，四時之制各節。四時之制云『天之道，春暖以生，夏暑以養，秋清以殺，冬寒以藏，暖暑清寒，異義而同功，皆天之所以成歲也。聖人副天之所以為政，故以慶副暖而當春，以賞副暑而當夏，以罰副清而當秋，以刑副寒而當冬。慶賞罰刑異事而同功，皆王者之所以成德也。慶賞罰刑與春夏秋冬以類相應也，如合符，故曰王者配天，謂其道天有四時，王有四政，四政若四時，通類也，天人所同有也。慶為春，賞為夏，罰為秋，刑為冬，慶賞罰刑之不可不

具也，如春夏秋冬之不可不備也。

㊲春秋繁露，天辨在人云：『故聖人之治國也，……務致民令有所好，有所好然後可得而勸也，故設賞以勸之。有所好必有所惡，故有所惡然後可得而畏也，故設罰以畏之。旣有所勸，又有所畏，然後可得而制』。

㊳漢書，董仲舒傳。春秋繁露，天辨在人云：『天之志常置陰空處稍取之以爲助。故刑者德之輔，陰者陽之助也，陽者歲之主也』。又同卷陽尊陰卑云：『而人資諸天，大德而小刑也，是故人主近天之所近，遠天之所遠，大天之所大，小天之所小。是故天數在陽而不在陰，務德而不務刑，刑之不可任以成世也，猶陰之不任以成歲也。爲政而任刑，謂之逆天，非王道也』。卷十二，陰陽義亦云：故爲人主之道，『使德之厚於刑也，如陽之多於陰也』。

㊴漢書，禮樂志。

㊵王符，潛夫論，卷四，三式。

㊶同右書，卷五，斷訟。

㊷同右書，三式。

㊸同右書，斷訟。

㊹同右。

㊺同右書，卷五，衰制。

㊻同右。

㊼同右書，卷四，述赦。衰制云行賞罰而齊萬民者治國也；君立法而下不行者，亂國也。

㊽同右書，述赦。

㊾同右。

㊿斷訟。

(51)同右。

(52)三式。本篇敍錄並云：『先王御世兼秉威德，常有建侯，罰有刑渥，重賞嚴禁，臣乃敬職，將修太平，必媚此法，故敍三式』。

(53)述赦。

(54)同右。

(55)哀制。

(56)荀悅，申鑒，卷五，雜言下。

(57)同右。

(58)同右書，卷一，政體。

(59)荀悅：申鑒，卷一，政體。

(60)同右書，卷二，時事。

(61)同右書，政體。

(62)同右書，時事。

⑥³同上書，政體。
⑥⁴桓寬鹽鐵論，卷六，後刑。
⑥⁵同上書，卷十，周秦。
⑥⁶同卷，刑德云：『轡策者御之具也，得良工而調；法勢者治之具也，得聖人而化。執轡非其人也，則馬奔馳；執軸非其人也，則船覆傷。昔吳使宰嚭執軸而破其船，秦使趙高執轡而覆其車，今廢仁義之術，而任刑名之徒，則復吳秦之事也。』
⑥⁷後刑云：『今廢其綱紀而不能張，壞其禮義而不能防，民陷於罔從而獵之以刑，是猶開其欄牢，發以毒矢也，不盡不止——夫不傷民之不治，而伐己之能得姦，猶弋者覩鳥獸而挂罰羅而喜也』。又刑德云：『昔秦法繁於秋荼而網密於凝脂，然而上下相遁，姦僞萌生，有司法之，若救爛撲焦，不能禁非，網疏而罪漏，禮義廢而刑法任也。方今律令百有餘篇，文章繁，罪名重，郡國用之疑惑，或淺或深，自吏明習者不知所處，而況愚民乎？律令塵蠹于殘閣，吏不能徧覩，而況於愚民乎？此斷獄所以滋衆，而民犯撲也』。
⑥⁸白虎通德論。
⑥⁹禮記，聘儀。
⑦⁰同右書，坊記。
⑦¹同右書，樂記。
⑦²同右。

⑬ 鄭端輯，朱子學歸，一八。

⑭ 朱子語類。

⑮ Jean Escarra, *op. cit.*, p. 251。

⑯ 孝經，五刑章。

⑰ 荀子，見前。

⑱ 管子，四，樞言云：『人心之悍，故爲之法，法出於禮』。又卷一三，心術上云，『禮出乎義，義出乎理，理因乎宜者也，法者所以同出，不得然者也』。

⑲ 漢書，二二，禮樂志，晉書，刑法志云：通益律所不及爲傍章十一八篇。

⑳ 禮記，禮運。

㉑ 後漢書，七六，陳寵傳。邱濬，大學衍義云：『人心違於禮義，然後入於刑法』。

㉒ 禮法一名辭，幾爲中國習慣用語。禮律一詞，則魏晉六朝時多用之。（詳程樹德，九朝律考，頁二七八——二七九）。

㉓ 四庫提要，八二，史部三八，政書類二。

㉔ 明史，刑法志一。

㉕ 見前。

㉖ 漢書，三〇，藝文志。春秋繁露有春秋聽訟之意一節：『春秋之聽訟也必本其事而原志，志邪者不待成，首惡者罪特重，本直者其論輕。是故逄丑父當斮而轅濤塗不宜執，魯季子追慶文而吳季子釋闔閭，此

四者罪同異論，其本殊也。俱欺三軍，或死或不死；俱弒君，或誅或不誅，聽訟折獄可無審邪？故折獄而是也，理益明，教益行；折獄而非也，闇理迷衆，與教相妨。敎，政之本也，獄政之末也，其事異域，其用一也，不可不以相順，故君子重之也。』

⑰漢書，董仲舒傳。

⑱後漢書，七八，應劭傳。

⑲史記，一二一，儒林列傳。佚文今存於通典（六九，禮二九，一四，養兒弟子爲後，復自生子議，賀嶠妻于氏表中引），太平御覽（六四〇引），白帖（二六引）等書者，不過四五事。

⑳詳見程樹德，九朝律考，上冊，頁一九七，春秋決獄考。

㉑史記，儒林列傳；漢書，五八，兒寬傳。

㉒史記，一二二，酷吏列傳，張湯傳云『是時上方鄉文學，湯決大獄，欲傅古義，乃請博士弟子治尙書春秋，補廷尉史亭疑法，奏讞疑事』。

㉓晉書，刑法志。

㉔魏書，一一一，刑法志。

㉕同右書，四八，高允傳。

㉖舊唐書，五〇，刑法志。

㉗五代會典，一六，『大理寺』。

結論

從以上各章的討論中我們可以充分看出中國古代法律對於家族及階級的特別着重。古代法典中可以說大部分皆爲關於親屬及階級的特殊規定，其餘的部分始爲一般的規定。其適用的原則是特殊的規定先於一般的規定。於不適用特殊的規定時纔適用一般的規定。王制上說凡聽五刑之訟必原父子之親立君臣（廣義的）之義以權之。又淸會典云，定例有服制之異，良賤之異。語極扼要，不可忽視其精確的涵義。

法律上所以對血緣及社會階層兩種社會關係特別考慮者，自由於儒家思想的佔優勢。中國法律可說全爲儒家的倫理思想和禮治主義所支配。變法時期新法與舊法的衝突便等於法治思想與儒家思想的衝突。從此以後，儒家的思想在社會政治法律上才失去領導和支配的地位。古代法律的結束同時也就是儒本主義的終止。

我們只須比較變法以後的法律與中國古代法律的差異，我們便可得一變遷的趨勢。——即關於親屬及階級的特殊規定的減少和消失。家族主義在法律上已經瓦解，法律上除對直系尊親屬有極少數的特殊規定之外，其他關於親屬方面的特殊規定皆已取消。從社會階層方面來講，階級，性別，種族間，一切不平等皆已逐漸取消，至少法律上已不承認其存在，一切人在法律上皆不平等，不復有法律上的差異。歸納言之，中國法律的變遷可以說是由特殊而普通。

彰化：復文書局（彰師大）。
嘉義：大人物書店、☆復文書局（中正大學內）。
台南：南一書局、☆成大書城、☆敦煌書局、超越書局。
高雄：☆復文書局、光統圖書百貨公司、☆宏總圖書大賣場、
☆開卷田書店、☆高師大圖書文具部、☆中山大學圖書
文具部。
屏東：復文書局。
花蓮：瓊林圖書公司、花師院圖書文具部。
台東：台東師範圖書文具部。
〔全省各地金石文化廣場〕

里 仁 書 局

台北市仁愛路二段 98 號 5 樓之 2
電話：3913325, 3517610, 3213487
傳眞：3971694
郵政劃撥：01572938「里仁書局」帳戶

LE JIN BOOKS LTD.

5F-2, No. 98, Jen Ai Road, Sec. 2,
Taipei, Taiwan, R. O. C.

版權新書簡介

以下各書已取得原著作人授權或委託里仁書局出版，請尊重智慧財產權，不要翻印：《周易大傳新注》、《周易白話簡明譯本》、《周易陰陽八卦說解》（以上徐志銳著）、《韓柳古文新論》（王基倫著）、《琵琶記的表演藝術》（蔡孟珍著）、《碩堂文存三編》（何廣棪著）、《石鼓奇緣》（沈映冬著）、《中國散文美學》（增訂本，吳小林著）、《晚明思潮》（龔鵬程著）、《中國佛寺詩聯叢話》（董維惠編著）、《焦循年譜新編》（賴貴三著）、《焦循雕菰樓易學研究》（賴貴三著）、《中國史學名著評介》（倉修良主編）、《史記選注》（韓兆琦著）、《紅樓夢民俗趣語》（高國藩著）、《彩繪本水滸傳校注》（李泉、張永鑫校注）、《三國演義校注》（吳小林校注）、《西遊記校注》（朱彤、周中明校注）。

以下各書著作權雖已消失，但經本書局重排，擁有排版權：《游國恩楚辭論文集》。

以下各書已無版權，影印以貢獻士林：《聞一多全集》。

周易大傳新注　徐志銳　著

《周易》古經成書於殷周之際，是一部占辭匯編；《周易大傳》成書於戰國末期，是一部哲學著作。二者相距七、八百年，時代不同，性質也不同。

將《經》、《傳》混為一談，看不到二者的差別；割斷《經》、《傳》，《傳》就成了無本之木，看不到它思想內涵的發展淵源。因此，《經》與《傳》，既有區別又有聯繫，既不能完全等同，

又不能完全割裂。

本書即從上述實際出發進行注釋，並對其哲學思想作出了相應的評價。通過注釋全文，力圖揭出其間的通例，尋求各部份之間的內在聯繫，以方便讀者了解。

周易白話簡明譯本　　徐志銳　著

《周易》具有獨特的風格和章法體例。因此，單純的文字訓解未必能見其精髓，而其思想眞意則常常要靠現象去仔細領會。文字翻譯往往會顧此失彼。

本書係作者《易傳今譯》和《易傳解讀》兩書的修訂合刊本。其特點是文字簡明易懂，並作必要的注釋；象與理並重，但點到爲止，不作引伸發揮。應該可以爲初學的人起著舖石引路的作用。

本書與作者另著《周易陰陽八卦說解》、《周易大傳今注》，三書雖各有側重，但構成一個系列，可以相互參閱。

周易陰陽八卦說解　　徐志銳　著

這是一部通俗、曉暢、明快的說解《易經》中「陰陽八卦」的書。

「陰陽八卦」是易學中的精髓，內含許多博大精深的道理，長期以來，在群衆中具有廣泛的影響。但是，深奧的「陰陽八卦」的基本原理和方法往往困擾廣大讀者，不易弄懂。

本書以精煉的語言，深入淺出地對陰陽八卦進行了說解，使廣大讀者能夠正確地認識陰陽八卦，掌握基本原理和方法。

25 開平裝，特價160元。已出版。

韓柳古文新論　王基倫　著

韓柳為中唐古文家，其作品能反映民生，寄寓山川，諷喻現實，具有別開生面的藝術成就。

本書試圖在前人研究的基礎上，由外在宏觀而至作品之微觀，冀能運用文體學觀念，討論韓愈如何將詩之情韻融入古文作品的問題；運用選集分類批評觀念，瞭解韓柳古文擅長之作有那些；運用文法與修辭學觀念，探究韓柳古文的助詞用法，分析其寫作原則及變化之美；運用風格學觀念，探究韓愈古文陽剛風格之形成及其特色；運用美學觀念，討論韓柳古文的社會美、自然美和藝術美的美學價值。

著者王基倫，國立臺灣師範大學文學碩士，國立臺灣大學文學博士，現任教國立臺北師院語文學系。

25開平裝，特價200元。已出版。

琵琶記的表演藝術　蔡孟珍　著

《琵琶記》是一部飽貯藝術感染力的劇作。其中曲辭唱調，深婉悵觸，賺人心魄，在六百餘年的中國戲劇史上，一直牽引著千門萬戶的觀衆心靈，同時也留下許多有關探索南戲格律、傳奇型態的學術問題。

本書以深度的藝術評鑑眼光，系統說明《琵琶記》在戲劇史上的來龍去脈，並對該劇脚色之淵源與實際運用、宮調格律之考覈與舞臺表演之藝術內涵有詳盡闡述。至於目前仍爨演不輟的崑曲藝術，亦能傳神寫入有關咬字、排場等學術根據，對研究《琵琶記》及崑曲學術，極具參考價值。

作者蔡孟珍，目前任教於臺灣師範大學國文系，並擔任該校崑曲社指導老師有年。

25開平裝，特價160元。已出版。

崑曲《琵琶記》版權錄影帶

——大陸首屆戲劇梅花獎得主張繼青主演

我國古典戲劇薪傳迄今，惟崑曲最存典麗；目前大陸六大崑劇院，當以南崑、上崑爲優。

南崑劇院之名譽院長張繼青女士，執古典戲劇牛耳，歐洲劇壇並譽爲「世界五大女優」之一，乃中共國寶級之戲劇藝術家。

本錄影帶共收〈喫糠〉、〈遺囑〉兩齣，是《琵琶記》最感人的情節。全部重新製作，畫面清晰、音質優美。

VHS共二卷一套，每套贈《琵琶記的表演藝術》(蔡孟珍著)一本，特價1000元。已出版。

碩堂文存三編　何廣棪　著

本書爲著者《碩堂文存》之第三編。

本編所收凡十八篇，內容富贍，涉及《論語》、《孝經》、李清照、陳振孫、陳垣、張元濟、蔡元培、錢玄同、曾運乾、陳寅恪、俞大維等。其中〈中國當代學人小傳〉一篇，共收廾七人，均爲當今第一流之學者；援據精確，史筆雅達，足資研治中國當代學術史者參考。

著者現任行政院國科會客座研究副教授、華梵人文科技學院東方人文思想研究所副教授。著有《陳振孫之生平及其著述

研究》等十六種。

25開平裝，特價200元。已出版。

石鼓奇緣　沈映冬　著　（經售）

本書凡95條，其與石鼓、石鼓文、石鼓流徙、石鼓臨摹，與及明代錫山安國之家世、交游、安家累代之著述、歷代蒐藏石鼓拓本之情狀，並及後人對石鼓文之論說、考證等，均在闡述之列。

文字簡潔安雅，述說精當而富趣味；尤其難能可貴的是許多第一手的資料，均用朱墨套色，圖版悅目，令人愛不釋手。

25開平裝，特價170元。已出版。

中國散文美學　吳小林　著

我國古代有著十分豐富的散文美學遺產，本書對此作了較爲全面的闡發，具有一定的開創性。

全書著重論述中國古代一些具有代表性的美學家、文學理論家、散文家著作和言論中有關散文美學範疇、命題、原理的相互聯繫和嬗變演化，從理論上較爲系統地總結了表現在中國古代散文藝術中審美意識活動的特徵和規律，揭示出中國散文美學思想發展變化的綫索和軌跡。

著者吳小林爲中國人民大學中文系教授。

25 開平裝二册，特價300元。已出版。

晚 明 思 潮　龔鵬程　著

晚明，是個社會文化大變動的時代。過去的研究者曾指出：

當時社會上瀰漫著反傳統、反禮教、反權威的思潮，注重個體生命、肯定情欲、強調儒學應落實於現實生活世界。而造成這種思想上變轉的，則是整個社會的市民意識勃興和資本主義萌芽等等。

本書重新爬梳文獻，檢討各種解釋觀點。認爲晚明並不以陽明學爲主潮，以王學發展及公安派泰州派爲主線來觀察晚明並不妥當；何況，歷來對公安派和泰州派的理解也多錯誤，故應調整策略，擴大視野，重新理解這個時代。

全書十一章，對晚明思潮提出全新的解釋以及細緻的分析。

作者現任中正大學歷史研究所教授。著有《思想與文化》等書三十餘種。

25 開平裝，特價225元。已出版。

中國佛寺詩聯叢話　　董維惠　編著

古今有關佛寺之作，爲數近百，但集全國古剎而成一書者，尚付闕如。楹聯著述，寺詩之作，數以百計，然將佛寺與詩聯，彙成專冊者，則未之見。

董維惠除執行律師業務外，並教授中國通史垂三十餘年，平時喜愛楹聯，雅好詩文；篤信佛教、深諳釋典。感慨歷代古寺，屢遭浩劫，日益圮廢；剎中詩聯，日益佚散。乃依據歷代寺志、山志、方志、史籍、佛典；參以古今遊記、筆記、傳記、詩集、雜著，並遠赴大陸，朝拜名山古剎，溯本探源；並分函全國招提，週諮博訪，以明現況。然後將寺院與詩聯，合而爲一，彙集成帙。

本書共選古寺名剎五百六十八，對各寺之興衰存廢，予以考證，述其始末；對詩聯內涵掌故，贅以話語，略加注釋，以利讀者。

25 開精裝三大冊，都二千餘頁，特價2000元。已出版。

焦循年譜新編　賴貴三　著

焦循里堂，爲清代乾嘉之際揚州學派的重要代表人物，其經學、算學蜚聲宇內，譽爲名家。

但現有的焦里堂年譜，皆具體而微、簡而未備，甚至很難見到。作者研究焦循有年，本書不僅蒐羅豐富、考訂詳實，並且多有一手資料。每章之前，敍以提要；每年以下，歸納事蹟，詳文附後，按目分條，鉅細靡遺。不僅是焦譜之冠，也是年譜撰寫的典範。

作者賴貴三現任教國立台灣師範大學國文系。

25 開精裝一冊，特價500元。已出版。

焦循雕菰樓易學研究　賴貴三　著

本書是作者鑽研里堂學術的又一力著，就里堂一生學力、心血萃聚之《雕菰樓易學》，探討其全方位的學術成就。

全書共八章，分別從里堂易學之淵源、體貌、特色、所參悟而得之創獲，以闡述其「旁通、相錯、時行」之根本易例，並綜論其以數理解《易》，假借治《易》之奧蘊，終以道德哲學之滙歸，爲孔孟道統之證成，可見《易》義之貞定矣。

結尾並用很大的篇幅考察里堂易學之方法，並給予客觀公允之評價，爲研究里堂易學開拓一條新的道路。

25 開精裝，已出版，特價500元。

中國史學名著評介　倉修良　主編

中國史書汗牛充棟，很難全讀，又不得不有所瞭解，這部書剛好滿足這個需要。

這部書選擇了全部廿五史，並其他史學名著，共八十六種。對每部史學既有全面的介紹，又有重點的論述，做到知識性和學術性相結合。特別是對原著寫作的目的和歷史背景、原著基本內容、史體結構以及編纂特點、學術價值及其影響等等，都作了較爲詳盡的論述。

主編倉修良，現爲中國歷史文獻研究會副會長、杭州大學歷史系教授。各篇撰述者，均爲學有專精的學者。

25 開精裝三大冊，特價1200元。已出版。

史 記 選 注　司馬遷　著　韓兆琦選注

《史記》都一百三十篇，五十二萬字，既是一部體大思精，前無古人的歷史巨著，也是我國文學史上最偉大的文學著作之一。

但《史記》畢竟太龐大了，文字又太久遠，對一般學子來說，有閱讀與理解的困難。

本書以選注者一九八二年江西人民出版社《史記選注集說》爲底本，增補篇目，詳作解題。原江西人民版之優點，如前人評論資料則予保留，等於比原書多了五分之三。

校注者韓兆琦北京師範大學中文系教授。

25 開精裝一大冊，已出版，特價500元。

紅樓夢民俗趣語　　高國藩　著

二百年來，《紅樓夢》給中國文化的影響是難以估計的，人們不僅喜愛它，並且引用它的語言，形成日常生活不可分割的一部份。

本書試圖從民俗的角度，來探討《紅樓夢》，從而揭示人生的眞諦、民俗的心音。

作者現任南京大學中文系教授，專攻敦煌民俗學以及敦煌民間文學之研究，著有專書《敦煌曲子詞欣賞》、《敦煌民俗流變》等書，兼任江蘇省社會科學院特約研究員。

25 開平裝，特價200元。已出版。

彩畫本水滸全傳校注

施耐庵・羅貫中著　　戴敦邦
李泉・張永鑫校注　　戴紅杰　彩畫

《水滸全傳》是我國古典長篇小說中成書較早、流傳很廣、成就頗高的一部優秀作品。

只是《水滸全傳》的版本很多。特別是金聖歎批改的七十回本，其流傳和影響，大大超過百回本和百二十回本，使讀者往往無法得窺水滸全貌。

新校本以明末楊定見序袁無涯刊的百二十回《忠義水滸全傳》爲底本，並參校他本，作分段、標點、注釋，對一些方言俗語、典章文物，和一些難懂的字詞都作了注解和必要的考證。

校注者李泉蘇州大學中文系教授，張永鑫無錫教育學院中

文系教授。挿畫戴敦邦上海交通大學文學藝術系教授。

25 開精裝三大冊，已出版，特價1000元。

三國演義校注

羅貫中　著
吳小林校注

《三國演義》是我國古典長篇章回小說的開山作，也是我國最優秀的歷史演義。

《三國演義》的主要版本有明代嘉靖本、志傳本和清代毛宗崗評改本。其中以毛宗崗本藝術上最爲成熟，且流行更廣。

本書以早期毛本作底本，參照明嘉靖本和《三國志》、《後漢書》、《晉書》等史籍以及《三國演義》的一些通行本，進行校勘，作分段、標點，並對小說正文中的詞語、典故、地名、職官、服飾、武器、典章制度、文物古跡和小說所引詩、詞、書、檄、表、箋等都作了注釋和必要的考證。書首的前言則是對小說的評析介紹。

校注者吳小林爲中國人民大學中文系教授。

25 開精裝二大冊，已出版，特價800元；平裝四册，特價600元。已出版。

西遊記校注

吳　承　恩　著
朱彤・周中明校注

吳承恩的《西遊記》不只是民間取經故事的集大成者，它更對原有的取經故事進行了巨大的加工、改造和提高，成就了一部高度藝術的神魔小說。

《西遊記》的版本以「世德堂本」爲最早，但「世德堂本」

有許多殘缺之處。新校本以崇禎《李卓吾先生批評西遊記》為底本，以「世德堂本」為主要對刊本，並參校「眞詮本」、「新說本」等，作分段、標點、詳注。

校注者朱彤，前安徽師範大學中文系教授；周中明，安徽大學中文系教授。

25 開精裝三册，特價1200元；平裝六册，特價900元。已出版。

游國恩楚辭論文集

游國恩先生是世所公認，當代楚辭名家。

本書共收氏著《楚辭概論》、《楚辭論文集》、《屈原》三本專著，這三本書不僅是楚辭研究者所必讀，也可以見出游氏治學的風範。

25 開精裝。排校中。

聞一多全集

朱自清　郭沫若　吳　晗　葉聖陶　編

聞一多先生是中國近代著名的詩人、學者和民主鬬士。

他的新詩非常講究節的匀稱和句的均齊，藝術至上的作風，頗影響當時和以後的詩壇。

但他的詩人時期很短。離開北平後，他轉而從事歷史和中國文學史的研究工作，對神話、周易、詩經、莊子、楚辭、唐詩下過很札實的功夫。現在，我們就他已發表的文章看來，其眼光之犀利、考索之深博、立論之新穎，不僅前無古人，恐怕也要後無來者了。

聞先生之所以加入政治活動，是很激情、很浪漫的，我們可以從現有的演講稿中，看出他以天下國家爲己任的胸懷。

「聞一多全集」一套四冊，第一册「神話與詩」已出版，25 開精裝，特價400元。

里仁叢書總目

下列價格八十五年六月三十日以前有效，超過此時限，請來信或電話詢問。

※①表內價格全係優待價（含稅），書後括號為初版年度（民國紀年）。

※②郵購三〇〇元以內者，另加郵資四〇元；三〇〇元以上郵資免費優待。

一、中國哲學・思想

①莊子釋譯　歐陽景賢・歐陽超釋譯　25開精裝二大冊　特價800元(81)

②莊子通・莊子解　王夫之著　25開平裝　特價160元(73)

③中國文化要義　梁漱溟著　25開平裝　特價160元(71)

④東西文化及其哲學　梁漱溟著　25開平裝　特價160元(72)

⑤焦循年譜新編　賴貴三著　25開精裝　特價500元(83)

⑥焦循雕菰樓易學研究　賴貴三著　25開精裝　特價500元(83)

⑦周易陰陽八卦說解　徐志銳著　25開平裝　特價160元(83)

⑧晚明思潮　龔鵬程著　25開平裝　特價225元(83)

⑨中國近三百年學術史（附：清代學術概論）　25開精裝　特價400元，平裝300元(84)

二、中國歷史

①秦漢方士與儒生　顧頡剛著　25 開平裝　特價130元(74)
②國史論衡(一)　鄺士元著　25 開精裝　特價400元(81)
③國史論衡(二)　鄺士元著　25 開精裝　特價400元(81)
④中國經世史稿　鄺士元著　25 開精裝　特價400元(81)
⑤中國學術思想史　鄺士元著　25 開精裝　特價400元(81)
⑥中國近代史研究　蔣廷黻著　25 開平裝　特價160元(71)
⑦中國上古史綱　張蔭麟著　25 開平裝　特價160元(71)
⑧中國歷史研究法（正補編及新史學合刊）　梁啓超著　25 開平裝　特價180元(73)
⑨蒙事論叢　李毓澍著　25 開精裝　特價500元(79)
⑩中國史學名著評介　倉修良主編　25 開精裝三册　特價1200元(83)
⑪隋唐制度淵源略論稿・唐代政治史述論稿　陳寅恪著　25 開平裝　特價160元(69)

三、史籍新校（注）

①史記選注　韓兆琦注　25 開精裝　特價500元(83)

四、詩文集

(一)詩詞

①人間詞話新注　王國維著　滕咸惠注　25 開平裝　特價130元(76)
②歷代詞選注（附「實用詞譜」、「簡明詞韻」）　閔宗述・劉紀華・耿湘沅選注　25 開精裝特價450元　平裝400元(82)
③鬘華仙館詩鈔　曾廣珊著　25 開平裝　特價160元(75)
④陳季三先生遺稿　25 開平裝　特價200元(83)

(二)中國近代學人文集

①聞一多全集(一) 神話與詩 25開精裝 特價400元(82)

五、文學研究

①文心雕龍注釋 周振甫注 25開精裝 特價450元(73)

②中國文學家傳 王保珍著 25開平裝 特價150元(82)

③說詩晬語論歷代詩 朱自力著 25開平裝 特價200元(83)

③中國散文美學 吳小林著 25開平裝 特價300元(84)

④韓柳古文新論 王基倫著 25開平裝 特價200元(84)

⑤碩堂文存三編 何廣棪著 25開平裝 特價200元(84)

六、戲曲

①西廂記 王實甫著 王季思校注 25開平裝 特價160元(84)

②牡丹亭 湯顯祖著 徐朔方等校注 25開平裝 特價200元(84)

③長生殿 洪昇著 徐朔方校注 25開平裝 排校中

④桃花扇 孔尚任著 王季思等校注 25開平裝 排校中

⑤舞臺生涯 梅蘭芳述 許姬傳記 25開平裝 特價250元(68)

⑥王國維戲曲論文集（宋元戲曲考及其他） 25開精裝 特價350元(82)

⑦崑劇曲譜新編 江蘇省崑劇院編 25開平裝 再版中。

⑧王驥德論曲斠疑 楊振良著 25開平裝 特價200元(83)

⑨歷代曲選注　朱自力‧呂凱‧李崇遠選注　25 開精裝　特價350元(83)

七、小說

①中國神話傳說　袁珂著　25 開精裝　特價600元；平裝三册，特價480元(83)

②山海經校注　袁珂注　25 開精裝　特價400元(83)

③革新版彩畫本紅樓夢校注　馮其庸等注　劉旦宅畫　25 開精裝三冊　特價1200元；平裝六册，特價900元(73)

④彩畫本水滸全傳校注　李泉‧張永鑫校注　戴敦邦等插圖　25 開精裝三大册　特價1000元(83)

⑤三國演義校注　吳小林校注　附地圖　25 開精裝二大册　特價800元；平裝四册，特價600元(83)

⑥西遊記校注　朱彤‧周中明校注　25開精裝三册　特價1200元；平裝六册　特價900元(84)

⑦紅樓夢民俗趣語　高國藩著　25開平裝　特價200元(84)

⑧中國小說美學　葉朗著　25 開平裝　特價200元(81)

⑨魯迅小說史論文集 (中國小說史略及其他)　25 開精裝　特價350元(82)

八、語言文字學

①漢語音韻學導論　羅常培著　25 開平裝　特價130元(71)

九、社會

①中國法律與中國社會　瞿同祖著　25 開平裝　特價200元(73)

②中國文化與中國的兵　雷海宗著　25 開平裝　特價160

元(73)

十、藝術

①中國繪畫理論　傅抱石著　25 開平裝　特價160元(74)

②石鼓奇緣　沈映冬著　25開平裝　特價170元(84)

十一、宗教

①中國佛寺詩聯叢話　董維惠編著　25 開精裝三大册　特價2000元(83)

②靈泉心語（基督教）　劉蓉蓉著　25 開精裝　特價300元(83)

十二、新聞

①一勺集 (一個新聞工作者的回憶)　耿修業著　25 開精裝特價400元　平裝300元(81)

本書局全省經銷處

（有☆符號者書較齊整）

台北市：

①重慶南路—☆三民書局、☆宏業書局、☆衆文圖書公司、☆書香林、☆建宏書局、☆建弘書局、天龍書局、☆文翔圖書公司、光統圖書百貨。

②台大附近—書林書局、聯經出版公司、☆唐山出版社、☆施雲山（曉園出版社前）☆百全圖書公司。

③師大附近—☆學生書局、☆師大書苑、☆藍燈文化公司。

④延平南路（東吳大學城區部附近）—漢興書局。

⑤復興北路（民權東路口）—☆三民書局。

⑥木柵—☆政大福利社圖書部。

⑦士林東吳大學—東成書局、☆東吳大學圖書部。

⑧中正紀念堂—中國音樂書房。

⑨陽明山：☆逸民書局。

淡水：☆淡興書局、知書房（英專路）。

基隆：育德書局。

新莊：☆文興書坊。

中壢：貞德書局、起鳳書局（中央大學附近）。

新竹：古今集成文化公司、☆水木書苑（清大）、☆全民書局（竹師院）、十月書局。

台中：☆新大方書局、☆五楠圖書公司、☆主恩書房（東海別墅）、☆東海書苑（東海別墅）、寶山文化公司、敦煌書局（逢甲大學）、興大書齋、明還書屋、晶華書局。

國立中央圖書館出版品預行編目資料

中國法律與中國社會／瞿同祖著. --初版.
--臺北市：里仁，民73
面；　公分
ISBN 957-9113-17-3（平裝）

1.法制史－中國

580.92　　　　83009344

瞿同祖 著

中國法律與中國社會

發行人：徐秀榮
發行所：里仁書局
局版台業字第二〇九六號
台北市仁愛路二段98號五樓之2
電話：3913325・3517610
FAX：3971694
印刷所：琦海印刷有限公司
郵政劃撥：01572938「里仁書局」帳戶
中華民國七十三年九月廿五日初版
中華民國八十三年十月十五日初版三刷

參考售價：平裝200元
ISBN 957-9113-17-3（平裝）